NAPOLÉON

* * * *

L'Immortel de Sainte-Hélène

MAX GALLO

NAPOLÉON

* * * *

L'Immortel de Sainte-Hélène

LE GRAND LIVRE DU MOIS

Pour France, Monique et Gérard

Le destin a dû être plus fort que moi. Et pourtant quel malheur pour la France, pour l'Europe... Je devenais l'arche de l'ancienne et de la nouvelle alliance, le médiateur naturel entre l'ancien et le nouvel ordre des choses. J'avais les principes et la confiance de l'un, je m'étais identifié avec l'autre. J'appartenais à tous les deux; j'aurais fait en conscience la part de chacun... L'Europe n'eût bientôt fait de la sorte véritablement qu'un même peuple et chacun, en voyageant partout, se fût trouvé toujours dans la patrie commune.

Napoléon à Sainte-Hélène, in *Le Mémorial.*

Si la défaite de Napoléon ne détruit pas sa légende, c'est que Sainte-Hélène fait de lui le compagnon de Prométhée.

André Malraux, *Les chênes qu'on abat.*

Première partie

L'épée est tirée. Il faut les refouler dans leurs glaces

22 juin 1812 – 14 septembre 1812

1.

Napoléon avance dans la forêt de pins. Des soldats, à l'abri sous les arbres, s'écartent, poussent les chevaux attachés aux troncs et aux branches. Certains se précipitent pour prendre leurs armes formées en faisceaux afin de saluer l'Empereur.

D'un geste, il arrête le mouvement, empêche qu'on crie. Il saute de cheval. Le grand écuyer Caulaincourt, qui le suit, accompagné du maréchal Bessières et du grand maréchal Duroc le rejoignent. On apporte à Napoléon une redingote d'officier de lancier polonais, un bonnet de soie noire. Il passe rapidement le vêtement, abandonne son chapeau, puis remonte à cheval. Au galop, baissant la tête sur l'encolure, il se dirige vers la lisière de la forêt.

La futaie s'éclaircit. L'odeur de sueur et d'écurie qui flottait sous les pins cède peu à peu la place aux senteurs douceâtres d'herbe mouillée.

Le Niémen coule là, à quelques centaines de mètres en contrebas de ces collines dénudées qui tombent, escarpées, dans le fleuve. Elles dominent la rive russe qui monte en pente douce, couverte de seigle et de blé.

C'est d'elle qu'il faut se cacher. Souvent elle est parcourue par des patrouilles de cosaques qui galopent dans les épis.

Il ne faut pas qu'ils comprennent que l'armée de plus de six cent mille hommes, l'armée des vingt nations, l'armée de Napoléon, est là, si proche, à l'affût dans les forêts, encombrant les routes de Pologne, prête à traverser le Niémen. Il faut que les

Russes imaginent que seuls des lanciers polonais cavalcadent comme à leur habitude sur les rives du fleuve.

Napoléon s'arrête au bord de l'escarpement. De ce point de vue, il aperçoit les méandres du Niémen. Il lance son cheval au galop vers ce village de Poniémen qui fait face à la ville de Kovno. Là, dans une boucle, la rive polonaise enferme une avancée de la rive russe.

Napoléon descend jusqu'à la grève. L'eau sombre du fleuve semble immobile. À deux cents mètres, c'est l'autre rive, c'est la Russie. C'est la guerre.

Napoléon reste plusieurs minutes au bord du Niémen. Il se souvient de Tilsit, de ce radeau au milieu du Niémen. Il avait rencontré le tsar Alexandre Ier. C'était il y a cinq ans presque jour pour jour, le 25 juin 1807. Il avait cru à l'alliance avec la Russie, à la paix sur l'Europe. Illusion.

Il fait un geste. Les aides de camp qui l'accompagnent, eux aussi enveloppés de manteaux polonais, s'approchent. Ici, dit-il, seront jetés les trois ponts qui permettront le passage des troupes. Qu'on avertisse le général Éblé d'avoir à les construire dans la nuit de demain.

Puis il regarde longuement vers l'est. La chaleur est encore accablante, irritante comme ces nuées de moustiques qui assaillent les chevaux, le visage, qui s'insinuent sous les manches de la redingote. Des grondements se font entendre. L'orage se prépare, zébrant de longs éclairs le crépuscule rouge de ce lundi 22 juin 1812.

Napoléon galope maintenant dans la nuit qui tombe, vers le quartier général établi dans le village de Naugardyski. Sur les routes, au-delà de la forêt, des régiments sont en marche. Plus loin, autour des villages, des soldats se pressent autour des fours à pain construits pour l'approvisionnement des troupes.

Napoléon tire sur ses rênes. Trop de désordre. Trop de soldats isolés, de petites troupes qui maraudent. Il lui suffit d'un coup d'œil pour deviner cela. Il faut instituer des cours prévôtales de cinq officiers pour juger les pillards, les traînards, et décider de leur condamnation à mort. Il faut des colonnes mobiles pour rassembler tous ceux qui s'écartent de leurs unités. Il le dit au maréchal Berthier, à Davout. Cette Grande Armée, dont près de quatre cent mille hommes vont passer le Niémen, est composée d'hommes venant de trop de pays, vingt nations, pour demeurer rassemblée si la discipline n'est pas stricte.

Il se penche sur les cartes dans la masure où on l'a installé.

Le plan est simple, limpide. Les troupes de Macdonald, au nord, marchent sur Riga.

« Je suis avec Eugène au centre, j'avance vers Vilna. Mon frère Jérôme est au sud avec Davout. À eux d'attaquer les troupes du général Bagration et celles de Tormasov qui tiennent le Sud. Une fois qu'avec mon aide elles seront détruites, nous nous retournerons vers les troupes du général Barclay de Tolly qui se déploient vers le nord du dispositif russe. »

D'un mouvement de la main sur la carte, il trace une ligne qui partage en deux les armées russes. Il faut les séparer l'une de l'autre, celle de Bagration et celle de Barclay, et les battre successivement.

Puis, tout à coup, sa voix est recouverte par l'orage qui se déchaîne. Il s'assied, les coudes posés sur la carte, presque couché sur elle. Et lorsque les bourrasques se sont calmées, il annonce qu'il veut se rendre à nouveau sur les bords du Niémen, sans escorte, accompagné seulement d'un aide de camp, de Caulaincourt et du général Haxo. Il veut revoir les rives du Niémen en compagnie de ce polytechnicien qui commande les unités du génie dans le corps d'armée du maréchal Davout. Chaque détail compte, dans une opération de guerre.

Il descend à nouveau au bord du fleuve. Après l'orage, la terre est boueuse, mais l'air est toujours aussi étouffant, l'atmosphère moite. Dans l'un des villages qu'il traverse, Napoléon remarque une lumière qui brille dans le presbytère d'une église autour de laquelle bivouaquent des unités de cavalerie. Il entre dans la petite pièce. Le curé agenouillé prie. Il bredouille quelques mots de français.

Pour qui priez-vous ? Pour moi ou pour les Russes ?

Le curé se signe. Il prie pour Sa Majesté, répond-il.

Vous avez raison, comme polonais et comme catholique.

Napoléon tapote la nuque du prêtre et donne l'ordre à Caulaincourt de lui remettre cent napoléons.

Il repart dans la nuit et chevauche le long des berges, pensif. Chaque événement, chaque rencontre peut être un indice, un signe, un présage. Il est homme de raison et des Lumières. Il s'est passionné pour les mathématiques. Mais elles n'éclairent pas encore toutes les manifestations de l'univers, elles n'expliquent pas que le destin marque certains êtres, leur donne l'énergie d'aller jusqu'au bout de leurs rêves.

Il se laisse porter, en tenant à peine les rênes, par le galop de son cheval qui avance dans les blés mûrs. Et, brusquement, la monture fait un écart. Il tente de s'accrocher, glisse, se retourne, tombe dans les blés. Déjà il se relève. Il entend une voix, peut-être celle de Caulaincourt, de Berthier et des officiers qui les ont rejoints, s'écrier :

– Un Romain reculerait, ceci est un mauvais présage.

Les aides de camp, les généraux et les maréchaux sautent à terre. Un lièvre a couru entre les pattes du cheval et l'a surpris.

Napoléon se tait. Il rentre au quartier général.

Je suis un homme de raison. Je ne crois pas aux présages.

Mais il regarde autour de lui les visages de ces généraux, des aides de camp, de son secrétaire.

Ils ont vu, ou bien ils savent. Ils s'inquiètent. Et je ne peux chasser l'incertitude qui m'étreint.

On ne sait rien des mouvements des armées russes sur l'autre rive. Aucun espion ne s'est proposé pour le renseigner.

Napoléon se souvient des phrases qu'a rapportées le comte de Narbonne, le dernier envoyé français à avoir vu l'empereur Alexandre Ier.

– Je ne me fais point d'illusions, a dit le tsar. Je sais combien l'empereur Napoléon est un grand général. Mais, vous le voyez, j'ai pour moi l'espace et le temps. Il n'est pas de coin reculé de ce territoire, hostile pour vous, où je ne me retire, pas de poste lointain que je ne défende avant de consentir à une paix honteuse. Je n'attaque pas, mais je ne poserai pas les armes tant qu'il y aura un soldat étranger en Russie.

Et le tsar aurait montré sur une carte l'extrémité du continent, et ajouté :

– Si Napoléon fait la guerre et que la fortune lui sourit, en dépit du but légitime poursuivi par les Russes, il faudra qu'il signe la paix sur le détroit de Béring.

Napoléon interroge Caulaincourt. Les Russes livreront-ils bataille ? Où ? Devant Vilna ? Caulaincourt murmure que les Russes ne se battront pas, qu'ils reculeront, abandonneront les villes.

– Alors, j'ai la Pologne, répond Napoléon. Et Alexandre a, aux yeux des Polonais, la honte ineffaçable de la perdre sans avoir combattu. C'est perdre la Pologne que de me céder Vilna.

Il faut se convaincre et persuader les autres que la guerre sera courte, la victoire proche.

– Avant deux mois, reprend Napoléon, la Russie me demandera la paix. Les grands propriétaires seront effrayés, plusieurs ruinés. L'empereur Alexandre sera très embarrassé, car les Russes, au fond, se soucient peu des Polonais et pas du tout d'être ruinés pour la Pologne.

Il marche de long en large, les mains croisées derrière le dos. Il prise souvent. Puis il s'arrête devant Caulaincourt, demande à voix basse, le visage grave, si l'on a évoqué, au quatier général, sa chute de cheval.

Caulaincourt se dérobe.

Les troupes, dit Napoléon d'une voix tranchante, commenceront à franchir le Niémen dès que les ponts seront terminés.

Il dort quelques heures, puis, à trois heures du matin, ce mercredi 24 juin 1812, il galope vers le Niémen.

Sur les trois ponts achevés à minuit, les troupes avancent lentement, et le martèlement de leurs pas désaccordés fait une rumeur sourde qui s'amplifie entre les berges, comme le déferlement d'une vague.

Il passe le Niémen à cinq heures, revient à sa tente dressée sur une hauteur de la rive gauche. Il contemple à la lunette les trois immenses colonnes qui divergent une fois qu'elles ont atteint la rive droite. Les collines, les vallées sont couvertes d'hommes et de chevaux, de chariots. Les armes étincellent dans le ciel déjà incandescent. Une poussière rousse commence à s'élever au-dessus des colonnes. La chaleur est accablante. Et il est seulement le début de la matinée !

Mais quelle force, quelle armée ! Il frappe ses bottes avec sa cravache, va et vient, fredonne *Malbrough s'en va-t-en guerre*. Qui résisterait à une telle puissance en mouvement ?

Il remonte les colonnes dans la poussière. Les éclaireurs lui annoncent qu'on ne voit pas de Russes. À peine aperçoit-on de loin en loin des cosaques.

On passe un autre fleuve, la Vilia. Les avant-gardes sont déjà entrées dans Kovno. Les Russes se sont enfuis. La route de Vilna est ouverte. Il faut marcher, marcher, marcher vite.

Il travaille toute la journée, reçoit les éclaireurs, les courriers, dicte ses ordres, puis, à quatre heures du matin, le 25 juin, il est à nouveau en selle.

Il devine des chevaux couchés sur le flanc, le ventre gonflé, en train de mourir. Des soldats sont affalés, les bras en croix sous le soleil. On a nourri les bêtes avec du seigle vert. Et les jeunes conscrits sont morts d'épuisement après quelques heures de marche sous ce soleil de feu.

Il s'arrête, fait quelques pas en compagnie de Murat et Davout. Il faut aller vite, dit-il, surprendre les Russes, les empêcher de reculer, les contraindre à la bataille.

Quand la nuit tombe, en même temps qu'éclate l'orage, il est à l'abri dans une maison de Kovno.

Il va dormir sur ce lit étroit, dans cette pièce étouffante. Il pense à ses nuits dans les palais, à Marie-Louise, à ce fils qu'il ne voit pas.

Il faut que cette guerre soit courte.

« Mon amie, écrit-il à l'Impératrice, j'ai passé le Niémen le 24, à deux heures du matin. J'ai passé la Vilia le soir. Je suis le maître de Kovno. Aucune affaire importante n'a eu lieu. Ma santé est bonne mais la chaleur est excessive.

« Je pars cette nuit, je serai à Vilna après-demain. Mes affaires vont bien.

« Sois gaie, nous nous verrons à l'époque où je te l'ai promis.

« Tout à toi. Ton fidèle époux.

« Nap. »

2.

Napoléon roule vers Vilna. Les Russes refusent de se battre. Leur général, Barclay de Tolly, recule.

Napoléon se penche hors de la voiture. La poussière lui entre dans la peau, colle aux yeux. La chaleur lui rappelle les déserts d'Égypte, mais elle lui paraît plus étouffante encore, sale et moite. Et souvent, la nuit, des pluies d'orage froides transforment les chemins en torrents boueux. Puis, le matin, quelques heures suffisent pour sécher la terre et faire se lever la poussière.

Il dépasse les colonnes de troupes, des chevau-légers wurtembergeois. Il voit derrière le rideau de poussière les cadavres des chevaux qu'enveloppent des nuées de mouches. Il aperçoit dans les champs des cavaliers et des fantassins isolés, sans doute à la recherche de nourriture, car les approvisionnements ne suivent pas.

Mais il faut avancer, avancer.

À quelques lieues de Vilna, le dimanche 28 juin, il monte à cheval.

La ville est belle, mais les habitants, des Polonais pourtant, ne crient pas leur joie. Où est l'enthousiasme qui, il y a quelques jours, l'accueillait dans les villes polonaises de l'ouest du Niémen ? Ces Polonais-là sont-ils satisfaits de leurs maîtres russes ? Veulent-ils, oui ou non, une nation ? Qu'ils le montrent, et pas seulement en palabrant dans la Diète polonaise réunie à Varsovie.

Il entre dans la maison qu'a occupée il y a quelques jours

Alexandre Ier, qui y avait établi son quartier général au milieu de ses troupes. Il parcourt les pièces. Il éprouve un sentiment de puissance, mais sans joie.

Berthier lui annonce que sur la route entre Kovno et Vilna des milliers de chevaux ont péri – la chaleur, le seigle vert, l'épuisement. Peut-être dix mille bêtes. Des hommes se sont suicidés, accablés par la marche. Ils portent trente kilos, ils étouffent. Ils sont déjà atteints de dysenterie, harcelés par les moustiques. Ils n'ont pas de pain.

Napoléon s'emporte. Il faut que les généraux se lèvent à quatre heures du matin, aillent eux-mêmes aux moulins, à la manutention, et fassent faire trente mille rations par jour ! Mais s'ils dorment, s'ils se contentent de pleurer, ils n'auront rien !

Il consulte les cartes, les registres des armées.

« On perd tant de chevaux dans ce pays-ci qu'on aura bien de la peine, avec toutes les ressources de la France et de l'Allemagne, à maintenir monté l'effectif actuel des régiments », dit-il.

Et la Garde ? Elle doit être préservée à tout prix. Elle doit être assurée de vingt jours de vivres. Elle doit donner ainsi l'exemple de la discipline.

Il fait sortir tout le monde de son cabinet, à l'exception de Caulaincourt et Berthier.

Il s'assied.

– Ces Polonais de Vilna et de Lituanie ne sont pas comme ceux de Varsovie, murmure-t-il d'un ton las.

Il prise. Berthier vient d'annoncer qu'un envoyé d'Alexandre Ier, le général Balachov, son ministre de la Police, demande à être reçu par l'Empereur afin de lui remettre une lettre du tsar.

Napoléon se lève, commence à marcher.

– Mon frère Alexandre, qui a tant fait le fier avec Narbonne, voudrait déjà s'arranger ! dit-il. Il a peur. Mes manœuvres ont dérouté les Russes. Avant un mois, ils seront à mes genoux.

Mais il faut les acculer à traiter. Il lira la lettre d'Alexandre, il recevra Balachov, après avoir donné ses ordres.

Cette nouvelle de l'arrivée de l'envoyé d'Alexandre a décuplé son énergie. Il ne songe même pas à dormir. Il lance ses aides de camp sur les routes. Il faut qu'au sud Davout et Jérôme attaquent

Bagration. Il faut qu'on lance à partir de Vilna des avant-gardes en direction de Glubokoïe. Les fortifications que les Russes ont élevées à Drissa, établissant un véritable camp retranché, seront ainsi tournées.

Il interpelle les aides de camp.

– Combien a-t-on fait de prisonniers ?

C'est l'absence de déserteurs russes, de prisonniers qui l'inquiète. Il est tout à coup sombre. Les armées, faibles, se décomposent, les hommes se rendent. Il se souvient d'Eylau, de cet acharnement des troupes russes, et, même à Friedland, de ces unités entières qui se sacrifièrent.

Il doit se réserver une possibilité de paix, ne pas faire renaître immédiatement une nation polonaise, laisser la porte des négociations entrouverte.

Il pourrait aussi, dans ce pays d'esclaves, émanciper les serfs, déchaîner la révolte paysanne. Dans les livres d'histoire russe qu'il a lus ces derniers mois, il a été fasciné par la personnalité de Pougatchev, ce révolutionnaire cosaque qui, il y a à peine trente ans, à la tête de ses paysans révoltés, a menacé Moscou. Mais s'il prêche l'abolition du servage, qui pourra arrêter cet incendie ? Qui sait jamais jusqu'où peut aller une révolution ?

Il n'est pas qu'un conquérant qui veut abattre la Russie, il est l'Empereur des Rois. Il veut la victoire et la paix, mais il veut aussi l'ordre.

Il lit la lettre d'Alexandre.

Quoi ? Des négociations seraient ouvertes si mes troupes repassaient le Niémen ? Voilà ce que le tsar propose ?

– Alexandre se moque de moi, s'exclame-t-il, brandissant la lettre devant Duroc et Berthier. Croit-il que je suis venu à Vilna pour négocier des traités de commerce ? Je suis venu pour en finir une bonne fois avec le colosse des barbares du Nord. L'épée est tirée. Il faut les refouler dans leurs glaces afin que, de vingt-cinq ans, ils ne viennent pas se mêler des affaires de l'Europe civilisée.

Il fait une grimace de mépris.

– Aujourd'hui qu'Alexandre voit que c'est sérieux et que son armée est coupée, il a peur et voudrait s'arranger. Mais c'est à Moscou que je signerai la paix. Depuis Erfurt, Alexandre a trop fait le fier... S'il lui faut des victoires, qu'il batte les Persans mais qu'il ne se mêle pas de l'Europe.

Puis il sort.

Dehors, c'est la chaleur et la poussière, les étendues rousses recouvertes d'une brume presque gluante. Il a décidé de passer en revue, à une lieue et demie de Vilna, des divisions de fantassins et de dragons.

C'est la fin de la journée, mais l'air reste brûlant. Les troupes défilent pendant plusieurs heures. Il demeure immobile dans ce nuage poisseux. Puis, au moment où la revue se termine, ce sont les trombes d'eau qui s'abattent.

Climat barbare.

Il rentre. Il va recevoir à dîner, à dix-neuf heures, ce mercredi 1er juillet, M. de Balachov. Le Russe est un homme vigoureux, aux yeux vifs qui ne se baissent pas.

– Que pouvez-vous attendre de cette guerre ? lui demande Napoléon. J'ai conquis une province entière, sans combat. Ne fût-ce que par égard pour votre souverain qui, pendant deux mois, avait fait son quartier impérial à Vilna, vous auriez dû la défendre. À présent, quand toute l'Europe est à ma suite, comment pourriez-vous me résister ?

– Nous ferons ce que nous pourrons, Sire.

Napoléon hausse les épaules.

– Je suis déjà à Vilna et je ne sais pas encore pourquoi nous nous battons ! L'empereur Alexandre prend sur lui la responsabilité de cette guerre devant son peuple...

Balachov l'irrite. Cet homme a une sorte de placide assurance qu'il faut briser.

– Quel est le chemin de Moscou ? demande Napoléon.

Balachov hésite, puis répond d'une voix calme :

– Sire, cette question est faite pour m'embarrasser un peu. Les Russes disent comme les Français que tout chemin mène à Rome. On prend le chemin de Moscou à volonté. Charles XII l'avait pris par Poltava.

Il connaît cette défaite suédoise. Croit-on l'inquiéter ? Alexandre et Balachov savent-ils qui je suis ?

Il dicte une réponse à Alexandre.

« Votre Majesté a constamment refusé pendant dix-huit mois de s'expliquer... La guerre est donc déclarée entre nous. Dieu même ne peut pas faire que ce qui a été n'ait pas été. Mais mon oreille sera toujours ouverte à des négociations de paix... Un jour viendra où Votre Majesté s'avouera qu'elle a manqué de persévérance, de confiance et, qu'elle me permette de le dire, de sincérité. Elle a gâté tout son règne. »

Alexandre ne répond pas. Il ne pliera que s'il est battu. Jour après jour, Napoléon étudie les cartes, parcourt les environs de Vilna. Pas de prisonniers russes, pas de trophées.

Au sud, Jérôme, mon frère Jérôme, a refusé de se plier aux ordres et aux conseils du maréchal Davout, et les Russes de Bagration ont réussi à s'enfuir. Et Jérôme, mon frère Jérôme, a quitté l'armée avec ses quarante mille soldats de Westphalie!

Napoléon enrage. Il en veut à Jérôme, à Davout.

La nuit, pour se calmer, il écrit à Marie-Louise.

« Le petit roi se porte fort bien. Vilna est une fort belle ville de quarante mille âmes. Je suis logé dans une assez belle maison où était, il y a peu de jours, l'empereur Alexandre, fort éloigné de me croire si près d'entrer ici... Nous avons alternativement des orages et des chaleurs, la récolte sera excellente dans le pays. Je t'envie du bonheur que tu vas avoir d'embrasser le petit roi, embrasse-le pour moi. Il sera déjà grandi, dis-moi s'il commence à parler. *Addio, mio bene*. Tu sais combien je t'aime.

« Tout à toi.

« Nap. »

Il pleut. Puis la chaleur brûle. Puis il pleut à nouveau. Napoléon est chaque jour plusieurs heures à cheval.

Il assiste, sur la route de Kovno, au défilé de deux divisions bavaroises. Il faut que toute l'armée se regroupe, que les approvisionnements en vivres et munitions arrivent. Il faut attendre. Et voilà déjà dix-sept jours qu'il est à Vilna.

Il devrait se jeter en avant, mais il ne veut pas commettre d'imprudence. Il sent qu'autour de lui on l'observe avec inquiétude. On attend ses ordres pour une bataille qui ne vient pas. Comment cerner cette armée russe qui se perd dans l'océan de terre qu'est son pays ?

Le jeudi 16 juillet 1812, quand il rentre à Vilna de retour d'une inspection des régiments du train, Méneval lui apporte deux dépêches de Murat, qui commande l'avant-garde. Le roi de Naples signale que les troupes russes ont réussi à capturer par surprise une unité de cavaliers.

Par surprise ! Murat est une bête !

La deuxième dépêche annonce que les Russes ont évacué le camp retranché de Drissa auquel ils ont travaillé deux années !

Napoléon n'hésite pas. Il faut se lancer à leur poursuite. Les agripper. Les réduire.

Il est vingt-trois heures, ce jeudi 16 juillet. Il monte en voiture. Il va rouler toute la nuit vers Glubokoïe.

Les feux des bivouacs scintillent ici et là. Il n'entend pas un cri, pas une chanson. Les nuits dans ce pays sont aussi tristes que les jours.

3.

Trois heures, quatre heures de l'après-midi. Napoléon est assis dans la salle voûtée et sombre du couvent des Carmes de Glubokoïe. C'est le moment de la journée où la chaleur, dans cette deuxième quinzaine du mois de juillet 1812, est le plus intense. Même derrière ces murs de pierre, l'atmosphère est étouffante. Il dicte, écrit, et cela suffit pour être couvert de sueur. Dehors, la campagne est brûlée par la lumière aveuglante d'un soleil dont le disque semble avoir recouvert tout le ciel. Les troupes ne marchent pas dans cette fournaise. Les chevaux se serrent dans les rares zones d'ombre. Et beaucoup pourrissent, à demi dépecés par les soldats, sur le bord des chemins.

Napoléon écrit. Il sortira dans une heure, quand le soleil commence à décliner, à abandonner une partie du ciel. Il visitera les fours à pain, le parc d'artillerie, les hôpitaux. Il poussera une reconnaissance à la nuit tombée, vers l'est, vers Mohilev et Vitebsk. Il chevauchera une partie de la nuit, passera une revue des divisions bavaroises ou de la Garde, à l'aube. Puis il reviendra ici étudier les dépêches, écouter les aides de camp, écrire.

« Mon amie,

« Je suis ici logé dans un couvent de Carmes, dans un très beau pays, mais bien portant. Tu vois je suis à soixante lieues de Vilna, plus loin de toi. Je suppose que tu es arrivée à Saint-Cloud. Embrasse deux fois pour moi le petit roi, on le dit charmant. Dis-moi s'il t'a fait beaucoup d'effet, s'il commence à parler, s'il marche et enfin si tu es contente de ses progrès. Ma santé est fort bonne, je n'ai rien à désirer là-dessus. Je me porte mieux qu'à Paris.

« Je pense qu'il sera convenable que tu ailles à Paris le jour de ma fête, en faisant comme je ferais pour assister au concert public.

« Mes affaires marchent bien, il ne me manque que ma bonne Louise, mais je suis aise de la savoir auprès de mon fils.

« Je vais à la messe, il est dimanche.

« J'espère que tu auras été contente de Paris et de la France et que tu l'auras vue avec plaisir.

« *Addio, mio bene*, tout à toi.

« On te choisira le héron que tu as demandé et on te l'enverra.

« Nap. »

Il reste un moment immobile. Quand retrouvera-t-il la France, Marie-Louise, son fils ? Les Russes se retirent. La chaleur, les distances à parcourir font fondre la Grande Armée. Le ravitaillement ne suit pas. Les traînards, les fuyards, les maraudeurs se comptent déjà par dizaines de milliers. Combien a-t-il encore d'hommes à sa disposition ? Deux cent mille ? Berthier n'est même pas capable de fournir des états précis.

Napoléon se lève, commence à dicter.

« Nous perdons tous les jours beaucoup de monde par défaut d'ordre qui existe dans la manière d'aller aux subsistances ; qu'il est urgent qu'ils concertent avec les différents chefs de corps les mesures à prendre pour mettre un terme à un état de choses qui menace l'armée de sa destruction ; que le nombre de prisonniers que l'ennemi fait se monte chaque jour à plusieurs centaines.

« Depuis vingt ans que je commande les armées françaises, je n'ai jamais vu d'administration militaire plus nulle, il n'y a personne, ce qui a été envoyé ici est sans aptitude et sans connaissance. »

Et puis il y a cela. Il relit le texte de cet appel des Russes aux soldats de la Grande Armée, rédigé en plusieurs langues et jeté aux avant-postes.

« Retournez chez vous, ou si vous voulez, en attendant, un asile en Russie, vous y oublierez les mots de conscription, et toute cette tyrannie militaire qui ne vous laisse pas un instant sortir de dessous le joug. »

Il jette cet imprimé. Il en a les mains et l'esprit souillés. Est-ce là une guerre entre souverains ?

– Mon frère Alexandre ne ménage plus rien, dit-il, je pourrais aussi appeler ses paysans à la liberté.

Mais il s'y refuse. Il a vu le long des routes, dans les masures, quelques-uns de ces moujiks.

Eugène de Beauharnais est déjà, à plusieurs reprises, venu l'inciter à abolir le servage. À quoi conduirait cette libération des esclaves ?

– J'ai vu, dit-il, l'abrutissement de cette classe nombreuse du peuple russe. Je me refuse à cette mesure qui vouerait à la mort, à la dévastation et aux plus horribles supplices bien des familles.

Qu'on ne revienne pas sur ce point.

Il s'adresse à Caulaincourt, si longtemps ambassadeur auprès d'Alexandre Ier qu'il en a été dupe. Le grand écuyer continue à plaider l'arrêt de l'offensive. Il n'est pas de jour qu'avec le maréchal Berthier ils ne parlent des pertes dues à la maladie, à la désertion. Ils expliquent par la fatigue des chevaux le fait que les troupes ne puissent « éclairer » leur avance, faire des prisonniers. Ils laissent entendre que Murat fatigue inutilement ses escadrons en les lançant inconsidérablement en avant, en rédigeant des rapports trop optimistes.

– Il faut dire la vérité à Votre Majesté, disent-ils. La cavalerie se fond beaucoup ; les marches trop longues l'écrasent et on voit, dans les charges, de braves gens obligés de rester derrière parce que les chevaux ne peuvent plus fournir à une course accélérée.

Berthier, Caulaincourt ne comprennent pas que la paix ne sera possible que si Alexandre est battu.

Ont-ils lu la proclamation qu'a lancée le tsar à son peuple ?

« Peuple russe, plus d'une fois tu as brisé les dents des lions et des tigres qui s'élançaient sur toi. Unissez-vous la croix dans le cœur, le fer dans la main... Le but, c'est la destruction du tyran qui veut détruire toute la terre. Que partout où il portera ses pas dans l'Empire, il vous trouve aguerris à ses fourberies, dédaignant ses mensonges et foulant aux pieds son or ! »

Le tyran, c'est moi !

Napoléon a un geste de mépris. Il prend Caulaincourt par le bras, l'entraîne.

– Votre ami Alexandre est un Grec, faux. Au reste, je ne lui en veux pas. Il a été trompé sur la force de son armée, il ne sait pas la diriger et il ne veut pas faire la paix ; ce n'est pas un être conséquent. Quand on n'est pas le plus fort, il faut être le plus politique, et sa politique doit être d'en finir. Quand on pourra se parler, nous serons bientôt d'accord, car je ne lui fais qu'une guerre politique.

Mais il faut le contraindre à se battre, pour traiter. Et, donc, avancer.

On couche sous la tente. La pluie succède à la chaleur. Les villages sont vides. Pas un vieil homme, pas une femme, pas un enfant. Les masures sont abandonnées. Quel peuple est-ce, pour obéir ainsi à un ordre de son Empereur ?

Ce silence des bourgades, ces immensités écrasées de soleil et de chaleur et parfois noyées sous des pluies diluviennes, ces armées dont on ne peut accrocher que quelques unités d'arrière-garde ou quelques cavaliers cosaques et que l'on sent pourtant combatives et organisées, tout cela inquiète.

Il faudrait une bataille dans un espace limité, armée contre armée.

Il entre sous la tente. Il est midi, ce samedi 25 juillet.

« Je ne veux pas passer deux jours sans t'écrire, mon amie. Il pleut beaucoup, nous avons des chaleurs, nous marchons toujours. Je n'ai pas d'estafette depuis hier, j'ai trop marché. J'ai revue ce soir.

« J'ai passé ici la Dvina, je marche sur Vitebsk, une des grandes villes de ce pays. Les récoltes sont superbes et de meilleure apparence.

« J'attends les détails du petit roi. Tu dois l'avoir trouvé bien grandi. L'on dit qu'il mange comme quatre et qu'il est très gourmand. Ma santé est assez bonne. Mes affaires vont bien. Adieu, mon amie. Tout à toi.

« Nap. »

Davout, Murat, Ney remportent des victoires à Ostrovno, mais les Russes de Bagration ou d'Osterman réussissent à échapper à l'encerclement. Les combats d'arrière-garde leur permettent de se replier.

Il faut les rejoindre.

Napoléon est à cheval la plus grande partie de la nuit, puis à nouveau à l'aube, encourageant les troupes. Lorsqu'on l'aperçoit, les cris de « Vive l'Empereur » reprennent.

Il s'arrête au sommet d'une colline. À quelques centaines de mètres seulement, des escadrons de cavaliers russes chargent de petites unités de voltigeurs. Les hommes, isolés, résistent, se placent dos contre dos, et attendent la charge qu'ils repoussent, plusieurs heures durant.

Napoléon, dès la fin des combats, va vers eux. Certains des voltigeurs ramènent même quelques prisonniers.

– Vous êtes tous des braves et méritez tous la croix, lance-t-il.

Les soldats lèvent leurs fusils, acclament l'Empereur.

Napoléon s'éloigne, galope.

Cette armée est encore pleine d'ardeur. Il ne lui manque qu'une grande et vraie bataille, qu'une grande victoire.

Mais les plaines sont désertes. Le plateau qui domine Vitebsk et la Dvina, et où les avant-gardes avaient signalé l'armée ennemie, est vide. Napoléon le parcourt au pas, donne de temps à autre des coups d'éperon qui font bondir son cheval.

Il interpelle ses aides de camp. Où sont les Russes ? Pas un paysan, pas un prisonnier qui puisse indiquer la route suivie par l'armée adverse.

Il faut rentrer à Vitebsk. Napoléon s'installe dans le palais du gouverneur de la Russie blanche, le prince de Wurtemberg, une modeste bâtisse poussiéreuse. La ville vaste, avec ses couvents et ses églises, est vide, à l'exception de quelques juifs qui vendent de la farine aux soldats. On présente à l'Empereur un paysan qu'on a trouvé endormi sous un buisson.

L'homme s'agenouille, balbutie. Le mouvement de l'armée russe a commencé depuis quatre jours, dit-il, par la route de Smolensk.

Napoléon le renvoie. Il veut ce soir un rapport des chefs de corps.

– C'est peut-être à Smolensk que les Russes veulent se battre, dit-il.

Il interroge chaque officier. Le roi Murat lui-même dit que « la cavalerie est sur les dents ».

Napoléon écoute. Malgré les acclamations des troupes, il sent bien que l'armée est épuisée, qu'il faut la reprendre en main pour qu'elle soit prête à un nouveau bond en avant, pour la bataille décisive. Au travail ! Parade sur la place tous les matins à six heures. Réorganisation du ravitaillement, des transports et des hôpitaux. Revue des unités, chaque jour, par l'Empereur.

Il renvoie les chefs de corps.

Quelques lignes à Marie-Louise comme chaque jour. Pour respirer un autre air que celui de la guerre.

« Mon amie. Il fait ici un temps d'une insupportable chaleur. Nous étouffons. Nous ne sommes qu'à cent lieues de Moscou.

« Écris-moi de Paris tout ce qui vient à ta connaissance et ce que l'on dit.

« Le petit roi doit bien t'amuser s'il commence à parler et à sentir. On dit que c'est un petit diable, bien gourmand et très tapageur.

« Je sais que tu as l'habitude de bien occuper ton temps ; c'est une chose bien précieuse et bien essentielle, c'est une de tes belles qualités.

« Ta lettre au Pape est bien, mais tu devais finir par le terme " Votre très chère fille ". C'est l'étiquette. Je mande à Méneval de t'en envoyer un modèle... Je ne me souviens plus de ce que tu me demandes des cent vingt mille livres de cadeau adressé. Si c'est ce que tu as fait à ta famille, il me semble que j'avais ordonné déjà. Je ne sais pas non plus ce que c'est que les dentelles de Hollande ? Toutefois tu trouveras ci-joints les ordres pour arranger tout cela. Je m'en rapporte à toi.

« Adieu, mon amie, porte-toi bien, embrasse le petit roi, et ne doute jamais de ton fidèle

« Nap. »

Il parcourt les pièces de ce bâtiment modeste.

Puisqu'il va rester quelques jours à Vitebsk, il veut qu'on organise son habitation, avec ses livres, ses cartes, son petit lit à armature de fer. Il établit son emploi du temps quotidien : lever à cinq heures, revue sur la place devant le palais. Elle lui semble étroite. Que les sapeurs de la Garde abattent les maisons, créent une véritable esplanade. Que tous les chefs de corps, les généraux présents dans la région de Vitebsk assistent à la parade, se présentent à lui.

Il les questionne, écoute leurs rapports, leurs justifications, leurs protestations de dévouement, l'affirmation de leur zèle et de leurs bonnes intentions. Il s'exclame.

– Je n'en tiens compte qu'autant que le succès en est le résultat. Il faut réussir.

Il leur tourne le dos et, malgré la chaleur déjà forte en ce tout début de matinée, il parcourt les cantonnements, inspecte une nouvelle fois les fours à pain. Se rend sur les emplacements occupés par l'armée russe. Il saute de cheval, examine les traces laissées par les troupes. Combien étaient-ils ? Une, deux armées ? Barclay a-t-il été rejoint par Bagration ?

Il est près de midi, il rentre à Vitebsk.

Il voit le maréchal Oudinot qui vient de battre les Russes de Wittgenstein à Jaboukovo, mais qui, au lieu de poursuivre l'ennemi, s'est replié, comme effrayé par l'espace qui s'ouvrait devant lui.

Il l'interpelle sèchement.

– Les Russes, dit-il, publient partout et sur les derrières la victoire éclatante qu'ils ont remportée sur vous, puisque sans raison vous les avez laissés coucher sur le champ de bataille.

Oudinot commence à protester. Napoléon l'en empêche.

– La guerre est une affaire d'opinion, la réputation des armes à la guerre est tout, et équivaut aux forces réelles.

Comment n'ont-ils pas encore compris cela, ces vieux soldats ? Si les Russes reculent devant moi, c'est qu'ils ont peur de moi, de ma réputation, de l'opinion qu'ils se font de mes forces.

S'ils savaient que les chevaux manquent de fourrage, que les hommes depuis près d'un mois se nourrissent avec ce qu'ils trouvent ! Heureusement, le pays est riche, les champs remplis de légumes, les caves de provisions et d'alcool. Les hommes en boivent tant qu'ils en meurent au bord des routes, sous le soleil !

Au fil des jours, les orages deviennent plus fréquents. Le temps, en ce milieu du mois d'août, est plus irrégulier. Il pleut à verse depuis trois jours. La terre est devenue boue. On ne peut se déplacer.

Napoléon dicte une lettre pour Barbier, son bibliothécaire, qui depuis plus de dix ans trouve tous les livres dont il a besoin, compose la bibliothèque de campagne, rédige des notes sur les dernières parutions.

« L'Empereur, explique Napoléon, désirerait avoir quelques livres amusants. S'il y avait quelques bons romans nouveaux ou plus anciens qu'il ne connût pas, ou des Mémoires d'une lecture agréable, vous feriez bien de nous les envoyer, car nous aurons des moments de loisir qu'il n'est pas aisé de remplir ici. »

Pas de femmes, pas de théâtre, pas de Cour, pas d'apparat. Des châteaux rustiques, des villes aux rues non pavées. Pas un notable pour en remettre les clés, pour se placer à mon service. Un pays pire que l'Égypte ! La vie austère d'un empereur-soldat.

Il aime se voir ainsi. Il y pense quelques instants, en buvant ce verre de chambertin dont les fourriers réussissent à transporter les bouteilles jusqu'ici ! Ce vin, son seul luxe. Le moment où il se détend, savourant ces deux ou trois gorgées, le plus souvent coupées d'eau.

Puis c'est à nouveau la guerre. Berthier qu'il faut houspiller, dont les prudences irritent. « Il faut aller chercher la subsistance pour les chevaux jusqu'à dix et douze lieues de Vitebsk, dit le maréchal. Partout, les habitants qui n'ont pas fui sont en armes. On exténue, pour aller chercher des vivres, des chevaux qui avaient besoin de repos et on les expose ainsi que les hommes à être pris par les cosaques ou massacrés par les paysans, ce qui arrive souvent », ajoute Berthier.

Il ne veut pas l'écouter. Il faut organiser la recherche des vivres, il l'a déjà dit. Il faut surtout se remettre en marche, joindre l'ennemi, le battre, puis ainsi le forcer à la paix.

Il quitte Vitebsk en direction de Smolensk. Il arrive au bord du Dniepr. Il longe le fleuve, chevauchant jusqu'à la nuit. Ici est l'immensité des fleuves et des terres.

Il entend une canonnade, des aides de camp arrivent au galop, rapportent qu'à Krasnoïe la cavalerie de Murat a attaqué une division russe, pris des canons, les premiers trophées de la campagne. Des prisonniers ont révélé que les troupes russes se concentrent à Smolensk, « la ville sainte », ont-ils dit. C'est là qu'aura donc lieu la bataille.

Il rejoint sa tente, placée au milieu du carré de la Garde.

C'est le 15 août 1812. Ce samedi, il a quarante-trois ans ! Il passe en revue sa Garde qui l'acclame. Point de *Te Deum* dans une cathédrale, point de dignitaires venus présenter leurs vœux. A-t-il jamais connu cela ? Il lui semble qu'il fait la guerre depuis toujours. Il va partir vers les avant-postes qui sont déjà autour de Smolensk.

Debout, il écrit quelques lignes :

« Mon amie, je t'écris de dessous ma tente, car je suis en chemin pour me porter sur Smolensk. Ma santé est fort bonne. Les détails que tu me fais du petit roi sont fort intéressants. Il est bien heureux de te voir à côté de lui. Adieu, mon amie, tout à toi.

« Ton fidèle

« Nap. »

Il regarde Smolensk, ses remparts de brique, ses coupoles, les collines qui l'entourent et dominent la rive gauche du Dniepr sur laquelle la ville est bâtie. Ce pont, là, est situé au point de rencontre des routes qui conduisent à Saint-Pétersbourg et à Moscou.

Il écoute les rapports. La ville est défendue. Des cosaques ont même réussi à encercler le maréchal Ney, qui a eu le collet de son habit déchiré par une balle tirée à bout portant.

Il observe à la lunette les mouvements de troupes russes sur le pont. Les unes rentrent dans la ville, les autres la quittent. Les Russes se préparent-ils à une nouvelle retraite ?

Il sollicite l'avis de Caulaincourt, mais il l'imagine. Le grand écuyer pense que les Russes vont se retirer.

Il observe longuement la ville où, dans la nuit, commencent à s'allumer des incendies.

– Si c'est ainsi, en m'abandonnant une de leurs villes saintes, les généraux russes déshonorent leurs armées aux yeux de leurs propres sujets, dit-il.

Il marche devant son bivouac.

– Cela me donnera une bonne position, reprend-il. Nous les

éloignerons un peu pour être tranquilles. Je me fortifierai. Nous nous reposerons et, sous ce point d'appui, le pays s'organisera et nous verrons comment Alexandre se trouvera de ce parti-là. Mon armée sera plus formidable, ma position plus menaçante que si j'avais gagné deux batailles. Je m'établirai à Vitebsk. Je mettrai la Pologne sous les armes et je choisirai plus tard, s'il le faut, entre Moscou et Saint-Pétersbourg.

Il voit le visage de Caulaincourt, ceux de Berthier et des aides de camp s'épanouir. Ils veulent tous et ils espèrent cela. Et c'est sans doute la sagesse. Mais est-il donc encore possible d'être sage ?

Tout à coup, deux explosions énormes embrasent le ciel. Les Russes ont dû faire sauter leurs dépôts de munitions. La ville tout entière brûle, illuminant le ciel. Tout l'horizon semble en feu.

Il est fasciné par ce spectacle, attiré par lui.

– C'est une éruption du Vésuve, dit-il. N'est-ce pas, que c'est un beau spectacle, monsieur le grand écuyer ?

Il frappe sur l'épaule de Caulaincourt, qui tressaille.

– Horrible, Sire, murmure le grand écuyer.

N'ont-ils donc rien appris de la guerre ?

– Bah, reprend Napoléon, rappelez-vous, messieurs, ce mot d'un empereur romain : le corps d'un ennemi mort sent toujours bon.

Il rentre dans Smolensk le mardi 18 août. Des morts partout, parmi les décombres qui brûlent. À l'odeur de fumée se mêle celle des cadavres qui commencent à se décomposer. Il chevauche lentement, lance des ordres. Qu'on enlève les morts, qu'on ramasse les blessés, qu'on éteigne les incendies et qu'on recense les subsistances trouvées en ville.

Il s'installe dans la maison du gouverneur. On y étouffe. L'odeur de mort a imprégné toutes les pièces. Il jette son épée sur une table.

– La campagne de 1812 est terminée, dit-il d'un ton las.

Il s'assied, allonge ses jambes. Il les sent lourdes, enflées dans les bottes. Il commence à écrire.

« Mon amie, je suis à Smolensk depuis ce matin. J'ai pris cette ville aux Russes après leur avoir tué trois mille hommes et blessé plus du triple. Ma santé est fort bonne. La chaleur est excessive. Mes affaires vont bien. Schwarzenberg a battu les Russes à deux cents lieues d'ici.

« Nap. »

Il se sent mieux avec la nuit qui tombe, plus fraîche. Le prince Schwarzenberg a donc battu les Russes. Bon allié autrichien !

– Cela donne une couleur à l'alliance. Ce canon retentira à Pétersbourg, dans la salle du trône de mon frère Alexandre. C'est un bon exemple pour les Prussiens. Ils se piqueront peut-être d'honneur.

Et en même temps il est soucieux. En Suède, Bernadotte a favorisé la signature d'une alliance anglo-russe. Ce Français s'apprête à trahir ! Les dépêches qui arrivent d'Espagne annoncent des victoires de Wellington. Marmont a été battu. Joseph a abandonné Madrid. Certes, à quelque chose malheur est bon.

– Les Anglais sont occupés, dit-il à Caulaincourt. Ils ne peuvent quitter l'Espagne pour aller me faire des échauffourées en France ou en Allemagne. Voilà ce qui m'importe.

Mais il suffirait d'une défaite pour que tout, derrière lui, s'embrase. La Prusse, l'Allemagne ; et, en France même, certains le guettent, attendent l'occasion. Peut-il se permettre de rester une saison de plus en Russie, de ne pas conclure cette campagne par une victoire triomphale, l'entrée dans Moscou ?

Il se redresse. Il va chevaucher autour de Smolensk en direction de Valoutina, où les troupes sont engagées contre l'arrière-garde de Barclay, qu'elles peuvent cerner. Il regarde les cartes, consulte les rapports des aides de camp.

– Barclay est fou, dit-il, cette arrière-garde est à nous, si Junot marche seulement l'arme au bras.

Il galope vers le lieu de la bataille. Il observe les mouvements de troupes. Que fait donc Junot ?

Il n'attaque pas. Il laisse Murat charger seul et l'oblige à se replier. Les Russes vont s'échapper, une nouvelle fois !

Napoléon rentre à Smolensk. Il est sombre. Il se souvient du courage de Junot, de sa fidélité, de son intrépidité, c'était il y a si longtemps au siège de Toulon.

– Junot n'en veut plus, dit-il. Il me fait perdre la campagne.

Il faudrait sévir, dégrader, renvoyer, humilier.

Mais c'est Junot, mon premier aide de camp, quand je battais le pavé de Paris, avec un uniforme délavé et troué.

Comme Junot, il le sait, tant de généraux sont las de se battre, même s'ils sont braves, s'ils chargent encore avec héroïsme.

Mais puis-je faire la paix ? Qui la veut ?

Il veut rencontrer le comte Orloff, un officier des Gardes impériales venu en parlementaire pour obtenir des renseignements sur des officiers russes prisonniers.

– La guerre est seulement politique, dit-il. Je n'en veux pas à l'empereur Alexandre. Je veux la paix.

Mais qui peut rêver d'une paix conclue sans défaite ?

Le dimanche 23 août, alors que, comme il vient de l'écrire à Marie-Louise, la chaleur est épouvantable, il se promène à pied sur la place devant la maison du gouverneur. Il ne peut se permettre de reculer. La guerre, il l'a dit à Oudinot, est une affaire d'opinion. S'il ne remporte pas de victoire, s'il n'entre pas dans Moscou, ce sera une défaite.

Il convoque ses maréchaux.

Il les reçoit le lundi 24 août. Oseront-ils parler ? Murat affirme que l'armée russe peut être rejointe et battue. Les autres se taisent. Mais il connaît le sens de leur silence. Ils veulent remettre la suite des opérations à 1813.

Comme si l'on pouvait attendre ! Il a envisagé lui-même cette hypothèse. Il a hésité. Maintenant, il a choisi.

– Avant un mois, dit-il, nous serons à Moscou.

Il les fixe, l'un après l'autre. Ils baissent les yeux. Il faut qu'ils approuvent.

– Dans six semaines, reprend-il, nous aurons la paix.

Puis, les invitant à regagner leurs unités, il dit – mais comprendront-ils ? :

– Le péril même nous pousse vers Moscou. J'ai épuisé les objections des sages.

Il quitte Smolensk le mardi 25 août à une heure du matin. Il chevauche une partie de la nuit et presque tout le jour. Les villages sont vides. Il ne voit pas une charrette, pas un paysan. Les maisons de Durogobouje, une petite ville sur le Dniepr, brûlent. Est-ce le feu des bivouacs des soldats, ou les Russes, qui ont allumé l'incendie ?

Il s'emporte contre l'indiscipline, le chaos qu'il constate sur les routes. Les voitures des officiers, chargées de bagages, passent parfois avant l'artillerie.

– Je ferai brûler la mienne si elle n'est pas à son rang, dit-il.

Il chemine à cheval, fait arrêter par les chasseurs de sa Garde des voitures qui roulent hors de la colonne. Il ordonne qu'on y mette le feu. Un officier tente de plaider. Elle appartient à M. de Narbonne, dit-il, l'aide de camp de l'Empereur, qui va y perdre tout ce qu'il possède et qui sera peut-être blessé demain.

– Il m'en coûterait bien plus si je n'avais pas d'artillerie demain, répond Napoléon.

Il passe à Slavkovo, à Rouibkoï, à Wiazma, où les escadrons de Murat ont refoulé les Russes, mais peut-être s'agit-il des avant-gardes de l'armée, peut-être approche-t-on de la bataille ?

« Je suis ici, écrit-il à Marie-Louise, dans une assez belle ville. Il y a trente églises, quinze mille habitants et beaucoup de magasins d'eau-de-vie, et d'autres objets utiles à l'armée. Il a plu un peu, ce qui a abattu la poussière et rafraîchi le temps. Ma santé est fort bonne ; mes affaires vont bien. Adieu, mon amie. Tout à toi.

« Ton fidèle époux

« Nap. »

« J'ai appris que le petit roi avait repris toute sa gaieté, embrasse-le pour moi deux fois. »

Il marche dans Wiazma. Il a donné l'ordre aux tirailleurs de la Garde d'entrer les premiers dans la ville afin de connaître l'origine des incendies qui transforment cités et villages en décombres morts. Ils ont vu des cosaques allumer des foyers. Les quelques habitants demeurés sur place confirment que l'arrière-garde de l'armée russe a préparé l'incendie.

– Qu'est-ce que ces gens qui brûlent leurs maisons pour nous empêcher d'y coucher une nuit ! s'exclame-t-il.

Mais l'inquiétude le saisit.

Que devient cette guerre ? Que veut Alexandre, cet empereur que j'appelle mon frère ? Smolensk, sa ville sainte, est brûlée ; son pays est dans un bel état. Il aurait mieux fait de s'arranger. Il a préféré se livrer encore aux Anglais. Lui rebâtiront-ils ces villes brûlées ?

On continue d'avancer. La ville de Ghjat est en flammes, mais quelques maisons ont échappé à l'incendie. Napoléon parcourt les environs, puis, à la nuit, il s'installe en ville. On interroge un cosaque qui a été fait prisonnier. L'Empereur le fait avancer, lui donne quelques pièces d'or puis le questionne. Le cosaque annonce que le général Koutousov a pris la tête de l'armée en remplacement de Barclay de Tolly. La noblesse, explique le cosaque, a forcé l'empereur Alexandre à cette nomination dont l'armée russe se réjouit.

Napoléon se lève, sourit. Enfin ! dit-il.

– Le nouveau général ne peut continuer ce système de retraite que l'opinion nationale réprouve. Il a été appelé à la tête de l'armée à condition de combattre. Le système de guerre suivi jusqu'à ce jour doit donc changer.

Napoléon hausse la voix, prise plusieurs fois.

– Koutousov livrera bataille, reprend-il, pour plaire à la noblesse, et dans quinze jours Alexandre n'aura plus ni capitale ni armée. Il pourra alors faire la paix sans encourir les reproches et la censure des grands seigneurs, dont Koutousov est le choix.

Il est déterminé mais nerveux. Il n'a pas l'allégresse qui l'a toujours porté à la veille des batailles. L'angoisse le saisit même parfois. Et Berthier qui vient le supplier de ne plus avancer vers Moscou, de se replier sur Smolensk ou Vitebsk ! Il ne veut plus voir Berthier. Il ne veut plus que le maréchal partage son déjeuner avec lui.

Il faut aller de l'avant au contraire, battre Koutousov, briser l'armée russe.

Le samedi 5 septembre 1812, il fait dresser sa tente loin du village de Borodino, où les cavaliers de Murat viennent de repousser les avant-gardes russes. L'armée de Koutousov est là, de l'autre côté de la rivière Kolocza qui coule, encaissée entre deux plateaux, et se jette au loin dans la Moskova qu'il aperçoit.

Dans la nuit, alors que le froid est vif et qu'il pleut, il monte à cheval, parcourt les avant-postes, et, toute la journée du dimanche 6, il chevauche ainsi, établissant son plan. Eugène sera à sa gauche, attaquant Borodino et la Grande Redoute qui se trouve de l'autre côté de la rivière Kolocza. Ney et Davout seront au centre et se lanceront à l'assaut de la butte des Trois-Flèches. Les Polonais de Poniatowski déborderont sur la droite.

Et je serai avec la Garde, prêt à intervenir.

À dix-huit heures, ce dimanche 6 septembre 1812, il réunit ses maréchaux. Il écoute leurs rapports. Les assauts seront difficiles, disent-ils, les Russes ont fortifié leurs redoutes. Ils se battent bien. Davout insiste pour qu'à l'attaque frontale on préfère le débordement par l'aile droite, en renforçant Poniatowski.

Personne ne partage l'opinion de Davout.

Napoléon se lève. Il se rallie à la majorité, dit-il. Le plan qu'il a exposé est donc arrêté.

Il a la tête lourde, les jambes enflées. Il fait venir le docteur Mestivier qui, après avoir séjourné longuement à Moscou, est rentré à Paris et accompagne l'armée.

– Eh bien, docteur, dit Napoléon, vous le voyez, je me fais vieux, mes jambes enflent, j'urine à peine, c'est sans doute l'humidité de ces bivouacs, car je ne vis que par la peau.

Il tousse. Le pouls est fébrile. L'urine ne coule que goutte à goutte et il a mal.

Mais il écarte Mestivier. Il verra après la bataille.

Il se dirige vers le fond de sa tente, et tout à coup il aperçoit un portrait du roi de Rome peint par Gérard, que M. de Beausset, un aide de camp de Marmont, vient d'apporter de Paris.

L'émotion est si forte, sa fatigue si grande qu'il se retient au montant de son lit de fer.

Tout en fixant le portrait, il se fait apporter une plume, une feuille, et il commence à écrire :

« Ma bonne amie, je suis très fatigué. Beausset m'a remis le portrait du petit roi. C'est un chef-d'œuvre. Je te remercie bien de ton attention, cela est beau comme toi. Je t'écrirai demain plus en détail. Je suis fatigué. *Addio, mio bene.* Nap. »

Il voudrait se coucher, mais il saisit le portrait de son fils, le porte hors de la tente, dans le crépuscule humide. Il le pose sur une chaise. Des grenadiers s'approchent, s'inclinent comme s'il s'agissait d'une image sainte.

Napoléon murmure au général Rapp, qui se tient près de lui :

– Mon fils est le plus bel enfant du monde.

4.

Dans sa tente dressée au milieu des régiments de sa Garde, il se réveille en sursaut.

Il est deux heures du matin, ce lundi 7 septembre 1812. Son corps est endolori. Il se sent lourd. Ses jambes sont encore enflées. Il tousse. Sa tête est prise dans le cercle de fer d'une « horrible migraine ».

Maudit rhume ! Mais on ne s'arrête pas à cela.

Il entend les clairons qui d'un bout à l'autre des lignes françaises sonnent la diane. Il a déjà si souvent vécu ces aubes de combat.

– Voilà dix-neuf ans que je fais la guerre, et j'ai donné bien des batailles et fait bien des sièges en Europe, en Asie, en Afrique, répète-t-il.

Il l'a écrit à Marie-Louise. C'est à elle qu'il pense, à ce fils dont le portrait surgit à nouveau, éclairé par la torche que tient l'aide de camp de service.

Il se lève.

Dehors, la nuit est trouée par les feux de bivouacs. Ceux des Russes lui paraissent innombrables, et un murmure grave, comme une mélopée, monte de la vallée, court le plateau. Les Russes prient avant la bataille.

Autour de lui, il distingue les soldats de la Garde qui revêtent leur uniforme de parade. Ils se passent en silence des bouteilles de schnaps. Il doit en être ainsi dans toutes les unités.

Il a tant de fois vu ces aubes.

Et si souvent tout son destin a été suspendu au sort de la bataille qui allait s'engager. Mais chaque fois il l'a emporté, à Marengo, à Austerlitz, à Iéna, à Friedland, à Wagram. Et voilà trois mois qu'il attend ce moment. Pourtant il sait, ce matin, qu'il ne détient pas toutes les cartes. Les règles de la partie, qu'il a toujours fixées, imposées à l'ennemi, lui ont échappé. Ce n'est pas lui qui a choisi le lieu et le moment de l'affrontement, mais ce vieux Koutousov, qu'il a battu à Austerlitz mais qui est aussi le vainqueur des Turcs.

La bataille commence alors que la Grande Armée a été usée par trois mois de marche dans ce pays brûlé de soleil, étouffé de poussière. Voilà un mois que les hommes n'ont pas une distribution de vivres et qu'ils se nourrissent sur le pays. Il n'a même pas réussi à savoir avec exactitude, lui qui veut toujours connaître à un homme près l'état des unités, le nombre de soldats dont il dispose. Peut-être à peine cent trente mille, s'il en croit les calculs de Berthier ! Mais qu'en sait Berthier, alors que des milliers de traînards se sont répandus dans les campagnes et sur les chemins, et qu'ils sont la proie des cosaques ?

Il avance dans le campement de la Garde. Les hommes sont en rang. Les artilleurs de la Garde préparent leurs pièces.

Il s'approche. Il dispose de cinq cent quatre-vingt-sept bouches à feu. Mais Koutousov en a sans doute davantage. Il doit aligner plus de six cents canons, et peut-être cent vingt mille hommes, et compter en plus sur ces cavaliers cosaques qui tournoient autour de la Grande Armée et qui peuvent à tout instant fondre sur les arrières pendant la bataille.

C'est à cela que je dois penser. Cela que je dois prévoir. Il faut à chaque moment que je puisse commander à une unité de réserve capable de faire face à une action de cette cavalerie sur le flanc ou le dos des armées qui attaquent.

Il ne faudra pas engager la Garde dans la bataille principale. Je dois vaincre sans elle et la conserver comme ultime recours, pour m'opposer à l'imprévu.

Il monte à cheval.

Il entend, au-dessus du bourdonnement rythmé des Russes qui prient, les voix des officiers qui lisent sa proclamation, écrite hier dans la tente.

Il l'écoute, la murmure.

« Soldats, voilà la bataille que vous avez tant désirée ! Désormais la victoire dépend de vous ; elle est nécessaire. Elle nous donnera l'abondance de bons quartiers d'hiver et un prompt retour dans la patrie ! Conduisez-vous comme à Austerlitz, à Friedland, à Vitebsk, à Smolensk, et que la postérité la plus reculée cite avec orgueil votre conduite dans cette journée ; que l'on dise de vous : il était à cette grande bataille sous les murs de Moscou ! »

Il regarde les bivouacs russes. Il doit vaincre, détruire l'armée de Koutousov, entrer dans Moscou et imposer ainsi la paix à Alexandre. Alors la partie, une fois de plus, aura été gagnée.

S'il la perd...

Il ne peut pas perdre.

À six heures, alors que le jour se lève, il donne l'ordre à l'artillerie de commencer de tirer. Il suit des yeux les aides de camp qui s'élancent. Et tout à coup la canonnade déferle, envahissant la vallée de la Kolocza, roulant entre les rebords des plateaux, faisant jaillir la terre autour de la Grande Redoute, des Trois-Flèches.

Les premières lignes de fantassins, ceux d'Eugène, partent à l'assaut du village de Borodino déjà en flammes, de la Grande Redoute. Puis, à droite, ce sont les soldats de Davout, de Junot et de Ney qui se dirigent vers la Grande Redoute, et les Polonais de Poniatowski qui tentent de s'emparer des Trois-Flèches. Les boulets russes creusent dans les lignes des sillons sanglants. La fumée couvre peu à peu le champ de bataille, poussée par une légère brise qui souffle d'ouest en est et dissimule ainsi une partie des Russes.

Le soleil apparaît lentement, perçant la brume et la fumée.

– C'est le soleil d'Austerlitz ! lance-t-il.

Sera-ce Austerlitz ?

Il reste là, immobile sur son cheval. Les aides de camp se succèdent. Annoncent la prise de Borodino, puis la contre-attaque russe. Le général Plausonne, commandant l'assaut, a été tué dans le village avec la plupart de ses officiers. Davout a remporté la Grande Redoute, mais les Russes l'en ont délogé. Le général Compans est tué ; Davout, dont le cheval a été abattu, est resté sans connaissance. Les Trois-Flèches, la Grande Redoute, Borodino et le village de Semenovskoïe changent plusieurs fois de main. Le général russe Bagration a été tué en défendant Semenovskoïe, assure-t-on.

À chaque nom qu'on lui jette, il serre seulement les doigts sur les rênes. Montbrun, Damas, Compère, tous généraux, morts. Et Caulaincourt, le frère du grand écuyer, général lui aussi, abattu en chargeant à la tête de ses cavaliers. Il se tourne vers Caulaincourt. Les larmes coulent sur le visage du grand écuyer. Il a écouté l'aide de camp annoncer la mort de son frère.

– Vous avez entendu la triste nouvelle. Allez à ma tente.

Caulaincourt ne bouge pas, se contente de saluer, levant à demi son chapeau.

– Il est mort comme un brave, dit Napoléon.

Combien sont-ils, à être tombés ? Des dizaines de généraux, lui semble-t-il, des centaines de colonels, des dizaines de milliers d'hommes. Il le pressent. Et les Russes n'abandonnent pas le terrain. Ils ne se débandent pas. Ils contre-attaquent à la baïonnette. Leurs artilleurs se font hacher sur leurs pièces.

– Ces Russes se font tuer comme des machines, lance-t-il. On n'en prend pas. Cela n'avance pas nos affaires. Ce sont des citadelles qu'il faut démolir avec du canon.

Ce ne sera pas Marengo, ni Austerlitz, ni Iéna, ni Friedland, ni Wagram.

Il le devine.

– Nous gagnerons la bataille, dit-il les dents serrées. Les Russes seront écrasés, mais ce ne sera pas une affaire finie.

Il est sombre alors que la journée s'avance. On a tiré une centaine de milliers de coups de canon. Et les Russes résistent toujours.

Les aides de camp de Murat et de Ney répètent avec insistance la demande des maréchaux : il faut faire donner la Garde. Elle brisera le front des Russes, qui s'enfuiront. Puis ce sont les généraux qui harcèlent Napoléon. La Garde ! La Garde !

Il ne tourne même pas la tête.

– Je m'en garderai bien, je ne veux pas la faire démolir dit-il. Je suis sûr de gagner la bataille sans qu'elle y prenne part.

Ils insistent. Que savent-ils de l'ensemble des choses ? Ils voient la bataille au bout de leur sabre. Moi, je dois saisir l'ensemble.

– Et s'il y a une autre bataille demain, avec quoi la livrerai-je ? dit-il.

Est-ce qu'ils savent que, comme je l'avais craint, la cavalerie russe et les cosaques d'Ouvarov et de Platov ont effectué une diversion sur nos arrières, attaqué les bagages de la division qui a donné l'assaut à Borodino ?

Puis-je prendre le risque d'être tourné, enveloppé ?

Il faut vaincre sans la Garde.

Mais la Grande Redoute résiste. Il aperçoit les canons français qui, installés sur les Trois-Flèches enfin conquises, bombardent la Grande Redoute qui ne cède pas.

Le maréchal Lefebvre, près de lui, de son propre chef, donne l'ordre à la Garde d'avancer.

Un instant, il se laisse aller.

– Avancez, foutus couillons ! crie-t-il.

Puis, aussitôt, il arrête le mouvement.

On gagne une bataille la tête froide, en ne cédant pas à une impulsion.

La Grande Redoute tombe enfin.

Napoléon s'avance, rejoint les premiers rangs des tirailleurs qui progressent sur la route de Moscou. Les Russes se replient en bon ordre. Ils tiennent encore une redoute et un petit ouvrage qui couvre la route.

Napoléon donne l'ordre à l'escorte de rester en arrière. Il est avec la première ligne. Les balles sifflent.

Pourquoi ne pas mourir, comme les quarante-sept généraux et la centaine de colonels qui sont tombés ?

Les ravins, les talus sont recouverts par des milliers de morts mêlés. Combien ? Cinquante, soixante mille ? Il a l'habitude de cette comptabilité macabre. Il lui suffit de voir des fossés remplis de cadavres que les détrousseurs n'ont pas encore pu dépouiller de leur uniforme pour qu'il estime que trois sur quatre de ces hommes tombés sont des Russes. Et combien de blessés ? Trente, quarante mille ? Jamais bataille n'a coûté aussi cher.

Il ne fera pas donner l'assaut aux derniers retranchements russes.

– L'affaire est finie, murmure-t-il.

La nuit tombe. Il regarde les masses russes s'éloigner en bon ordre. Malgré les boulets qui tombent, elles reforment leurs rangs.

Qu'on intensifie le feu, commande-t-il.

– Ils en veulent encore ? Qu'on leur en donne !

Il a gagné la bataille. Il est sur les bords de la Moskova, sur la route qui conduit par Mojaïsk à Moscou. Mais il n'a pas détruit l'armée russe, et la bataille de la Moskova ressemble davantage à Eylau qu'à Friedland.

Cimetière de dizaines de milliers d'hommes !

Il rentre lentement à son bivouac.

Les cris, les hurlements des blessés montent de toutes parts. Les silhouettes courbées des détrousseurs vont et viennent comme des charognards. Bientôt, les cadavres seront nus.

Comment dormir ?

Il faut poursuivre Koutousov, entrer dans Moscou. Et là, enfin, ce gage pris, obtenir la paix.

Maintenant il faut écrire, pour que l'on sache que la victoire est mienne.

« Ma bonne amie,

« Je t'écris sur le champ de bataille de Borodino. J'ai battu hier les Russes, toute leur armée forte de cent vingt mille hommes y était. La bataille a été chaude : à deux heures la victoire était à nous. Je leur ai fait plusieurs milliers de prisonniers et pris soixante pièces de canon. Leur perte se peut évaluer à trente mille hommes. J'ai eu bien des tués et des blessés... Je n'ai de ma personne pas du tout été exposé. Ma santé est bonne, le temps un peu frais. Adieu, ma bonne amie, tout à toi

« Ton Nap. »

Il relit. Il sait ce que sont la Cour et l'entourage. On murmure, on tente de surprendre une émotion de l'Impératrice. Puis le mal se répand. Il ne doit écrire que ce qu'il faut qu'on sache, qu'on croie. Et qui sait, d'ailleurs, si l'une de ces lettres ne sera pas prise par un parti de cosaques, et transmise ensuite à Pétersbourg et à Londres ?

Il doit aussi penser à cela. La guerre, les victoires sont affaires d'opinion. Koutousov peut écrire à son empereur qu'il a remporté la bataille. Le général Bennigsen n'a-t-il pas fait cela après Eylau ? Et le poison s'est diffusé en Europe.

Il faut par avance combattre ce mensonge qui détruirait les effets de la bataille.

Il dicte une lettre pour l'empereur d'Autriche.

« Monsieur mon Frère et très cher Beau-Père, je m'empresse d'annoncer à Votre Majesté impériale l'heureuse issue de la bataille de la Moskova, qui a eu lieu le 7 septembre au village de Borodino. Sachant l'intérêt personnel que Votre Majesté veut bien me porter, j'ai cru devoir lui annoncer moi-même ce mémorable événement et le bon état de ma santé. J'évalue la perte de l'ennemi à quarante ou cinquante mille hommes ; il avait de cent vingt mille à cent trente mille hommes en bataille. J'ai perdu huit à dix mille tués ou blessés. J'ai pris soixante pièces de canon et fait un grand nombre de prisonniers. »

Il s'arrête de dicter. Il y a si peu de prisonniers au contraire ! Les Russes se sont fait tuer plutôt que de se rendre. Sur la route de Mojaïsk, les aides de camp de Murat, qui est à l'avant-garde, rapportent qu'on ne rejoint que quelques traînards, que l'ennemi n'a pas abandonné une seule charrette, et que dans Mojaïsk l'infanterie et la cavalerie russes continuent de résister.

Mais on ne peut dire cela.

Il sort de sa tente. Il va parcourir le champ de bataille. Il dit aux officiers qui l'entourent :

– La bataille de la Moskova est l'action de guerre la plus glorieuse, la plus difficile et la plus honorable pour les Gaulois, dont l'histoire ancienne et moderne fasse mention.

Il ne ment pas. Il a vu les fantassins charger, baïonnettes croisées, sans tirer un coup de feu sous la mitraille. On dit que Bagration a crié en les apercevant et avant de mourir : « Bravo, bravo ! »

Il monte à cheval, il ajoute :

– L'armée russe d'Austerlitz n'aurait pas perdu la bataille de la Moskova.

Mais ces cadavres russes qu'il aperçoit entassés les uns sur les autres, dans les ravins, autour des redoutes, sur le plateau, sont ceux d'hommes qui se sont battus avec acharnement. Bien battus.

Il passe lentement parmi les troupes qui bivouaquent sur le champ de bataille et retournent la terre pour enterrer les morts.

On l'acclame. Il descend de cheval. Il faut qu'il parle à ces hommes-là.

– Intrépides héros, c'est à vous que la gloire est due ! lance-t-il.

Il s'approche d'un groupe d'hommes, les questionne.

– Où est votre régiment ?

– Il est là, répond un vieil officier.

– Je vous demande où est votre régiment. Il faut le rejoindre, répète Napoléon.

Tout à coup, il comprend. Ces quelques dizaines d'hommes sont tout ce qui reste d'un régiment. Les centaines de manquants sont ces corps couchés dans les fossés, sur les remparts de leur redoute.

Il ressent tout à coup une douleur au flanc. Il tousse. Sa voix s'affaiblit puis se voile.

– La paix est à Moscou, dit-il en forçant sa voix. Quand les grands seigneurs russes nous verront maîtres de leur capitale, ils y regarderont à deux fois. Si je donnais la liberté aux paysans, c'en serait fait de toutes ces grandes fortunes. La bataille ouvrira les yeux à mon frère Alexandre, et la prise de Moscou à son Sénat.

Sa voix s'éteint. Il ne peut plus se faire entendre.

D'un geste, il indique qu'il faut prendre la route de Mojaïsk vers Moscou.

Le froid commence à être vif, la nuit humide. Il se sent fébrile, mais il faut atteindre Mojaïsk.

La maison où il pénètre sur la place de la petite ville désertée par ses habitants, mais qui n'a pas été brûlée, est ouverte au vent, portes arrachées. Les fourriers ont bourré les poêles.

Il fait chaud. Il s'essaie à dicter. En vain. Pas un son ne sort de sa gorge.

Il s'assied, donne un violent coup de poing sur la table. On lui apporte des feuilles et de l'encre, et il commence à écrire, déchirant les pages en petits carrés de papier sur lesquels il trace quelques lignes si vite que Berthier, Méneval, les aides de camp s'efforcent de les déchiffrer.

Mais il frappe à nouveau sur la table. Il a déjà écrit plusieurs billets. Croit-on qu'il va cesser d'agir parce qu'il ne peut plus parler ? Va-t-il soumettre son destin à une extinction de voix ? Tant qu'il sera vivant, il essaiera de mettre sa marque à l'Histoire.

Il écrit, plus lentement, un mot à Marie-Louise. Il ne lui parlera que de ce qui peut la toucher.

Le reste ? Ces deux ponts que je veux faire lancer sur la Moskova, ces chiffres précis que je demande, établissant les pertes, ces vivres que je veux qu'on rassemble, mes questions sur l'armée de Koutousov, défendra-t-il Moscou ou bien se retirera-t-il plus loin dans ce gouffre sans fond des terres russes, et Alexandre signera-t-il la paix si je suis au Kremlin ? Tout cela qui m'obsède, comment en faire part à qui que ce soit ? Et qu'entendrait Marie-Louise ?

« Mon amie, écrit-il, j'ai reçu ta lettre du 24. Le petit roi, après ce que tu me dis, est bien méchant. J'ai reçu son portrait la veille de la Moskova. Je l'ai fait voir, toute l'armée l'a trouvé admirable, c'est un chef-d'œuvre. Je suis fort enrhumé d'avoir pris la pluie à deux heures du matin pour visiter nos postes, mais j'espère en être quitte demain. Du reste, ma santé est fort bonne. Tu peux donner si tu le veux les entrées au prince de Bénévent et à Rémusat, il n'y a pas d'inconvénient. Adieu, mon amie, tout à toi.

« Nap. »

Il va mieux. Il peut parler, même si chaque mot prononcé irrite sa gorge. Mais a-t-il envie de parler ?

Il écoute les rapports des aides de camp. Pourquoi Koutousov ou Alexandre ne font-ils aucune proposition d'armistice ou de paix ? Pourquoi ces Russes continuent-ils de reculer, en ordre, sans songer à défendre Moscou ? Voudraient-ils abandonner après Smolensk leur autre ville sainte, cette troisième Rome ?

À dix heures du matin, le dimanche 14 septembre 1812, il chevauche à côté de la Garde, qui gravit d'un pas lent une colline. Il voit les soldats qui s'arrêtent. Il approche de la crête. C'est le mont des Oiseaux. Tout à coup, des cris : « Moscou ! Moscou ! Moscou ! »

Il fait beau. Le soleil l'éblouit d'abord. Puis il aperçoit dans la lumière dorée les dômes, les clochers, les palais.

Un aide de camp arrive au galop. La ville est vide. Un officier d'état-major russe a demandé une suspension d'armes. La ville, a-t-il dit, est remplie de soldats russes ivres. L'officier a recommandé les blessés à la clémence de l'Empereur.

Ce silence qui monte de la ville étreint Napoléon.

Il nomme le général Durosnel gouverneur de Moscou. Il faut que Durosnel occupe les bâtiments publics et fasse respecter l'ordre.

Mais ce silence qui recouvre la ville l'angoisse.

Il chevauche lentement jusqu'à la barrière de l'enceinte. Les aides de camp arrivent. Ils n'ont rencontré aucune députation de notables. Moscou est un désert où l'on ne croise que quelques malheureux hirsutes, sales, vêtus de peaux de mouton, des bagnards sans doute évadés des prisons.

Napoléon fait quelques pas au-delà de la barrière.

Il est à Moscou et il n'éprouve aucune joie.

Deuxième partie

Je suis dans l'obscur de tout

14 septembre 1812 – 5 décembre 1812

5.

Il a un haut-le-cœur en entrant dans cette auberge du faubourg de Dorogomilov où il doit passer la nuit du 14 septembre 1812. Il regarde un instant les fourriers et les chasseurs de son escorte qui s'affairent, versent du vinaigre et de l'alcool qu'ils font brûler pour chasser cette odeur de pourriture qui flotte dans les pièces.

Il enrage. Il ne peut refouler cette inquiétude sourde qui en même temps le ronge.

Où sont les représentants de cette ville ? Même au Caire, ils se sont présentés à lui, ils ont reconnu sa victoire, son autorité. Il a pu dialoguer avec eux.

Mais comment négocier la paix si personne n'est là pour m'écouter et me répondre ?

Il ressort. Le froid est vif. Mais il est surtout saisi par le silence que viennent parfois déchirer quelques détonations.

Il s'avance vers le grand maréchal Duroc qui revient d'une reconnaissance dans le centre de Moscou. Les soldats qui l'accompagnent poussent devant eux quelques habitants qui parlent français. Ils ont l'air égaré. Ils ne savent rien. Ils auraient dû quitter la ville comme la majeure partie de la population, expliquent-ils. Certains ne s'y sont pas résolus, pour protéger leurs biens. Un groupe gesticule. Il s'agit d'acteurs français et italiens qui jouent depuis des années à Moscou. Pourquoi auraient-ils suivi l'armée de Koutousov ?

Leur angoisse et leur peur sont contagieuses. On les protégera, dit Napoléon.

Il interroge Duroc. Toutes les autorités de la ville ont disparu. Dans le Kremlin, des malfaiteurs se sont barricadés et tirent sur les avant-gardes de Murat.

– Tous ces malheureux sont ivres, ajoute Duroc, et refusent d'entendre raison.

– Que l'on ouvre les portes à coups de canon, s'exclame Napoléon, et que l'on chasse tout ce qui s'y trouve !

Il rentre dans l'auberge, commence à dicter des ordres, à écouter les rapports des officiers qui viennent d'effectuer des patrouilles dans la ville. Les rues sont désertes, mais ici et là des individus ivres se glissent dans les maisons, tirent sur les soldats.

– Voilà donc comment les Russes font la guerre ! dit-il. La civilisation de Pétersbourg nous a trompés, lance-t-il, ce sont toujours des Scythes !

Le mardi 15 septembre, il se réveille à l'aube avec la même rage et la même inquiétude. Tout en s'habillant, il écoute les rapports de la nuit. Le bazar a pris feu vers onze heures. Cette grande place entourée de galeries abritant de nombreuses boutiques a été entièrement détruite, sans que, dans la nuit, on ait pu lutter contre l'incendie.

Il questionne longuement le maréchal Mortier et le général Durosnel. La fatigue creuse leurs traits. Leur visage et leurs mains sont encore noircis par la fumée. Ils n'ont pas trouvé de pompes, disent-ils. Des habitants et les soldats ont pillé les boutiques et les maisons. Deux autres incendies ont éclaté dans des faubourgs éloignés.

Les Russes oseraient-ils brûler Moscou ?

Il imagine un instant cette possibilité. Mais il la repousse. Ce sont sans doute les bivouacs des soldats qui ont mis le feu aux maisons de bois.

Il faut lancer de nouvelles patrouilles. Le maréchal Mortier, qui commande la Jeune Garde, remplacera Durosnel dans les fonctions de gouverneur de la ville.

Il est impatient de la visiter. Mais dès les premières rues le silence et le vide l'irritent et l'angoissent. Il n'aperçoit que quelques silhouettes derrière les croisées de certaines maisons.

Puis des hommes titubants qui s'enfuient à l'approche de la cavalcade. Où sont les foules de Milan, de Vienne, de Berlin?

Il devine enfin le Kremlin. Il donne un coup d'éperon pour s'en approcher plus vite. Il a pour la première fois, depuis qu'il est entré en Russie, un sentiment de plénitude. Il fait le tour de l'enceinte fortifiée. Il entre dans cette ville au cœur de la ville. Il regarde longuement les clochers à coupole. Il pourrait demeurer ici avec l'armée, au centre de l'Empire russe. Les troupes de Koutousov seraient bien contraintes elles aussi d'hiberner.

Mais Moscou serait entre mes mains, et, le printemps venu, comme un vaisseau qui se libère des glaces qui l'ont emprisonné, je reprendrais le mouvement, je briserais les Russes avec une Grande Armée qui aurait recouvré dans Moscou toutes ses forces. Et Alexandre, devant cette menace, serait contraint de négocier avant même le printemps, à mes conditions.

Il songe toute la journée à cette possibilité. Il examine les ressources de la ville. Elle regorge de provisions, lui dit-on. Des palais élégants, luxueux, côtoient les masures. Les boutiques sont nombreuses.

Il visite la chambre qu'a occupée le tsar. Il ne dormira pas dans son lit. Qu'on dresse son lit de campagne. Il va se retirer tôt, afin d'écrire à Marie-Louise. C'est avec ses lettres aussi qu'il forme l'opinion à Paris. Il appelle Caulaincourt. Il veut être immédiatement averti de l'arrivée des courriers qui, chaque jour, viennent de Paris. Ces hommes sont-ils attaqués? Comment sont renouvelés les équipages? Ne peut-on aller plus vite? Gagner un jour sur les quinze que demande le trajet peut être décisif. Il doit être informé le plus vite possible de ce qui se passe à Paris, dans l'Empire. Et il doit gouverner comme s'il était aux Tuileries.

Il veut ainsi une levée de cent mille hommes en France et de trente mille en Italie. « Les circonstances de la bataille de la Moskova ne doivent pas affaiblir le zèle, dit-il. Que, dès demain, cette exigence soit placée dans le portefeuille nouveau pour le courrier de Paris. »

Il est seul maintenant. Il écrit à Marie-Louise.

« Mon amie, je t'écris de Moscou où je suis arrivé le 14 septembre. La ville est aussi grande que Paris. Il y a seize cents clochers et plus de mille beaux palais, la ville est garnie de tout. La noblesse en est partie, on a obligé aussi les marchands à partir, le peuple est resté. Ma santé est bonne, mon rhume est fini. L'ennemi se retire, à ce qu'il paraît, sur Kazan. La belle conquête est le résultat de la bataille de la Moskova. Tout à toi.

« Nap. »

Il se couche, s'endort. Puis des bruits de voix. Il sort aussitôt du sommeil. Il regarde dans la lueur des bougies Caulaincourt et Duroc qui se tiennent à un pas du lit. Et, tout à coup, il aperçoit par la fenêtre cette lueur qui teinte de rouge toute la nuit.

Ils brûlent Moscou, pense-t-il aussitôt.

Il est quatre heures du matin, ce mercredi 16 septembre 1812.

Il marche d'un pas rapide vers les terrasses du Kremlin, d'où l'on peut apercevoir toute la ville. C'est comme si l'inquiétude accumulée depuis des jours venait d'exploser en lui et de se transformer en rage.

Il écoute le récit de Caulaincourt. Les premiers incendies ont éclaté loin du Kremlin, vers neuf heures du soir, mais le vent du nord a avivé les flammes et porté le sinistre au centre de la ville, puis d'autres foyers se sont déclarés et bientôt toute la ville a été embrasée. La Garde est sous les armes, des patrouilles ont été envoyées dans tous les quartiers, des incendiaires tués, on les a pris leur torche à la main. Ils sont souvent ivres et si déterminés que pour leur arracher leur torche il faut les tuer ou trancher leur poignet. On a découvert partout des dispositifs de mise à feu, des mèches. Les habitants ont avoué que la consigne a été donnée aux agents de police par le gouverneur Rostopchine d'incendier toute la ville pendant la nuit. Toutes les pompes ont été détruites ou emportées.

Napoléon regarde la ville brûler. Il reste un long moment immobile sur la terrasse, dans ce vent violent chargé de braises.

Cette ville de bois brûle comme n'ont pas pu brûler Troie ou Rome ! Il est fasciné. C'est comme un océan en feu.

Il lance des ordres. Il faut protéger le plus de bâtiments possible, sauver les ponts sur la Moskova, essayer de mettre les provisions à l'abri. Arrêter et fusiller immédiatement tous les incendiaires.

Les Russes veulent me chasser de Moscou, brûler tout ce qui peut nous être utile et nous laisser nus dans l'hiver qui vient. Ce sont des Scythes, des barbares. Quelle guerre font-ils ?

Il ne peut se détacher de ce spectacle. Une fumée cuivreuse garnit toute l'atmosphère et s'élève haut, pleine de jaillissements d'étincelles, de brandons. Parfois des explosions se produisent, créant des tourbillons.

Les Russes, explique Caulaincourt, ont placé des charges, des obus dans les poêles de différents palais.

Napoléon suit des yeux les volutes de fumée nacrée qui forment en se rejoignant une sorte de pyramide dont la base recouvre toute la ville. Au-dessus apparaît la lune.

Aucune fiction, murmure-t-il, aucune poésie ne peut égaler cette réalité.

Il se tourne vers le général Mouton qui se tient près de lui.

– Ceci nous présage les plus grands malheurs, ajoute-t-il.

Puis il se reprend. Un empereur ne se confie pas.

Il écarte ceux qui l'entourent, descend dans la cour du Kremlin. Il est neuf heures du matin. Le vent a tourné à l'ouest. Les maisons proches du Kremlin commencent à flamber. Il sent cette odeur soufrée, il respire cet air qui irrite la gorge, la peau et les yeux. Il s'arrête. Des soldats de la Garde encadrent deux hommes en uniforme, aux visages noircis. Ce sont des *boutechnicks*, des policiers.

Qu'on les interroge.

Il va et vient devant eux. On traduit leurs réponses. L'incendie a été préparé par ordre du gouverneur Rostopchine, confirment-ils. Des policiers ont été chargés de l'allumer quartier par quartier.

Tout à coup, l'arsenal, proche du Kremlin, s'embrase. Il voit des soldats de la Garde qui tentent d'empêcher le pont qui traverse la Moskova à partir du Kremlin de s'embraser. Leurs bonnets à poils brûlent sur leurs têtes. L'atmosphère devient irrespirable.

Les Russes peuvent avoir combiné cet incendie avec une attaque de leurs troupes sur Moscou. Il ne peut rester enfermé dans la ville. Il faut en sortir.

Il multiplie les ordres. Il ne se laissera jamais prendre dans un piège. Il sort du Kremlin, marche dans les décombres des quartiers ouest. Il avance dans la chaleur étouffante, un mouchoir sur la bouche, il marche sur une terre de feu, dans un ciel de feu. Des brandons tombent autour de lui. Il longe la Moskova. L'incendie ressemble à un crépuscule rouge qui embrase tout l'horizon.

Il traverse la Moskova sur un pont de pierre, monte à cheval.

La monture se cabre. Tout au long de la route de Mojaïsk, l'incendie déroule ses murailles de flammes. Les faubourgs sont détruits. Des soldats errent dans les ruines fumantes, s'enfoncent dans les caves, pillent les maisons calcinées.

Que deviendra la Grande Armée livrée ainsi aux instincts ?

Il s'installe au château de Petreskoïe, à deux lieues de Moscou. Il veut rester seul. Il marche dans le parc. Il regarde l'horizon. Moscou continue de brûler malgré une pluie fine qui commence à tomber.

Il est replié sur lui-même. Les projets se succèdent dans sa tête. Parfois, dans ce château, le plus beau qu'il ait habité depuis le début de la campagne, il va vers la table sur laquelle les cartes ont été déroulées.

Il appelle Berthier, Eugène de Beauharnais, Murat. D'abord, il ne parle pas. Que pensent-ils ? Il les dévisage. Murat est le seul qui paraît satisfait. Il prétend que les cosaques de l'arrière-garde de Koutousov ont tant d'estime pour sa bravoure qu'ils ont décidé de ne pas le tuer !

Berthier, prince de Neuchâtel, rêve de retrouver son château de Grosbois, d'y organiser des chasses et d'y recevoir sa maîtresse, Mme de Visconti ! Quant à Eugène, fidèle entre les fidèles, il est lui aussi las de cette guerre, si loin des siens, de l'Italie.

Et moi ? Croient-ils que je n'ai pas de rêve ?

Il se retourne vers le portrait du roi de Rome qu'il a fait placer dans la pièce.

Il va et vient, les mains derrière le dos, la tête penchée, sans les regarder.

– Nous pouvons, commence-t-il, l'incendie éteint, rester à Moscou. Les subsistances sont dans les caves et toutes les maisons n'auront pas été détruites.

Il les regarde. Aucun d'eux n'ose répondre.

– Nous pouvons, reprend-il, rejoindre Smolensk, ou même Vilna.

Berthier et Eugène approuvent.

– Nous pouvons aussi, continue-t-il en se penchant vers la carte, marcher vers Saint-Pétersbourg, forcer Alexandre à s'enfuir ou à signer la paix. Comme nous l'avons fait avec l'empereur d'Autriche à Vienne, et le roi de Prusse à Berlin.

Ils baissent les yeux.

Il devra choisir seul.

Et d'abord il rentre à Moscou, même si la ville flambe encore.

Il avance lentement avec son escorte au milieu des ruines fumantes des quartiers détruits. Il doit tout voir, parce qu'il faut toujours mesurer ce dont l'ennemi est capable.

Les Russes, il en est persuadé, vont se servir de l'incendie pour dresser le peuple contre lui. Il sera l'Antéchrist. Il faut, sans tarder, combattre cette calomnie, tenter de prendre les incendiaires à leur propre piège.

Il écrit à Marie-Louise, parce qu'elle parlera autour d'elle, qu'elle écrira à son père, et qu'à la Cour de Vienne on doit aussi le guetter pour se retourner contre lui.

– Les Autrichiens et les Prussiens sont des ennemis sur nos arrières, dit-il à Berthier.

« Je n'avais pas idée de cette ville, écrit-il à Marie-Louise. Elle avait cinq cents palais aussi beaux que l'Élysée Napoléon, meublés à la française avec un luxe incroyable, plusieurs palais impériaux, des casernes, des hôpitaux magnifiques. C'est le gouverneur et les Russes qui, de rage d'être vaincus, ont mis le feu à cette belle ville. Ces misérables avaient poussé la précaution jusqu'à enlever ou détruire toutes les pompes... Il ne reste que le tiers des maisons. L'armée a trouvé bien des richesses de toute espèce car dans ce désordre tout est au pillage. Le soldat a des vivres, l'eau-de-vie de France en quantité.

« Tu ne dois jamais prêter l'oreille aux bavardages de Paris.

« Écris souvent à ton père, envoie-lui des courriers extraordinaires, recommande-lui de renforcer le corps de Schwarzenberg pour qu'il se fasse honneur.

« Je considère quelquefois le portrait de Gérard, que je trouve très beau.

« Tu ne doutes pas que je t'aime beaucoup et que mon bonheur est d'être près de ma bonne Louise.

« Embrasse trois fois le petit roi, aime-moi et ne doute jamais.

« Nap. »

Il est déjà deux heures du matin. Mais il n'est pas question de céder au sommeil ou à la fatigue. Il doit tendre toutes les rênes maintenant que l'incendie s'achève parce que la pluie tombe avec violence, que le vent ne souffle plus et, comme il l'écrit encore à Marie-Louise, pour qu'elle le dise, parce que « nous avons fusillé tant d'incendiaires qu'ils ont cessé ».

Il faut d'abord tenter de conclure la paix, en dressant les Russes et si possible l'Empereur contre ceux qui ont détruit Moscou.

Il reçoit le major général Toutolmine, directeur de l'Hospice des enfants trouvés, dont les pupilles sont restés à Moscou. Toutolmine demande l'aide des Français. Napoléon déroule devant lui l'affiche que le gouverneur Rostopchine a fait placarder devant sa maison de Wornzovo, à peu de distance de Moscou. Il la lit en jetant des coups d'œil à Toutolmine : « J'ai embelli pendant huit ans cette campagne et j'y vivais heureux au sein de ma famille, a écrit Rostopchine. Les habitants de cette terre, au nombre de mille sept cent vingt, la quittent à votre approche et, moi, je mets le feu à ma maison pour qu'elle ne soit pas souillée par votre présence. Français, je vous ai abandonné mes deux maisons de Moscou avec un mobilier d'un demi-million de roubles ; ici, vous ne trouverez que des cendres. »

Napoléon s'approche de Toutolmine. Cette barbarie criminelle de Rostopchine l'est d'autant plus, dit-il, que la population civile n'a rien à craindre des Français. Détruire des villes, est-ce la manière de faire la guerre ?

Monsieur le major général, demande-t-il en se penchant, se souvient-il de Pougatchev, l'homme qui voulait libérer les serfs ?

– Je n'ai pas voulu déchaîner l'ouragan de la révolte des paysans, murmure Napoléon.

Il marche dans la pièce. Il est prêt à permettre à un envoyé de Toutolmine de franchir les avant-postes pour rendre compte de la situation de l'hospice à l'Impératrice, puisqu'elle patronne cette institution.

Il revient vers Toutolmine, dit brusquement :

– Je vous prie, en le faisant, d'écrire à l'empereur Alexandre, pour la personne de qui j'ai toujours la même estime, que je désire la paix.

Il regarde s'éloigner Toutolmine.

Il faut toujours tout tenter. La paix, maintenant, alors qu'il est à Moscou, serait la meilleure des solutions. Peu en importent les conditions. Si elle était signée, elle paraîtrait à l'Europe comme le couronnement de la victoire militaire, alors que, s'il devait quitter Moscou sans avoir pu conclure une négociation avec le tsar, cela serait considéré comme un échec.

– L'Europe me regarde, dit-il à Caulaincourt.

Il se tait quelques minutes, puis tout à coup questionne :

– Voulez-vous aller à Pétersbourg, monsieur le grand écuyer ? Vous verrez l'empereur Alexandre. Je vous chargerai d'une lettre et vous ferez la paix.

Il faut savoir aller au-delà de son orgueil. *J'ai souvent fustigé Caulaincourt. Aujourd'hui, j'ai besoin de lui.*

Caulaincourt refuse, déclare que la mission serait inutile.

Que sait-on de ce qui est possible ou impossible avant de l'avoir tenté ?

– N'allez qu'au quartier général du maréchal Koutousov !

Mais Caulaincourt s'obstine.

– Eh bien, j'enverrai Lauriston, il aura l'honneur d'avoir fait la paix et de sauver la couronne de votre ami Alexandre.

Je dois tout tenter pour obtenir la paix. Mais comment croire qu'elle est possible ? L'incendie de Moscou est la preuve même de la détermination des Russes. Caulaincourt croit-il que j'imagine un seul instant qu'une mission auprès d'Alexandre ait de fortes chances de réussir ? Mais serais-je persuadé qu'elle est vouée à l'échec, que je la tenterais quand même, puisque la paix serait la meilleure des solutions. Et qu'il ne me coûte rien de l'essayer, seulement un peu d'orgueil. Et qui s'arrête à cela quand le destin est en jeu ?

Il reçoit Iakovlev, l'un des rares seigneurs russes restés à Moscou. L'homme est vieux. Il avoue qu'il voulait quitter Moscou, mais qu'il n'a pu mettre son projet à exécution. Il parle parfaitement français, avec élégance. Il a autrefois connu à Paris le maréchal Mortier.

– Je ne fais pas la guerre à la Russie, commence Napoléon, mais à l'Angleterre. Pourquoi le vandalisme d'un Rostopchine ?

Il parle longuement, puit tout à coup s'interrompt.

– Si j'écrivais, porteriez-vous ma lettre et pourrais-je être sûr qu'elle serait remise à Alexandre ? Dans ce cas, je vous ferais donner un laissez-passer, pour vous et tous les vôtres.

Iakovlev hoche la tête.

– J'accepterais volontiers la proposition de Votre Majesté, dit-il, mais il m'est difficile d'en répondre.

Il m'importe peu que Iakovlev demeure ou non à Moscou. Je dois courir la chance de renouer avec Alexandre.

D'un seul trait, il dicte une lettre pour le tsar.

« Monsieur mon Frère,

« La belle et superbe ville de Moscou n'existe plus. Rostopchine l'a fait brûler. Quatre cents incendiaires ont été arrêtés sur le fait ; tous ont déclaré qu'ils mettaient le feu par les ordres de ce gouverneur et du directeur de la Police ; ils ont été fusillés. Le feu paraît enfin avoir cessé. Les trois quarts des maisons sont brûlées, un quart restent.

« Cette conduite est atroce et sans but. A-t-elle pour objet de nous priver de quelques ressources ? Mais ces ressources étaient dans les caves que le feu n'a pu atteindre. D'ailleurs, comment détruire une ville des plus belles du monde et l'ouvrage des siècles pour atteindre un si faible but ? Si je supposais que de pareilles choses fussent faites par les ordres de Votre Majesté, je ne lui écrirais pas cette lettre ; mais je tiens pour impossible qu'avec ses principes, son cœur, la justesse de ses idées elle ait autorisé de pareils excès, indignes d'un grand souverain et d'une grande nation. »

Il faut toujours, quand on ne peut écraser totalement un adversaire, lui laisser la possibilité de fuir et de sauver les apparences, pour qu'au lieu d'être acculé à se battre jusqu'à la mort il accepte de traiter.

Je dois tendre la main à Alexandre, quel que soit cet homme dont j'ai dit tant de fois, dont je sais qu'il est faux.

Napoléon reprend :

« J'ai fait la guerre à Votre Majesté sans animosité : un billet d'elle avant ou après la dernière bataille eût arrêté ma marche, et j'eusse voulu être à même de lui sacrifier l'avantage d'entrer à Moscou.

« Si Votre Majesté me conserve encore quelque reste de ses anciens sentiments, elle prendra en bonne part cette lettre. Toutefois, elle ne peut que me savoir gré de lui avoir rendu compte de ce qui se passe dans Moscou. »

J'ai fait ce que je devais, sans illusions. Mais sans hésitation. Maintenant, au travail. Le jour, et la nuit.

Les estafettes arrivent, avec le portefeuille de Paris, le paquet de lettres de Varsovie et celui de Vilna. Rien ne va plus en Espagne, Wellington est entré dans Madrid le 12 août. Autrichiens et Prussiens, au moindre revers ici, deviendraient « nos plus dangereux ennemis ».

Bernadotte, le Judas, a signé le 30 août un traité d'alliance avec Alexandre Ier, contre moi ! Qu'espère-t-il ? Que le tsar et les Anglais le placent à la tête de la France ? Ce fou de jalousie est bien capable d'imaginer cela ? Ne suis-je pas devenu, comme dit Mme de Staël réfugiée à Stockholm, « l'ennemi du genre humain » ? Et elle est là-bas pour organiser, disent nos espions, la croisade du « monde libre » contre moi ! Avec cette Russie où l'on vend les paysans aux enchères comme les esclaves au temps de Rome !

Voilà mes ennemis.

Et mes seules ressources sont dans ma volonté, dans mon esprit, dans mon travail.

Il dicte dépêches, décrets, parfois durant toute la nuit.

Rien ne doit échapper à mon autorité.

Le 15 octobre 1812, il élabore un décret qui organise la Comédie-Française. Durant quelques minutes, tout en parlant, il oublie où il se trouve, dans ce Kremlin sur lequel, le 13 octobre, vient de tomber la première neige.

« Les comédiens sont réunis en société, et le produit des recettes est réparti en vingt-quatre parts... »

Il achève de dicter le décret, puis il s'approche de la fenêtre. Il fait beau, le temps est doux comme à Fontainebleau. Il voudrait croire que cela peut durer. Que Caulaincourt a exagéré sa description du climat. Mais la neige est tombée avant-hier.

– Dépêchons-nous, dit-il. Dans vingt jours, il faudra être dans les quartiers d'hiver.

Il descend dans la cour du Kremlin pour présider la parade comme il le fait chaque jour. Puis travail, à nouveau.

Il veut qu'on évacue les blessés sur Smolensk. De là ils rejoindront Vilna, puis la France, escortés par des sous-officiers qui, de retour dans leurs casernes, formeront les nouvelles recrues de la conscription. Qu'on recense les voitures, qu'on réorganise les unités. Chaque soir, il reçoit les maréchaux, les généraux. On écoute un chanteur italien, Tarquinio, un soprano qui a été contraint, avec sa troupe, de rester à Moscou. L'incendie et le pillage les ont laissés démunis.

Qu'on les aide. Mais il interrompt rapidement le spectacle. L'heure n'est pas aux chants. Il interroge les officiers. Caulaincourt explique que pour la première fois des relais, des courriers venus de Paris ont été attaqués. La liaison quotidienne avec la capitale de l'Empire n'est plus sûre.

Voilà le plus grave.

Il écoute Murat qui continue à parlementer avec les cosaques et n'est que le corbeau de la fable, en face de renards.

– Ces pourparlers n'ont pour but que d'effrayer l'armée sur son éloignement de la France, sur le climat, sur l'hiver, dit Napoléon.

Murat est dupe.

– Ces gens-là ne veulent pas traiter. Koutousov est poli, lui voudrait en finir. Mais Alexandre ne le veut pas, il est entêté, poursuit l'Empereur.

Il étudie les cartes. Si l'on quitte Moscou, on marchera d'abord vers le sud. Il faut que les corps de troupes confectionnent pour quinze jours de biscuits. Il faut qu'on réunisse toutes les voitures qu'on ne peut atteler au Kremlin.

Il a pris sa décision. Reste sa mise en œuvre. Il faut jusqu'au dernier instant dissimuler à tous le moment du départ.

Le dimanche 18 octobre 1812, à midi, dans la cour du Kremlin, il passe en revue le 3e corps, celui du maréchal Ney. Il fait beau. La fanfare joue un air allègre. Un aide de camp surgit tout à coup. C'est M. de Béranger, officier auprès de Murat, qui annonce que les Russes ont attaqué à Winkovo.

Napoléon écoute le rapport. Les bivouacs français ont été surpris. Les Russes ont emporté douze canons. Seule la charge de Murat a permis de les repousser.

– Il faut que je voie tout par mes yeux, s'écrie Napoléon. Sans la présence d'esprit de Murat et son courage, tout eût été pris, et lui-même compromis. Mais je ne puis me rapporter à lui. Il se fie sur sa bravoure, s'en rapporte à ses généraux et ceux-ci sont négligents. Dans tous les cas il faut laver l'affront de cette surprise. Il ne faut pas qu'on dise en France qu'un échec nous a forcés à nous retirer.

Il saute de cheval, rentre dans les bâtiments.

– Quelle bêtise de Murat ! Personne ne se garde. Cela dérange tous mes projets. On me gâte tout.

Il reste seul. Il n'est plus temps d'attendre. Demain, il quitte Moscou.

Il doit écrire quelques lignes à Marie-Louise, paisibles, rassurantes.

« Ma bonne Louise,

« Je t'écris au moment où je monte à cheval pour visiter mes avant-postes. Il fait ici chaud, un très beau soleil, aussi beau qu'il peut faire à Paris dans le courant de septembre. Nous n'avons encore eu aucun froid. Nous n'avons pas encore éprouvé les rigueurs du climat du Nord.

« Mon intention est de prendre bientôt mes quartiers d'hiver et j'espère pouvoir te faire venir en Pologne pour te voir. Baise pour moi le petit roi deux fois et ne doute jamais des sentiments de ton tendre époux.

« Nap. »

Il est sept heures du matin, le lundi 19 octobre 1812. Il s'approche du général Rapp, qui paraît soucieux.

Imagine-t-il que je ne le suis pas ? Je regarde ces milliers de voitures remplies des produits du pillage – tableaux, vases, fourrures, reliques, meubles, tonneaux. Ça, mon armée ? Et ces cent mille hommes, à l'exception de la Garde, sont-ce encore tout à fait des soldats, chargés de flacons et de sacs pleins de leurs rapines, leurs corps emmaillotés de vêtements disparates ?

Que puis-je exiger de ces hommes-là ?

Il dit à Rapp d'un ton joyeux :

– Eh bien, Rapp, nous allons nous retirer sur la Pologne : je prendrai de bons quartiers d'hiver ; j'espère qu'Alexandre fera la paix.

– Les habitants prédisent un hiver rigoureux, dit Rapp.

Napoléon s'éloigne.

– Bah, bah, avec vos habitants ! lance-t-il. Voyez comme il fait beau !

Il rejoint le maréchal Berthier.

Il exige d'une voix rude que chaque voiture prenne en charge deux blessés. « Toute voiture qui sera trouvée en marche sans ces blessés sera brûlée. Les voitures devront être numérotées, sous peine de confiscation. »

Berthier murmure qu'elles sont peut-être vingt, trente, quarante mille !

Il ne répond pas. Il dicte un nouvel ordre, à transmettre au maréchal Mortier, qui devra rester avec dix mille hommes au Kremlin, après avoir fait partir les éclopés et les blessés.

« Le 23 octobre à deux heures du matin, le maréchal Mortier fera mettre le feu au palais du Kremlin. »

Il regarde Berthier, puis recommence à dicter tout en marchant.

« Quand le feu sera en plusieurs endroits du Kremlin, le maréchal Mortier, duc de Trévise, se portera sur la route de Mojaïsk. À quatre heures, l'officier d'artillerie chargé de cette besogne fera sauter le Kremlin. Sur sa route, il brûlera toutes les voitures qui seraient restées en arrière, fera autant que possible enterrer tous les cadavres et briser tous les fusils qu'il pourrait rencontrer. »

Voilà.

La Garde s'ébranle. Il prend place au milieu d'elle, droit sur sa selle.

Il est neuf heures du matin, ce lundi 19 octobre 1812.

Il quitte Moscou.

6.

Il regarde loin devant lui. Il voudrait ne pas voir, mais il aperçoit sur les bords de la route des grenadiers de sa Garde, arrêtés déjà. Et on ne marche que depuis quelques heures. Ils fouillent dans leurs sacs. Ils abandonnent des objets trop lourds. Les talus boueux sont déjà recouverts de livres aux reliures dorées, de statuettes, de robes, de tapis.

Il ne doit rien laisser apparaître de ce qu'il ressent, ni l'inquiétude, ni la rage, ni l'incertitude.

Et cependant elles le rongent. A-t-il eu raison de prendre la route du Sud, vers Kalouga, pour infliger une défaite à Koutousov ? Et où est le feld-maréchal russe ? On n'aperçoit de temps à autre, surgissant du brouillard, que des cosaques, qui tirent quelques coups de feu, donnent des coups de lance puis s'égaillent comme une nuée de mouches quand les escadrons de la Garde chargent. Mais ils ont tué ou blessé quelques hommes qui restent allongés sur la terre.

Fallait-il gagner au plus vite Smolensk, où se trouvent des magasins remplis d'approvisionnements ? Cette armée a besoin de tout, de pain, de munitions, de chaussures, d'uniformes, de charpie pour les blessés.

Et si les magasins étaient vides, parce que les commissaires aux approvisionnements sont des incapables et des brigands ? Et si les troupes russes venues du sud, celle des généraux Tormasov et Tchitchakov, rejoignaient celles commandées par Wittgenstein qui descendent du nord, je serais encerclé, enfermé dans cette

Russie, cependant que toute l'Europe, mon Empire se soulèverait !

Mais il faut rester impassible, ne pas voir ces voitures qui ont déjà versé sur le côté, ces caissons d'artillerie embourbés parce que la terre est devenue une glu, que le chemin de traverse que j'ai choisi pour rejoindre la nouvelle route de Kalouga, pour échapper ainsi aux reconnaissances de Koutousov, est étroit et creusé de fondrières.

Et après les longs brouillards glacés de la matinée, les pluies de la journée, c'est le froid de la nuit qui tombe.

Les pièces du château de Troïtskoïe, la première halte de quelques heures, puis la chambre de Fominskoïe, et la maison de Borovsk, les étapes suivantes sont sales, gelées et humides. Napoléon ordonne qu'on brûle les voitures qui ne peuvent plus avancer. Il voit des soldats qui dépècent des chevaux. Certains grenadiers plongent leurs bras, leur tête même, dans le ventre ouvert de la bête pour y chercher le foie, fouillant dans les entrailles. D'autres remplissent des seaux avec le sang, qu'ils boiront chaud.

Il ne peut pas ne pas remarquer cela, lire sur les visages de Caulaincourt, de Rapp, de Berthier, d'Eugène, de Lauriston l'angoisse. Ils l'entourent et le questionnent des yeux.

Il prend Caulaincourt par le bras.

– Je vois qu'il sera indispensable que je me rapproche de mes réserves, dit-il. Car j'aurai beau chasser Koutousov et lui faire évacuer Kalouga et ses retranchements, les cosaques gêneront toujours mes communications.

Caulaincourt approuve et, d'une voix altérée, évoque le climat qui va changer, la neige et le froid qui vont venir, et ces mouvements de paysans, de partisans, que signalent les courriers lorsqu'ils arrivent. Tout le pays, jusqu'à la frontière du grand-duché de Varsovie, est en train de se soulever. On ne peut plus fourrager sans risque. Les estafettes sont attaquées. On tue les soldats isolés. Des rumeurs se répandent. Les paysans empalent leurs prisonniers ou bien les jettent dans des récipients d'eau ou d'huile bouillantes.

Il ne doit rien répondre, rien montrer de ce qu'il ressent. Il dit seulement :

– Nous serons sans nouvelles de France, mais le plus fâcheux, c'est qu'en France on sera sans nouvelles de nous.

Il faut une grande circonspection dans ce que l'on écrit, exige-t-il. Toutes les lettres peuvent être prises.

Il écrit à Marie-Louise en pensant à cela.

« Ma bonne amie, ma santé est bonne, mes affaires vont bien. J'ai abandonné Moscou après avoir fait sauter le Kremlin. Il me fallait vingt mille hommes pour garder cette ville. Détruite comme elle était, elle gênait mes opérations. Le temps est très beau.

« Je partage le désir que tu as de voir la fin de tout ceci, tu ne dois pas douter du bonheur que j'aurai de t'embrasser.

« Baise le petit roi pour moi, écris à ton père que je le prie de penser à Schwarzenberg et de le faire soutenir par le corps de troupe de Galicie et de le renforcer. Quand tu écris à l'Impératrice, mets-moi à ses pieds.

« Adieu, mon amie. Tu sais combien je pense à toi. Tout à toi.

« Nap. »

Il entend le canon. Il sort aussitôt. On se bat autour de Maloiaroslavets, plus au sud. Il chevauche dans la direction des combats, écoute les rapports des éclaireurs. Ce sont le maréchal Davout et Eugène de Beauharnais qui ont été attaqués par les Russes du général Doctorov, l'avant-garde de Koutousov. Ils les ont repoussés, fait quelques prisonniers, mais les cosaques sont partout, harcelant les troupes.

Napoléon rentre à Borovsk. Il interroge un officier prisonnier. L'homme est calme comme un vainqueur. L'empereur Alexandre a déclaré, répète-t-il : « C'est maintenant que ma campagne commence. »

L'homme ne répond à aucune question concernant les mouvements de Koutousov. Les Russes se replient-ils après avoir été battus à Maloiaroslavets ? Et comment les poursuivre avec une armée dont les hommes et les chevaux sont épuisés ?

Napoléon ne peut rester en place. Il marche dans la pièce. Il consulte les cartes. Il sort sur le seuil. La nuit est grise de brouillard. On ne voit pas à quelques pas.

– Cela devient grave, murmure-t-il. Je bats toujours les Russes, mais cela ne termine rien !

Il se tait tout en marchant dans ce réduit qui pue, puis, tout à coup, il saisit son chapeau.

– Je vais m'assurer moi-même si l'ennemi est en position ou en retraite, comme tout l'annonce. Ce diable de Koutousov ne recevra pas la bataille. Faites avancer mes chevaux, partons.

Il se heurte à Berthier, qui lui barre le passage. Le jour n'est pas levé, dit le maréchal. On ne sait pas quelle est la position des différentes unités. Les cosaques peuvent surgir à tout instant.

Un aide de camp d'Eugène arrive, confirme la retraite des troupes de Koutousov. Napoléon écoute, attend quelques minutes. Mais il ne peut rester dans cette pièce enfumée. Il veut agir. Il monte à cheval, sans se soucier de qui le suit.

Il chevauche, et tout à coup des cavaliers surgissent du brouillard, crient, enveloppent l'escorte, les aides de camp. Il entend le cri de Rapp :

– Arrêtez, Sire, ce sont des cosaques !

– Prends les chasseurs du piquet et porte-toi en avant ! lance Napoléon.

Il regarde autour de lui. Berthier et Caulaincourt sont à ses flancs, l'épée tirée. Il dégaine.

On se bat devant lui. Il entend le choc des coups portés, les cris, les hourras des cosaques. Les escadrons de la Garde surviennent enfin, au moment où le brouillard se lève. Il découvre alors dans la plaine des milliers de cosaques, sans doute ceux de Platov, qui ont attaqué les bivouacs de la Garde et le parc d'artillerie, entraînant avec eux des prisonniers, des pièces de canon. Ils ont dû surgir des bosquets d'arbres qui, de-ci, de-là, forment dans la plaine des massifs sombres.

Il faut montrer sa sérénité, sa gaieté même. Il rit, plaisante avec Lauriston et Rapp. Il sent les regards des grenadiers qui ne le quittent pas des yeux.

Il doit apparaître héroïque et invulnérable.

« Vive l'Empereur ! » crie-t-on. Mais les voix s'éteignent vite. Il rentre lentement, traversant les bivouacs. Les hommes sont accroupis autour des feux. Il les sent recroquevillés en eux-mêmes. Indifférents les uns aux autres. Ennemis, même. Isolés par le froid qui tombe et la faim qui les tenaille. Il convoque le docteur Yvan, le médecin de la Garde, qui lui est attaché depuis des années.

Il le dévisage. Il veut, dit-il en tournant le dos à Yvan, une ampoule remplie d'un poison violent. Il veut la porter sur lui. Il ne doit pas courir le risque d'être fait prisonnier.

Il fait face à Yvan qui balbutie. Il répète qu'il s'agit d'un ordre à exécuter immédiatement.

C'est le dimanche 25 octobre 1812. Il a donc failli être tué ou capturé. Mais le destin l'a laissé en vie. Alors, en avant.

Il donne le signal du départ. Il a pris sa décision. On gagnera au plus vite Smolensk. On abandonne la route du Sud, on reprend la route de Mojaïsk, de Borodino et de Wiazma.

Maintenant, la nuit, il gèle, mais les journées froides ne sont encore que grises. Il chevauche au milieu de la Garde, puis il monte en voiture et marche de longues heures à pied, avec les soldats, comme un soldat, s'appuyant au bras de Caulaincourt ou de Berthier, ou bien prenant appui sur un gros bâton.

Il voit.

Les morts sur les talus et sur la route. Les blessés abandonnés. Les voitures brisées auxquelles il donne l'ordre de mettre le feu.

Tout à coup, il reconnaît ces plateaux, dont la terre est encore retournée, ces ravins d'où s'envolent des milliers de corbeaux. Les étendues sont couvertes de débris et de morts. Des bras sortent de terre. Des carcasses de chevaux achèvent de pourrir. La pluie a délavé le terrain et les cadavres enterrés sont en partie mis au jour. Voilà le village de Borodino.

Cela fait à peine cinquante-deux jours que la bataille de la Moskova a eu lieu.

Il voudrait faire accélerer le pas. Chaque soldat qui passe entre ces morts qui pourrissent est un homme qui perd de son énergie, qui désespère. Il regarde Caulaincourt. Son frère repose aussi dans cette terre. Il entend les murmures qui montent de la troupe en marche. Il veut savoir. On dit qu'on a trouvé un grenadier français, les jambes coupées mais encore vivant. L'homme aurait vécu dans la carcasse des chevaux, se nourrissant de leur chair.

Il faut se murer. Il faut avancer.

Il se retourne. La colonne s'étire à perte de vue. Les voitures cahotent, versent, brûlent. On les pille. On passe près d'une abbaye d'où s'élèvent des plaintes. Des blessés sont encore là depuis la bataille.

Il s'arrête. Qu'on les charge dans les voitures, dans celles de sa Garde et de la Maison de l'Empereur.

Il repart. Il entend des cris. Les conducteurs des voitures lancent leurs attelages pour que les cahots fassent tomber sur la route les blessés qu'ils ont dû prendre.

Il détourne la tête. Il murmure :

– L'armée n'est pas belle à montrer, aujourd'hui.

Mais il faut qu'il sache. Il ne sert à rien d'ignorer. Il sort de la route. Il monte sur une hauteur. Il veut voir défiler les troupes et les convois. De combien d'hommes dispose-t-il encore ? Ils étaient cent mille au départ de Moscou. Peut-être n'en reste-t-il, dix jours plus tard, que la moitié.

On pousse devant lui un homme au regard insolent. C'est le comte de Wintzingerode, aide de camp d'Alexandre Ier, qu'on a surpris revêtu d'une redingote civile aux portes de Moscou alors qu'il incitait à la désertion les soldats français.

Quoi, un homme né dans le Wurtemberg, un de mes sujets, qui s'est mis au service du plus offrant, un agent secret, un espion – pas un soldat, un débaucheur de troupes ! Un traître. Napoléon hurle. Il ne peut plus se contenir. Toute la rage qui est en lui, qui s'est accumulée à chaque regard porté sur cette route, sur ces soldats, sur ces blessés, ces morts explose. Cet homme mérite d'être fusillé.

Il regarde Caulaincourt, Berthier, Murat.

Ils me condamnent.

Il appelle lui-même les gendarmes.

– Comme vous voudrez, Sire, mais jamais comme un traître, dit Wintzingerode.

Napoléon donne un coup de pied dans la terre durcie par le gel. Il lève la tête, aperçoit à quelque distance de la route un château. La bâtisse est grande et belle. Que deux escadrons de la Garde aillent y fourrager et y mettre le feu.

– Puisque messieurs les barbares trouvent bon de brûler leurs villes, il faut les aider ! crie-t-il.

Il se calme tout à coup. Les flammes enveloppent le château. Il regagne la route. Il ne fera pas fusiller ce Wintzingerode. Il se rapproche de Caulaincourt, lui tire l'oreille.

– C'est à cause d'Alexandre que vous vous intéressez à lui ? Allez, allez, on ne lui fera pas de mal.

Il donne une tape sur la joue du grand écuyer.

Il se dresse sur ses étriers. Devant lui, les champs sont blancs. La neige est tombée. Le froid va venir envelopper tout ce qui reste de l'armée. La neige va la recouvrir.

Il se penche vers Caulaincourt, l'interroge.

– Notre retraite aura monté la tête à tout le monde, dit le grand écuyer.

En Russie, en Autriche, en Prusse.

– Et le froid, poursuit Caulaincourt, va apporter de grands malheurs.

Il l'écoute. *Il faut avancer plus vite, prendre de vitesse le froid, atteindre Smolensk, franchir la Bérézina, cet affluent du Dniepr, avant que les troupes russes du Nord et du Sud ne se rejoignent, ne nouent le lacet autour de moi. Puis l'armée pourra se reconstituer à Vilna, ou derrière le Niémen.*

À ce moment-là, peut-être pourra-t-il rejoindre Paris après avoir fait prendre ses quartiers d'hiver à l'armée.

Il faut qu'il commence à évoquer cette possibilité. Car il ne peut rester ici, enseveli sous la neige, alors que l'Empire serait en danger.

Il pense à son départ d'Égypte.

Il faut savoir choisir.

Il gèle, dimanche 1er novembre 1812. Il écrit quelques lignes à Marie-Louise.

« Je me rapproche de la Pologne pour y établir mes quartiers d'hiver. C'est cent lieues de moins qu'il y aura entre nous. Ma santé est parfaite, mes affaires vont bien. »

C'est cela qu'il faut dire, écrire.

Qui peut imaginer, hormis ceux qui sont ici, près de moi, ce qui survient ?

Même les meilleures unités se débandent. Chacun pour soi. Et pourtant il faut se battre. Que le maréchal Ney prenne le commandement de l'arrière-garde. Ces cosaques sont comme les Arabes. Il faut marcher comme en Égypte, les bagages au centre et les baïonnettes formant un hérisson.

Mais je vois ces fusils jetés à terre parce que les mains gèlent sur le métal.

Les premières bourrasques de neige sont tombées, et la température est devenue glaciale.

Je vois les hommes qui se couchent sur le bord de la route, ceux qui tombent asphyxiés dans les feux parce qu'ils se sont approchés trop près des flammes. Et les blessés abandonnés qui forment, au milieu des objets éparpillés, comme une longue traînée noire.

Napoléon arrive le 6 novembre 1812 à Mikhaeliska, un village composé de petites maisons à demi détruites, pleines d'hommes déjà, ceux qui précèdent l'avant-garde pour s'assurer un toit, piller les vivres avant l'arrivée de la colonne.

La neige tombe à gros flocons et en même temps le brouillard est épais. Le ciel semble avoir disparu.

Tout à coup, au moment où il pénètre dans une masure, un cavalier surgit, fendant la foule des soldats, se faufilant entre les voitures. C'est une estafette. Il l'entend crier : « L'Empereur ! l'Empereur ! » L'homme s'approche enfin, tend un portefeuille chargé de dépêches.

Des missives de Paris. Il lit.

Il ne doit pas laisser son visage tressaillir.

Dans la nuit du 22 au 23 octobre, le général Malet, emprisonné depuis 1808 pour un complot républicain, enfermé dans une maison de santé, s'est évadé. Il a réquisitionné une cohorte de la Garde nationale en prétextant que l'Empereur était mort en Russie. Il a présenté un faux sénatus-consulte, déclarant déchu le régime impérial et établissant un gouvernement provisoire dont le général Moreau serait le président et lui, Malet, le représentant. Avec ses complices, le général Lahorie, ancien chef d'état-major de Moreau, Guidal, un ami de Barras, qui conspire avec les Anglais dans le Midi, un marquis, un abbé, ils ont réussi à arrêter

Savary, le ministre de la Police, Pasquier, le préfet de Police. Heureusement, le gouverneur militaire Hulin a résisté, et les adjoints ont arrêté les conspirateurs, qui ont été jugés et fusillés le 29 octobre.

Napoléon lève la tête. Il avait pensé que l'Empire était affaibli par son absence de Paris. Mais que des ministres, le préfet de la Seine Frochot, qui a fait préparer une salle de l'Hôtel de Ville pour le gouvernement provisoire de Malet, se soient ainsi laissé berner, ou aient obéi, le révolte, l'étonne.

Il lit les conclusions de Savary, qui assure que Paris ne s'est même pas aperçu de l'événement, que tout est rentré dans l'ordre à dix heures du matin.

Il tend les lettres à Caulaincourt, puis commence à marcher devant le feu qui brûle à même le sol de terre battue, et dont la fumée envahit la pièce.

– La nouvelle de ma mort, dit-il, a fait perdre la tête à tout le monde. Le ministre de la Guerre qui me vante son dévouement n'a pas même mis ses bottes pour courir aux casernes, faire prêter serment au roi de Rome et tirer Savary de prison. Hulin seul a eu du courage.

Il donne un coup de pied dans les bûches, fait jaillir des étincelles. La flamme reprend, plus vive.

– La conduite du préfet et celle des colonels est incompréhensible, reprend-il. Quel fond faire sur des hommes dont la première éducation ne garantit pas les sentiments d'honneur et de fidélité ? La faiblesse et l'ingratitude du préfet, du colonel du régiment de Paris, un de mes anciens braves dont j'ai fait la fortune, m'indignent.

Il sort. Les flocons sont encore plus denses, plus gros. Tout est recouvert. Des hommes passent, chancelants. Le visage est saisi par le froid.

Et ceux qui le trahissent sont à Paris, dans les ors et la chaleur des palais.

– Je ne puis croire à cette lâcheté ! lance-t-il.

Il commence à marcher. Il veut quitter ce village, rejoindre au plus vite Smolensk. Peut-être pourra-t-il mettre l'armée en ligne autour de cette ville. Et alors, si elle est en mesure de résister, il la quittera pour rejoindre Paris, rétablir l'ordre, être à nouveau le cœur de l'Empire.

– Avec les Français, dit-il, il faut, comme avec les femmes, ne pas faire de trop longues absences. On ne sait en vérité ce que des intrigants parviendraient à persuader et ce qui arriverait si on était quelque temps sans nouvelles de moi.

Il marche au milieu de soldats isolés. Les talus sont couverts de morts et de blessés abandonnés. Des hommes sont réunis autour d'un cheval qui bouge encore et qu'ils commencent à taillader. Son ventre est ouvert. Une femme y a plongé son bras pour y arracher le cœur ou le foie.

Il ne peut accepter d'être coupé de toute relation avec Paris, encerclé ici.

– C'est ce qui peut arriver si les Russes ont le sens commun, dit-il.

Un aide de camp s'approche. Le vice-roi Eugène, explique-t-il, a dû abandonner Vitbesk. L'artillerie est perdue. Les chevaux non ferrés, épuisés, n'ont pu tirer les canons sur le verglas.

Les troupes de Wittgenstein ont donc occupé Vitebsk. Et, au sud, les soldats de Tchitchakov ne doivent être qu'à une trentaine de lieues de cette ville. Si l'on ne passe pas avant qu'ils se rejoignent, nous serons dans la boucle. Il faut empêcher cela.

Il se met à l'abri dans le château de Pnevo, aussi glacial qu'une place ventée. Il dicte une dépêche pour le maréchal Victor, afin qu'il contre-attaque les troupes de Wittgenstein.

« Dans peu de jours, vos derrières peuvent être inondés de cosaques : l'armée et l'Empereur seront demain à Smolensk, mais bien fatigués par une marche de cent vingt lieues sans s'arrêter. Prenez l'offensive, le salut des armées en dépend ; tout jour de retard est une calamité. La cavalerie de l'armée est à pied, le froid a fait mourir tous les chevaux. Marchez, c'est l'ordre de l'Empereur et celui de la nécessité. »

Ne pas céder. Se battre.

Que tous les officiers restés montés se réunissent en un escadron sacré. Les généraux y feront office de capitaines, les colonels de sous-officiers.

Se battre. *Écrire, donc, pour prouver à tous ceux qui me guettent que je suis vivant.* Une estafette va partir, tenter de rejoindre Paris.

« Mon amie, je suis fâché que le ministre de la Guerre t'ait envoyé un aide de camp pour l'affaire des scélérats qui ont voulu assassiner Hulin, écrit-il à Marie-Louise. Tout cela, je crains, ne t'ait fait de la peine, quoique je connaisse ton caractère.

« Tu vois que je me rapproche. Demain, je serai à Smolensk, c'est-à-dire bien rapproché de Paris de plus de cent lieues. Le temps commence à vouloir se brouiller, de venir à la neige. Je lis tes lettres avec autant de plaisir que tu peux avoir à lire les miennes. J'espère que tu m'apprendras bientôt que mon fils a fait ses dents et a repris sa belle humeur.

« Adieu, ma bonne Louise, embrasse mon fils deux fois et surtout ne doute jamais de tout l'amour que je te porte. Tout à toi.

« Nap. »

« Le 7 novembre, à une heure du matin. »

Dehors, la mort partout.

Il recommence à marcher. Puis le soleil s'éclaircit, et il aperçoit au loin les clochers de Smolensk qui resplendissent sous le soleil.

Le lundi 9 novembre, il rentre dans Smolensk. Il faut regrouper l'armée ici.

Il parcourt la ville, où les destructions de la bataille du mois d'août sont encore béantes. Et les rues sont, comme alors, pleines de morts. Mais ce ne sont plus les Russes. Ce sont les soldats épuisés qui ont agonisé ici. Ce sont ceux qui se sont battus pour accéder aux magasins d'approvisionnement et les ont dévalisés. Ce sont ceux qui ont été tués par des pillards. Il les voit parfois, sortant des caves où ils se sont réfugiés, et où personne n'ose descendre. On y risquerait sa vie.

Il s'installe dans l'une des rares maisons intactes. Mais comment prendre du repos ? Les Russes ont attaqué au nord. Et le général Augereau a capitulé à Ljachewo. Il faut avancer vite, vers l'ouest, tenter de franchir la Bérézina, atteindre les zones moins dévastées, au climat moins rude.

Tout gèle, ici. Il fait moins vingt-cinq degrés.

On apporte une proclamation de Koutousov, saisie sur un cadavre russe. Elle est datée du 31 octobre. Il la lit. « Hâtons-nous de poursuivre cet ennemi impie... Éteignez les flammes de Moscou dans le sang de votre ennemi, écrit Koutousov. Russes, obéissez à cet ordre solennel. Alors, votre patrie apaisée par cette juste vengeance se retirera satisfaite du théâtre de la guerre et, derrière ses vastes frontières, elle prendra une attitude majestueuse entre la paix et la gloire. Guerriers russes, Dieu est votre guide ! »

Est-ce Dieu qui autorise les paysans russes à faire bouillir les soldats français ? Mais il ne sert à rien de s'indigner. Il faut se battre et passer.

Chaque jour, il inspecte les environs de Smolensk. Partout, des morts, des voitures qui brûlent, des chevaux qu'on dépèce. Des hommes qui négocient avec d'autres, échangent les bijoux qu'ils ont volés contre une bouteille d'eau-de-vie.

Il inspecte les magasins qui contiennent encore quelques vivres. Il faut prévoir de la farine pour l'arrière-garde de Ney quand elle arrivera à Smolensk.

Mais on ne peut attendre Ney.

Le samedi 14 novembre 1812, à huit heures trente, Napoléon s'apprête à quitter Smolensk.

Debout, avant de quitter la pièce, il écrit un mot à Marie-Louise.

« Ma bonne amie, je reçois ta lettre du 30. Je vois que tu as été au Salon. Dis-moi ce que tu en penses, tu es connaisseur puisque tu ne peins pas mal.

« Le froid ici est assez fort, à huit degrés. Cela est un peu de bonne heure. Ma santé est fort bonne. Embrasse mon fils, dis-moi qu'il a fait ses dents. *Addio, mio bene.*

« Nap. »

7.

Il enfonce avec rage le bâton dans la neige qui couvre la route qui sort de Smolensk. Il ne se laissera pas arrêter, il ne se laissera pas enfermer ici, dans cette plaine balayée par le vent du nord. Il ne tombera pas comme ces hommes qu'il voit chanceler devant lui, qui s'écartent et s'allongent sur le talus. Il brisera le cercle que les troupes russes tentent de nouer autour de lui. Il ne se laissera pas dépecer comme ces chevaux qui dressent la tête pendant qu'on les éventre. Jamais.

Il est comme un bloc de glace.

Le vent glisse sous le bonnet de velours amarante entouré d'une peau de renard noir. Le vent écarte les pans de la capote doublée de fourrure qu'il a pourtant serrée à la taille par une grosse ceinture. Le vent gèle tout. Les membres, les visages. Et les émotions. Il ne veut rien ressentir. À chaque instant, Caulaincourt ou Murat, ou Duroc, ou Berthier, ou Mouton, qui marchent près de lui, lui apprennent une mauvaise nouvelle.

Les cosaques, à la sortie de Smolensk, ont attaqué et pillé le convoi dans lequel se trouvaient les trophées de Moscou, la croix d'Ivan-Veliki, énorme, prise au Kremlin et que je destinais aux Invalides. Ils ont pris aussi le caisson des cartes ! Je n'ai donc plus de cartes. Mais je marche.

Il lève la tête. Devant lui, quelques cavaliers de la Garde et quelques généraux, dont certains encore à cheval. Ce qui reste de l'escadron sacré. Il n'a fallu que trois jours pour qu'il soit réduit à cette poignée d'hommes. Il se retourne. Ces sept à huit cents officiers et sous-officiers qui marchent derrière lui, en ordre, portant les aigles des régiments auxquels ils ont appartenu, avancent en silence. Au-delà, derrière eux, la Garde impériale.

Puis, après, ce qui reste des régiments, une poignée d'hommes pour chacun d'eux. Des unités comme celles de Davout restent constituées. Elles avancent dans la cohue des traînards, des pillards, des rôtisseurs, de ceux qui ne songent qu'à arracher aux chevaux un bout de chair et à bivouaquer. De ceux qui ne sont plus que des bêtes sauvages. Et non des soldats.

Combien d'hommes maintenant autour de moi, pour échapper à la neige, aux cosaques, aux Russes ? Trente mille ? Cinquante mille, sans doute, avec les corps des maréchaux Victor et Oudinot, qui se trouvent le long de la Bérézina, là où il faut franchir ce fleuve, à Borisov. Parce que, là, il y a un pont.

Mais il faut d'abord y parvenir.

Il monte à cheval. Les Russes sont à Krasnoe, sur la route qui, par Orcha, Tolochine, Krupki, conduit à Borissov.

Il entend des coups de feu. On se bat à Krasnoe. Il faut passer. Les Russes sont bousculés, au corps à corps. *Je passe.* Des maisons de Krasnoe s'élèvent les hurlements des blessés qu'on abandonne.

Maintenant, on gravit une pente. Les derniers chevaux se couchent, glissent, emportent avec eux des hommes. Personne ne réussit à pousser les pièces d'artillerie restantes. Abandonnées, brûlées. Le sol est un miroir de glace. Au sommet de la pente, il faut se laisser rouler, car on ne peut tenir droit sur ce verglas. Mais il faut avancer.

J'avancerai même en rampant s'il le faut.

On est le jeudi 19 novembre 1812. Où est le maréchal Ney ? Est-il parvenu à Smolensk avec l'arrière-garde qu'il commande ? A-t-il été pris, tué ? Ou bien a-t-il réussi à échapper aux Russes, à franchir le Dniepr ?

– Je donnerais les trois cents millions en or que j'ai dans les caves des Tuileries pour le sauver ! lance Napoléon.

Il se tait. Il va et vient dans les pièces de ce couvent de Jésuites proche d'Orcha, où il passe quelques heures. Tout est glacé. Le vent projette des rafales de neige coupantes comme des lames.

De temps à autre, des hommes chancelants pénètrent dans le couvent, s'affalent près du feu. Les cosaques sont partout. Les paysans dépouillent, égorgent, torturent les traînards.

Il écoute, ne tressaille pas.

Les Russes sont à Borissov, lance quelqu'un. Les armées de Wittgenstein et de Tchitchakov se sont presque rejointes. Ce sont les soldats de Tchitchakov qui occupent Borissov, tiennent le seul pont sur la Bérézina. Les troupes de Koutousov et de Tormasov sont elles aussi parvenues à quelques lieues du fleuve.

Il ne bouge pas.

C'est la nasse qui se referme.

Il dit d'une voix sourde, la tête baissée, qu'il faut brûler tous ses papiers.

Puis il se redresse.

– Cela devient grave, dit-il à Caulaincourt.

Il le fixe. On entend des cris. Ney a réussi à passer. Il rejoint l'Empereur avec quelques milliers d'hommes formés en carrés, hurle-t-on.

En avant, dit Napoléon, on n'a que trop attendu.

Si Ney a réussi à se dégager, comment n'y parviendrais-je pas ?

Dehors, il fait encore nuit. Mais les jours sont si courts, d'à peine quelques heures, qu'on ne sait plus quand la nuit commence et finit.

Il donne l'ordre qu'on rassemble en carré ce qui reste des grenadiers, des chasseurs, de la Garde. Avec ces hommes-là, il dispose encore d'une force résolue.

Il va au milieu d'eux. Il dévisage chacun d'eux. Il reconnaît certains de ses vieux soldats. Leurs visages sont noirs, dans leurs barbes pendent des glaçons.

Je marche depuis des jours au milieu d'eux. Mes maréchaux, mes généraux marchent avec moi. Et pas un mot ne s'élève contre nous. Nous sommes unis.

Il serre les poings sur la garde de son épée.

Il commence à parler, élevant fort la voix pour qu'elle domine le vent. Les lèvres sont durcies. La température doit être de moins vingt-cinq degrés.

Nous avons les éléments contre nous, dit-il, cet hiver précoce et rigoureux, imprévisible.

Les Russes nous attendent sur la Bérézina. Ils ont juré que pas un d'entre nous ne repasserait la rivière.

Il tire son épée, la brandit. Il enfle encore la voix.

– Jurons aussi à notre tour, plutôt mourir les armes à la main que ne pas revoir la France !

Ils hurlent : « Vive l'Empereur ! » Ils lèvent leurs bonnets et leurs chapeaux au bout de leurs sabres et de leurs fusils.

Nous passerons.

Il appelle Bacler d'Albe. On ne dispose que d'une seule carte, mais Bacler d'Albe peut se souvenir. Il faut chercher un gué sur la Bérézina, puisque les Russes tiennent Borissov et le seul pont qui existe sur le fleuve. À moins que les troupes d'Oudinot ne réussissent à reprendre la ville. Voilà l'ordre qu'il faut leur donner. D'elles dépend le salut de l'armée. Ce qu'il en reste ! Plus de trente mille chevaux ont péri. On a détruit trois cents pièces d'artillerie. Les régiments sont réduits à quelques hommes. Le froid et la faim tuent. Les cosaques ont coupé toutes les communications.

– Il y a quinze jours que je n'ai reçu aucune nouvelle, aucune estafette, dit-il, et je suis dans l'obscur de tout.

Je ne sais qu'une chose : il faut passer. Nous passerons.

Il faut d'abord rassurer. Il entend le comte Daru et le grand maréchal Duroc qui bavardent à voix basse, cependant qu'il somnole dans une pièce enfumée d'un couvent, à Tolochine.

Que disent-ils ?

– Nous rêvions d'un ballon, explique Daru. Pour emporter Votre Majesté.

– Ma foi, la position est difficile. Vous avez donc peur d'être prisonniers de guerre, demande-t-il.

– Non, pas de guerre, répond Duroc. Car on ne ferait pas un si bon sort à Votre Majesté.

Il porte la main sur sa poitrine. Il sent sous sa paume le sachet de poison que le docteur Yvan lui a remis. Mais ce n'est pas le moment de mourir.

– Les choses sont en effet graves, reprend-il en se levant. La question se complique. Koutousov est proche, Minsk est tombé. Cependant, si les chefs donnent l'exemple, je suis encore plus fort que l'ennemi.

Il tend les bras pour que Constant lui enfile sa capote fourrée.

– J'ai plus de moyens qu'il n'en faut, reprend-il, pour passer sur le corps des Russes, si leurs forces sont le seul obstacle.

Le mercredi 25 novembre 1812, il apprend que les troupes du maréchal Oudinot ont chassé les Russes de Borissov.

Il se remet en route aussitôt. Le froid, tout à coup, est moins vif. De loin, il aperçoit la Bérézina qui, large d'une centaine de mètres, coule à pleins flots, entraînant des blocs de glace. Il y a quelques heures, on pouvait passer sur le fleuve gelé, comme Ney avait franchi le Dniepr. Maintenant, il faut un gué, un pont.

Les Russes ont brûlé celui de Borissov.

Au loin, dans le brouillard, il distingue les silhouettes des cosaques. Il entend leurs hourras, il les voit s'élancer sur des groupes isolés, des voitures qu'ils pillent.

Il faut passer, vite, avant l'arrivée de Koutousov ou les attaques de Wittgenstein et de Tchitchakov. Il faut donc construire un pont, des ponts. Il s'impatiente. L'armée, comme une cohue débandée, vient peu à peu s'agglutiner sur la rive gauche de la Bérézina. Ici, le destin se compte en heures, en minutes, et non en jours ou en semaines.

Il arpente les bords du fleuve. Il regarde cette eau couler, qui aurait pu, qui aurait dû être prise par la glace.

Il sera dit que rien, dans les éléments, ne m'aura été favorable.

Il s'avance sur le pont consumé. Il s'arrête au bord du vide. Les poutres noircies pendent dans le fleuve. Le destin peut-il s'arrêter là ? Il reconnaît le général Corbineau, qui a longtemps servi en Espagne, qui vient avec sa division de refouler les troupes de Wittgenstein. Corbineau s'approche. Il connaît un gué sur la Bérézina, explique-t-il. Il vient de le franchir. La rivière, à cet endroit, a cent mètres de large, le fond n'est qu'à deux mètres. Un paysan qu'ils ont arrêté a révélé le passage en face du village à Studianka.

Tout à coup, Napoléon se souvient. C'est là que, le 29 juin 1708, le roi de Suède Charles XII, après sa campagne d'Ukraine, a traversé la Bérézina.

Tel est le destin.

Il se rend au galop jusqu'au gué. Il faut lancer deux ponts, l'un pour l'infanterie, l'autre pour l'artillerie. Il sent qu'il va réussir à échapper au piège. Qu'il ne se laissera pas encercler par quatre armées russes.

Mais c'est l'instant décisif, celui où toute l'énergie doit se concentrer sur l'action à laquelle, depuis des jours, on pense.

Il faut, dit-il, tromper les Russes, se porter sur Borissov, leur faire croire que l'armée va passer là, et pendant ce temps il faut construire les ponts.

Il convoque le général Éblé.

Il connaît ce vieil officier, *artilleur d'origine, comme moi, et qui commande le train des pontonniers de la Grande Armée. Il s'est distingué en Allemagne, au Portugal. Jérôme l'avait nommé ministre de la Guerre de son royaume de Westphalie. Il a préféré rejoindre la Grande Armée. Je l'ai vu à l'œuvre lors de l'attaque de Smolensk.*

Tout, maintenant, dépend de lui et de ses hommes. L'eau est glacée. Il le sait. Les pontonniers ont faim. Mais ils doivent construire ces ponts. Ils ont entre leurs mains le sort de ce qui reste de la Grande Armée.

Il les passe en revue. Ce sont encore des soldats.

Il les voit commencer à travailler, le corps plongé dans la rivière, puis glissant sur de petits radeaux, les bras dans l'eau, enfonçant les piles, les chevalets.

Il reste sur le pont tout le jour. Il leur parle. Il leur distribue lui-même du vin. À deux heures de l'après-midi, le jeudi 26 novembre 1812, le premier pont est achevé.

Napoléon est à l'entrée du pont. D'abord doivent passer les troupes d'Oudinot, qui sont encore en formation militaire. Elles crient : « Vive l'Empereur ! » Elles vont refouler sur la rive droite les Russes de Tchitchakov afin de permettre le passage des autres corps. Celui de Davout traverse, musique en tête. Le maréchal Victor doit rester sur la rive est pour contenir Koutousov, et la division du général Partouneaux doit se sacrifier à Borissov pour empêcher Wittgenstein d'avancer vers Studianka.

Napoléon est calme. Il ne sera pas fait prisonnier. Il demeure à l'entrée du pont pendant que, ce vendredi 27 novembre 1812, la Garde passe sur la rive droite.

Il voit s'avancer la voiture du maréchal Lefebvre, mais à l'intérieur il reconnaît une femme, la comédienne française Louise Fusil, qui n'a pas voulu demeurer à Moscou où elle vivait.

– N'ayez pas peur, dit-il d'une voix posée, allez, allez, n'ayez pas peur.

Il sait pourtant que tout peut changer en quelques minutes. Déjà, le pont sur lequel passe l'artillerie s'est brisé, a été reconstruit, s'est brisé à nouveau, a été réparé une nouvelle fois. Les troupes russes attaquent. Elles vont bombarder les ponts. Comment ces quinze mille traînards, ces isolés, ces rôtisseurs qui ne se pressent pas de passer, même quand les ponts sont vides, et qui préfèrent rôtir leur morceau de cheval en campant sur la rive est, passeront-ils ?

Il voit ce qui reste de la cavalerie franchir le fleuve près du pont avec, sur chaque cheval, un fantassin en croupe.

Il reste un long moment ainsi, cependant que la nuit tombe tout à coup et que le vent se lève. L'obscurité est d'encre, le froid n'a jamais été aussi vif, peut-être – 30°. La Bérézina va être à nouveau prise par les glaces. Et les Russes traverseront même si les ponts sautent.

Il se retire lentement, passe sur la rive ouest.

J'ai fait mon devoir.

J'ai fait sortir de Russie ceux qui étaient restés des soldats.

Maintenant que ce qui reste de l'armée a échappé au pire, a franchi le fleuve, j'ai d'autres devoirs. Reconstituer une armée, préparer la prochaine campagne.

Il dit à Caulaincourt, en s'installant dans une cabane à Zapiwski, à une demi-lieue de la Bérézina :

– Dans l'état actuel des choses, je ne peux m'imposer à l'Europe que du palais des Tuileries.

Il doit rentrer à Paris.

Il ne doit plus penser à cette rive est de la Bérézina, où la cohue des traînards et des isolés, de tous ceux qui ne peuvent plus ou ne veulent plus marcher en rang va se précipiter sur les ponts. Les obus russes ont commencé à tomber. Il les entend.

Il ne veut pas les entendre. Il doit regarder devant, vers Paris, organiser son départ.

Dans quelques jours, il pourra à nouveau communiquer avec Vilna, avec Mayence, avec Paris.

Il écrit à Marie-Louise :

« Ma bonne amie,

« Je sais que quinze estafettes m'attendent à trois journées d'ici. J'y trouverai donc quinze lettres de toi. Je suis bien chagrin de penser de la peine que tu vas avoir d'être tant de jours sans mes nouvelles, mais je sais que dans les occasions extraordinaires je dois compter sur ton courage et ton caractère. Ma santé est parfaite. Le temps, bien mauvais et très froid. Adieu, ma douce amie, deux baisers au petit roi pour moi. Tu connais toute la tendresse des sentiments de ton époux.

« Nap. »

Il ne peut rien dire d'autre pour l'instant à l'Impératrice. Mais il faudra qu'il frappe l'opinion, pour empêcher que des rumeurs ne la troublent, ne la révoltent, ne l'égarent. Et il devra surgir, comme le sauveur, rassemblant toutes les énergies autour de lui.

Il doit préparer cela. Avertir Maret, qui se trouve à Vilna, de l'état de l'armée. Pas de faux-fuyant avec ce ministre qui doit agir !

« L'armée, lui écrit-il, est nombreuse, mais débandée d'une manière affreuse. Il faut quinze jours pour les remettre aux drapeaux, et quinze jours, où pourra-t-on les avoir ? Le froid, les privations ont débandé cette armée. Nous serons sur Vilna. Pourrons-nous y tenir ? Si l'on est attaqués les huit premiers jours, il est douteux que nous puissions rester là. Des vivres, des vivres, des vivres, sans cela il n'y a pas d'horreurs auxquelles cette masse indisciplinée ne se porte contre cette ville... Si l'on ne peut nous donner cent mille rations de pain à Vilna, je plains cette ville. »

Il ne sera plus là.

Il doit partir dans les heures qui viennent. Mais il faut le secret.

Le mercredi 2 décembre 1812, il convoque l'un de ses aides de camp, Anatole de Montesquiou. Il apprécie ce jeune homme dévoué, qui s'est bien battu à Wagram et dont la mère est la gouvernante du roi de Rome. Il lui tend une lettre. Elle est pour l'Impératrice.

– Vous partirez sur-le-champ à Paris. Vous remettrez cette lettre à l'Impératrice.

Napoléon marche à petits pas dans le réduit qui lui sert de chambre. Mais on n'a trouvé que cela dans ce bourg de Sedlicz.

– Vous annoncerez partout l'arrivée de dix mille prisonniers russes, reprend-il, et la victoire remportée sur la Bérézina, dans laquelle on a pris six mille prisonniers russes, huit drapeaux et douze pièces de canon.

Napoléon se tait longuement. Ce sont les troupes d'Oudinot, puis celles de Victor qui ont connu ces succès. Les soldats de Victor ont traversé les derniers les ponts, écartant la foule des traînards. Puis Éblé, le dimanche 29 novembre, à neuf heures du matin, a mis le feu aux ponts. La Bérézina charriait déjà des centaines de cadavres, et les cosaques envahissaient la rive est, couverte d'une douzaine de milliers d'hommes abandonnés. C'est ainsi.

Il demande maintenant à Montesquiou d'attendre. Il va dicter le *29e Bulletin de la Grande Armée*, que Montesquiou devra remettre à l'archichancelier Cambacérès afin qu'il soit imprimé et publié dans *Le Moniteur*.

– Je vais tout dire, murmure Napoléon. Il vaut mieux qu'on sache les détails par moi que par des lettres particulières.

Il commence à dicter.

« Le mouvement de l'armée s'est d'abord exécuté parfaitement, mais le froid s'accrut subitement ; les chemins furent couverts de verglas, plus de trente mille chevaux périrent en peu de jours... Il fallait marcher pour ne pas être contraint à une bataille que le défaut de munitions nous empêchait de désirer. L'ennemi, qui voyait sur les chemins les traces de cette affreuse calamité qui frappait l'armée française, chercha à en profiter. Il enveloppait toutes les colonnes par ses cosaques, cette méprisable cavalerie, qui enlevaient comme les Arabes dans les déserts les trains et les voitures qui s'écartaient... Des hommes que la nature n'a pas trempés assez fortement pour être au-dessus des chances du sort et de la fortune parurent ébranlés, perdirent leur gaieté et leur bonne humeur et ne rêvèrent que malheurs et catastrophes... L'armée a besoin de rétablir sa discipline, de se refaire, de remonter sa cavalerie... L'Empereur a toujours marché au milieu de sa Garde... On a dû réunir les officiers auxquels il restait un cheval pour en former un escadron sacré, commandé par le général Grouchy, et sous les ordres du roi de Naples. Il ne perdait pas de vue l'Empereur dans tous les mouvements. »

Il s'arrête de dicter quelques instants.

Cela, c'est le passé. Il faut que tous sachent que je vais reprendre en main toutes les affaires de l'Empire.

« La santé de Sa Majesté n'a jamais été meilleure », ajoute-t-il.

Quelques misérables fous, comme Malet, ont annoncé ma mort. Certains l'ont cru.

Me voilà.

Il tend le texte du *Bulletin* à Montesquiou. Que l'aide de camp parte aussitôt avec une escorte.

Il le regarde s'éloigner.

Montesquiou arrivera à Paris quelques jours avant moi. Les journaux publieront le 29e Bulletin de la Grande Armée. *On sera accablé. On murmurera. J'apparaîtrai tout à coup, et l'on se regroupera autour de moi. Cet effet effacera l'autre.*

Le jeudi 3 décembre, à Molodetchno, le froid est si vif qu'il voit, installés près de la maison où il va passer la nuit, les forgerons les mains emmaillotées, car même au feu de la forge les doigts risquent de geler au moment où ils ferrent les chevaux.

Les dépêches de quatorze estafettes sont là. Il les parcourt rapidement. La France est calme. L'opinion fait confiance à l'Empereur. Mais il faut rejoindre vite Paris, devancer la vague des mauvaises nouvelles, celles des deuils, des disparitions. Il se tourne vers Caulaincourt. Il a la main posée sur les lettres de l'Impératrice.

– Ces circonstances difficiles, dit-il, forment son jugement, lui donnent de l'aplomb et une considération qui lui attachera la nation. C'est la femme qu'il me fallait, douce, bonne, aimante, comme sont les Allemandes. Elle ne s'occupe point d'intrigues ; elle a de l'ordre et ne s'occupe que de moi et de son fils.

Il se penche, commence à écrire :

« Ma bonne amie, je t'ai envoyé hier Anatole de Montesquiou, qui te donnera des nouvelles de ce pays-ci. J'ai pensé que tu serais bien aise de voir quelqu'un que tu peux entretenir de ce qui t'intéresse. Voilà le courrier régulier des estafettes qui va partir dans une heure. Je répondrai à vingt de tes lettres, car j'attends dans une heure vingt estafettes. *Addio, mio bene.*

« Ton Nap. »

Il ne faut rien lui dire de mon départ, de mon arrivée prochaine. Il faut que je traverse sans ennui la Pologne, la Prusse, l'Allemagne, que je tombe sur Paris comme la foudre.

Il appelle Berthier, ce vieux compagnon d'armes, efficace chef d'état-major, si souvent malmené mais indispensable.

Il va rester ici aux côtés de Murat, que je désigne pour commander l'armée à ma place.

Berthier se met à pleurer. Il n'a jamais quitté l'Empereur, jamais, répète-t-il.

C'est ainsi. Murat aura besoin de lui.

Napoléon rassemble les maréchaux. Murat, Ney, Mortier, Davout, Lefebvre, Bessières. Berthier, pâle, renifle et baisse la tête.

Caulaincourt croise les bras.

Ils vont tous accepter mon départ, quoi qu'ils pensent.

Ils savent que je ne m'éloigne pas pour de basses raisons. Ils m'ont vu sous les boulets et au milieu des cosaques. Ils m'ont accompagné dans le désert et dans la neige. Ils m'ont vu marcher et coucher comme un soldat, et ici, dans ce hameau de Smorgon ce 5 décembre 1812, je suis logé comme eux, à peine mieux qu'un grenadier.

Je ne pars pas pour fuir la guerre, par désertion devant le danger.

On m'accusera de tout, mais pas de lâcheté ou de manque de courage !

Je pars pour reconstituer une armée de trois cent mille soldats. Ce ne sont pas les armées russes qui nous ont vaincus. Nous les avons défaites à la Moskova, à Krasnoe, sur la Bérézina, comme nous les avions vaincues à Austerlitz, à Eylau et à Friedland. Le froid, l'hiver qui a surpris par sa précocité et sa dureté même les paysans, qui a causé de lourdes pertes aux armées russes, les prisonniers en ont témoigné, nous ont seuls contraints à faire retraite.

Au printemps, nous soutiendrons une autre campagne. Victorieuse.

Il entraîne Berthier à l'écart.

– On fera courir le bruit que je me suis porté sur Varsovie avec le corps autrichien et le 7e corps, murmure-t-il. Cinq à six jours après, suivant les circonstances, le roi de Naples fera un ordre du jour pour faire connaître à l'armée qu'ayant dû me porter à Paris je lui ai confié le commandement.

Puis il appelle l'un après l'autre les aides de camp, les maréchaux. À chacun sa mission. Ainsi, Lauriston à Varsovie, et Rapp à Dantzig. Il les regarde fixement. Il ne veut pas de trouble, d'hésitation. Il les surveillera de Paris.

Puis il vérifie avec Caulaincourt que tout est près pour le départ à vingt-deux heures, ce samedi 5 décembre 1812.

Caulaincourt montera avec Napoléon dans la voiture traînée par les six meilleurs chevaux des écuries impériales. Le comte Wonsowicz, qui servira d'interprète, Roustam et deux piqueurs seront à cheval aux côtés de la voiture.

Il veut que suivent dans une calèche le grand maréchal Duroc, le comte Lobau, un valet de pied et un ouvrier.

Le secrétaire, le baron Fain, le ministre d'État Daru, mon chirurgien Yvan, Constant mon valet, Bacler d'Albe suivront dans une autre voiture. Je serai accompagné de deux cents hommes de la Garde. Qu'on prépare les relais et les chevaux.

Il faut le secret absolu.

Quelques heures avant de partir, ce samedi 5 décembre, il écrit à Marie-Louise.

« Mon amie,

« Je reçois ta lettre du 24. Je suis bien affligé de toutes les inquiétudes que tu as et qui dureront au moins quinze jours ; cependant ma santé n'a jamais été meilleure. Tu auras vu par les bulletins que, sans aller aussi bien que j'aurais voulu, cependant les affaires ne vont pas mal actuellement.

« Il fait un froid très violent. Dans quelques jours, je prendrai un parti pour ton voyage, afin de nous revoir bientôt. Conçois-en de l'espérance, et ne t'inquiète pas.

« *Addio, mio bene*, tout à toi.

« Nap. »

Dans quinze jours tout au plus, il ouvrira la porte de sa chambre.

Troisième partie

J'ai fait une grande faute, mais j'aurai les moyens de la réparer

5 décembre 1812 – 15 avril 1813

8.

Vite, vite, vite ! Il presse Caulaincourt assis près de lui. Il presse les postillons. Maintenant que la voiture roule, il voudrait qu'elle soit déjà sous le porche des Tuileries et qu'il n'ait plus qu'à gravir les marches du perron. Vite ! Que font ces chevaux ? Pourquoi ces maîtres de poste tardent-ils ? Il pousse Caulaincourt, il descend. Mais il trébuche. Il est engoncé dans un sac en peau d'ours. Il porte des bottes fourrées, une pelisse doublée, des gants, un bonnet enfoncé jusqu'aux yeux et couvrant les oreilles. Et pourtant il a froid. Il grelotte. Il regarde les cavaliers de l'escorte qui se déplacent avec peine. Les chevaux glissent sur le verglas. Les jambes tremblent. Les hommes ont les membres gelés. Quelle température fait-il ? Moins vingt, moins trente ? Le visage de Caulaincourt est constellé de petits glaçons, sous le nez, aux sourcils, autour des paupières.

Vite, vite, vite.

Il y a eu un premier relais à Ozmania, vers minuit, ce samedi 5 décembre 1812. À peine deux heures de route depuis Smorgoni, et déjà l'escorte s'est réduite à quelques hommes. Qui pourrait résister à ce froid ? Les voitures où ont pris place Duroc, Constant, Fain, tous ceux qui suivent, n'arrivent pas. Et l'on tire depuis les hauteurs qui entourent la ville. Les cosaques infestent ce pays. Et il en sera ainsi tant que l'on n'aura pas quitté la Russie. Puis il faudra traverser un morceau de Prusse, et être à la merci d'un guet-apens si l'on sait que l'Empereur roule dans la nuit, à peine protégé.

Il se souvient de ce retour d'Égypte, quand il fallait éviter les croisières anglaises qui rôdaient en Méditerranée, devant les côtes. Il avait réussi à passer.

Maintenant, il traversera l'Europe. Il rejoindra Paris, il en est sûr. Les choses sont bien plus faciles pour lui, désormais. Il s'en persuade.

Vite.

Voici Vilna. Une aube glacée. La voiture est arrêtée dans les faubourgs. En ville, on pourrait reconnaître l'Empereur. Il fait encore plus froid. Le ministre Maret arrive enfin. Il a donné un bal, hier soir ! Et à une nuit de route, les soldats meurent de froid et de faim. Maret comprend-il que, quand cette cohue affamée déferlera sur la ville, elle sera comme une vague furieuse, et que derrière elle, en même temps qu'elle, viendront les cosaques ?

Vite, vite.

On s'enfonce à nouveau dans ce jour si bref, si sombre qu'il est comme une nuit honteuse. Il y a tant de neige sur la route que les roues patinent, s'enfoncent. On n'avance que lentement. Mais c'est déjà la nuit. La voiture est un bloc de glace. On franchit le Niémen à l'étape de Kovno. On prend un repas chaud. Et l'on repart. Mais il faut pousser la voiture, que la neige emprisonne. Et le froid pèse encore davantage. Les glaçons sur le visage sont plus lourds. La peau brûle et se tend.

Est-ce ici que mon destin s'arrête ?

Toutes ces décisions, ces défis, ces dangers, pour tomber dans le piège de la neige, aux confins de la Russie et du grand-duché de Varsovie ?

Au relais de Gragow, il houspille Caulaincourt. Il faut trouver un moyen d'aller plus vite.

Enfin ! Caulaincourt a acheté un traîneau couvert à un comte Wybicki. Grâces lui soient rendues.

Napoléon s'installe. D'un mouvement de la tête, il interrompt Caulaincourt, qui regrette qu'on abandonne la voiture, le nécessaire de l'Empereur, qui explique que le traîneau ira plus vite mais que l'inconfort, au bout de quelques heures, risque d'être insupportable. On est encore moins protégé du froid que dans la voiture.

Vite. Le traîneau part enfin, glisse rapidement sur la neige, fonce vers Varsovie, qui n'est qu'à deux ou trois jours.

Il a l'impression, maintenant que l'on parcourt les routes du grand-duché de Varsovie, que le plus difficile a été fait. Il avance dans des terres qui l'ont accueilli en triomphe. Il a présidé les bals de la Cour à Varsovie, organisé des parades. Il a un fils issu d'une Polonaise. Marie Walewska, Marie ! Il songe un instant qu'il pourrait la rejoindre pour une nuit. Mais il efface ce désir fugitif. Il faut qu'il arrive à Paris un ou deux jours seulement après la publication du *29e Bulletin de la Grande Armée* racontant la campagne de Russie.

– Nos désastres feront une grande sensation en France, dit-il, mais mon arrivée en balancera les fâcheux effets.

Il a besoin de parler. Que peut-il faire de ce temps mort du voyage ? Dormir ? À peine si le froid, l'impatience lui laissent quelques minutes le loisir de somnoler. Et, d'ailleurs, il ne peut supporter l'idée qu'une surprise, quelle qu'elle soit, le tire brutalement du sommeil. Il est sur ses gardes et, souvent, d'un lent mouvement, il touche ses pistolets d'arçon placés près de lui.

– Les Russes, dit-il, doivent apparaître un fléau à tous les peuples. La guerre contre la Russie est une guerre toute dans l'intérêt calculé de la vieille Europe et de la civilisation. On ne doit plus voir qu'un ennemi en Europe. Cet ennemi, c'est le colosse russe.

Il connaît la chanson qu'entonne Caulaincourt.

Je serais, à l'entendre, mais il n'est que la voix d'un chœur, l'ambitieux qui veut établir la monarchie universelle, qui impose à toute l'Europe un système fiscal pesant, ou bien celui qui a établi en Allemagne une inquisition tatillonne, ou encore l'homme qui étouffe les nations !

Moi !

Il cherche l'oreille de Caulaincourt sous son bonnet. Il ne la trouve pas, donne une tape amicale sur la joue et la nuque du grand écuyer. Cet homme n'a pas l'esprit très agile, il s'est laissé berner par Alexandre, il est l'ami de Talleyrand, mais c'est un bon thermomètre des idées toutes faites qui courent l'Europe des bien-pensants !

– C'est l'Angleterre qui m'a poussé, reprend Napoléon, forcé à tout ce que j'ai fait. On dit, et vous le premier, Caulaincourt, que j'abuse de la puissance. J'admets ce reproche, mais c'est dans l'intérêt général du Continent. Si je triomphe de l'Angleterre, l'Europe me bénira. L'Europe ne voit pas ses dangers réels ! On ne crie que contre la France ! On ne veut voir que ses armées, comme si l'Angleterre n'était pas partout aussi et bien plus menaçante.

Il se tait un instant, tente de regarder hors du traîneau. Mais la toile a gelé, les vitres sont recouvertes de glace. Mieux vaut parler. Dire que l'Europe n'a pas accepté la France nouvelle.

Les rois se servent des passions pour combattre les lois plus sages, plus libérales. Voilà le ressort des coalitions contre moi.

Mais tout va changer encore.

– C'est une nouvelle ère, elle amènera l'indépendance.

Il soupire.

– Je ne suis pas plus ennemi qu'un autre des douceurs de la vie. Je ne suis pas un Don Quichotte qui a besoin de quêter les aventures. Je suis un être de raison qui ne fait rien que ce qu'il croit utile. La seule différence entre moi et les autres souverains, c'est que les difficultés les arrêtent et que j'aime à les surmonter, quand il m'est démontré que le but est grand, noble, digne de moi et de la nation que je gouverne.

Il a moins froid. Parler échauffe.

– C'est l'hiver qui nous a tués, murmure-t-il. Nous sommes victimes du climat. Le beau temps m'a trompé. Si j'étais parti quinze jours plus tôt, mon armée serait à Vitebsk. Je me moquerais des Russes et de votre prophète Alexandre !

La voiture ralentit, on approche de Varsovie.

– Tout a contribué à mes revers, dit-il. J'ai été mal servi à Varsovie. L'abbé de Pradt, au lieu de me représenter en grand seigneur, y a eu peur et a fait l'important et le vilain.

Il fait tout à coup arrêter la voiture. Il vient de reconnaître, malgré la glace, le pont de Praga, sur la Vistule.

On est à Varsovie. Caulaincourt explique qu'une halte a été prévue pour quelques heures à l'hôtel d'Angleterre, rue des Saules.

Napoléon veut remonter à pied le faubourg de Cracovie, la plus large des rues de la ville. Il fait trop froid pour que les rares passants s'attardent même si la pelisse de velours vert à brandebourg d'or et le grand bonnet en zibeline attirent l'attention.

– Cette rue, dit-il en marchant d'un bon pas, j'y ai passé autrefois une grande revue.

Il n'a aucune nostalgie. Il se sent joyeux d'être à Varsovie. La vie avance. Et il avance avec elle.

Il entre dans une petite salle basse, située au rez-de-chaussée de l'hôtel d'Angleterre. Caulaincourt veut que l'on garde les volets à demi fermés pour préserver l'incognito. Une servante maladroite s'efforce d'allumer un feu de bois vert, dont l'humidité suinte. La fumée envahit la pièce.

Qu'attend-on ? Il veut déjeuner, voir de Pradt, des ministres du grand-duché de Varsovie, et repartir.

Enfin, l'abbé de Pradt arrive, avec son visage hypocrite, ses servilités de courtisan. Il tente de se justifier de ne pas avoir réussi à lever plus de Polonais pour les envoyer combattre les Russes ! Il prétend qu'il a rencontré les plus grandes résistances à ses appels.

Mais de Pradt cherchait en fait comme tant d'autres à se ménager une « sotte popularité ».

– Que veulent donc les Polonais ? interroge Napoléon. C'est pour eux que l'on se bat et que j'ai dépensé mes trésors. S'ils ne veulent pas faire pour leur cause, il est inutile de se passionner comme ils l'ont fait pour leur restauration !

– Ils veulent être prussiens, murmure de Pradt.

– Pourquoi pas russes ?

Cet abbé de Pradt l'indigne. Ce diplomate a craint les Russes pendant toute la campagne. Il crut les ménager en ne poussant pas les Polonais à s'engager. Il faut le renvoyer.

– Exécutez sur-le-champ cet ordre, dit Napoléon à Caulaincourt.

Il ne reste que quelques minutes à table.

– Les affaires nourrissent, murmure-t-il. Le mécontentement rassasie, et cet abbé m'a fâché.

Il reçoit les ministres polonais.

Que sont donc ces hommes qui se plaignent sans fin ? Qu'est-ce que ces lamentations ?

Ils semblent s'inquiéter pour moi, envisagent les dangers que je cours !

– Le repos n'est fait que pour les rois fainéants, dit-il en plaisantant. La fatigue me fait du bien.

Quant à son armée, qu'ils ne se soucient pas d'elle ! Avant trois mois, il aura une armée aussi nombreuse que celle avec laquelle il est entré en campagne. Les arsenaux sont pleins et, de retour à Paris, il fera entendre raison à Berlin et Vienne, si ces capitales s'avisent de remuer.

– Je pèse plus sur mon trône aux Tuileries qu'à la tête de mon armée.

Le traîneau est attelé. Qu'on parte, qu'on traverse ce morceau de Prusse, qu'on rejoigne le Rhin, la France !

La nuit est tombée, plus dense qu'elle n'a jamais été. Le froid et le vent pénètrent partout, dans le sac de peau d'ours, sous les pelisses que Caulaincourt a achetées à Varsovie. Napoléon s'emporte. Il peste contre de Pradt, contre les Polonais, contre la politique tortueuse de la Prusse. Il écoute la plaidoirie de Caulaincourt pour les uns et les autres.

– Vous voyez les choses comme un jeune homme, vous ne comprenez pas, vous n'entendez rien aux affaires.

Et, à voix basse, il ajoute :

– Du sublime au ridicule, il n'y a qu'un pas, et c'est la postérité qui juge.

Il somnole quelques minutes mais le froid est trop vif. Il faut soliloquer, débattre, penser à haute voix.

– On se trompe, commence-t-il, je ne suis pas ambitieux. Les veilles, les fatigues, la guerre ne sont plus de mon âge. J'aime plus que personne mon lit et le repos, mais je veux finir mon ouvrage. Dans ce monde, il n'y a que deux alternatives, commander ou obéir. La conduite tenue par tous les cabinets envers la France m'a prouvé qu'elle ne pouvait compter que sur sa puissance, par conséquent sur sa force. J'ai donc été forcé de la rendre puissante, d'entretenir de grandes armées.

Il s'inquiète, brusquement. On est entré en Silésie prussienne, il faut traverser à bride abattue. Tout à coup, un choc. Un brancard du traîneau est cassé. On doit s'arrêter à Kutno.

Une petite foule entoure le traîneau, que rejoint un second traîneau dans lequel ont pris place Constant et Duroc. Le sous-préfet s'approche, s'incline. C'est plaisant d'être ainsi reconnu, au fond de la nuit et de l'Europe, de lire dans les yeux de la femme et de la belle-sœur du préfet, deux jolies Polonaises, l'admiration et l'enthousiasme, le bonheur même. *Il faudrait avoir le temps de les regarder, de les séduire, mais il faut dicter des lettres à Maret alors que les doigts de Caulaincourt sont paralysés par le froid, et quand j'essaie d'écrire, je ne peux tracer que des signes incompréhensibles tant mes doigts sont gourds, maladroits.*

On repart. C'est déjà le vendredi 11 décembre 1812. Il houspille Caulaincourt. Quand donc rejoindra-t-on Posen, quand disposera-t-on des dépêches de Paris ?

Puis il se calme.

– Je me fais plus méchant que je ne suis, dit-il, parce que j'ai remarqué que les Français sont toujours prêts à vous manger dans la main.

Il rit.

– C'est le sérieux qui leur manque, et par conséquent ce qui leur en impose le plus. On me croit sévère, même dur. Tant mieux. Cela me dispense de l'être. Ma fermeté passe pour de l'insensibilité. Comme c'est à cette opinion qu'on doit en partie l'ordre qui règne, je ne m'en plains pas !

Il frotte la joue de Caulaincourt de la pointe de son gant.

– Allez, Caulaincourt, je suis homme. J'ai aussi, quoi qu'en disent certaines personnes, des entrailles, un cœur, mais c'est un cœur de souverain. Je ne m'apitoie pas sur les larmes d'une duchesse, mais je suis touché des maux des peuples. Je les veux heureux et les Français le seront. L'aisance sera partout si je vis dix ans.

Vivra-t-il ? Il va entrer dans sa quarante-quatrième année. Il ne ressent plus cette fatigue, ces malaises, ces rhumes qui l'ont épuisé du temps de la bataille de la Moskova. Il se sent vigoureux, heureux malgré le froid. Il va vers Paris, vers Marie-Louise et son fils.

Il a envie de parler d'eux. Marie-Louise est douce, bonne, dit-il. Une Allemande, Caulaincourt.

Puis il reprend :

– L'aisance partout dans dix ans, oui. Croyez-vous donc que je n'aime pas aussi à faire plaisir ? Un visage content me fait du bien à voir, mais je suis obligé de me défendre de cette disposition naturelle, car on en abuserait. Je l'ai éprouvé plus d'une fois avec Joséphine, qui me demandait toujours et me faisait même tomber dans des embuscades de larmes auxquelles j'accordais ce que j'aurais dû refuser.

Ce n'est pas qu'à Joséphine que j'ai cédé.

– À Fouché aussi, qui n'est qu'un intrigant, qui a prodigieusement d'esprit et de facilité pour écrire, mais c'est un voleur qui prend de toutes mains. Il doit avoir des millions. Il a été un grand révolutionnaire, un homme de sang. Il croit racheter ses torts en se faisant le protecteur du faubourg Saint-Germain ! Quant à votre ami Talleyrand, c'est un homme d'intrigues, d'une grande immoralité, mais de beaucoup d'esprit et certes le plus capable des ministres que j'ai eus.

Il s'interrompt. Le traîneau cahote sur les pavés. C'est Posen. Enfin une estafette, des lettres !

Les portemanteaux contenant les dépêches sont dans une chambre de l'hôtel de Saxe. Vite. Il pousse Caulaincourt, il arrache lui-même les bandelettes qui retiennent les paquets d'envelopppes qu'il commence à décacheter, invitant Caulaincourt à poursuivre ce travail pendant qu'il lit. Il s'exclame en parcourant les pages. La France va bien. Presque trop bien.

– Dans la circonstance actuelle, cette sécurité est fâcheuse, murmure-t-il, parce que le *29e Bulletin de la Grande Armée* l'atterrera. L'inquiétude était préférable. Elle aurait préparé à des malheurs.

Il tend la main. Vite, d'autres dépêches.

Il lit à haute voix des lettres de l'Impératrice, il répète les phrases qui concernent le petit roi.

– N'est-ce pas, Caulaincourt, que j'ai là une bonne femme ?

Il se met à marcher dans la chambre, reprenant les dépêches, les commentant. Il a réservé un paquet, celui du Cabinet noir, contenant les correspondances ouvertes par les espions qui travaillent à la poste. Il ricane.

– Quelle imprudence ! Les hommes sont-ils assez fous de se confier ainsi dans des lettres qu'ils devraient imaginer qu'on peut ouvrir et lire ?

Puis il a une moue de mépris. Il y a là les propos impudents d'hommes qui sont des courtisans, qu'il a comblés.

– Je n'ai pas assez d'estime pour eux, pour être comme on le dit méchant, et me venger.

Allons, vite, partons.

On a repris le traîneau. La neige est abondante, couvrant tout le paysage entre Posen et Glogow. Le froid est à peine moins vif.

– Si l'on nous arrêtait, Caulaincourt, que nous ferait-on ? Croyez-vous qu'on me reconnaisse ? Qu'on sache que je suis ici ? On vous aime assez en Allemagne, Caulaincourt, vous parlez la langue.

Mais les Prussiens reconnaîtraient vite qu'il est l'Empereur et non un secrétaire du nom de Rayneval voyageant avec M. de Caulaincourt.

– Craignant que je m'échappe ou de terribles représailles pour me délivrer, reprend-il, les Prussiens me livreraient aux Anglais.

Il rit.

– Vous figurez-vous, Caulaincourt, la mine que vous feriez dans une cage de fer, sur la place de Londres, enfermé comme un malheureux nègre qu'on y dévoue à être mangé par les mouches parce qu'on l'a enduit de miel ?

Il rit à nouveau longuement, puis tout à coup il devient sombre.

– Mais un assassinat secret, ici, un guet-apens serait facile.

Il touche ses pistolets. Ceux de Caulaincourt sont-ils sous sa main ?

Il se tait. On arrive au relais. Il faut attendre. La nuit est glacée. Il n'y a plus que deux gendarmes pour escorte.

– C'est le premier acte de la scène de la cage qui va commencer, dit-il.

Puis voici les chevaux. On repart. Jamais il n'a fait aussi froid. Il faut parler. Sortir de cette nuit pénible, interminable, en regardant l'avenir, en le préparant déjà dans la tête, en idées et en mots. Et cette partie nouvelle qu'il va entreprendre, cette France comme un échiquier sur lequel il va rassembler ses pions, le stimule. Il voudrait déjà engager le premier coup, pour faire mat cette fois-ci.

– Je serai aux Tuileries avant qu'on sache mes désastres et qu'on ait osé vouloir me trahir, dit-il. Mes cohortes forment une armée de plus de cent mille hommes, de soldats bien formés et commandés par des officiers aguerris. J'ai de l'argent, des armes, de quoi former de bons cadres ; j'aurai des conscrits et cinq cent mille hommes sous les armes sur les bords du Rhin, avant trois mois. La cavalerie sera la plus longue à réunir et à former, mais j'ai ce qui donne toutes choses – de l'argent, dans les caves des Tuileries.

Il s'impatiente. Le traîneau n'avance plus que lentement. Les grands vents ont accumulé la neige en immenses amoncellements. Il peste.

– La nation a besoin de moi, dit-il. Si elle répond à mon attente, tout sera promptement réparé.

Il essaie de voir la route, mais il se rencogne sous la pelisse.

– On dit que j'aime le pouvoir ! Jamais les prisons n'ont réuni moins de prisonniers ! Point de vexations, point de haines, plus de partis, grâce à moi. Premier Consul, Empereur, j'ai été le roi du peuple, j'ai gouverné pour lui, dans son intérêt, sans me laisser détourner par les clameurs ou les intérêts de certaines gens. On le sait, en France. Aussi le peuple français m'aime-t-il. Je dis « le peuple », c'est-à-dire la nation, car je n'ai jamais favorisé ce que beaucoup de gens entendraient par le mot « peuple » : la canaille.

Il hausse les épaules.

– On appelle cela ma tyrannie, on dit que je suis un tyran parce que je ne veux pas laisser quelques intrigantes, quelques folles faire parler d'elles pour des conspirations dont je me moque. La société des salons est toujours en état d'hostilité contre le gouvernement. On critique tout et on ne loue jamais rien. La masse de la nation est juste. Elle voit que je travaille pour sa gloire, pour son bonheur, pour son avenir. Si c'était pour moi, que me manque-t-il ? Que puis-je personnellement désirer ? J'ai donné la loi à l'Europe. J'ai distribué des couronnes. J'ai donné des millions, mais je n'ai pas besoin d'argent pour moi. Personne n'est moins que moi occupé de ce qui lui est personnel !

C'est le lundi 14 décembre à minuit. Après Görlitz, Bautzen, on arrive à Dresde. On erre dans les rues de la ville à la recherche de l'hôtel du ministre de France, mais la ville, balayée par le vent, est déserte.

Deux heures ! Deux heures avant de trouver ce bâtiment rue de Perna ! Et il faut aussitôt travailler, dicter, pour que des dépêches partent. Il doit être le premier à avertir l'empereur d'Autriche de son retour à Paris, afin de le convaincre que tout va bien, qu'il n'a pas été défait.

« Malgré d'assez grandes fatigues, ma santé n'a jamais été meilleure..., dit-il au père de Marie-Louise. Je serai dans quelques jours à Paris ; j'y resterai les mois d'hiver pour vaquer à mes affaires les plus importantes.

« Je suis plein de confiance dans les sentiments de Votre Majesté. L'alliance que nous avons contractée forme un système permanent... Votre Majesté fera tout ce qu'elle m'a promis pour assurer le triomphe de la cause commune et nous conduire promptement à une paix convenable. »

Il faut enfermer l'empereur François, mon très cher Beau-Père, dans cette alliance. Et les mots peuvent être des liens.

Le roi de Saxe arrive. Napoléon est couché depuis une heure. Le roi s'assied dans la chambre.

Quelques phrases pour le rassurer, lui montrer que je suis toujours la puissance qui fait la loi en Allemagne.

Puis repartir, et arriver à Leipzig alors que le jour s'achève.

L'air est plus doux, la neige a presque disparu en ville. Il se sent joyeux. Ces maisons, après les masures de Russie, ces collines, ces clochers, c'est un monde et un paysage qu'il reconnaît. Il va et vient à pas lents sur la place, dans le jardin pendant près d'une heure, il dîne avec le consul de France à l'hôtel de Prusse, puis on repart.

À Weimar, la voiture sur patins que le roi de Saxe lui a offerte à Dresde se brise. Il faut monter dans une carriole de poste. Plus loin, on change de véhicule et de chevaux. Le maître de poste d'Eisenach tarde à les atteler, se dérobe. Il faut le menacer. Son épouse pleure, supplie.

Quand donc arrivera-t-on ?

Il veut calculer la distance qui reste jusqu'au Rhin, jusqu'à Paris. Combien d'heures, combien de jours ?

On est le mercredi 16 décembre. Il lui semble qu'il vit sur la route depuis des mois, alors que seulement onze jours se sont écoulés.

Et tout à coup, un cavalier. On arrête la voiture. C'est Anatole de Montesquiou, qui revient de Paris, qui a vu l'Impératrice, remis le texte du *Bulletin*. Tout va bien, répète-t-il.

Enfin le Rhin, Mayence, chef-lieu du département français du Mont-Tonnerre ! Napoléon est chez lui.

Et voici un visage connu, le vieux maréchal Kellermann, qui balbutie d'émotion. Et ce plaisir pour moi de l'appeler duc de Valmy.

Je suis chez moi.

Saint-Avold, Verdun où l'on soupe, le jeudi 17 décembre. On repart. Et brusquement, ce choc. L'essieu de la voiture vient de se rompre, à cinq cents pas de la poste. Il faut marcher.

Il me faudra conquérir jusqu'au dernier mètre de cette route.

Mais je suis chez moi.

Il respire à pleins poumons l'air léger, doux. Cela, l'hiver ? Mieux qu'un printemps russe !

À Château-Thierry, il prend son temps pour la première fois. Il va revoir dans quelques heures Marie-Louise et son fils. Il fait longuement sa toilette, choisit l'uniforme des grenadiers à pied, mais, en riant, il enfile sa pelisse et son bonnet. Car il n'y a plus pour rouler qu'une voiture découverte, l'une de ces « croquantes » qui brinquebalent, mais qui permet d'arriver jusqu'à Meaux.

Le reste, s'il fallait, il l'accomplirait à pied. Mais le maître de poste donne une vieille voiture à deux immenses roues, une chaise de poste. Elle ferme bien. Et l'on repart.

Le postillon fouette les chevaux, qui s'élancent au galop. Napoléon se penche. Paris. Au loin, l'Arc de triomphe. Le postillon passe sous l'arche sans en avoir reçu l'ordre, mais comme il en a le droit puisque seul l'Empereur détient ce privilège.

– C'est d'un bon augure, dit Napoléon.

Déjà, l'entrée des Tuileries. Il est vingt-trois heures quarante-cinq, ce vendredi 18 décembre 1812. Ils sont partis le 5 de Smorgoni. C'est si loin, la Russie, la Bérézina, Moscou, la Moskova. Un autre monde, irréel déjà.

Les factionnaires s'interrogent du regard. Quels sont ces officiers ? Sans doute des porteurs de dépêches. Ils autorisent le passage. Lentement, la voiture arrive devant le péristyle d'entrée. Un gardien en chemise s'avance, une lumière à la main. Il est effrayé devant la silhouette enveloppée de fourrure de Caulaincourt, qu'il a du mal à reconnaître. Enfin il identifie le grand écuyer de l'Empereur.

Napoléon se tient d'abord dans la pénombre. Il descend. On le regarde. Il marche lentement. Un cri : « C'est l'Empereur ! » Des courses, des rires, des voix qui résonnent sous les voûtes.

Brusquement, Napoléon écarte ceux qui l'entourent, rejoint Caulaincourt qui s'est dirigé vers l'appartement des dames de compagnie de l'Impératrice. Elles hésitent, inquiètes. Qui est-il ?

Napoléon le bouscule.

– Bonsoir, Caulaincourt, vous avez aussi besoin de repos, dit-il.

Et il entre chez l'Impératrice.

9.

Il les dévisage en souriant, puis il s'approche d'eux.

Ils sont tous là, dans les salons de ses appartements privés. Il est onze heures, ce samedi 19 décembre 1812. Ils viennent pour le lever de l'Empereur.

Il devine, dans leurs regards, la surprise et l'incrédulité. Il est à Paris, c'est bien lui ! Ils l'imaginaient au fond de l'Europe, enseveli sous la neige avec les restes de sa Grande Armée. Ils étaient accablés par la lecture du *29e Bulletin*, publié il y a trois jours, le 16 décembre. Ils constatent qu'il est en effet, comme le *Bulletin* l'écrit, en bonne santé, avec seulement la peau un peu craquelée par le froid, les yeux gonflés, rougis par le vent glacial qui a soufflé presque durant les treize jours qu'a duré ce voyage.

Il s'amuse de leurs expressions effarées et serviles. Tous ceux-là, les ministres Cambacérès, Savary, Clarke, Montalivet, et les autres, chambellans, officiers de sa Maison, ont accepté la fable de sa mort lorsque le général Malet l'a répandue. Pas un qui ait pensé à son fils ! Tous prêts à se rallier à un gouvernement provisoire !

Il faudra qu'il aille au bout de cette affaire, qu'il sache comment empêcher que l'on écarte son fils de sa succession.

Il l'a vu ce matin, avant d'entrer dans ces salons.

Mon fils, ce petit garçon vêtu en homme ?

C'est seulement en le voyant marcher vers lui qu'il a mesuré que le temps avait passé, que cette campagne de près de six mois, jusqu'à Moscou, n'avait pas été qu'un cauchemar qu'on oublie en se réveillant. Et c'est pourtant le sentiment qu'il a eu en se levant ce matin, en découvrant Marie-Louise puis en entrant dans son cabinet de travail.

Tout est resté en place.

Dans la nuit, il a retrouvé le corps de Marie-Louise, d'abord glacé par une sorte d'effroi, comme si elle avait du mal à reconnaître cet homme qui se précipitait sur elle. Puis elle a été à nouveau cette « bonne femme allemande » si douce, si tendre. Le seul fait de la toucher l'a apaisé, a effacé toutes les fatigues du voyage, le souvenir même de ce qu'il a vécu avec des centaines de milliers d'hommes, là-bas, entre Vilna et Vilna, cette ville où, entre juin et décembre 1812 s'est ouverte et fermée la campagne de Russie.

Murat, Berthier, Eugène réussiront-ils dans cette ville à contenir les troupes de Koutousov, qui doivent être aussi épuisées, aussi meurtries et décimées que l'ont été celles de la Grande Armée ? Si Murat s'accroche à Vilna, alors, au printemps, Napoléon pourra prendre sa revanche sur les Russes, et c'est à cela qu'il pense.

Il va tendre les ressorts de la machine impériale, lever des centaines de milliers d'hommes, leur donner des fusils et des canons. Et en avril 1813 tout sera prêt. Il faudra d'ici là tenter de préserver l'alliance avec l'Autriche et réussir, si cela se peut, à retenir la Prusse de s'engager dans la guerre aux côtés des Russes.

Voilà ce que je dois faire.

Il passe parmi les dignitaires réunis. Il s'arrête devant chacun d'eux. Il les questionne sur l'état de leur administration. Puis il demande : « Pourquoi avez-vous oublié mon fils ? Pourquoi m'avez-vous cru mort ? Pourquoi n'avez-vous pas pensé à mon héritier ? »

Il cherche des yeux Frochot, le préfet de la Seine, conseiller d'État, qui, à la demande des conspirateurs, leur a offert une salle pour réunir leur gouvernement provisoire.

– Il faut, dit-il, un exemple, non sur l'homme, que je veux ménager, mais sur le conseiller d'État. Il est temps que l'on apprenne, si on l'a oublié, ce que c'est que d'être fidèle à son serment. Il faut fixer les principes sur cela.

Puis, d'un ton sévère, tout en s'éloignant de quelques pas, il ajoute :

– Des soldats timides et lâches perdent l'indépendance des nations, mais des magistrats pusillanimes détruisent l'empire des lois, des droits du trône et l'ordre social lui-même.

Il répétera cela au Sénat, qu'il compte réunir demain, dimanche 20 décembre. Mais il veut que chaque jour, à compter d'aujourd'hui, se réunissent autour de lui les conseils, celui des Ministres, celui des Finances, de l'Administration intérieure, le Conseil d'État naturellement. Il recevra le corps diplomatique le 1er janvier 1813. Puis, dans quelques semaines, le 14 février, sera convoqué le Corps législatif. Il veut voir tout l'Empire au travail. Il doit lever trois cent cinquante mille hommes d'ici le printemps. Il songe à cent cinquante mille pour la classe 1814, et à cent mille dans les classes de 1809 à 1812, cent mille autres venant des gardes nationaux.

Il a déjà pensé à tout cela. Il ne s'agit plus que de le mettre en œuvre dans les semaines qui viennent.

Il observe les ministres, les dignitaires. Les directives qu'il vient de donner semblent les avoir rassurés. Les hommes ont besoin d'agir, besoin de savoir qu'un chef est à la barre et les guide. Maintenant, il peut leur parler de la Russie, des désastres de la campagne. À quoi servirait de chercher à dissimuler ? Les lettres privées des soldats vont commencer à arriver en France. Et on saura ce qu'ont vécu les hommes là-bas, et on comptera les disparus.

C'est pour cela aussi que j'ai voulu tout dire dans le 29e Bulletin de la Grande Armée. *Quand chacun va connaître la vérité, il est fou de vouloir la cacher.*

Il commence à parler d'un ton calme.

– La guerre que je soutiens contre la Russie, dit-il, est une guerre politique. Je l'ai faite sans animosité. J'eusse voulu épargner les maux qu'elle-même s'est faits. J'aurais pu armer la plus grande partie de la population contre elle-même en proclamant la liberté des esclaves... Un grand nombre de villages me l'ont demandé, mais je me suis refusé à une mesure qui eût voué à la mort des milliers de familles...

Puis il marche à pas lents devant les dignitaires.

– Le succès de mon entreprise a tenu à huit jours. Il en est ainsi de tout dans le monde. Le moment, l'à-propos sont tout.

Il indique que l'audience du lever est terminée, mais il retient Decrès et Cessac, avec qui il veut parler déjà des premières mesures pour reconstituer l'artillerie et la cavalerie.

Il s'assied à sa table de travail.

– Eh bien, messieurs, la fortune m'a ébloui ! Je me suis laissé entraîner au lieu de suivre le plan que j'avais conçu. J'ai été à Moscou, j'ai cru y signer la paix. J'y suis resté trop longtemps. J'ai cru obtenir en un an ce qui ne devait être exécuté qu'en deux campagnes. J'ai fait une grande faute, mais j'aurai les moyens de la réparer.

Il faut commencer aujourd'hui. Il donne les premiers ordres. Puis, quand Decrès et Cessac sont sortis, il dit à Caulaincourt :

– Le terrible *Bulletin* a fait son effet, mais je vois que ma présence fait encore plus de plaisir que nos désastres ne font de peine. On est plus affligé que découragé. Cette opinion se saura à Vienne, et tout se réparera avant trois mois.

Il se promène sur la terrasse des Tuileries en compagnie de Marie-Louise. Elle s'appuie à son bras, tendre, légère et futile. Il n'écoute que le gazouillis des mots. Il l'interroge : « Comment va bon papa François ? » Il a besoin de l'alliance ou, au pis, de la neutralité de l'Autriche. Et il faut qu'il se serve de Marie-Louise pour peser sur l'empereur François.

Car les nouvelles qu'apportent les estafettes chaque jour sont mauvaises ! La foule des soldats rescapés de la Bérézina s'est ruée sur les magasins de Vilna. La ville a été pillée, dit-on. Et il a suffi d'un hourra de cosaques pour que ces hommes débandés s'enfuient et recommencent à Kovno la même mise à sac ! Et la Garde – *ma Garde !* – a elle aussi saccagé les maisons et les réserves. Elle aussi a fui quand les cosaques sont apparus. Quelques milliers d'hommes seulement ont réussi à passer le Niémen avec Ney. Pour apprendre que le corps d'armée prussien de Yorck faisait défection, exposant aux Russes les troupes françaises de Macdonald, obligées de reculer. Puis ce sont les Autrichiens de Schwarzenberg qui ont commencé à discuter avec les Russes de l'éventualité d'un armistice.

Et Murat a quitté l'armée, rejoint son royaume. Il traite avec Metternich, trahit comme un quelconque Bernadotte, dans l'espoir de conserver sa couronne et rêvant peut-être de coiffer la couronne de fer du royaume d'Italie !

« Je suppose que vous n'êtes pas de ceux qui pensent que le lion est mort, dicte-t-il pour Murat. Vous m'avez fait tout le mal que vous pouvez depuis mon départ de Vilna. Le titre de roi vous a perdu la tête. Si vous désirez le conserver, ce titre, il faut vous conduire autrement que vous n'avez fait jusqu'à présent. »

Je sens la nation autour de moi prête à se défendre. Les conscrits rejoignent leurs drapeaux, les arsenaux se remplissent d'armes. Toute la France est un atelier. Mais il y a une poignée de traîtres en haut.

Dans les salons du faubourg Saint-Germain, où l'on se moque de ces bals de « jambes de bois » que j'ai demandé à Hortense d'organiser pour que rien, dans la vie de Paris et de la Cour, ne soit changé. Mais on trahit aussi autour de moi.

Il parcourt ces lettres que les agents du Cabinet noir chargé d'espionner les correspondances ont pu saisir.

Il n'a même pas été surpris de découvrir qu'elles sont du « Blafard », Talleyrand, un homme qui continue de participer aux Conseils privés. Il écrit à son oncle, ancien archevêque de Reims, émigré, proche de Louis XVIII et compagnon d'exil à Hartwell, où vit la petite Cour qui entoure, en Angleterre, le frère de Louis XVI. Talleyrand fait des offres de service, assure que la campagne de Russie est pour l'Empire « le commencement de la fin » et que tout cela se terminera par un « retour aux Bourbons ».

Indigne Talleyrand !

Napoléon a un accès de colère. Il veut poursuivre Talleyrand en justice, l'exiler sur ses terres, mais Savary et Cambacérès plaident pour l'ancien évêque d'Autun. Pourquoi faire un éclat ? disent-ils. Il suffit de le surveiller, prétendent-ils.

Napoléon hésite. Un procès fait à Talleyrand serait en effet interprété comme le signe de troubles au sommet de l'Empire.

Il suffira une fois encore de dire mon mépris et ma colère à ce personnage.

Il convoque Talleyrand.

– Vous voulez me trahir ! Vous me trahissez ! crie-t-il.

Mais Talleyrand récuse les accusations, regarde à peine les lettres saisies, prétend qu'elles ne sont pas écrites par lui, mais fabriquées pour le perdre.

– Je vous connais, hurle Napoléon. Je sais de quoi vous êtes capable, vous êtes l'homme du monde qui a le plus volé !

Et maintenant, les Bourbons !

Napoléon le chasse de son cabinet. Il l'entend dire aux dignitaires qui attendent dans la pièce voisine :

– L'Empereur est charmant, ce matin !

Mais l'homme est atteint. Il s'alite, victime d'une attaque.

Que pleurent ceux qu'il sert, et d'abord Alexandre Ier, qui se croit désormais investi d'une mission divine pour m'abattre, libérer l'Europe !

Et qui l'a convaincu de ces billevesées ? Des émigrés, qui ont la haine de ce qui est nouveau, qui veulent un Empereur de la Réaction, à dresser contre moi. Les informateurs citent les noms de Mme de Staël, dont j'ai refusé les services et même l'admiration, de Joseph de Maistre, de Stein, le Prussien.

Tous autour du tsar, pour le pousser plus loin, jusqu'à Paris. Les Anglais paient.

Et Bernadotte, par jalousie et dans l'espoir de me succéder, se joint à la coalition. Il ne faut pas que l'Autriche y tombe.

Marie-Louise vient vers lui en tenant par la main le petit roi.

Elle est de plus en plus tendre. Elle ne veut pas qu'il s'absente, même pour se rendre dans son cabinet de travail. Et il doit travailler au milieu de la nuit. En public, elle est souvent maladroite, sèche, même quand il est près d'elle lors des cérémonies officielles, à l'Hôtel des Invalides ou bien au Pensionnat des jeunes filles de la Légion d'honneur. Elle ne sait ni sourire ni donner. Elle ne trouve pas les mots qui conviennent.

Mais, en tête à tête, elle est douce, aimante, rieuse. Et elle est la fille de François Ier, empereur d'Autriche. François Ier oserait-il faire la guerre au mari de sa fille ? À cet Empire dont peut hériter son petit-fils ?

Napoléon lui écrit. « Je n'ai jamais rencontré l'armée russe que je ne l'aie battue. Ma Garde n'a jamais donné. Elle n'a pas tiré un coup de fusil et n'a pas perdu un seul homme devant l'ennemi. Mais dans la terrible tempête de froid le bivouac est devenu insupportable à mes gens ; beaucoup s'éloignaient le soir pour chercher des maisons et des abris ; je n'avais plus de cavalerie pour les protéger. Les cosaques en ont ramassé plusieurs milliers. »

Voilà ce qu'il faut que François Ier pense de la campagne de Russie. Et n'est-il pas vrai que j'ai toujours vaincu les Russes et qu'à la prochaine campagne, avec ma nouvelle armée, je chasserai l'ennemi au-delà du Niémen ?

« Quant à la France, continue à dicter Napoléon, il est impossible d'en être plus satisfait que je le suis : hommes, chevaux, argent, on m'offre tout. Mes finances sont en bon état.

« La conséquence de tout ceci doit être que je ne ferai aucune démarche pour la paix.

« Votre Majesté connaît à présent mes affaires et mes vues comme moi-même. Je suppose que cette lettre et les sentiments que je confie à Votre Majesté resteront entre Elle et moi ; mais Elle peut, en conséquence de la connaissance qu'Elle a de mes dispositions, agir comme Elle le jugera convenable dans l'intérêt de la paix. »

Si l'Autriche voulait jouer l'intermédiaire entre les Russes et moi, pourquoi pas ?

Mais qui peut être sûr des Autrichiens ? Ils basculeront comme les Prussiens, si je faiblis. Je dois me battre. Mon glaive est mon armée. Et mon bouclier Marie-Louise de Habsbourg et le roi de Rome, et le sang autrichien qui coule dans leurs veines.

Napoléon convoque Régnaud de Saint-Jean-d'Angély, secrétaire d'État à la Famille impériale. Il veut, dit-il, qu'on recherche tous les ouvrages traitant des formes suivies depuis Charlemagne lorsqu'il a été question du couronnement de l'héritier présomptif.

Quel meilleur moyen de préparer l'avenir, que d'instituer un Conseil de régence, de faire par avance du roi de Rome un héritier couronné ? Et François Ier aura-t-il alors l'audace sacrilège de faire la guerre à sa fille et à son petit-fils ?

Mais la guerre aura lieu contre les Russes, et sans doute contre les Prussiens, alors Napoléon chasse, parce qu'il veut garder à son corps, dont il sent qu'il s'alourdit, son agilité, sa résistance. Le froid est très vif, ce mardi 19 janvier 1813, dans les forêts autour de Grosbois, le château de Berthier.

Le maréchal est rentré de Pologne, accablé. Il s'accuse d'avoir appuyé le choix de Murat comme chef de l'armée. Il eût fallu choisir Eugène de Beauharnais dès le début, dit-il. Maintenant, que peut le vice-roi d'Italie ? L'armée ne compte plus qu'une trentaine de milliers d'hommes, tout ce qui reste des plus de quatre cent mille qui franchirent le Niémen en juin 1812. Berthier se lamente. Napoléon le morigène. À quoi sert-il de vouloir refaire le passé ? Les choses qui ont eu lieu sont sans remède. Quant à leurs conséquences, il faut les subir.

– C'est un torrent, dit-il, il faut le laisser couler. Cela s'arrêtera de soi-même dans quelques jours.

Il veut à la fois accepter ce que l'on ne peut refuser, et changer ce qui peut l'être.

Dans la forêt de Grosbois, tout à coup, il tourne bride. On va chevaucher jusqu'au château de Fontainebleau. Il a eu cette idée il y a déjà quelques jours. Mais il ne voulait en avertir personne.

La plupart des pièces du château sont vides. On a enlevé les meubles en l'absence de l'Empereur. Les salons et les chambres sont glacés, sans feu. Les domestiques sont rares. Mais toute une aile du château est illuminée. C'est là que vit le pape Pie VII depuis des mois.

C'est lui qu'il veut surprendre, entourer de signes d'affection et de respect, afin de parvenir à un accord, un nouveau Concordat.

Napoléon va vers lui dans les longues galeries froides et l'embrasse.

Il faut aboutir à un accord. Je ne quitterai le château que lorsque j'y serai parvenu.

Il veut apparaître aux yeux de l'Europe et de l'opinion non pas comme l'Antéchrist que condamnent les souverains chrétiens, mais comme un empereur allié du pape.

Marie-Louise, à Fontainebleau, dans le cercle restreint qui se réunit chaque soir malgré le froid des appartements pour « le jeu et un peu de musique », est heureuse. Mais elle ne doit pas seulement être l'épouse aimante. Il faut qu'elle écrive à François Ier. Le lundi 25 janvier, Napoléon veut que le Concordat soit signé dans les appartements de l'Impératrice.

Il observe Marie-Louise. Elle a une expression radieuse. Il lit la lettre qu'elle adresse à son père :

« Nous sommes depuis six jours à Fontainebleau, où l'Empereur a arrangé aujourd'hui les affaires de la chrétienté avec le pape. Le pape paraît très content. Il est très gai et en train depuis ce matin de bonne heure, et a signé le traité il y a un quart d'heure. J'arrive justement de chez lui, je l'ai trouvé très bien portant. Il a une très jolie figure, très intéressante ; je suis persuadée que vous apprendrez avec autant de plaisir que moi la nouvelle de cette réconciliation. »

Napoléon jubile. Bien sûr, cet accord n'est considéré par le pape que comme un avant-projet devant être approuvé par le Sacré Collège des Cardinaux. Mais il faut prendre de vitesse cette assemblée.

Napoléon, le samedi 13 février 1813, fait publier le Concordat dans la presse. Et, en France et en Italie, toutes les églises saluent l'événement en célébrant des *Te Deum.*

Voilà ce qui compte ! Que l'on me traite après cela d'Antéchrist, de roi païen !

Il reçoit avec ironie l'envoyé de Metternich, l'Autrichien Bubna, l'interpelle, méprisant, au sujet de l'armistice que Schwarzenberg a signé à Zeyes avec les Russes.

– Vous voulez tirer votre corps auxiliaire du jeu, vous avez changé de système !

Mais il faudra que Vienne ait alors la franchise d'une rupture, que François Ier ose affronter sa fille, qui sera peut-être régente, et un empereur qui est au mieux avec le pape.

Qu'on sache bien cela, à Vienne, dit-il, et il le répétera devant le Corps législatif : « Je désire la paix mais je ne ferai qu'une paix honorable. »

Il se sent à nouveau maître du jeu.

– Dieu m'a donné la force et la joie d'entreprendre de grandes choses, dit-il. Je ne dois pas les laisser imparfaites.

Il feuillette *Le Moniteur* qui publie le texte du Concordat.

– Le clergé est une puissance qui n'est jamais stationnaire, ajoute-t-il. Ennemi s'il n'est pas ami, ses services ne sont pas gratuits. Il faut que le clergé s'occupe de nous réconcilier avec le Ciel, qu'il console nos femmes et nous, quand nous vieillirons, et qu'il nous abandonne la puissance de ce monde : roi dans le temple, sujet à la porte.

10.

Il est assis dans son cabinet de travail aux Tuileries. Il n'a pas tourné la tête lorsque Molé est entré. Il continue de regarder ce ciel partagé qui hésite entre l'hiver et le printemps, bleu vif parfois, puis bas et sombre, avec des giboulées rageuses.

C'est ce qu'il ressent en lui, ce balancement entre une énergie enthousiaste, cette volonté plus forte qu'il ne l'a jamais eue, et brusquement cet accès de lassitude.

Il a présidé de grandes parades et des revues durant le mois de février 1813, dans la cour des Tuileries, au Carrousel. Il a vu défiler ces régiments provisoires composés de conscrits à peine incorporés. Il est passé dans les rangs de la Jeune Garde. Il a confiance en ces hommes mais, malgré leurs uniformes et leurs fusils neufs, sont-ils déjà des soldats ? Ils sont bien tendres pour affronter le feu.

Mais ce n'est pas cela qui, tout à coup, brise son élan, le fait s'interrompre de dicter alors qu'au milieu de la nuit il est là, dans ce cabinet de travail, avec un secrétaire. Il prépare la campagne à venir, il organise les plantations de betteraves qui vont permettre de se passer du sucre des colonies, ou bien il précise qu'il ne veut plus, en campagne, voir autant de cuisiniers autour de lui : « Moins de vaisselle, aucun grand nécessaire, et cela autant pour donner l'exemple que pour diminuer les embarras. »

Mais tout à coup la voix lui manque.

Tout cela, il l'a déjà vécu. Il l'a déjà dit. Il l'a déjà vu. Il a le sentiment qu'il répète, qu'il retrouve les traces de ses pas. Mais qu'il n'a plus la légèreté, la hargne et l'avidité d'autrefois. L'énergie lui reste, mais comme une habitude.

Il a chassé deux jours de suite au bois de Boulogne. Il a participé à un bal masqué chez Hortense, et c'est lui qui avait ordonné qu'il soit organisé. Et il n'a éprouvé aucune joie. Vivre, vaincre devient un recommencement. Il est une machine. Il tourne parce qu'il a tourné. Il fait des plans de campagne pour bousculer les troupes qui lui seront opposées, russes, prussiennes aussi, sans doute. Les itinéraires qu'il trace sur les cartes d'Allemagne surgissent de son esprit presque sans effort.

Il connaît ces collines, ces fleuves et ces villes. Il a déjà parcouru maintes fois ces chemins. Il a défait toutes les armées possibles. Pourra-t-il faire mieux qu'à Austerlitz, qu'à Iéna, qu'à Wagram ?

Il invite Molé à s'asseoir. Il apprécie cet homme ambitieux, descendant d'une des plus illustres familles de parlementaires de la monarchie. Molé est un flatteur. Napoléon le sait. Au Sénat, le 4 mars 1813, en présentant le budget, il a parlé des merveilles qui étonneraient un prince du temps des Médicis et qui ont été réalisées en « douze années de guerre et un seul homme ».

Moi !

Napoléon n'est pas dupe des flagorneurs. Il écarte les dépêches qui sont placées sur sa table.

Pas une qui n'annonce une mauvaise nouvelle. Les Russes sont entrés dans Varsovie. La Prusse s'exalte, se lève contre moi, signe un traité avec Alexandre Ier, déclare la guerre le 17 mars 1813. Bernadotte s'allie avec les Anglais contre moi, contre son pays ! Eugène, à qui j'ai confié l'armée, évacue Berlin, Hambourg et Dresde.

Il a écrit à Eugène. « Je ne vois pas ce qui vous obligeait à quitter Berlin... Il faut enfin commencer à faire la guerre. Nos opérations militaires sont l'objet des risées de nos alliés à Vienne et de nos ennemis à Londres, et à Saint-Pétersbourg parce que constamment l'armée s'en va huit jours avant que l'infanterie ennemie soit arrivée, à l'approche des troupes légères et sur de simples bruits. »

Mon armée ! Je peux redresser cette situation.

Il se lève, passe dans le cabinet des cartes, suivi par Molé.

– Mon intention est de prendre vigoureusement l'offensive du mois de mai, reprendre Dresde, dégager les places de l'Oder et, selon les circonstances, débloquer Dantzig et rejeter l'ennemi derrière la Vistule.

Il peut aussi attirer l'ennemi dans la haute vallée de la Saale, le tourner, le couper de l'Elbe.

Il voit ces mouvements de troupes. Il a dans les yeux les paysages de ces régions. Il a fait tout cela. Et il lui faut recommencer. Il le peut. Il le doit. C'est un rocher qu'il pousse au sommet de la pente. Il est Sisyphe.

Il retourne dans le cabinet de travail, reprend place à sa table. Molé sait-il que le pape, ce brave homme, murmure-t-il d'un ton sarcastique, a décidé de se rétracter, de retirer sa signature du Concordat signé il y a deux mois ?

Le pape a écrit que son infaillibilité ne l'a pas préservé d'une erreur que sa conscience lui reproche. Et naturellement, cette lettre pontificale va être répandue dans Paris par ces cardinaux noirs qui me sont hostiles, qui vont trouver tous les complices nécessaires chez les dévotes du faubourg Saint-Germain !

Mais demain, 25 mars, le Concordat sera malgré tout décrété. Et le 30 mars sera organisé le Conseil de régence, avec à sa tête l'Impératrice, que Cambacérès conseillera.

– Qu'en pensez-vous, Molé ?

– Votre Majesté a voulu préserver la France d'une surprise, d'un coup de main comme celui de Malet..., commence Molé.

Il hésite, reprend :

– Pendant qu'elle serait à la tête de ses armées. Le public s'attendait depuis longtemps à voir paraître cette loi importante.

Napoléon se lève.

– Tout cela est bien peu de chose, dit-il. Croyez que je ne me fais pas d'illusions. Si j'écris un testament, certainement, après moi, il sera cassé. Un sénatus-consulte serait-il plus respecté ?

Molé se récrie.

– En apprenant votre mort, murmure-t-il, les partis stupéfaits auront besoin de se recueillir, tout dépendra de la promptitude et de l'énergie avec lesquelles le gouvernement de la régence saura profiter de ce premier moment d'hésitation.

Tel est le moment de ma vie. On y parle de ma mort et de ma succession. Non plus pour assurer mon pouvoir, comme jadis, mais pour examiner réellement ce qui adviendra quand j'aurai disparu.

Napoléon a un geste de lassitude.

– Bah, dit-il, il faut que le roi de Rome ait vingt ans et soit un homme distingué, tout le reste n'est rien.

Mais pourrai-je vivre jusqu'au moment où mon fils aura l'âge d'homme ?

Il reste silencieux, puis il se met à marcher. Il faut faire face.

– Ce que cette régence a de bon, dit-il, c'est qu'elle est conforme à toutes nos traditions et à tous nos souvenirs historiques. Elle sera confiée à une impératrice d'un sang qui a déjà été placé sur le trône de France.

Il hausse les épaules.

– Il y a ce que j'appelle les tricoteuses, qui détestent l'Impératrice en se rappelant les outrages qu'elles ont prodigués à la malheureuse Marie-Antoinette. Tant que j'y serai, cette lie ne bougera pas, parce qu'elle a appris à me connaître au 13 Vendémiaire, et qu'elle me sait toujours prêt, si je la prends en faute, à l'écraser.

Il se souvient quand il a dû faire face, sous-lieutenant, à la foule. Il n'a jamais aimé le désordre, les cris de la canaille. Il est soldat. Il a partout rétabli une étiquette, un cérémonial précis. Et c'est un effort de chaque instant pour maintenir le respect de ces règles. Et il s'impose à lui-même cette rigueur qui forge le caractère.

– Sire, dit Molé, rien ne bouge en votre présence, et nul n'ose ; mais quand vous n'y êtes pas, vous ne l'avez que trop appris, tout est prêt à recommencer.

– Je le sais et j'en tiens grand compte. On est et on sera plus hardi depuis le désastre de Moscou.

Il soupire.

– Il faudra bien cependant faire encore une campagne et avoir raison de ces vilains Russes, en les forçant à regagner leurs frontières et à ne plus songer à en sortir.

Il baisse la tête. Ce devoir qu'il se donne, cette nécessité qu'il doit affronter ne lui procure plus aucun enthousiasme. Il faut. Il doit. C'est tout.

– Ne vous le dissimulez pas. Sire, dit Molé, pour la première fois on ne vous verra pas partir sans une profonde tristesse et beaucoup d'inquiétudes. On vout croit nécessaire à la tête de vos armées, mais on craint que vous ne sachiez pas à quel point vous l'êtes ici.

Il sait cela.

Napoléon soupire à nouveau.

– Que voulez-vous, mon cher, dit-il, au fond je n'ai personne à mettre à ma place nulle part, ni à l'armée ni ici. Sans doute je serais trop heureux si je pouvais faire la guerre par mes généraux, mais je les ai trop accoutumés à ne savoir qu'obéir ; il n'y en pas un qui puisse commander aux autres, et tous ils ne savent obéir qu'à moi.

Il va jusqu'à la fenêtre. Il pense à cette armée perdue à Vilna par la faute de Murat. Le roi de Naples n'a pas su se faire obéir, en imposer à personne, dit-il. L'indiscipline est arrivée à son comble, après mon départ. Douze millions ont été pillés dans la caisse de l'armée à Vilna, par mes troupes ! Et il n'a plus été possible de tirer parti du soldat.

Il revient vers Molé.

– Pauvre nature humaine, toujours incomplète, dit-il d'un ton las. Combien de fautes on est obligé de punir et qui ne tiennent qu'aux habitudes de la vie où à l'organisation de celui qui les commet. Croiriez-vous que Murat n'écrit jamais à ses enfants sans mouiller son papier de grosses larmes ? Les impressions sont plus fortes que lui ! Au lieu de les dominer, il en est bouleversé.

Il va à pas lents à la fenêtre.

– Ne croyez pas que je n'ai pas le cœur sensible comme les autres hommes. Il m'a fallu une grosse habitude d'empire sur moi-même pour ne pas laisser voir d'émotion. Dès ma plus grande jeunesse je me suis appliqué à rendre muette cette corde qui chez moi ne rend plus aucun son. Sans ce travail sur moi-même, croyez-vous que j'aurais fait tout ce que j'ai fait ? Les heures volent, et dans ma position, en perdant un moment, je pouvais tout perdre, même ce que j'avais acquis.

Il croise les mains dans son dos.

– Il faut que je marche, que j'agisse, que j'avance, dit-il.

– Sire, murmure Molé, il faut que Votre Majesté revienne le plus tôt qu'elle le pourra.

Napoléon tire sa montre, sourit.
– Allons, assez causé. Il est tard, je vais me coucher.

Dormir ? Comment ? Il sent naître l'orage qui peut tout emporter. Il est calme, mais il voit si clair que cela en devient douloureux. Les nuées s'accumulent. Il sait qu'il engagera cette campagne dans les conditions les plus difficiles, avec de jeunes recrues qui n'ont jamais été au feu. Et les rapports des préfets indiquent que le nouveau sénatus-consulte, qui prévoit la mobilisation de cent quatre-vingt mille hommes supplémentaires, a été accueilli dans les campagnes comme une malédiction. On ne se rebelle pas, mais on est accablé.

D'ailleurs, il lui suffit de participer à une cérémonie ou de se rendre à l'Opéra en compagnie de l'Impératrice pour mesurer qu'on l'acclame avec une sorte de frayeur. Il est « l'Ogre », disent les pamphlets qui circulent sous le manteau et qu'on imprime en Angleterre, l'*Antéchrist* assoiffé de sang !

Veut-on qu'il s'incline, qu'il laisse la place aux Bourbons ? Louis XVIII ne vient-il pas de rappeler ses droits au trône de France ? Mais qu'a-t-il fait pour avoir le droit de régner ? De quel pays serait-il le roi ? D'une France humiliée, vaincue, chassée de ses conquêtes, soumise à la loi d'un Alexandre Ier ou d'un roi de Prusse !

Est-ce pour cela que j'ai combattu ? Est-ce pour cette fin que tant d'hommes, depuis 1792, alors que je n'étais rien, sont morts ? Je n'ai fait que défendre et agrandir l'héritage que j'ai recueilli.

Croit-on que je sois prêt à l'abandonner maintenant, alors que les souverains d'Europe se coalisent à nouveau, utilisent contre moi le sentiment des peuples, alors que j'incarne cette Europe nouvelle dont ils sont les adversaires ?

Il se lève.

Cette année 1813 est celle de mon plus grand défi. Si je l'emporte, j'établis mon Empire. Et viendra le temps de ma succession, au bénéfice de mon fils.

Si je suis vaincu...

Il ne veut pas penser à cela.

S'il est vaincu, alors il lui faudra seulement faire face, utiliser chaque événement pour tenter de reprendre le terrain, comme un régiment qui doit reculer en bon ordre et sauver ce qui peut l'être.

Le 30 mars 1813, dans la salle du Conseil, il reçoit l'Impératrice au milieu des dignitaires en grand apparat, « le cordon pardessus l'habit », et en présence des princesses en longues robes décolletées. Il fait asseoir Marie-Louise près de lui. Elle va prêter serment, puisqu'elle est investie des responsabilités de la régence.

Elle commence à parler, d'une voix monocorde, avec son accent guttural qu'elle n'a pas perdu.

– Je jure fidélité à l'Empereur, dit-elle, je jure de me conformer aux actes des constitutions faites ou à faire par l'Empereur mon époux, dans l'exercice de l'autorité qu'il lui plairait de me confier pendant son absence.

Pourrait-elle résister vraiment à ceux, moi battu, qui chercheraient à sauver leurs pouvoirs en me trahissant ?

Il n'a aucune illusion. Il dévisage ces dignitaires. Combien, parmi ceux-là, si obséquieux, qui baissent les yeux, lui resteraient fidèles, au point d'accepter que l'Impératrice et le roi de Rome gouvernent ?

Mais peut-être, grâce à cette désignation, l'Autriche n'entrera-t-elle pas dans la coalition, ou hésitera-t-elle à le faire, et lui laissera-t-elle ainsi le temps de vaincre ?

Il insiste pour que Marie-Louise écrive à son père. Il veille sur cette correspondance. « L'Empereur me charge de vous dire de jolies choses de sa part... L'Empereur se montre très affectueux pour vous », lui fait-il écrire.

Et Marie-Louise, avec une naïveté qui le touche, s'exécute. « Il ne se passe de jour, ajoute-t-elle pour son père, où il ne me dise combien il vous aime... L'Empereur me dit de vous assurer de toute son amitié, et aussi de vous écrire souvent. Vous êtes bien sûr, mon cher papa, que je ne me laisserai pas dire cela deux fois ! »

Ce serait une « monstruosité » que de voir François Ier déclarer la guerre à l'Empire que régente sa fille !

Mais combien de temps ce « bon papa François » résistera-t-il à la tempête qui le pousse ?

Napoléon lit les dépêches, les rapports des agents français. L'Allemagne se soulève. Les troupes russes de Wittgenstein ont été accueillies à Berlin pour une foule en délire. Les professeurs, dans toutes les universités, ont suspendu leurs leçons. « Les cours reprendront, dans notre patrie libre, a dit le philosophe Fichte, ou bien nous serons morts pour reconquérir la liberté. »

Il se souvient de ce jeune homme, Staps, qui voulait le poignarder à Schönbrunn et dont la haine, le fanatisme fou l'avaient surpris. Il connaît les souverains.

La plupart sont lâches. Ils suivront et utiliseront les passions des foules. Et, si je ne peux vaincre leurs armées, ils se rallieront tous contre moi. Comme Bernadotte, et cette bête de Murat qui essaie maladroitement d'obtenir l'appui de Vienne ! Alors que les Autrichiens mettent sur pied deux armées, l'une en Italie, l'une en Allemagne, pour m'attaquer si le moment est favorable.

Combien de fois déjà n'ai-je pas dû ainsi battre leurs archiducs ? Me faudrait-il recommencer ?

Il reçoit le prince Schwarzenberg, redevenu ambassadeur à Paris. Ce mardi 13 avril, le parc de Saint-Cloud bruisse du printemps revenu. Les fenêtres du grand salon de réception sont ouvertes.

Napoléon entraîne Schwarzenberg vers une croisée. Il évoque les succès obtenus par le prince et son corps de troupes durant la campagne de Russie. Il ne dit rien de l'armistice conclu avec les Russes.

Le prince écoute, paraît gêné. Il n'ose répondre aux questions.

L'empereur François Ier accepterait-il, pour renforcer notre alliance, demande Napoléon, que je lui cède les provinces illyriennes ? L'Autriche atteindrait ainsi à nouveau aux rives de l'Adriatique.

Schwarzenberg continue de se taire, comme s'il craignait de me blesser en me transmettant les propos de Metternich, qui veut s'imposer en médiateur armé...

Que faire d'autre que paraître ignorer cela, qu'appeler le prince Schwarzenberg « mon cher ami », que le prendre par le bras, le raccompagner dans les longues galeries du château de Saint-Cloud ? Et se déclarer enchanté de cet entretien de près de quatre heures où rien n'a été tranché !

Il regarde le prince Schwarzenberg s'éloigner.

Peut-être s'est-il montré trop conciliant avec lui ?

Peut-être Schwarzenberg a-t-il imaginé que je craignais la guerre ?

Je ne crains que l'impuissance, l'incapacité où je serais de me battre. Mais cela ne se produira qu'au moment de ma mort !

Même seul, je me battrai.

Et je ne suis pas seul.

Il va partir pour rejoindre les armées en Allemagne. Si souvent déjà il a quitté la France par cette route qui passe par Sainte-Menehould et va vers Mayence.

Louis XVI en fuite avec sa reine autrichienne a pris cette route-là, où il devait être reconnu et arrêté.

Je laisse à mon impératrice autrichienne, la nièce de cette malheureuse reine décapitée, la régence, et je pars non pour fuir, mais pour combattre.

Il quitte le château de Saint-Cloud le jeudi 15 avril 1813 à quatre heures du matin.

À vingt heures, il dîne à Sainte-Menehould. Il passe à Metz à sept heures, le vendredi 16. Et il arrive à Mayence ce même jour à minuit.

Il a roulé plus de quarante heures.

Quatrième partie

La mort s'approche de nous

16 avril 1813 – 9 novembre 1813

11.

Il est assis, il écrit. Il est six heures du soir, ce samedi 17 avril 1813.

« Ma bonne Louise,

« Je suis arrivé le 16 à minuit à Mayence. Je n'ai pas reçu de lettres de toi aujourd'hui. Il me tarde d'apprendre comment tu te portes et ce que tu fais. Dis-moi que tu as été sage et que tu as du courage. J'ai comme tu le peux penser beaucoup d'ouvrage. Le grand maréchal Duroc n'est pas encore arrivé. »

Il se lève, va jusqu'à la croisée. Sur la place de Mayence, de jeunes soldats manœuvrent, et tout à coup l'un d'eux a dû l'apercevoir. Ils dressent leurs fusils, crient : « Vive l'Empereur. » Il se recule, attendant que les acclamations cessent. Les tambours battent, leurs roulements s'approchent et s'éloignent avec ces coups de vent qui, toute cette journée du 17 avril, se sont succédé.

Il n'est pas sorti depuis son arrivée hier à minuit. Il a écouté les aides de camp, lu les dépêches de Ney, d'Eugène de Beauharnais. Puis il a consulté les cartes avec Bacler d'Albe. Les Russes et les Prussiens ont avancé partout. Torgau est tombée. Ils ont été accueillis en triomphateurs et en libérateurs à Dresde.

Et mon allié le roi de Saxe Frédéric-Auguste s'est enfui, se rapprochant de l'Autriche qui attend, l'arme au pied, que je sois blessé pour m'achever.

Il reprend la plume.

« Il fait ici bien du vent.

« Embrasse mon fils sur les deux yeux. Écris à Papa François tous les huit jours, donne-lui des détails militaires et parle-lui de mon attachement pour sa personne. »

Cela peut faire hésiter un moment l'Autriche, quelques jours ou quelques semaines, le temps pour moi de battre les Russes et les Prussiens.

Il va vers les cartes. La nuit commence à tomber. Roustam entre et allume les chandeliers.

Les ombres s'allongent sur les parquets. D'un geste, il demande qu'on approche les bougies de la table. Bacler d'Albe a placé les unités ennemies sur la carte.

Si j'avais quelques milliers de cavaliers de plus, la partie serait plus simple.

Mais il n'a pas d'autre atout, et c'est avec le peu qu'il tient qu'il doit jouer.

Il marche dans la grande pièce, les mains derrière le dos. Cette campagne, cette partie, c'est celle du tout ou rien. S'il gagne, il rafle toute la mise, tous les enjeux qui sont sur la table depuis qu'il règne. S'il perd, on lui prend tout. L'Angleterre remportera la guerre qu'elle mène depuis 1792 contre la France.

Tout ou rien. Voilà l'enjeu de cette année 1813.

Il se rassied.

« Je ne veux plus que tu aies mal à l'estomac, écrit-il encore à Marie-Louise, sois gaie et tu seras bien portante. Les affaires te donneront un peu d'occupation.

« L'habitude de te voir et de passer ma vie avec toi m'est bien douce.

« Adieu, ma chère Louise, aime-moi comme je t'aime, si toutefois cela est possible à la légèreté de votre sexe. Tout à toi. Ton époux.

« Nap. »

Les tambours se sont tus, le vent est tombé. Il ne va pas dormir. Trop d'ordres à dicter, trop de pensées qui tournent en lui, de décisions à prendre. Il appelle Fain, son secrétaire. Il montre la lettre qu'il a reçue de Frédéric-Auguste, le roi de Saxe, l'allié qui ne veut pas fournir de troupes, qui abandonne sa capitale, Dresde.

« Monsieur mon frère, la lettre de Votre Majesté m'a fait de la peine, commence-t-il. Elle n'a plus d'amitié pour moi ; j'en accuse les ennemis de notre cause qui peuvent être dans son cabinet. J'ai besoin de toute sa cavalerie et de tous ses officiers. J'ai dit ce que je pensais avec cette franchise que Votre Majesté me connaît. Mais quel que soit l'événement, que Votre Majesté compte sur l'estime qu'elle m'a inspirée et qui est à l'abri de tout. »

Voilà ce que je peux écrire. Il me faut retenir mes paroles. Ordonner à l'ambassadeur de France à Vienne, le comte de Narbonne, de ne rien faire qui pût déplaire à la Cour de François Ier. Mais je sais bien ce que veulent Metternich et « Papa François » : me dépouiller sans prendre de risque. Tirer les marrons du feu. Préparer et attendre ma défaite.

Tout ou rien.

Ce sont les armes qui décideront une fois de plus, du tout ou du rien.

Le mercredi 28 avril 1813, il a installé son quartier général dans un hôtel situé sur la place de la ville d'Eckartsberg ; à peu de distance d'Erfurt et de Weimar. Plus de deux cent mille hommes sont concentrés là, dans cette vallée de la Saale, où tombent des pluies torrentielles qui traversent les uniformes.

Napoléon se tient dans une petite pièce. Il est penché sur les cartes. Il s'agit de déboucher de la vallée de la Saale, afin d'atteindre Leipzig, puis Dresde, et de repousser les Russes et les Prussiens vers l'est, vers la Vistule. Et l'on pourra en même temps descendre l'Elbe vers Hambourg, et menacer Berlin.

Ce pays de Saxe est un carrefour qui, lorsqu'on le contrôle, permet de dominer toute l'Allemagne, celle du Nord et de l'Est. Leipzig, Dresde sont les deux verrous que Napoléon entoure d'un cercle.

Tout ou rien.

Le canon commence à tonner, se mêlant au bruit du tonnerre, de l'orage qui ne cesse pas. On se bat à Weissenfels.

Les troupes, dit-il, doivent avancer le long des deux rives de la Saale. Ce sont de jeunes recrues qui n'ont jamais vu le feu qui composent la division du général Souham. Tiendront-elles devant les cavaliers et les canons russes ?

Le vendredi 30 avril, lorsque à cheval il parcourt leurs lignes dans Weissenfels conquis, il sait qu'ils ont enlevé à la baïonnette les haies, les maisons.

« Ils en ont remontré aux vieilles moustaches, dit le maréchal Ney en s'approchant. Donnez-moi beaucoup de ces petits jeunes gens-là, je les mènerai où je voudrai. Les vieilles moustaches en savent autant que nous, ils réfléchissent. Ils ont trop de sang-froid. Tandis que ces enfants intrépides ne connaissent pas les difficultés. Ils regardent toujours devant eux, jamais à droite ni à gauche. »

Il est parmi eux. Il entend le cri de « Vive l'Empereur » qui roule. Il voit ces visages imberbes, rouges d'avoir couru, combattu, crié, tremblé, qui se tournent vers lui. Ces jeunes hommes lèvent leurs fusils. Ces jeunes hommes vont se faire tuer. Car la partie ne fait que commencer.

Tout ou rien. Il ne peut pas la perdre.

Il faut avancer vers Leipzig. Il passera par Lützen : « Si vous entendez le canon près de cette ville, écrit-il à Eugène de Beauharnais qui se trouve plus au nord, le long de l'Elbe, marchez sur la droite de l'ennemi. »

Jamais il n'a eu les pensées aussi claires. Les mouvements des troupes se dessinent devant ses yeux sur la carte. S'il avait des cavaliers, il pourrait détruire les armées russes et prussiennes, celles de Barclay de Tolly, de Wittgenstein et de Blücher.

Mais il faut jouer avec ce que l'on a.

Et, d'abord, empêcher les Autrichiens d'entrer dans le jeu. Dans la nuit, il écrit une nouvelle fois à Marie-Louise :

« Je suis surpris que Papa François dise que la paix dépend de moi. Or, il y a trois mois que je lui ai dit que j'étais prêt là-dessus et l'on n'a rien répondu. Laisse-lui voir que ce pays-ci ne se laissera pas maltraiter ni imposer des conditions honteuses par la Russie ni l'Angleterre, et que si j'ai actuellement un million d'hommes sous les armes, j'en aurai autant que je voudrai...

« Fais passer ta lettre par les Autrichiens afin qu'elle ne soit pas suspecte.

« Ma santé est fort bonne. Il a plu beaucoup hier, cela ne m'a pas fait de mal, il fait dans ce moment du soleil. Je monte à cheval. Donne deux baisers à mon fils. *Addio, mio bene*. Tout à toi.

« Nap. »

Il galope sur les crêtes des collines, entouré de son état-major. Il veut être à l'avant-garde. Il faut que ces jeunes soldats le voient, apprennent qui il est, comment il brave le danger. Et comment les boulets ne l'atteignent pas.

Et s'ils le frappent ? Pourquoi pas ? C'est un défi qu'il lance au destin. Il le regarde comme ces batteries ennemies qui tirent dans sa direction.

Rien ne tremble en moi. Qu'on me frappe si l'on veut. Je l'accepte. Mais si je ne meurs pas, alors je continue, sans jamais plier.

Il entend le sifflement d'un boulet, la terre jaillit au milieu de l'état-major. Quand la fumée est dissipée, il voit qu'on enveloppe dans son manteau le corps d'un homme.

Bessières ! Maréchal, duc d'Istrie, l'un de ceux que j'aimais, à qui j'avais confié le commandement de la cavalerie de la Garde.

– La mort s'approche de nous, dit Napoléon en s'éloignant.

Il s'arrête, après quelques minutes de galop, dans la maison du baillage de Lützen. La nuit tombe. C'est le samedi 1er mai 1813. Demain, on se battra. Avant de s'allonger, il prend la plume.

« Ma bonne amie,

« Écris à Papa François qu'il ne se laisse pas entraîner par la haine que nous porte sa femme, que cela lui serait funeste et ferait bien des malheurs. J'ai éprouvé bien de la peine de la mort du duc d'Istrie ; c'est un coup bien sensible pour moi. Il était allé aux tirailleurs sans bonne raison, un peu par curiosité. Le premier boulet l'a tué raide. Fais dire quelque chose à sa pauvre femme. Ma santé est fort bonne. Fais dire à la vice-reine que le vice-roi Eugène se porte bien.

« Adieu, mon amie, tout à toi.

« Nap. »

Bessières est tombé près de lui, à quelques pas.

Mais pourquoi inquiéter Marie-Louise ? Toute la Cour, tout Paris saurait que l'Impératrice tremble pour moi, que je suis donc en danger, et dans l'ombre quelque général Malet ourdirait un complot.

Il dicte quelques lignes pour l'archichancelier Cambacérès.

« J'ai porté aujourd'hui mon quartier général à Lützen. Le premier coup de canon de cette journée nous a causé une perte sensible : le duc d'Istrie a été frappé d'un boulet au travers du corps et est tombé raide mort.

« Je vous écris en toute hâte pour que vous en préveniez l'Impératrice et que vous le fassiez savoir à sa femme, pour éviter qu'elle ne l'apprenne par les journaux. Faites comprendre à l'Impératrice que le duc d'Istrie était fort loin de moi quand il a été tué. »

Mourir ?

Ce dimanche 2 mai 1813, alors que les combats ont commencé dans les villages situés au sud de Lützen, il s'interroge. Mourir ? Pourquoi pas, puisque cette partie est celle du tout ou rien. Et qu'il doive jouer avec toutes ses cartes, et sa vie quand il la jette à l'avant-garde, au milieu des jeunes recrues qui commencent à se débander, est un atout.

Il est à cheval, au milieu des soldats, sous les boulets et dans le sifflement des balles. Il crie aux conscrits qui s'égaillent en courant dans les ruelles du village de Kaja, déjà pris, perdu, repris, perdu plusieurs fois : « Ralliez-vous, soldats, la bataille est gagnée, en avant ! »

En même temps, il lance des ordres à ses aides de camp. Il faut faire pivoter toute l'aile droite de l'armée, avec comme axe ce village de Kaja. On tournera ainsi l'armée ennemie. Il ordonne à l'artillerie de suivre le mouvement, d'écraser les Russes qui reculent sous les salves ! Il observe, toujours sous le feu, la retraite des unités ennemies. Elles sont battues, mais elles ne sont pas détruites.

– Je me trouverais en position de finir très promptement les affaires si j'avais seize mille cavaliers de plus ! lance-t-il.

Mais la victoire est là, et la route de Dresde ouverte.

Il parcourt les avant-postes alors que la nuit est tombée, que le feu a cessé. Les soldats l'acclament. Le cri de « Vive l'Empereur » roule le long des lignes.

Il se tourne vers ses aides de camp.

– Rien n'égale la valeur, la bonne volonté et l'amour que portent tous ces jeunes soldats, dit-il, ils sont pleins d'enthousiasme.

À la lueur des feux de bivouac, il dévisage les officiers qui l'entourent. Eux sont mornes, alors que la victoire est acquise, que Lützen restera, il en est convaincu, comme un modèle de bataille.

Il s'arrête, met pied à terre près d'un feu de bivouac. Il dicte sa proclamation à l'armée. C'est maintenant, ici, qu'il trouvera les mots qui toucheront ces jeunes troupes.

« Soldats, je suis content de vous ! commence-t-il. Vous avez rempli mon attente ! Vous avez suppléé à tout par votre bonne volonté et par votre bravoure. Vous avez ajouté un nouveau lustre à la gloire de mes aigles ; vous avez montré tout ce dont est capable le sang français. La bataille de Lützen sera mise au-dessus des batailles d'Austerlitz, d'Iéna, de Friedland et de la Moskova. »

Il remonte à cheval. Il entend les plaintes des blessés. La bataille a été meurtrière. Combien ? Mille, dix mille, vingt mille morts et blessés dans chaque camp ?

Tout à coup, la fatigue le saisit. Toutes ces victoires, et aucune ne termine la partie !

Il arrive à Lützen, entre dans la maison du baillage.

Les estafettes de Paris sont arrivées. Il feuillette les journaux. Il s'emporte. Est-ce ainsi que l'on rend compte de la guerre ? Il dicte une lettre pour Savary, ministre de la Police. « Comme tous les articles de journaux qui parlent de l'armée sont faits sans tact, je crois qu'il vaut beaucoup mieux qu'ils n'en parlent pas ! C'est une grande erreur de s'imaginer qu'en France on puisse faire entrer les idées de cette façon ; il vaut mieux laisser aller les choses leur train... C'est vérité et simplicité qu'il faut. Un mot, telle chose est vraie, n'est pas vraie, suffit ! »

Il est épuisé. Tout tenir entre ses mains. Tout. Ne rien lâcher, car il suffit d'un fil abandonné pour que tout cède. Il doit sommeiller quelques heures. Il soupire. Une dernière tâche. Il se fait apporter une feuille, une plume.

« Ma bonne amie,

« Il est onze heures du soir, je suis bien fatigué. J'ai remporté une victoire complète sur l'armée russe et prussienne commandée par l'empereur Alexandre et le roi de Prusse. J'ai perdu dix mille hommes, tués ou blessés. Mes troupes se sont couvertes de gloire et m'ont donné des preuves d'amour qui me touchent le cœur. Embrasse mon fils. Je me porte fort bien. Adieu, ma bonne Louise. Tout à toi.

« Nap. »

Combien a-t-il dormi ? Il ne sait plus à quel moment il s'est remis au travail, étudiant les cartes, dictant des ordres aux aides de camp.

Toute la rive gauche de l'Elbe est maintenant aux mains des troupes françaises. Le général Lauriston a occupé Leipzig. Dresde ne peut que tomber dans les jours qui viennent. Après, on pourra, selon l'attitude des Russes et des Prussiens, soit remonter vers Pseilein, soit poursuivre vers l'est.

Il souligne sur la carte les noms de Bautzen, de Würschen, de Görlitz, de Breslau.

Ce qui l'inquiète, c'est qu'en avançant ainsi vers la Vistule il a tout son flanc droit à découvert. Il longera les frontières de l'Empire d'Autriche, et comment faire confiance à Metternich et à l'empereur François Ier ?

Il écrit au comte de Narbonne. L'ambassadeur a été reçu froidement par l'Empereur. La Cour de Vienne n'espère qu'en la défaite française. Et Metternich s'imagine qu'il pourra imposer ses vues aux Russes et aux Prussiens.

Il faudra donc aussi se battre contre l'Autriche.

Il sort. Les feux de bivouac brûlent encore dans l'aube qui se lève. Le temps est clair mais il fait froid. Il galope sur le champ de bataille. Il s'arrête un instant, apercevant ces grandes fosses dans lesquelles des paysans entourés par des soldats jettent les corps des morts.

Il lance son cheval d'un coup d'éperon. Il passe le long des colonnes en marche. Les soldats l'acclament.

Ils sont en vie. Leurs camarades sont morts. Le maréchal Bessières est mort. Je suis en vie.

La mort n'a pas voulu de moi. Je ne la crains pas. Je la défie. Que m'importe de vivre si je ne me bats pas ?

À la nuit tombante, dans la petite ville de Borna, il fait halte, s'installe à la table de travail que les fourriers ont dressée.

« Ma bonne amie, commence-t-il à écrire,

« J'ai reçu ta lettre du 30 avril. Je vois avec plaisir ce que tu me dis de mon fils et de ta santé. La mienne est fort bonne. Le temps est très beau. Je continue à poursuivre l'ennemi qui se sauve partout et en toute hâte. »

Il pourrait s'arrêter là, écrire comme il en a envie, comme il l'a déjà fait hier : « Je crois que le petit roi m'a tout à fait oublié. Donne-lui deux baisers sur les yeux pour moi. » Mais il faut qu'il tente tout ce qui est encore possible pour éviter la guerre avec Vienne.

« Papa François ne se conduit pas trop bien, reprend-il. On veut l'entraîner contre moi. Fais appeler M. Floret, le chargé d'affaires d'Autriche, dis-lui : " L'on veut entraîner mon père contre nous. Je vous ai envoyé chercher pour vous prier de lui écrire que l'Empereur est en mesure, il a un million d'hommes sous les armes, et je prévois, si mon père écoute les caquets de l'Impératrice, qu'il se prépare bien des malheurs. Il ne connaît pas cette nation, son attachement à l'Empereur et son énergie. Dites à mon père de ma part, comme sa fille bien-aimée, et qui prend tant d'intérêt à lui et à mon pays de naissance, que si mon père se laisse entraîner, les Français seront à Vienne avant septembre et qu'il aura perdu l'amitié d'un homme qui lui est bien attaché. "

« Écris-lui dans le même sens pour son intérêt plus que pour le mien, car je les vois venir depuis longtemps et je suis prêt.

« *Addio, mio dolce amore.*

« Ton Nap. »

Il a fait ce qu'il devait.

Il entre à Dresde le samedi 8 mai à huit heures du matin, alors que le soleil inonde la ville d'une lumière légère. On entend au loin la canonnade, et des fumées s'élèvent au-dessus de l'Elbe. Les Russes et les Prussiens ont brûlé les ponts dans leur retraite vers Breslau, le long de la frontière autrichienne. Ils reculent en ordre.

Tout à coup, au milieu de la rue, à quelques mètres des portes de la ville, il voit s'avancer une députation solennelle, portant les clés de la cité. Il regarde ces hommes avec mépris.

Il y a quelques jours encore, ils fêtaient Frédéric-Guillaume de Prusse et le tsar Alexandre. Ils offraient avec enthousiasme à ceux qu'ils imaginaient être leurs vainqueurs l'hospitalité et des tributs. Et maintenant, les voici penauds et tremblants devant moi.

– Vous mériteriez que je vous traitasse en pays conquis ! lance-t-il. J'ai l'état des volontaires que vous avez armés, habillés et équipés contre moi. Vos jeunes filles ont semé des fleurs sous le pas des monarques, mes ennemis.

Que reste-t-il de ces guirlandes et de ces pétales ? Le fumier sur les pavés de la rue !

Son cheval piaffe. Ces notables tremblent. Mais il faut aussi se servir de la lâcheté des hommes.

– Cependant, je veux tout pardonner, reprend-il. Bénissez votre roi, car il est votre sauveur. Qu'une députation d'entre vous aille le prier de vous rendre sa présence. Je ne pardonne que pour l'amour de lui. Je veillerai à ce que la guerre vous cause le moins de maux qu'il sera possible.

J'ai besoin de Frédéric-Auguste, roi de Saxe. J'ai besoin de ses cavaliers et de ses soldats. Qu'il rentre triomphalement à Dresde, sa capitale. Je dînerai avec lui. J'oublierai qu'il a fui la ville, m'a refusé l'appui de ses troupes et a attendu ma défaite. Et qu'il ne se rallie comme les habitants de Dresde que parce que je suis vainqueur.

Il s'installe au palais royal, au cœur de cette ville cossue et belle, dans la douceur d'un printemps qui ressemble déjà à l'été.

« On dit que tu es fraîche comme le printemps, écrit-il à Marie-Louise. Je voudrais bien être près de toi. Je t'aime comme la plus chérie des femmes.

« *Addio, mio bene.*

« Nap. »

Il parcourt les rives de l'Elbe. Il passe en revue les pontonniers qui, dans ces journées chaudes, jettent un pont sur le fleuve. Il voit les hommes travailler à demi nus. Il reste immobile. Il pense à ces ponts sur la Bérézina, à tous ces hommes morts. Le général Éblé et presque tous les pontonniers n'ont survécu que quelques jours à leurs efforts surhumains.

Parfois, ainsi, des images du passé reviennent le trouver avec tant de précision qu'il ne peut s'en arracher que difficilement. À ces moments-là, il aimerait qu'un boulet vienne brusquement faire éclater sa tête.

Il passe le fleuve dès que le pont est jeté. Les Prussiens et les Russes se sont retranchés à Bautzen, sur les rives de la Spree. Il observe de loin leur position, puis il rentre à Dresde.

Ce dimanche 16 mai 1813, il reçoit le comte de Bubna, un général diplomate, envoyé de Metternich. Il l'écoute, tout en marchant à pas lents dans le grand salon du palais royal qu'éclaire le soleil. Mais peu à peu les ombres s'allongent. La nuit vient.

Il laisse parler Bubna, qui expose longuement les conditions de Metternich pour que la paix soit établie. Vienne veut être un médiateur.

Armé ? demande Napoléon.

Il s'arrête devant le comte de Bubna, dont le visage est maintenant éclairé par les chandeliers.

Cet homme est sans mystère, comme les propositions qu'il présente. Il s'agit de me dépouiller et, en fait, de m'acculer à la soumission. On ne veut pas la paix. On veut mon abdication.

Il devine cela. Mais peut-il se soustraire à une négociation ?

– J'estime mon beau-père depuis que je le connais, dit-il. Il a fait le mariage avec moi de la manière la plus noble. Je lui en sais gré de bien bon cœur. Mais si l'empereur d'Autriche veut changer de système, il aurait mieux valu ne pas faire ce mariage, dont je dois me repentir dans ce moment-ci.

Il a osé dire cela, remettre en cause son union avec Marie-Louise. Il s'éloigne du comte de Bubna.

– Ce qui me tient le plus à cœur, reprend-il, c'est le sort du roi de Rome. Je ne veux pas rendre le sang autrichien plus odieux à la France. Les longues guerres entre la France et l'Autriche ont fait germer des ressentiments. Vous savez...

Il revient vers Bubna.

– ... que l'Impératrice, comme princesse autrichienne, n'était point aimée à son arrivée en France. À peine commence-t-elle à gagner l'opinion publique par son amabilité, ses vertus, que vous voulez me forcer à donner des manifestes qui irriteront la nation. Certes, on ne me reproche pas d'avoir le cœur trop aimant, mais si j'aime quelqu'un au monde, c'est ma femme. Quelle que soit l'issue que prenne cette guerre, elle influera sur le sort du roi de Rome. C'est sous ce rapport-là qu'une guerre contre l'Autriche m'est odieuse.

Au moment où le comte Bubna quitte le salon, Napoléon s'approche de lui.

Cet homme a-t-il compris ma détermination ?

– Je suis décidé à mourir, s'il le faut, à la tête de ce que la France a d'hommes généreux, plutôt que de devenir la risée des Anglais et de faire triompher mes ennemis.

Mourir ?

Ce mot lui revient, cette année 1813. C'est la partie du tout ou rien.

Il reste longuement debout dans le grand salon éclairé par des dizaines de chandeliers, puis, appuyé à une petite table, il écrit quelques lignes à Marie-Louise : « J'ai vu ce soir le général Bubna et lui ai dit ce que je pensais. J'espère qu'ils y songeront à deux fois. Dans tous les cas, tu ne dois pas trop t'en affecter. Ils se feront rosser en règle, tous. Adieu, mon amie. Aime-moi comme je t'aime. Tout à toi.

« Napoléon. »

Il faut quitter Dresde, aller là où sont les avant-postes, traverser les villages et les villes en cendres, incendiés par les boulets. Tout en chevauchant, il demande à son grand écuyer Caulaincourt de le rejoindre sur cette éminence qui domine les bords de la Spree. Les Prussiens et les Russes sont retranchés à l'est de Bautzen, dans ces ravins et ces collines verdoyantes.

Il se tourne vers Caulaincourt.

– Voyez Alexandre, dit-il. En connaissant ses vues, on finira par s'entendre.

Il tire sur les rênes afin que son cheval ne s'écarte pas de celui de Caulaincourt. Il observe ces collines que les hommes devront gravir sous la mitraille. Et il sera avec eux.

Si cela pouvait s'interrompre !

– Mon intention, au surplus, est de faire à Alexandre un pont d'or pour le délivrer des intrigues de Metternich, ajoute-t-il. Si j'ai des sacrifices à faire, j'aime mieux que ce soit au profit de l'empereur Alexandre, qui me fait bonne guerre, et du roi de Prusse auquel la Russie s'intéresse, qu'au profit de l'Autriche, qui a trahi l'alliance et qui, sous le titre de médiateur, veut s'arroger le droit de disposer de tout, après avoir la part de ce qui lui convient.

Caulaincourt s'incline. Il a le visage épanoui de l'homme qui a entendu ce qu'il souhaitait. Ils sont tous comme lui autour de moi. Berthier, les généraux, et peut-être même Duroc, mon grand maréchal du Palais, le plus fidèle. Ils sont las. Ils veulent la paix. Ils veulent jouir de leurs biens. Peut-être à n'importe quel prix. Ils craignent de mourir sans avoir profité de leurs richesses accumulées.

– J'attends, dit Napoléon.

Caulaincourt s'élance.

Le temps change, ce mercredi 19 mai 1813. La pluie tombe quand Caulaincourt arrive, apportant la réponse d'Alexandre. Il n'y aura ni armistice ni paix. Le tsar la refuse.

– Tous ces gens-là seront plus accommodants lorsque j'aurai remporté une nouvelle victoire, dit Napoléon.

Il donne des ordres toute la nuit. On contraindra l'ennemi à dégarnir sa droite en l'attaquant à gauche. Mais l'assaut principal sera porté à droite, cependant que le maréchal Ney passera la Spree et se rabattra sur les arrières de l'ennemi.

La pluie est torrentielle maintenant. Il se réveille. On se battra ce jeudi 20 mai 1813 sous l'orage. Il est avec l'avant-garde, dans la mitraille et les boulets. Il entre dans Bautzen. Il dort à même la terre, quelques dizaines de minutes, en plein cœur de la bataille. Il passe la nuit devant ses cartes. Et, le matin du vendredi 21 mai, il est à nouveau à cheval, galopant vers Würschen. Il ne quitte pas l'avant-garde. Il a besoin d'être là, avec les hommes les plus exposés. Il se souvient d'avoir dit souvent à ses généraux qu'un chef ne devait prendre de risques que lorsqu'ils étaient nécessaires à la conduite de ses hommes, et que dans toutes les autres circonstances l'officier devait protéger sa vie.

Risquer la sienne, en ce moment, lui est nécessaire.

Lorsqu'il regarde son escorte, son état-major, il voit sur leurs visages l'incompréhension. Pourquoi court-il ainsi au-devant des boulets ? se demande-t-on.

Il faut qu'il sache ce que veut le destin.

Les batailles de Bautzen et de Würschen sont gagnées. Il est dix-huit heures. Il fait dresser sa tente devant une auberge isolée, pleine encore des traces de l'empereur Alexandre qui y a séjourné toute la journée.

La musique de la Garde impériale joue pendant que la nuit tombe.

Il écrit :

« Mon amie, j'ai eu aujourd'hui une bataille. Je me suis emparé de Bautzen. J'ai dispersé l'armée russe et prussienne qui avait été jointe par tous ses renforts et ses réserves de la Vistule, et qui avait une superbe position. Cela a été une belle journée. Je suis un peu fatigué. J'ai été mouillé deux ou trois fois dans la journée. Je t'embrasse et te prie de baiser mon fils pour moi. Ma santé est bonne. Je n'ai perdu personne de marque. J'estime ma perte à trois mille hommes tués ou blessés.

« *Addio, mio bene.*

« Nap. »

Mais ce n'est pas fini. Sera-ce jamais fini ?

Il faut poursuivre les Russes et les Prussiens qui ne se débandent pas. Et je n'ai pas de cavalerie !

Il galope jusqu'à l'avant-garde, grimpe les collines avec les voltigeurs. Des boulets tombent. Ce groupe de cavaliers chamarrés attire l'attention des artilleurs ennemis. Un chasseur de l'escorte est tué.

– La fortune nous en veut bien, aujourd'hui, lance Napoléon.

Mais il continue d'avancer, suivi à quelques pas par Caulaincourt, le grand maréchal du Palais Duroc, le général du génie Kirgener, et le maréchal Mortier.

Il se retourne. Ils ne caracolent pas comme des vainqueurs, mais comme des hommes qui subissent la loi qu'on leur impose. Il avance encore.

Tout à coup, un boulet siffle, frappe un arbre. C'est comme si le destin venait dessiner autour de lui une ligne menaçante. Il attend que la terre retombe avec un bruit de grêle, pendant que son cheval se cabre. Il reconnaît la voix de Caulaincourt, qui semble venir de très loin.

– Sire, le grand maréchal du Palais vient d'être tué.

Ces quelques mots ouvrent une plaie d'où surgissent à grands bouillons rouges les souvenirs.

Duroc au siège de Toulon, près de moi. Duroc qui, quand nous étions seuls, me tutoyait. Duroc qui me présenta Marie Walewska. Duroc auquel je ne cachais rien, Duroc en qui j'avais une absolue confiance. Duroc, mort après Bessières, après Lannes.

Le destin me laissera-t-il seul, comme une île, vivant au milieu de l'océan des morts ?

Il descend de cheval.

Le boulet a frappé l'arbre, ricoché, tué le général Kirgener, puis déchiré les entrailles de Duroc, qui vient d'être transporté dans une maison du village de Makersdorf.

Duroc est livide. Napoléon s'assied près de lui, lui saisit la main droite. Elle est déjà glacée. Il reste ainsi plus d'un quart d'heure, la tête appuyée sur sa main gauche.

Duroc balbutie :

– Ah, Sire ! allez-vous-en, ce spectacle vous peine.

Napoléon se lève lourdement, s'appuie sur le bras de Caulaincourt, murmure une dernière fois, penché vers Duroc :

– Adieu donc, mon ami, nous nous reverrons peut-être bientôt.

Il reste assis, immobile, devant sa tente dressée dans un champ. Le général Drouot lui demande des ordres pour l'artillerie. Ney annonce que l'ennemi est défait.

– À demain, tout, dit-il.

Il veut revoir Duroc. Il rentre dans la maison. Il embrasse le visage du mort.

C'est tout un pan de ma vie qui meurt avec lui.

Il ne dort pas. Cette disparition l'accable comme un signe fatal. Comme un châtiment aussi. « On » ne veut pas qu'il meure, lui ! Il doit aller au bout et voir tous ses proches mourir. « On » veut qu'il ne connaisse pas le repos d'une mort brutale sur le champ de bataille.

Soit.

Il est à nouveau aux avant-postes, entrant dans Görlitz. Il est même en avant de l'infanterie. Sur la route, brusquement, des cavaliers russes surgissent. Ils ne sont qu'à quelques centaines de mètres. Napoléon leur tourne le dos calmement. Il dirige le mouvement d'une unité d'artillerie qui approche, fait mettre les canons en position. Berthier crie que les Russes avancent.

– Eh bien, nous avancerons aussi, répond calmement Napoléon.

Que risque-t-il ? La mort ?

Qu'est-ce donc ? La fin d'une partie.

Le soir, il s'installe dans une petite ferme qui a été pillée. Il ne dispose que d'une pièce sombre, minuscule. Quelle importance ? Il ne peut penser à autre chose qu'à la mort de Duroc. Il faut qu'il partage sa peine, qu'il se confie un peu.

« Ma bonne amie, tu auras appris le fatal boulet qui m'a tué d'un seul coup le grand maréchal et le général Kirgener. Juge de ma douleur ! Tu connais mon amitié pour le duc de Frioul. Le grand maréchal Duroc est mon ami depuis vingt ans. Jamais je n'ai eu à me plaindre de lui, il ne m'a jamais donné que des sujets de consolation. C'est une perte irréparable, la plus grande que je pouvais faire à l'armée. J'ai ordonné que jusqu'à ce que je le remplace le grand écuyer en ferait fonction. *Addio, mio bene*. Mes affaires vont très bien. Tout à toi.

« Nap. »

Il s'est installé à Neumarkt, entre l'Oder et la Neisse. Il regarde ces grands ciels de l'Europe de l'Est qui déroulent leurs longues traînées blanches au-dessus des espaces sans limites. Il fait doux. Il marche devant la maison cossue qui lui sert de quartier général.

Il a, en moins d'un mois, fait reculer les Russes et les Prussiens de trois cent cinquante kilomètres. Il les a toujours battus, mais il ne les a pas détruits. Il manque de cavalerie pour les poursuivre. Eux sont défaits, aux abois. Koutousov est mort, vient-il d'apprendre, et la maladie a empêché le maréchal russe de conduire ses armées.

Que faire maintenant, alors qu'on entre dans l'été ? et que je connais les déserts de Pologne !

Il regarde autour de lui : il voit Caulaincourt, Berthier. Il les entend.

Ils veulent la paix. Peut-être Caulaincourt est-il même prêt à souhaiter la défaite, pour que la guerre cesse. Et c'est lui que j'envoie à la rencontre de ces plénipotentiaires russes et prussiens qui viennent demander un armistice sous la médiation de Metternich. Je pourrais tenter de détruire leurs armées. Mais où sont mes dragons, mes cuirassiers, mes lanciers polonais ? Ensevelis sous la neige de Russie !

Il fait apporter par Berthier les états des différentes unités. Les pertes ont été lourdes. Les conscrits ne résistent pas aux marches continuelles. Sur un effectif de quarante-sept mille hommes, le 3e corps ne compte plus que vingt-quatre mille soldats ! Les munitions se font rares.

Il convoque Caulaincourt. Je suis prêt, dit-il, à signer une convention d'armistice, valable jusqu'au 20 juillet. Des négociations de paix doivent durant cette période s'ouvrir à Prague.

Caulaincourt est joyeux, enthousiaste même. Et c'est cet homme-là qui remplace Duroc ! Voilà les hommes qui maintenant m'entourent. Les meilleurs sont morts. Restent les Caulaincourt.

Le 4 juin 1813, l'armistice est signé à Pleiswitz.

Avant de quitter Neumarkt pour rejoindre Dresde, il dicte une lettre pour Clarke, le ministre de la Guerre.

« Cet armistice arrête le cours de mes victoires. Je m'y suis décidé pour deux raisons : mon défaut de cavalerie qui m'empêche de frapper de grands coups, et la position hostile de l'Autriche. Cette Cour, sous les couleurs les plus aimables, les plus tendres, je dirais même les plus sentimentales, ne veut rien moins que me forcer par la crainte de son armée réunie à Prague, et ainsi obtenir des avantages par cette seule présence d'une centaine de mille hommes et sans hostilités réelles.

« Si je le puis, j'attendrai le mois de septembre pour frapper de grands coups. »

Il ne croit pas à la paix.

Qui la veut vraiment ? Elle ne se bâtira que sur la défaite de mes ennemis ou sur ma capitulation.

Mais il faut faire comme si la paix était possible. Tant de gens la souhaitent, et le désir les aveugle.

Un dernier mot pour Marie-Louise avant de quitter Neumarkt.

« Ma bonne amie,

« J'ai reçu ta lettre du 28 où je vois que tu es fort affligée. J'espère que la nouvelle de l'armistice pour deux mois que le télégraphe de Mayence t'aura apprise t'aura fait plaisir.

« Mes affaires vont bien. Ma santé est bonne. Ménage-toi. Donne deux baisers sur les yeux de mon fils, et aime bien ton fidèle

« Nap. »

« Je me rendrai pendant le temps de l'armistice à Dresde pour être plus près de toi. »

12.

Il avance au pas sur cette route qui va de Neumarkt à Dresde. Il tient distrairement les rênes. Il se laisse porter par le balancement du cheval. Ses pensées vont et viennent.

Il entend des cris. Des soldats descendent en courant des collines, glissent sur les pentes des talus. « Vive l'Empereur ! » lancent-ils.

Il ne répond pas à leurs acclamations. Elles sont comme une rumeur lointaine qui trouble ses pensées. Depuis que l'armistice est conclu, il hésite. Peut-être a-t-il eu tort de ne pas poursuivre l'ennemi jusqu'à la Vistule. Peut-être s'est-il laissé convaincre malgré lui par ces aboyeurs de la paix à n'importe quel prix que sont Berthier, Caulaincourt, et tous les autres qui chevauchent derrière lui.

Chaque soir, à l'étape, ils le pressent de rentrer le plus vite possible à Dresde, de prendre une voiture, de galoper avec un équipage et d'épargner ainsi sa fatigue. Ils n'aiment plus chevaucher de trois heures du matin à la nuit tombée, se retrouver dans des bivouacs de fortune et prendre encore plusieurs heures durant, sous la dictée, ses ordres.

Ils veulent tous la paix, pour leur repos. Et ils transforment leur fatigue en grande politique.

Il refuse. Il rentre à cheval. Les aubes sont fraîches. Les journées longues. Il voit les soldats et on le voit. Parfois, la population d'une ville l'entoure et l'acclame. Ainsi, ce mardi 8 juin à Görlitz, quand, à la pointe du jour, au moment où il allait partir, le feu a pris dans un faubourg et qu'il a donné des ordres aux troupes pour qu'elles luttent contre l'incendie. Et il a fait verser six mille francs de secours aux sinistrés.

Il s'arrête à Bautzen. Les maisons sont encore pleines de blessés. La ville tout entière semble geindre.

Dans la petite pièce où il a rétabli son cabinet de travail pour la nuit, on lui communique un rapport du maréchal Soult et du général Pradel, le grand prévôt de l'armée. On compterait plus de deux mille soldats blessés à la main droite, des mutilés volontaires selon le rapport. Pradel demande un châtiment exemplaire pour tous ces hommes.

Il a vu ces jeunes soldats, courageux mais souvent désemparés. Il imagine les pelotons d'exécution qu'on lui demande de réunir. La répression n'est juste que si elle est utile. Il convoque Larrey, le chirurgien en chef. Il connaît le dévouement et la franchise de l'homme. Il l'interroge.

– Sire, crie aussitôt Larrey, ces enfants sont innocents, on vous trompe !

Napoléon, le visage penché, écoute. Les soldats, selon Larrey, se blessent involontairement avec leur fusil et blessent souvent leurs camarades placés devant eux dans les formations en carré. Larrey parle avec conviction, avance des témoignages, des preuves.

Napoléon s'arrête devant lui.

– On vous portera mes ordres, dit-il.

Puis il fait quelques pas, ajoute :

– Un souverain est bien heureux d'avoir affaire à un homme tel que vous.

Il ordonne qu'on accorde à Larrey six mille francs en or, une pension de l'État de trois mille livres et une miniature sertie de diamants.

Tout voir. Tout savoir. Tout décider.

De combien d'hommes comme Larrey dispose-t-il encore ? Lannes, Bessières, Duroc, tant d'autres, morts. Et cette dépêche qu'il vient de recevoir et qui rapporte que, dans son gouvernement des provinces illyriennes, Junot a été saisi de crises de démence !

Il se souvient. C'était le siège de Toulon.

Il était capitaine. Junot, sergent.

Ce jeune homme inconnu avait dit en riant, quand un obus avait recouvert de terre l'ordre que je lui dictais : « Tant mieux, nous n'avions pas de sable pour sécher l'encre ! » Junot, dans les jours de misère à Paris, partageant avec moi ses ressources, Junot avec moi à Saint-Jean-d'Acre. Junot que j'assurais, en quittant l'Égypte, « de la tendre amitié que je lui ai vouée ».

C'étaient les mots que j'employais. Junot, fou, qui s'est présenté au grand bal qu'il a organisé à Raguse avec pour tout vêtement ses décorations ! Junot en grand uniforme de gouverneur et conduisant sa voiture à la place du cocher ! Junot qui délire, qu'on enferme, qu'on rapatrie chez lui en Bourgogne.

Junot, pire que mort. Dément.

Napoléon reste assis une partie de la nuit, puis il se redresse, regarde autour de lui, comme s'il sortait d'un long tunnel obscur. Il commence à dicter de sa voix nette les ordres, les dépêches.

« La guerre, écrit-il au général Bertrand, ne se fait qu'avec de la vigueur, de la décision et une volonté constante ; il ne faut ni tâtonner ni hésiter. Établissez une sévère discipline, et, dans les affaires, n'hésitez pas à avoir confiance en vos troupes. »

À cheval, maintenant. Voilà cinq jours que l'on est en route. À cheval, à cheval ! Le jeudi 10 juin 1813, il rentre enfin à Dresde.

« Ma bonne amie, écrit-il à Marie-Louise,

« Je suis arrivé à Dresde à quatre heures du matin. Je me suis logé dans une petite maison du comte Marcolini dans un faubourg qui a un très beau jardin, ce qui m'est très agréable. Tu sais combien le palais du roi est triste. Ma santé est fort bonne. Donne un baiser à mon fils. Tu sais combien je t'aime.

« Nap. »

Il dort plusieurs heures et il lui semble en se réveillant que voilà des jours et des jours qu'il somnole.

Il sort aussitôt dans ce faubourg de Friedrichstadt.

Des soldats vont et viennent, désœuvrés. Croit-on que c'est la paix ?

Il continue à avancer dans la ville. Des groupes de badauds se forment en l'apercevant. Il n'y a pas d'acclamations, mais les gens paraissent saisis, le regardant passer avec un étonnement mêlé d'effroi.

Il se rend auprès du roi de Saxe, qui se précipite vers lui.

« Les bruits les plus fous ont couru, dit le souverain. On a cru Votre Majesté morte. On a assuré que l'on avait placé un mannequin à votre image dans une voiture pour dissimuler votre mort. »

Napoléon sourit. Mort ? Parfois il lui semble en effet qu'une partie de sa vie est morte et qu'il regarde l'autre continuer de chevaucher, d'ordonner, de combattre, d'espérer. Et quelquefois tout lui échappe, et il est absorbé par une sorte de rêverie, comme s'il somnolait, absent à la vie.

Il fait quelques pas dans le salon, tournant le dos au roi de Saxe qui continue de parler, évoquant ces bruits de négociations entre Russes, Prussiens, Autrichiens, Anglais.

Les informateurs du roi, en Autriche et en Prusse, assurent que Londres s'apprête à verser plus d'un million de livres à la Russie, et plus de six cent mille à la Prusse, pour les lier par un traité qui les empêcherait de cesser les combats contre l'empereur sans l'autorisation de Londres. L'Angleterre s'arroge ainsi le droit de dicter ses conditions et de choisir le moment de la paix. L'Autriche serait prête à signer ce traité, mais Metternich voudrait jouer sa propre carte, éviter de livrer l'Europe à l'Angleterre ou à la Russie. Il se présente donc en médiateur. Mais à quoi servent ces négociations de paix ouvertes à Prague, si l'Angleterre dicte sa loi ?

Napoléon se retourne. Il faudrait dire : « C'est une comédie que l'on joue pour me berner ! Et croit-on que je suis dupe ! J'entre dans le jeu pour gagner du temps ! »

Et ce temps, il ne faut pas le perdre. Chaque jour, il inspecte, il dirige des parades, des revues. *Dresde doit devenir la place forte de mes armées.* Que les grenadiers déboisent les abords de la ville. Qu'on crée des camps militaires sur les collines. Qu'on fortifie les portes. Qu'on élève des palissades.

Il est à cheval de l'aube à la nuit.

« Je suis monté hier à cheval depuis midi à quatre heures. Je suis revenu tout frappé de soleil », écrit-il à Marie-Louise.

Quand il rentre dans son cabinet de travail, les dépêches et les lettres sont déposées sur la table.

Il les lit tout en marchant, parfois il pousse un rugissement de fureur. Il dicte une lettre officielle à la régente, l'impératrice Marie-Louise.

« Madame et chère amie, j'ai reçu la lettre par laquelle vous m'avez fait connaître que vous avez reçu l'archichancelier étant au lit : mon intention est que, dans aucune circonstance et sous aucun prétexte, vous ne receviez qui que ce soit étant au lit. Cela n'est permis que passé l'âge de trente ans ! »

La colère ne le quitte plus. Toutes ces dépêches l'irritent.

Savary, le ministre de la Police, multiplie les rapports sur l'état d'esprit de l'opinion. Elle voudrait la paix, selon lui. On compterait des dizaines de milliers de réfractaires, et ce serait dans l'Ouest et dans le Midi une menace pour l'ordre et la sécurité. Des bandes hostiles se constitueraient dans les forêts. Savary craint les jacobins. Mais mes espions signalent les activités des Chevaliers de la Foi, des royalistes qui complotent ici et là, créent des sociétés secrètes.

Seulement Savary, comme tous les repus, veut que je dépose les armes ! Il veut la paix, comme tous les ventres ronds, peu importe les conditions !

« Le ton de votre correspondance ne me plaît pas, écrit-il à Savary. Vous m'ennuyez toujours du besoin de la paix. Je connais mieux que vous la situation de mon Empire... Je veux la paix et j'y suis plus intéressé que personne : vos discours là-dessus sont donc inutiles ; mais je ne ferai pas une paix qui serait déshonorante ou qui nous ramènerait une guerre plus acharnée dans six mois. »

Savary va vouloir me convaincre comme essaient de le faire Caulaincourt et Berthier.

« Ne répondez pas à cela, reprend-il pour Savary. Ces matières ne vous regardent pas, ne vous en mêlez pas ! »

Il s'exclame, levant les bras dans un mouvement de colère :

– Le ministre de la Police paraît chercher à me rendre pacifique. Cela ne peut avoir aucun résultat et me blesse, parce que cela supposerait que je ne suis pas pacifique.

Il ajoute, plus haut encore :

– Je ne suis pas un rodomont, je ne fais pas de la guerre un métier, et personne n'est plus pacifique que moi !

Il sort presque chaque soir, quelques heures. Il faut qu'il se montre. Il préside un grand dîner, conduit ses invités au théâtre, ouvrant le cortège, la reine de Saxe à son bras. Quelquefois il se rend à l'Opéra, ou bien au petit théâtre qu'il a fait aménager dans son palais, cette « petite maison » Marcolini, comme il aime à dire.

Il a demandé qu'on invite quelques comédiens français à se rendre à Dresde.

« Je désire assez que cela fasse du bruit dans Paris, et donc à Londres et en Espagne, en y faisant croire que nous nous amusons à Dresde. La saison est peu propre à la comédie, ajoute-t-il d'une voix amère, il ne faut donc envoyer que six ou sept acteurs tout au plus. »

Parmi eux, Mlles Georges, Mars, Bourgoing. Il les a connues si jeunes et si belles. Il reçoit quelquefois, après la représentation, Mlle Georges. Il bavarde avec elle, plaisante, rit, et durant quelques minutes l'insouciance l'emporte loin de Dresde. Puis tout retombe. Elle a le visage et le corps lourds. Et il est las.

Au théâtre, d'ailleurs, souvent, il somnole, se réveillant en sursaut, regardant autour de lui si on l'a surpris.

Mais une fois dans ses appartements, dans l'aile droite du palais du comte Marcolini, il ne dort pas. Les fenêtres sont ouvertes. Il fait chaud. Parfois on entend les voix de soldats qui chantent, et les pas des chevaux d'une patrouille qui résonnent sur les pavés. Souvent un orage éclate.

Il retourne à son cabinet de travail, se penche sur les cartes préparées par Bacler d'Albe.

Si l'Autriche entre dans le conflit, elle déversera sur les champs de bataille plusieurs centaines de milliers d'hommes. Il faudra tenir Dresde et la ligne de l'Elbe.

Il se redresse.

Au sud, il y aura les Autrichiens, les Russes et les Prussiens seront au centre, et Bernadotte au nord. Car toutes les dépêches confirment que Bernadotte a débarqué en Poméranie avec vingt-cinq mille Suédois. Il est accompagné de Moreau, revenu des États-Unis, pour aider à ma perte, lui qui n'avait pu m'abattre du temps de Cadoudal. Et aux côtés d'Alexandre, à son service, se trouve Pozzo di Borgo, mon ennemi du temps d'Ajaccio. C'est lui que le tsar a envoyé auprès de Bernadotte pour l'acheter, lui promettre le trône, mon trône, une fois que j'en serai tombé ! Ils sont tous là, mes ennemis depuis mes origines !

Et c'est l'Angleterre qui paie en livres sterling comme hier elle payait les assassins chargés de me poignarder ! Comme aujourd'hui elle offre à Murat le pouvoir en Italie et de l'argent s'il m'abandonne. Et la bonne bête est tentée !

Et l'on voudrait que je croie à la possibilité de la paix !

Comment pourrait-il dormir ? Alors qu'on prépare son exécution ! Et imagine-t-on qu'il va se laisser étrangler ? Jusqu'au dernier moment il fera ce qu'il doit ! Et d'ailleurs, rien n'est joué, même si jamais il n'a eu à affronter une situation aussi difficile.

Mais voilà un défi digne de ma vie !

Tout ou rien. Telle est la mise.

Il se détend, s'assied. C'est le moment où il peut écrire :

« Il fait très chaud ici, tous les soirs un orage. Donne deux baisers à mon fils. Je voudrais bien que tu fusses ici, mais cela n'est pas convenable. *Addio, mio amore.*

« Nap. »

Mais il se reprend. Il ne peut jamais s'abandonner longtemps. Il est celui qui doit aussi réprimander, flatter, diriger. Même Marie-Louise. Et elle se plaint des lettres officielles sévères qu'il lui a adressées. Il faut donc la consoler.

« Tu ne dois pas avoir de chagrin de ce que je t'écris, parce que c'est pour te former et pour l'avenir, car tu sais que je suis content de toi et que même tu ferais quelque chose qui ne me conviendrait pas, je le trouverais tout simple. Tu ne peux jamais rien faire qui me fâche, tu es trop bonne et trop parfaite pour cela, mais je continue, car je vois quelque chose qui n'est pas mon opinion, à te le dire, sans que tu en aies de la peine. »

Il pose la plume.

Peut-être était-ce une faute que d'épouser la descendante des Habsbourg, cette Autrichienne ?

Demain il reçoit Metternich, l'ennemi, le conseiller écouté de l'empereur d'Autriche, *père de ma femme.*

Quel destin que ma vie !

Il a posé sur la table la lettre de l'empereur François Ier, que Metternich vient de lui remettre. Il dévisage le diplomate autrichien, cet homme au maintien plein de morgue qui fut le principal artisan du mariage avec Marie-Louise. Il a eu de l'estime pour l'intelligence et l'habileté de ce prince.

Mais peut-être Metternich n'est-il qu'un de ces hommes qui confondent mensonge et grande politique.

Napoléon va vers lui d'un pas lent.

– Ainsi, vous voulez la guerre, dit-il d'une voix calme. C'est bien, vous l'aurez. J'ai anéanti l'armée prussienne à Lützen ; j'ai battu les Russes à Bautzen ; vous voulez avoir votre tour. Je vous donne rendez-vous à Vienne.

Il s'immobilise en face de Metternich.

– Les hommes sont incorrigibles, reprend-il, les leçons de l'expérience sont perdues pour eux. Trois fois, j'ai rétabli l'empereur François sur son trône ; je lui ai promis de rester avec lui tant que je vivrais ; j'ai épousé sa fille ; je me disais alors : « tu fais une folie » ; mais elle est faite.

Il élève la voix.

– Je la regrette aujourd'hui.

Il ne regarde pas Metternich, qui parle de la paix *dont le sort serait entre mes mains.*

– Pour assurer cette paix, poursuit Metternich, il faut que vous rentriez dans les limites qui seront compatibles avec le repos commun ou que vous succombiez dans la lutte.

– Eh bien, qu'est-ce donc qu'on veut de moi, que je me déshonore ? reprend-il d'une voix forte. Jamais ! Je saurai mourir. Vos souverains, nés sur le trône, peuvent se laisser battre vingt fois et rentrer toujours dans leurs capitales, moi, je ne le peux pas ! J'ai conscience de ce que je dois à un brave peuple qui, après des revers inouïs, m'a donné de nouvelles preuves de son dévouement et la conviction qu'il a que moi seul, je puis le gouverner. J'ai réparé les pertes de l'année dernière ; voyez donc mon armée.

– C'est précisément l'armée qui désire la paix, murmure Metternich.

– Non, ce n'est pas l'armée, ce sont mes généraux qui veulent la paix. Je n'ai plus de généraux. Le froid de Moscou les a démoralisés !

Il a un geste de mépris. Il rit.

– Mais je puis vous assurer qu'au mois d'octobre prochain, nous nous verrons à Vienne.

Il marche dans la pièce. Il faut que cette certitude l'habite, mais il doit se contraindre pour rire avec assurance.

– La fortune peut vous trahir, dit Metternich, comme elle l'a fait en 1812. J'ai vu vos soldats, ce sont des enfants. Quand cette armée d'adolescents que vous appelez sous les armes aura disparu, que ferez-vous ?

Napoléon baisse la tête, marche vers Metternich, les dents serrées.

– Vous n'êtes pas un soldat ! crie-t-il. Et vous ne savez pas ce qui se passe dans l'âme d'un soldat. J'ai grandi sur les champs de bataille. Vous n'avez pas appris à mépriser la vie d'autrui et la vôtre quand il le faut.

Il pense à Lannes, à Bessières, à Duroc. Il a mal, à ce souvenir de la mort de ses proches, de tous ces morts qui tendaient leurs bras sous la neige de la Moskova.

– Un homme comme moi se soucie peu de la vie..., commence-t-il.

Il s'interrompt. Il jette son chapeau dans un coin du salon avec violence. Il méprise Metternich qui fait mine de se préoccuper du sort des hommes et qui, derrière son masque hypocrite et ses propos miséricordieux, les envoie par centaines de milliers à la mort, et calcule les profits qu'il peut en tirer.

– Un homme comme moi, crie Napoléon, se soucie peu de la mort de deux cent mille hommes !

Voilà la vérité des chefs de guerre, sans mensonge, la vérité inhumaine de ce que sont ceux qui gouvernent, et qu'un Metternich n'avouera jamais.

Il ramasse son chapeau.

Je n'ai rien de commun avec ces gens-là. J'ai cru m'en faire des alliés. Ce ne sont que des rapaces.

– Oui, dit-il en marchant dans le salon, j'ai fait une bien grande sottise en épousant une archiduchesse d'Autriche.

– Puisque Votre Majesté veut connaître mon opinion, dit Metternich, je dirai très franchement que Napoléon « le conquérant » a commis une faute.

– Ainsi l'empereur François veut détrôner sa fille ?

– L'Empereur ne connaît que ses devoirs, dit Metternich.

Voilà ce que sont les princes bien-nés. Ils livrent leurs filles à un conquérant, puis l'abandonnent !

Napoléon arrête Metternich qui continue de parler.

– En épousant une archiduchesse, dit-il, j'ai voulu unir le présent et le passé, les préjugés gothiques et les institutions de mon siècle, je me suis trompé et je sens aujourd'hui toute l'étendue de mon erreur.

Il reconduit Metternich.

– Je n'ai pas l'espoir d'atteindre le but de ma mission, murmure Metternich.

Napoléon lui tape l'épaule.

– Eh bien, savez-vous ce qui arrivera ? Vous ne me ferez pas la guerre.

– Vous êtes perdu, Sire, reprend Metternich, j'en avais le pressentiment en venant ici ; maintenant que je m'en vais, j'en ai la certitude.

Napoléon est seul dans le salon. Il a passé toute l'après-midi de ce samedi 26 juin 1813 en compagnie de Metternich.

Il y aura la guerre, bien sûr. Comment un Metternich pourrait-il accepter que j'existe dès lors que je suis affaibli ? Passé, présent, l'un ou l'autre. J'ai cru marier les deux, c'est une faute.

Il appelle Caulaincourt. Il fait prolonger l'armistice jusqu'au 10 août afin de retarder l'engagement de l'Autriche.

Caulaincourt plaide une fois encore pour l'acceptation de toutes les exigences autrichiennes. Céder le grand-duché de Varsovie, abandonner l'Allemagne et même l'Italie. Et ce ne serait pas assez, puisque l'Angleterre est maîtresse du moment et des conditions de la paix. Mais Caulaincourt et les autres sont si désireux de traiter qu'ils ne voient plus rien.

– Vous exigez que je défasse moi-même mes culottes pour recevoir le fouet ! crie Napoléon. C'est par trop fort, vous voudriez me mener à la baguette ! Croyez-vous donc que je n'aime pas le repos autant que vous ? que je sente moins que vous le besoin de la paix ? Je ne me refuse à rien de raisonnable pour arriver à la paix, mais ne me proposez rien de honteux, puisque vous êtes français !

Mais le sont-ils encore ? On m'assure que Caulaincourt a commencé ses discussions avec les plénipotentiaires ennemis en leur disant : « Je suis tout aussi européen que vous pouvez l'être, ramenez-nous en France par la paix ou par la guerre et vous serez bénis par trente millions de Français. »

Traître !

Mais qui d'autre puis-je utiliser ? Et quelle importance, puisque tout se décidera sur le champ de bataille ? Que Caulaincourt parle, négocie, me vende. Tant que j'aurai une armée, qu'on vienne me prendre !

Allez, Caulaincourt, armistice jusqu'au 10 août, cherchez à savoir ce qu'ils veulent de moi !

Il écrit à Marie-Louise.

« Ma bonne amie, j'ai causé bien longtemps avec Metternich, cela m'a fatigué. Metternich me paraît fort intrigant et fort mal conduire Papa François. Cet homme n'a pas assez de tête pour sa position.

« Mille choses aimables.

« Nap. »

Tout est calme en apparence. Il parcourt la campagne à cheval. Les journées sont chaudes et orageuses. Il visite les bivouacs des troupes, les places fortes. Il passe en revue les troupes saxonnes.

Qui peut dire si elles ne retourneront pas leurs fusils contre moi ?

Dans cette partie du tout ou rien, je dispose de cartes mais leur valeur réelle dans le jeu est incertaine. Où est l'enthousiasme de ceux qui m'entourent ?

Voici Fouché, que j'ai convoqué à Dresde pour lui confier le gouvernement des provinces illyriennes en lieu et place de ce pauvre fou de Junot.

Je le reçois le 2 juillet 1813. Il sait depuis hier, comme moi, que Wellington a remporté il y a dix jours une victoire éclatante à Vitoria, et qu'il ne s'agit plus de conserver l'Espagne mais de défendre la frontière des Pyrénées.

J'ai demandé au maréchal Soult d'aller prendre le commandement, et j'ai retiré à mon frère Joseph tous les pouvoirs. Et voilà que la maréchale Soult, qui s'imaginait pavaner à Dresde en grand équipage, vient protester. Son mari est fatigué de guerroyer en Espagne, dit-elle.

« Madame, je ne vous ai point demandée pour entendre vos algarades. Je ne suis point votre mari, et si je l'étais vous vous comporteriez autrement. Songez que les femmes doivent obéir; retournez à votre mari et ne le tourmentez plus ! »

Voilà ce qu'il me faut dire aussi ! Voilà l'état d'esprit de mes maréchaux et de leurs femmes !

Et maintenant, Fouché qui me conseille comme Berthier ou Caulaincourt de céder. Comment ne comprend-il pas, lui, qu'on ne veut pas obtenir de moi certains territoires de l'Empire mais tout ce qui fait l'Empire, et ma personne, ma dynastie en sus ?

– Il s'agit pour moi du salut de l'Empire, explique-t-il à Fouché. Il est fâcheux, monsieur le duc d'Otrante, qu'une fatale disposition au découragement domine ainsi les meilleurs esprits. La question n'est plus dans l'abandon de telle ou telle province. Il s'agit de notre suprématie politique, et pour nous l'existence en dépend.

Mais sans doute Fouché et la plupart de mes proches pensent-ils déjà qu'en en finissant avec moi, ils sauveront leurs biens, leurs titres et même leurs fonctions ? Qui sait jusqu'où est allée leur agile pensée ? Ces hommes de la Révolution ont tant vu rouler de trônes, pourquoi pas le mien ? Mais je n'ai qu'eux pour gouverner, conduire l'armée, négocier.

L'attente de la guerre est toujours longue. Napoléon passe la plupart de ses soirées au théâtre. Mais ni la fatalité qui pèse sur *Œdipe*, ni *Les Jeux de l'amour et du hasard*, ni les conversations tardives avec Mlle Georges, ne le distraient longtemps.

Il ne veut négliger aucun atout.

Il veut ainsi la présence de Marie-Louise près de lui, introduire un grain de sable de plus dans les conversations qui se déroulent à Prague et dont il n'attend rien, dont il ne veut rien, sinon gagner du temps.

« Mon amie, lui écrit-il, je désire te voir. Tu partiras le 22, tu iras coucher à Châlons, le 23 à Metz, le 24 à Mayence où je viendrai te voir. Tu voyages avec quatre voitures au premier service, quatre voitures au second, quatre au troisième. Tu mènes la duchesse, deux dames, un préfet du Palais, deux chambellans, deux pages, un médecin... Prépare tout cela. Le comte Gafarelly commandera les escortes et prendra la route. Tu instruiras l'archichancelier de tout cela. Adieu, mon amie. Tu auras le temps de recevoir de mes nouvelles encore avant ton départ. Tout à toi.

« Nap. »

Il arrive à Mayence le lundi 26 juillet, à vingt-trois heures. Il est parti la veille à trois heures du matin. Il a roulé jour et nuit.

Il surprend Marie-Louise. Elle peut à peine ouvrir les yeux dans un visage gonflé par la fatigue et le rhume. En quatre jours, explique-t-elle en s'excusant, à peine si elle a pu dormir dix heures. Elle a la migraine. Il lui prend le bras et s'enferme avec elle pour ce qui reste de la nuit.

Il est au travail dès l'aube du lendemain. Il dicte des dizaines de lettres et d'ordres. Et puis il faut recevoir les petits princes de la Confédération qui viennent constituer une Cour curieuse, à laquelle il faut donner le change, offrir des dîners et des spectacles.

Souvent, à table, le silence tout à coup le fait sursauter. Il reprend conscience qu'il est assis là, en face de Marie-Louise, et qu'on attend respectueusement qu'il parle, alors qu'il a dans la tête des mouvements de troupes, des phrases qu'il doit dicter. Il dit quelques mots. Il n'entend pas la réponse. Il s'enfonce à nouveau en lui-même.

Il s'éloigne au bras de l'Impératrice. Il ne veut pas l'inquiéter. Elle n'est pas responsable de la politique de son père et de Metternich. Il l'accompagne en promenade sur le Rhin, à Wiesbaden, à Cassel, à Biberich. Il fait chaud. Il écoute ces voix de femmes, joyeuses, aiguës. Et il a dans sa tête le roulement sourd des tambours et le grondement des canons.

Mais il sourit. Il doit paraître insouciant, sûr de lui.

La veille de son départ pour Dresde, le samedi 31 juillet, il dit à Marie-Louise :

– La paix se ferait si l'Autriche ne voulait pêcher en eau trouble. L'Empereur est trompé par Metternich, qui s'est vendu pour de l'argent aux Russes, c'est d'ailleurs un homme qui croit que la politique consiste à mentir.

Elle paraît accablée. Elle va écrire à l'Empereur une nouvelle fois.

– S'ils veulent me prescrire des conditions honteuses, je leur ferai la guerre, dit-il. L'Autriche paiera le tout. J'en serai fâché par la peine que je te ferai mais il faut bien repousser l'injustice !

Mais tout à coup, il change de ton. Il faut, dit-il d'une voix pressante, qu'une fois rentrée en France, elle visite l'arsenal de Cherbourg. Il veillera à l'organisation de son voyage.

Il faut qu'on sache à Paris, à Londres, qu'une fois la coalition continentale vaincue, il en terminera avec l'Angleterre et qu'il s'en donne déjà les moyens maritimes. Il voit les yeux effarés de Marie-Louise.

Il faut croire, il faut croire que tout cela est possible.

Il se laisse aller dans la berline qui roule vers Dresde. Il pleut à verse ce dimanche 1er août. Il fait une halte à Würzburg, chez le général Augereau, qui parle aussi de paix, de repli des troupes sur le Rhin, d'abandon, donc, des places fortes de l'Elbe !

Où trouverai-je un général résolu ?

Dans la berline, il écrit.

« Ma bonne Louise,

« J'ai été bien triste toute la nuit, je m'étais accoutumé à être avec toi, cela est si doux ! Et je me suis trouvé tout seul. Espérons que sous un mois nous nous rejoindrons pour longtemps.

« Adieu, ma bonne amie, aime-moi, et aie bien soin de toi. Ton fidèle époux,

« Nap. »

Il arrive à Dresde le mercredi 4 août 1813. Il est neuf heures. La pluie a cessé. Il s'installe dans le cabinet de travail. Du jardin du palais Marcolini montent les bruits de l'été et l'odeur de la terre et des feuilles mouillées par l'orage de la nuit.

Il lit la première lettre. Il se lève. Il va à la fenêtre. Au-dessous de lui, il y a la voûte brillante des arbres dont chaque feuille est couverte de gouttelettes. Il reste longuement ainsi penché, puis il retourne à la table, relit la nouvelle.

Junot s'est jeté de la fenêtre de son château de Bourgogne où il s'était retiré. Il est mort.

Lannes, Bessières, Duroc, Junot, et tant d'autres avant eux. Il se souvient de Muiron, tombé il y a si longtemps pour lui sauver la vie sur le pont d'Arcole, recevant les balles à sa place.

Il avait vingt-deux ans. J'en ai quarante-quatre dans quelques jours.

Il reste toute cette journée dans le palais Marcolini.

Il ne dort pas. Il est debout à l'aube. Il veut savoir où en sont les négociations de Prague. Les plénipotentiaires français, explique Maret, le ministre des Relations extérieures, n'ont même pas été reçus. Caulaincourt se traîne aux pieds de Metternich, en vain. On ne peut savoir ce qu'ils exigent de nous.

Napoléon murmure : « Tout. »

Il faut donc les prendre à leur propre piège, leur demander la notification officielle de leurs propositions.

Et les accepter. Pourquoi pas ? Que risque-t-on ? De discuter longtemps.

Il n'a aucune illusion. L'Angleterre exigerait davantage encore. Les traités qu'elle a signés avec la Prusse et la Russie, les sommes qu'elle leur a versées la font maîtresse du jeu. Quant à l'Autriche, elle s'est liée avec eux.

Alors ? Attendre et préparer la guerre.

Il visite les fortifications de Dresde. Il préside le 10 août à une grande revue de quarante mille hommes pour la célébration de sa fête. Parce qu'il en est sûr, le 15 août, il ne sera déjà plus question de défiler mais de se battre.

« Ma bonne amie. L'armée a célébré aujourd'hui ma fête, j'ai eu une très belle parade de quarante mille hommes. Le roi et les princes de Saxe y ont assisté. Ce soir, je vais au banquet de la Cour, et après au feu d'artifice. Le temps est heureusement au beau. Ma santé est fort bonne. Je suppose que tu partiras le 17 pour Cherbourg. Je désire que tu t'amuses bien. Tu me diras ce que tu as vu. Adieu, mon amie. Tout à toi.

« Nap. »

Et ce qu'il a prévu survient.

Un envoyé de Caulaincourt, hors d'haleine, annonce que Metternich a déclaré clos le congrès de Prague, le mercredi 11 août à zéro heure. Et Metternich a refusé de prendre connaissance des réponses de Napoléon à ses propositions.

Messieurs de la paix à tout prix, vous faut-il une autre preuve ?

Il se tourne vers Maret.

– Ce n'est pas à la cession d'une portion quelconque de notre territoire ne portant pas atteinte à la force de l'Empire qu'a tenu la question de la paix ou de la guerre. Mais à la jalousie des puissances, à la haine des sociétés secrètes, aux passions fomentées par les artifices de l'Angleterre.

Il fait quelques pas dans le salon.

– Je n'ai pas la nouvelle que l'Autriche m'ait déclaré la guerre, mais je suppose que j'en recevrai la nouvelle dans la journée.

Elle n'arrive que le jeudi 12 août 1813.

Il fustige d'une voix dure mais sans passion les folles prétentions de l'Autriche et son infâme trahison.

Je suis pourtant l'époux de la fille de l'Empereur, et le roi de Rome est son petit-fils, mais qu'importe à ces gens-là !

Il dicte quelques lignes à Cambacérès : « Je désire que l'Impératrice fasse son voyage à Cherbourg et que ce ne soit qu'à son retour qu'elle apprenne tout cela. »

Puis il prend la plume, ce 12 août, et il dit à Marie-Louise :

« Ne te fatigue pas et va doucement. Tu sais combien ta santé m'est précieuse. Écris-moi en détail. Ma santé est bonne. Le temps est très beau. La chaleur a repris le dessus. *Addio, mio bene*, deux baisers à ton fils. Tout à toi,

« Nap. »

Ils sauront tous bien assez tôt, tous, elle, mon fils, les Français, que la guerre a recommencé !

13.

Il a quarante-quatre ans aujourd'hui, dimanche 15 août 1813. Il est à cheval sous la pluie d'orage, froide, et il dépasse les colonnes de soldats qui par la porte et le faubourg de Prina quittent Dresde pour marcher vers l'est, vers Bautzen, Görlitz, et ces fleuves de la Spree, la Neisse, la Katzbach, un affluent de l'Oder.

Il reste un moment à l'entrée du pont qui, à la sortie de Dresde, franchit l'Elbe. La nuit est tombée mais l'averse est encore plus drue. Il sent l'eau glisser sur son chapeau, en imprégner le feutre, tremper la redingote. Il grelotte. Tant de fois il a connu cela, sur les rives des fleuves italiens, sur les bords du Rhin, de la Vistule, du Niémen. Que de ponts traversés, de fleuves longés sous l'averse !

Et voilà que cela recommence le jour de ses quarante-quatre ans. Est-ce pour cela qu'il ne ressent aucun enthousiasme ? qu'il est seulement déterminé à se battre, contre le monde entier s'il le faut ?

Il passe le fleuve. Aucune acclamation. Ces soldats avancent tête baissée, noyés par la pluie. Ils ont faim. Une fois encore. Il l'a dit à l'intendant général Daru : « L'armée n'est point nourrie. Ce serait une illusion de voir autrement. Vingt-quatre onces de pain, une once de riz et huit onces de viande sont insuffisantes pour le soldat. Aujourd'hui, vous ne donnez que huit onces de pain, trois onces de riz et huit onces de viande. »

Ils vont marcher et contremarcher, et, en ce troisième jour, alors qu'ils ne se sont pas encore battus, ils se traînent déjà. Berthier et le chirurgien Larrey ont signalé des milliers de malades. Ce temps orageux, avec ces alternances de chaleur et de froid, pourrit les ventres vides et les poumons.

Il s'arrête à Bautzen. Il a remporté ici une victoire, il y a seulement quelques semaines, le 20 mai. À quoi a-t-elle servi ?

Il ne change même pas de vêtements. Il veut examiner les cartes. Il en connaît chaque détail. Et pourtant, il a besoin de les étudier encore. En face de lui, ils sont six cent mille hommes sans doute. Au nord Bernadotte, au centre le Prussien Blücher, avec les Russes, au sud Schlumberger et ses Autrichiens. Au traître Bernadotte, il oppose Oudinot et Davout, ce dernier quittera Hambourg où il tient la ville. Il s'agit pour eux de prendre Berlin. Au centre, il met en ligne Macdonald, Ney, Lauriston, Marmont. *Moi, je m'enfoncerai en Bohême, je bousculerai Schwarzenberg, je marcherai jusqu'à Prague, je ferai sentir à l'Autriche le poids de son infamie.*

Il entend des cris et des exclamations. Un aide de camp se précipite. Le roi de Naples vient d'arriver.

Napoléon regarde Murat s'avancer. C'est comme si le roi de Naples, sous la magnificence de sa tenue, bleue, serrée à la taille par une ceinture dorée, son chapeau garni de plumes d'autruche blanches et d'une aigrette, voulait cacher la gêne qu'exprime toute son attitude.

Il sait que je sais. Il connaît ma police. Il a voulu me trahir. Mais les Anglais ne lui ont pas assez offert, ou bien il a craint de choisir le camp perdant en me quittant. Il est là. Il va commander la cavalerie reconstituée, quarante mille cavaliers qui seront le fer de lance de cette armée de quatre cent quarante mille hommes que j'ai réunie.

Il fait asseoir Murat.

– J'ai ici, dit-il en s'installant en face du roi de Naples, trois cent soixante-cinq mille coups de canon attelés, c'est la valeur de quatre batailles comme celle de Wagram, et dix-huit millions de cartouches.

Il parle avec énergie. Mais il sent qu'il ne réussit pas à la communiquer à Murat, qui s'inquiète des forces ennemies.

Le roi de Naples est incertain, comme eux tous. Il me parle de

Bernadotte, de Moreau, de Jomini aussi, ce stratège qui a déserté l'état-major de Ney pour passer chez les Russes.

Ces trois hommes connaissent ma façon de combattre. Ils peuvent me deviner. Ils vont vouloir se dérober, comme l'a fait si souvent Koutousov, et épuiser mon armée en longues manœuvres où elle se dissoudra dans la boue par la fatigue et la maladie.

Il pressent cela. Mais que faire ?

Il se lève, s'approche de Murat, dit d'une voix dure :

– Ce qu'il y a de fâcheux dans la position des choses, c'est le peu de confiance qu'ont les généraux en eux-mêmes : les forces de l'ennemi leur paraissent considérables partout où je ne suis pas.

Et je ne peux être partout.

– Il ne faut pas se laisser épouvanter par des chimères, ajoute-t-il, et l'on doit avoir plus de fermeté et de discernement.

Il congédie Murat. Sur le champ de bataille, sous les boulets, cet homme-là oubliera ses hésitations et ses tentations. Il se battra.

Constant, le valet de chambre, entre, place des bûches dans la cheminée.

J'ai quarante-quatre ans.

Il écrit :

« Ma bonne amie, Je pars ce soir à Görlitz. La guerre est déclarée. Ton père, trompé par Metternich, s'est mis avec mes autres ennemis. C'est lui qui a voulu la guerre, par une ambition et avidité démesurées. Les événements en décideront. L'empereur Alexandre est arrivé à Prague. Les Russes sont entrés en Bohême. Ma santé est fort bonne. Je désire que tu aies du courage et que tu te portes bien. *Addio, mi dolce amore*. Tout à toi.

« Nap. »

Il avance dans la nuit et la pluie. On passe un pont sans parapet. Tout à coup, un cri près de lui, il voit le colonel Bertrand, l'un de ses aides de camp, qui tente de retenir son cheval mais bascule dans le ravin.

Il ne s'arrête pas. Il se souvient de sa chute dans les blés, au bord du Niémen. Il donne un coup d'éperon. Il faut sauter par-dessus les présages. Les combattre, conquérir l'avenir malgré eux.

Tout en chevauchant, il écoute les aides de camp qui rapportent que Blücher recule. Ses troupes ont repassé la rivière Katzbach.

L'ennemi, comme Napoléon l'avait envisagé, refuse le combat avec lui.

À Lowenberg, il relit les dépêches reçues durant les dernières heures. Davout a été vainqueur au nord, à Lauenbourg. Mais Oudinot piétine face à Bernadotte.

– Je ne puis pas encore asseoir mes idées, murmure-t-il en marchant dans la petite pièce où l'on a établi son cabinet de travail.

Il sort, il est midi. Maintenant, toute la nature ruisselle et brille sous le soleil. Mais l'horizon est noir. Il pleuvra à nouveau.

Il déjeune debout, en lisant les dépêches. Et tout à coup il brise son verre sur la table. Les dix mille Bavarois et Saxons d'Oudinot ont déserté ! Et, au sud, l'armée de Schwarzenberg se dirige vers Dresde, tentant de le prendre à revers alors qu'il s'est avancé sans pouvoir rejoindre Blücher.

Il faut que Dresde tienne. C'est le centre de mon dispositif.

Il interroge le général Gourgaud qui revient de la ville.

– Sire, je pense que Dresde sera enlevé demain, si Votre Majesté n'est pas là.

– Puis-je compter sur ce que vous me dites ? Tiendrez-vous jusqu'à demain ?

– Sire, j'en réponds sur ma tête.

Il lance ses ordres sous la pluie qui a recommencé. Demi-tour. On refait la route. Les colonnes refluent, et il les dépasse, galopant vers Dresde.

Il traverse le pont sur l'Elbe, au milieu de la cohue des troupes. Tout cela sent l'affolement, presque la défaite. Est-ce possible ! Il met pied à terre, voit le général Gouvion-Saint-Cyr et le rassure. « Les renforts arrivent. Je les dirige. »

Les soldats le reconnaissent alors qu'au milieu du pont il donne leurs ordres aux chefs de corps, comme si la fusillade et la canonnade n'annonçaient pas l'arrivée des Autrichiens et des Prussiens marchant en colonnes serrées précédées de cinquante canons tirant à mitraille. Ils sont presque deux cent cinquante mille et nous sommes cent mille. *Nous vaincrons.*

Il a étudié chaque mètre carré de la campagne qui entoure Dresde. Il donne l'ordre à la cavalerie de Murat de charger sur le flanc gauche, aux fantassins du général Victor de pénétrer dans la brèche ainsi ouverte dans l'armée ennemie. Et à Ney d'attaquer. Mille deux cents canons écrasent les assaillants.

Tout cela, dans la pluie et la boue.

Il parcourt les avant-postes. L'ennemi recule. Il faut le poursuivre. Il rentre pour quelques instants à Dresde. Le roi de Saxe le serre dans ses bras. Napoléon l'écarte. Il grelotte, les dents claquent. Il a envie de vomir. Son chapeau est à ce point trempé qu'il lui tombe sur les épaules. Il a l'impression de marcher dans l'eau glacée parce que ses bottes en sont pleines. Il peut à peine se tenir debout. Constant le déshabille. On bassine son lit. Il s'y couche, mais le froid mêlé à la fièvre ne le quitte pas. Il dicte pourtant. Fain lui lit les dépêches. La victoire à Dresde est certaine. Il y a dix mille prisonniers, des généraux parmi eux, des drapeaux. Certains soldats autrichiens assurent que le général français Moreau a été tué par un boulet alors qu'il se trouvait aux côtés d'Alexandre.

Il ouvre les yeux. Moreau ! Il ne ressent rien. Le destin a écarté de son chemin cet homme qu'il avait autrefois épargné, qui n'avait jamais renoncé à le haïr.

Je ne hais point. Je combats et je méprise.

Mais méprise-t-on un mort ?

Il a de plus en plus froid. Il veut un bain brûlant. Peu à peu, il cesse de trembler. Il se couche. Qu'on ne le réveille pas, ordonne-t-il. Mais à cinq heures, il est déjà debout.

Un mot à Marie-Louise, ce vendredi 27 août 1813, avant de rejoindre les avant-gardes.

« Mon amie, je viens de remporter une grande victoire à Dresde sur l'armée autrichienne, russe et prussienne commandée par les trois souverains en personne. Je monte à cheval pour les poursuivre. Ma santé est bonne. Bérenger, mon officier d'ordonnance, a été blessé mortellement. Fais-le dire à sa famille et à sa jeune femme. Adieu, *mio bene*. Je t'envoie des drapeaux.

« Nap. »

Il ne peut galoper. Il sent son corps si affaibli que parfois il a le sentiment qu'il va tomber de sa selle. Il s'arrête près du bourg de Pirna. Il fait beau, des troupes passent, l'acclament. La victoire d'hier les a transfigurées. Il veut manger là, dans le champ, afin de les regarder défiler et de se faire voir d'elles.

Il s'assied, avale quelques bouchées. Et tout à coup son front se couvre de sueur. Il tombe en avant. Il vomit. Il pense : ils m'ont empoisonné. Les Anglais, Metternich, peut-être leur stipendiés autour de lui, tous veulent sa mort, qui leur permettrait enfin d'organiser l'Europe à leur guise, dans une France soumise.

On l'entoure. Il fait des gestes pour qu'on s'écarte. Il a besoin d'air. Il ne veut pas mourir ainsi, tel un empereur romain victime d'un complot. Il veut la mort sur un champ de bataille, comme Muiron, Duroc ou Lannes, ou Bessières, ou tant de jeunes hommes.

Mourir à quarante-quatre ans, alors que ces soldats ont à peine connu la moitié de son âge. Il se redresse. Il faut rentrer à Dresde, répète Caulaincourt. L'Empereur doit être soigné, il ne peut continuer la poursuite. D'autres pensent qu'il faut le conduire à Pirna où se trouve déjà la Jeune Garde, et de là il pourra diriger les mouvements des troupes.

Il faut qu'il vive, pense-t-il. D'abord vivre, pour pouvoir mourir en soldat s'il le faut.

Il dit : « Dresde. »

Il ferme les yeux. On le soutient, on le porte jusqu'à une voiture. Elle remonte le fleuve des hommes en armes qui coule vers l'est.

Il est dans son cabinet de travail, allongé.

On vient de lui apporter un lot de dépêches. Macdonald a été battu par Blücher. Il a perdu trois mille hommes, vingt mille prisonniers et cent canons. Et combien d'aigles ? Le corps du général Vandamme, qui s'était lancé à la poursuite de Schwarzenberg, a été encerclé à Kulm, et Vandamme fait prisonnier avec ses soldats. Ney a été vaincu lui aussi, à Dennewitz, par le général prussien Bülow. Qu'est devenue la victoire de Dresde ?

Il a de la peine à se lever, et voilà plus d'un jour qu'il est couché !

Il reçoit Daru. L'intendant général de la Grande Armée a le visage des mauvais jours. Les munitions commencent à manquer. Les hommes, admet-t-il, sont mal nourris. La dysenterie et la grippe, avec ce climat, les couchent sur le flanc avant même la bataille.

– Sinistre, murmure Napoléon.

Il se lève, refuse l'aide de Daru, va jusqu'à la fenêtre. La pluie continue.

– Mon expédition en Bohême devient impossible, dit-il.

Il peut à peine faire quelques pas. Il veut demeurer seul. Il s'oblige à rester debout, appuyé à la croisée.

Je sens les rênes m'échapper. Je n'y peux rien. Partout les contingents saxons, bavarois, allemands désertent. Les trahisons commencent à se glisser jusqu'auprès de moi. On m'assure que Murat, s'il se bat, continue de négocier avec les Anglais. Les généraux, à l'exception de quelques-uns, sont gorgés de trop de considération, de trop d'honneurs, de trop de richesses. Ils ont bu à la coupe des jouissances ; désormais ils ne demandent que du repos. Ils sont prêts à l'acheter à tout prix. Le feu sacré s'éteint. Ce ne sont plus là les hommes du début de notre Révolution ou de mes beaux moments.

Il marche maintenant, en tendant tous ses muscles pour ne pas chanceler.

« Un coup de tonnerre peut seul nous sauver et il ne reste donc qu'à combattre. »

Les forces peu à peu lui reviennent.

– Voilà la guerre. Bien haut le matin, bien bas le soir, dit-il à Maret en consultant les dernières dépêches.

Elles sont sinistres, comme il l'a prévu.

La Bavière a signé un armistice avec les Alliés. Plus de Saxons et plus de Bavarois. Une colonne de cavaliers russes a percé jusqu'à Cassel et chassé Jérôme de sa capitale. Plus de Wurtembergeois !

Mais quelle autre réponse que se battre ?

– On peut s'arrêter quand on monte, dit-il, jamais quand on descend.

Le mardi 31 août, il va et vient dans sa chambre.

Des vers autrefois appris quand il était en garnison à Valence, jeune lieutenant plein de rage et d'énergie, lui reviennent à la mémoire. Il les répète plusieurs fois :

J'ai servi, commandé, vaincu quarante années
Du monde entre mes mains j'ai vu les destinées
Et j'ai toujours connu qu'en chaque événement
Le destin des États dépend d'un seul moment.

Ce moment, il peut, il veut, il doit le vivre encore.

Il est à nouveau à la tête des troupes. Il franchit la Spree, cherchant à rejoindre Blücher qui refuse le combat.

Il s'arrête après des jours de chevauchée. Il entre dans une ferme abandonnée. Il voit les chasseurs de son escorte mettre eux aussi pied à terre ainsi que les aides de camp qui s'approchent de lui, attendent ses ordres.

Mais il n'a rien à dire. La fatigue le terrasse. Il se couche sur une botte de paille et reste ainsi de longues minutes à regarder, au travers du toit défoncé par les boulets, les nuages glisser dans le ciel bleu.

Un aide de camp s'approche, attend plusieurs minutes.

Je le vois sans l'entendre. Il me faut faire effort pour l'écouter.

Les troupes de Blücher et de Schwarzenberg convergent vers Dresde, dit l'officier. Bernadotte a traversé l'Elbe, au nord. Blücher s'apprête à passer le fleuve plus au sud. Murat est en pleine déroute.

Napoléon écoute. Il se dresse, lance des ordres, d'une voix vive et résolue. Il faut abandonner la ligne de l'Elbe pour ne pas être cerné, se replier autour de Leipzig. Il faut se battre, on se battra. Ce peut être le coup de tonnerre qui changera le sort de la campagne.

Mais d'abord, il faut rassurer Paris, dicter donc, multiplier les copies puisque les partisans interceptent les estafettes sur les arrières de l'armée.

Comme en Russie.

Il écarte cette pensée.

Il faut secouer tous ces ministres qui s'affolent.

« Monsieur le duc de Rovigo, ministre de la Police, dicte-t-il, je reçois votre lettre chiffrée. Vous êtes bien bon de vous occuper de la Bourse. Que vous importe la baisse ? Moins vous vous mêlerez de ces affaires, mieux cela vaudra. Il est naturel que dans les circonstances actuelles, il y ait plus ou moins de baisse ; laissez-les donc faire ce qu'ils veulent. Le seul moyen d'aggraver le mal, c'est que vous vous en mêliez et que vous ayez l'air d'y attacher de l'importance. Pour moi, je n'y en attache aucune ! »

Tout se décidera ici, les armes à la main.

Mais qu'on ne me trahisse pas ! Qu'on me donne les hommes nécessaires.

Il dicte un discours pour Marie-Louise, qu'elle devra prononcer en tant que régente devant le Sénat, afin d'expliquer pourquoi l'Empereur a besoin de cent soixante mille hommes de la classe 1815, et de cent vingt mille hommes des classes 1808 à 1814.

Elle dira : « J'ai la plus grande opinion du courage et de l'énergie de ce grand peuple français. Votre Empereur, la patrie et l'honneur vous appellent ! »

Accepteront-ils, comprendront-ils ?

Que puis-je dire d'autre ?

Il songe un instant que s'il mourait en ce moment, le corps éventré par un boulet, peut-être son fils et Marie-Louise régneraient-ils. Peut-être même sa mort est-elle le seul moyen pour assurer ma dynastie ? L'empereur d'Autriche et Metternich seraient heureux de voir un descendant des Habsbourg sur le trône de France. Et les dignitaires de l'Empire se rassembleraient autour du roi de Rome pour préserver leurs titres et leurs biens !

Mourir ? Pour assurer l'avenir ?

Il s'est installé dans le petit château de Duben, au milieu de la campagne de Leipzig. Il a fait placer son lit de fer et une table sur laquelle sont déroulées les cartes, dans une chambre vaste aux fenêtres étroites qui donnent sur le paysage souvent voilé par la pluie.

On est à la mi-octobre 1813. Tout est silencieux autour de lui. On attend qu'il parle, ordonne.

Il s'est assis sur un sofa. Parfois il va jusqu'à la table, consulte les cartes. Souvent il prend une feuille de papier et, machinalement, il laisse sa main tracer de grosses lettres. Puis il abandonne la plume, va s'asseoir à nouveau.

Il jette un coup d'œil à Bacler d'Albe.

On apporte une dépêche. La défection de la Bavière est attestée. Partout, les contingents allemands désertent et passent à l'ennemi.

Il cherche Berthier des yeux. Mais le maréchal est malade, dans l'incapacité de bouger.

Il se lève, va jusqu'à la table où les dépêches s'amoncellent sans qu'il les lise.

Il sait. Il dispose de cent soixante mille hommes, face sans doute à plus du triple. Et parmi ses soldats, il doit compter sur des dizaines de milliers de malades. C'est avec ces hommes-là qu'il doit combattre.

Il pourrait marcher vers le nord, prendre Berlin puis attaquer les arrières ennemis. Il a tant de fois manœuvré ainsi, en Italie, en Allemagne, et c'est ainsi qu'il a gagné des batailles, retourné la situation grâce aux marches forcées. Mais c'était autrefois. Que peut-il demander à de jeunes soldats déjà épuisés par les aller et retour, les pluies ? Et où sont les généraux de jadis, enthousiastes ?

Et lui-même, il a quarante-quatre ans !

Marengo, c'était le 14 juin 1800. Ce jour-là, Desaix est mort.

Plus de treize ans sont passés.

Je ne peux marcher vers le nord. Il faut se battre ici.

Il appelle son secrétaire. Il écrit à Ney.

« J'ai fait replier toute ma Garde pour pouvoir me porter sur Leipzig. Le roi de Naples s'y trouve en avant. Il va y avoir indubitablement une grande bataille à Leipzig. Le moment décisif paraît être arrivé. Il ne peut plus être question que de bien se battre. »

Il marche, tête baissée.

« Mon intention, poursuit-il, est que vous placiez vos troupes sur deux rangs au lieu de trois. L'ennemi, accoutumé à nous voir sur trois rangs, jugera nos bataillons plus forts d'un tiers. »

Combien de temps le croira-t-on ?

Peut-être assez pour vaincre ?

C'est la partie du tout ou rien.

Il dicte une dépêche pour Murat.

« Une bonne ruse serait de faire tirer des salves en réjouissance de la victoire remportée sur l'autre armée. »

À la guerre, un instant d'incertitude peut décider de tout.

Il s'apprête à quitter la chambre du château de Duben, puis il revient sur ses pas. D'un geste, il indique au secrétaire qu'il veut ajouter une dernière phrase pour Murat.

« Il faudrait aussi faire passer une revue d'apparat, comme si j'étais là, et faire crier " vive l'Empereur ! ". »

C'est le jeudi 14 octobre 1813, il est sept heures.

Autrefois, je n'avais pas besoin de ces ruses !

14

Il se tient immobile sous la pluie fine et froide qui tombe depuis le début de la nuit de ce jeudi 14 octobre 1813.

Il regarde s'éloigner la voiture du roi de Saxe, Frédéric-Auguste Ier. Le souverain regagne Leipzig.

C'est mon dernier soutien allemand. Et que peut-il ? Il va, a juré le roi, exhorter ses soldats à demeurer fidèles à leurs alliés français, à respecter leur serment, à se battre avec honneur.

Napoléon hausse les épaules. Où est l'honneur ?

Il rentre dans ce pavillon cossu où est établi son quartier général. Il s'arrête devant les grands tableaux qui décorent le hall. Le luxe d'un banquier ! La demeure appartient en effet à un financier de Leipzig, M. Weister, qui venait ici, à quelques lieues de la ville, dans ce village de Reudnitz, recevoir ses amis.

Les banquiers aussi sont mes ennemis. La rente continue de baisser à Paris. On joue ma défaite. Les banquiers de Londres prêtent à tous ceux qui sont décidés à me combattre. Je suis seul.

Il va et vient dans la pièce mal éclairée où sont déployées les cartes et où l'on rassemble les dépêches.

Où est l'honneur ? Le roi de Bavière vient de trahir et il a écrit à son beau-fils, Eugène de Beauharnais, pour lui conseiller de rejoindre la coalition de mes ennemis ! Voilà leur morale ! Serviles quand je suis fort, maîtres si je m'affaiblis.

Il reste appuyé à la croisée. Derrière le rideau de pluie, il aperçoit les feux de bivouac des armées de Schwarzenberg, de Blücher, de Bernadotte, de Bennigsen. Ils forment presque un cercle, à peine entrouvert vers le sud-ouest, vers cette route qui conduit à Erfurt par Lindenau, vers la France. Mais il faut franchir des fossés, des marécages, la rivière Elster et ses affluents, la Pleisse et la Partha. Encore des ponts et des ponts. Il pense à ceux de la Bérézina.

Combien sont-ils autour de moi ? Trois cent cinquante mille hommes ? Je ne dispose même pas de la moitié ! Et que valent les dernières unités allemandes, wurtembergeoises ou saxonnes qui servent dans les corps français ?

Il ne peut détacher ses yeux de cette couronne de points lumineux vacillants qui dessinent les limites de l'échiquier où va se jouer la partie du tout ou rien. À peine une dizaine de kilomètres carrés où s'affronteront dans quelques heures cinquante mille hommes et trois mille canons.

Toute l'Europe contre moi ! Toutes les nations contre la Nation. On ne me pardonne pas d'être ce que je suis, un empereur français, on ne pardonne pas à la France d'avoir décapité un roi de droit divin et de m'avoir donné les moyens d'aller occuper Rome, Madrid, Moscou, Berlin, Vienne. On veut nous réduire, nous mettre à genoux.

Soit. Je jouerai cette partie jusqu'au bout.

Après, plus rien ne sera semblable.

Il ne dort que par saccades de quelques minutes. Et c'est déjà l'aube du vendredi 15 octobre 1813.

Il entend le canon, loin vers le sud. Ce sont sans doute les troupes de Schwarzenberg qui se rapprochent. Les éclaireurs expliquent que les colonnes autrichiennes avancent précédées par une centaine de canons. Des cosaques, des baskirs armés d'arcs et de flèches harcèlent les Français, s'éloignent, reviennent. Le terrain est difficile, fait de mamelons, de nombreux cours d'eau, de marécages.

Napoléon monte à cheval. Ce vendredi ne sera pas jour de bataille mais d'approche. Il le devine. Il parcourt en compagnie de Murat ces collines et ces vallées dont la terre sera demain gorgée de sang. On l'acclame. Il fait beau. Il descend de cheval dans le village de Wachau, il inspecte les environs. Ici sera le centre de l'armée. Le nœud de la bataille contre les troupes de Schwarzenberg.

Il repart, galope sur les plateaux.

Il choisit un emplacement derrière une bergerie non loin de Wachau. Là, demain, on dressera sa tente.

Il rentre à Reudnitz.

Il retient Murat, le fixe. Le roi de Naples baisse les yeux.

– Vous êtes un brave homme, lui murmure-t-il. Mais roi, vous songez à votre couronne plus qu'à la mienne. Vous êtes prêt à faire comme l'un quelconque de mes souverains alliés, le roi de Bavière.

Murat ne proteste même pas.

À quoi bon continuer de parler avec lui... Demain sera jour de bataille.

À neuf heures, le samedi 16 octobre 1813, la canonnade commence. Jamais il ne l'a entendue aussi forte. On se bat à Wachau, comme il l'a prévu. Il galope vers les avant-postes. Les boulets frappent de toutes parts.

Mourir ici, dans cette bataille des Nations, moi contre tous.

Il ne répond pas à Caulaincourt qui lui demande de se mettre à l'abri. Il reste immobile, dressé sur son cheval.

Dans sa lunette, il voit tomber les hommes et les chevaux. Des tirailleurs s'élancent vers les pièces ennemies. Les Autrichiens reculent. Il fait donner la Jeune Garde. Les Polonais de Poniatowski chargent, ouvrent à coups de sabre les escadrons autrichiens.

Napoléon lance un ordre, il élève Poniatowski à la dignité de maréchal.

Puis il continue à observer. Malgré la marée alliée, les Français tiennent. Et quand la nuit tombe, claire, lumineuse même, la bataille du premier jour est gagnée.

Il peut se diriger vers sa tente.

Il chevauche lentement. Demain, des dizaines de milliers d'hommes, peut-être cent mille hommes, vont venir renforcer les armées ennemies. Et lui, sur qui peut-il compter ? Quelques milliers de soldats, dont beaucoup de Saxons.

Il descend de cheval au milieu de sa Garde. Un officier autrichien en uniforme blanc est assis devant la tente. Il va vers lui. Il reconnaît le général Merveldt. Ils se sont rencontrés à Leoben, Merveldt était l'un des plénipotentiaires autrichiens. C'était il y a seize ans. Et il le fut à nouveau après Austerlitz. C'était il y a huit ans.

Mais qu'est-ce que le passé quand on essaie de peser sur l'avenir ?

– Vous vouliez cette fois enfin livrer bataille, dit Napoléon.

– Nous voulons terminer la longue lutte contre vous. Nous voulons, au prix de notre sang, conquérir notre indépendance, reprend le général Merveldt d'une voix forte.

Napoléon se met à marcher dans la tente, les mains derrière le dos. Merveldt oublie-t-il que l'empereur François Ier est son beau-père ? Que le trône impérial français est lié par le sang à celui des Habsbourg ?

Il parle longuement au général autrichien. S'il pouvait faire comprendre à l'empereur d'Autriche que le péril pour Vienne est dans une victoire des Russes ou bien dans la domination des Anglais sur l'Europe continentale, peut-être dénouerait-il la coalition. Il faut aussi jouer cette carte.

Il s'arrête en face de Merveldt. Il ordonne qu'on reconduise l'Autrichien aux avant-postes afin qu'il aille témoigner auprès de l'empereur François du désir de paix et même d'alliance de l'empereur Napoléon, son beau-fils.

Puis Napoléon s'en va marcher au milieu des grenadiers de sa Garde rassemblés autour des bivouacs.

Le dimanche 17 octobre, le ciel est noir et bas. Le canon tonne. Napoléon se rend sur l'éminence de Thornberg d'où il aperçoit tout le champ de bataille. Aujourd'hui, on ne se battra pas, les ennemis attendent leurs renforts. Il voit les détrousseurs, les infirmiers avancer courbés sur le terrain couvert de morts et de blessés.

Il revient à sa tente, s'assied sur un siège pliant, adossé à la paroi. Il ne bouge pas. La sueur couvre son corps. Il voit dans le regard de Caulaincourt et des aides de camp la frayeur. Et tout à coup son estomac se contracte, la douleur le cisaille. Il se penche. Il vomit. La fatigue et la souffrance le terrassent.

Il porte la main à son estomac.

– Je me sens mal, dit-il, ma tête résiste, mon corps succombe.

Il ne veut pas mourir ainsi.

Il entend Caulaincourt qui veut appeler le chirurgien Yvan, qui implore pour qu'il se repose, se couche.

Se reposer la veille d'une bataille !

– La tente d'un souverain est transparente, Caulaincourt, murmure Napoléon. Il faut que je sois debout, pour que chacun demeure à son poste.

Il se dresse malgré Caulaincourt.

– Il faut que je demeure debout, moi.

Il fait quelques pas en s'appuyant sur le grand écuyer.

– Ce ne sera rien, veillez à ce que personne n'entre, dit-il.

Il faut que ce corps obéisse, que la douleur rentre dans sa caverne. Si la mort doit venir, qu'elle m'agresse en face, avec la gueule d'un canon, ou l'acier d'une lame, mais qu'elle ne s'insinue pas en moi, traîtresse.

Il respire plus calmement.

– Je me sens mieux, dit-il, je suis mieux.

La douleur recule. Il a moins froid.

Demain, il pourra conduire la bataille.

Il est à cheval à une heure du matin, le lundi 18 octobre 1813. Il inspecte les avant-postes, gagne la colline de Thornberg. C'est le troisième jour de cette bataille.

Ma Grande Armée résiste. Mais elle s'effrite sous les coups. Elle tue plus qu'elle n'a de tués, mais je n'ai pas de sang neuf à lui donner, et l'ennemi a derrière lui toute l'Europe.

C'est le troisième jour. Tout à coup, il tourne bride. Il veut se rendre à Lindenau, auprès du général Bertrand. Il traverse le pont sur l'Elster. Il faut qu'on le mine pour être prêt à le faire sauter si la retraite est décidée. Bertrand et ses troupes seront l'avant-garde de la Grande Armée qui marchera vers la France par cette route, de Lindenau à Erfurt.

La France !

S'il le faut, on se battra sur le sol national.

Il revient à Thornberg. Il est calme. Il est prêt à perdre cette partie pour en engager une autre.

Tant que la vie demeure, le « tout ou rien » recommence sans fin. Et le rien n'existe pas. La mort seule clôt le combat.

Et même... Il pense à Duroc. D'autres vivent qui continuent à se battre.

Un aide de camp se présente, l'uniforme déchiré, le visage en sang. Les unités saxonnes qui restaient en ligne sont passées en bon ordre à l'ennemi. Elles ont retourné leurs pièces de canon, fait feu sur les rangs qu'elles venaient de quitter. La cavalerie wurtembergeoise a fait de même. Les Saxons attaquent avec les Suédois de Bernadotte.

Il ne tressaille même pas. C'est la nature des choses. De l'infamie naît l'infamie. Il reste immobile, alors que la nuit tombe, puis, seulement à ce moment-là, il gagne Leipzig.

Les routes qui mènent à la ville sont pleines de soldats. Il se fraie difficilement un passage avec une escorte et son état-major. Il entre à l'auberge des Armes de Prusse sur les boulevards extérieurs, où l'on a établi son état-major. Au pied des escaliers, il reconnaît les généraux Sorbier et Dulauloy, qui commandent l'artillerie de l'armée et de la Garde.

Il lit sur leurs visages, avant même qu'ils parlent, ce qu'ils vont dire. Il les écoute, impassible.

Quatre-vingt-quinze mille coups de canon ont été tirés dans la journée, disent-ils. Ils ne disposent plus de munitions que pour seize mille coups, soit deux heures de feu. Ils doivent se réapprovisionner dans les entrepôts de l'armée, à Magdebourg ou à Erfurt.

– Erfurt, dit Napoléon.

Il lance aussitôt ses premiers ordres. Poniatowski assurera l'arrière-garde dans Leipzig, et tiendra les abords du pont sur l'Elster. Le mouvement de retraite doit commencer aussitôt.

Puis, lentement, calmement, il dicte le *Bulletin de la Grande Armée*.

On entend tirer dans les faubourgs de Leipzig, mais il parle d'une voix posée, rappelle la trahison des Saxons, le manque de munitions d'artillerie.

« Cette circonstance obligea l'armée française à renoncer aux fruits de deux victoires où elle avait avec tant de gloire battu des troupes de beaucoup supérieures en nombre, les armées de tout le continent. »

C'est déjà l'aube du mardi 19 octobre 1813. Il sort de l'auberge et, des boulevards extérieurs, entre en ville. Dans Leipzig, les unités s'entassent dans les ruelles, avancent lentement. Il passe sans qu'on l'acclame. Il veut rendre visite au roi de Saxe, mais après l'avoir salué il ne peut avancer vers les portes de la ville tant la foule est compacte.

Quand il rejoint enfin les boulevards, qu'il approche du pont de Lindenau, les aides de camp autour de lui proposent de mettre le feu à la ville dès que les troupes l'auront quittée, ainsi on retardera l'avance de l'ennemi. Ce ne serait que justice pour punir la trahison des Saxons.

Il secoue la tête avec fureur. Il vient de voir le roi de Saxe sur le balcon de son palais. Le souverain a refusé de quitter la ville. Il a pleuré en évoquant le comportement de ses troupes. Il a lui-même brûlé le drapeau de sa Garde. Et l'on détruirait sa cité ?

On n'incendiera pas Leipzig.

Il franchit le pont sur l'Elster.

Il descend de cheval, place lui-même des officiers le long de la route d'Erfurt. Ils doivent recueillir les isolés, les rassembler. Puis il regarde longuement le défilé des soldats. Ils sont si fourbus qu'ils ne lèvent même pas la tête.

Il s'éloigne lentement vers le grand moulin qui domine les rives de l'Elster. Il s'assied au premier étage, et tout à coup sa tête s'incline sur sa poitrine. Il dort.

Il se réveille en sursaut.

Murat est penché sur lui. Le pont sur l'Elster vient de sauter. N'a-t-il pas entendu l'explosion ? On l'a détruit trop tôt. Des milliers d'hommes sont encore dans Leipzig, d'autres se jettent à la nage pour traverser la rivière. Plusieurs dizaines de canons ne pourront passer le fleuve. Les premiers rescapés racontent que les soldats de la ville n'ont plus de munitions et que les Saxons, les Badois, les Prussiens les égorgent.

Il se tasse quelques minutes. Que des escadrons de cavalerie se rendent au bord de l'Elster pour recueillir ceux qui réussiront à le traverser, ordonne-t-il.

Le maréchal Macdonald, poursuit Murat, a pu nager jusqu'à l'autre rive. On l'a recueilli nu. Mais le général Lauriston se serait noyé. Des soldats criaient à Macdonald : « Monsieur le maréchal, sauvez vos soldats, sauvez vos enfants ! »

Le prince Poniatowski a disparu dans les flots de la rivière.

La mort prend autour de moi, et se refuse à saisir ma main ! Il faut donc continuer à se battre.

15.

Il s'arrête de dicter. Il regarde autour de lui cette pièce familière. Rien n'a changé depuis cinq ans. C'est ici, dans ce palais d'Erfurt, dans ce salon, qu'au mois d'octobre 1808 il recevait Alexandre Ier, qu'il rencontrait Goethe, qu'il était l'Empereur des rois. Cinq ans, presque jour pour jour. Mais en ce samedi 23 octobre 1813, l'heure n'est plus aux magnificences et aux parades. Les soldats qui se rassemblent dans les rues d'Erfurt, qui patientent devant les entrepôts pour tenter d'obtenir un uniforme, des vivres, une arme, des munitions, des canons, ne sont plus que les débris d'une armée.

Combien restent-ils, réellement organisés en unités ? Ma Garde. Peut-être vingt mille hommes. Les autres, une vingtaine de milliers encore, sont souvent des isolés qui se traînent, malades, éclopés, blessés, avançant sous cette pluie froide de l'automne allemand.

Combien sont-ils, ceux que j'ai laissés morts dans les marécages et la boue de Leipzig ? ou qui se sont noyés en tentant de traverser l'Elster, ou bien que l'on a égorgés dans les maisons de Leipzig ? Vingt mille, trente mille ? Et même si l'ennemi a perdu le double d'hommes, il peut regarnir ses rangs.

Il me faut des hommes, encore.

Il reprend sa dictée au ministre de la Guerre, « pour ce qui est relatif à une levée de quatre-vingts à cent mille hommes dont j'ai besoin. Quand toute l'Europe est sous les armes, quand partout on lève les hommes mariés et que tout le monde court aux armes contre nous, la France est perdue si elle n'en fait autant ».

Je suis sûr de la volonté de combattre des hommes du rang. Ils ne se sont pas enfuis. Je les ai vus. Mais les généraux, mais les maréchaux, ont perdu leur flamme.

Ney lui-même a prétexté une légère blessure pour quitter l'armée et rejoindre Paris. Mais il ne m'a pas trahi.

Murat, au contraire, avant de commander ses charges à Leipzig, a envoyé un messager aux Alliés pour leur donner son accord à un arrangement politique. Si on lui assure la possession de Rome, il rejoindra le camp de la coalition. Et c'est ma sœur Caroline, son épouse, maîtresse de l'ambassadeur d'Autriche à Naples, qui mène les négociations. Folle d'ambition, prête à tout. Et Murat a, lui aussi, il y a quelques heures, quitté l'armée, sous prétexte d'aller lever des renforts à Naples !

Je me suis tu lorsqu'il est venu, penaud, tremblant mais déterminé, m'annoncer son départ. Il a fui ce salon avant que je puisse lui répondre.

Adieu, Murat !

Je ne dois pas cacher cette situation. Il faut préparer l'opinion, publier un Bulletin de la Grande Armée *qui raconte la bataille de Leipzig et explique les raisons de notre retraite.*

Il dicte, évoque la destruction prématurée du pont sur l'Elster.

« On ne peut encore évaluer les pertes occasionnées par ce malheureux événement, indique-t-il. Mais les désordres qu'il a portés dans l'armée ont changé la situation des choses : l'armée française victorieuse arrive à Erfurt comme y arriverait une armée battue. »

Il hésite quelques instants, puis il poursuit :

« L'ennemi qui avait été consterné des batailles du 16 et du 18 a repris par le désastre du 19 du courage et l'ascendant de la victoire. L'armée française, après de si brillants succès, a perdu l'ascendant de son attitude victorieuse. »

Il ne sort pas. Il ne dort pas. Parfois il s'approche de la croisée et regarde passer ces fuyards qui se traînent, épuisés.

Lorsqu'un aide de camp apporte une dépêche, il va lentement jusqu'à lui. Il ne peut y avoir de bonne nouvelle. C'est l'avalanche de la fatalité noire.

Le royaume de Westphalie n'existe plus. Adieu, mon frère

Jérôme. Les derniers princes de la confédération du Rhin rejoignent les Alliés. Et après le roi de Bavière, le roi de Wurtemberg fait de même. Adieu, l'Allemagne ! Les armées de Soult fuient l'Espagne et se replient sur Bayonne. Adieu définitivement, l'Espagne !

Il ne ressent ni désespoir ni angoisse. Quand le destin est contraire, ou bien on l'accepte, ou bien l'on meurt ou l'on se bat. Tout le reste est lâcheté. Et il n'a jamais pleurniché sur son sort.

Il demande qu'on lui apporte une grande carte d'Allemagne. Il entoure d'un trait les places fortes tenues par des garnisons françaises. Si ces troupes se replient sur Hambourg, Davout, qui contrôle la place, pourrait avoir à sa disposition cent mille hommes qui rejoindraient le Rhin par l'Allemagne du Nord.

Il marche d'un pas vif dans la pièce. En quelques jours, avec une telle manœuvre, il pourrait retourner la situation.

Il imagine les coalisés entrant en France, « brûlant deux ou trois de mes bonnes villes. Cela me donnerait un million de soldats. Je livrerais bataille. Je la gagnerais. Et je les mènerais tambour battant jusqu'à la Vistule ».

Rien n'est perdu tant que l'énergie demeure vive en moi.

Il faut qu'il insuffle cette volonté aux armées.

Il écrit au ministre de la Police, qui multiplie les lettres chargées d'inquiétude : « Monsieur le duc de Rovigo, vos alarmes et vos peurs me font rire. Je vous croyais digne d'entendre la vérité. Je battrai l'ennemi plus vite que vous ne croyez. Ma présence est trop nécessaire à l'armée pour que je parte en ce moment. Quand il sera nécessaire, je serai à Paris. »

Il veut conduire ce qui reste de l'armée jusqu'à Mayence. Là, il traversera le Rhin, rejoindra Paris. Il doit rassurer Marie-Louise. « Ma santé est très bonne. Je serai dans peu de jours à Mayence. Je te prie de donner un baiser au petit roi, et de ne douter jamais des sentiments de ton fidèle époux.

« Nap. »

Il quitte Erfurt, galopant le long des colonnes qui marchent sous la pluie d'averse. Des aides de camp annoncent qu'une armée bavaroise et autrichienne commandée par le général de Wrede progresse parallèlement à la route de Mayence, avec l'intention de livrer bataille.

De Wrede ! Ce général a combattu dans la Grande Armée depuis 1805 ! Et c'est cet homme-là qui a l'intention de m'empêcher de passer ! Moi !

Il force l'allure. Un peu avant Schlüchtern, il voit sur la chaussée un groupe imposant d'officiers polonais qui barrent le passage. Ils demandent à lui parler. Il s'avance. L'un d'eux s'approche. Il l'écoute. Ces Polonais désirent rejoindre leur pays. Eux aussi.

Il pousse son cheval vers eux.

– Est-il vrai que les Polonais veuillent me quitter ? lance-t-il.

Les hommes baissent la tête.

– J'ai été trop loin, c'est vrai, continue-t-il. J'ai fait des fautes. La fortune depuis deux ans me tourne le dos. Mais c'est une femme, elle changera ! Qui sait ? Peut-être votre mauvaise étoile a-t-elle entraîné la mienne ?

Les officiers le regardent, étonnés.

– Du reste, avez-vous perdu confiance en moi ? N'ai-je plus de sperme dans mes couilles ?

Les Polonais se récrient.

– Ai-je maigri ? demande-t-il en riant.

Puis, se plaçant au milieu d'eux, il reprend :

– On m'a rendu compte de vos intentions. Comme empereur, comme général, je ne puis que louer vos procédés. Je n'ai rien à vous reprocher. Vous avez agi loyalement envers moi, vous n'avez pas voulu m'abandonner sans rien me dire, et même vous m'avez promis de me reconduire jusqu'au Rhin. Aujourd'hui, je veux vous donner de bons conseils. Si vous m'abandonnez, je n'aurai plus le droit de parler de vous. Et je crois que, malgré les désastres qui ont eu lieu, je suis encore le plus puissant monarque de l'Europe.

Il lance son cheval au galop. Il entend les cris de « Vive l'Empereur ».

Il n'est pas encore terrassé.

Voilà longtemps qu'il n'a pas senti en lui une telle détermination. Les Bavarois du général de Wrede ont pris position à Hanau. Ils sont, disent quelques soldats faits prisonniers, plus de cinquante mille. Cette armée compte même en son sein, outre des Autrichiens, des cosaques. Wrede pérore. Il va faire prisonnier l'Empereur, clame-t-il.

J'ai dix-sept mille hommes, mais c'est ma Garde.

Il la harangue. Il donne ses ordres. L'artillerie du général Drouot va s'avancer, dit-il, seule. Ouvrir le feu, puis la cavalerie s'élancera. Il faut bousculer ces traîtres.

La canonnade emplit le défilé étroit dans lequel passe la route. Il attend dans la forêt, à quelques pas seulement de la bataille. Les obus tombent. L'un d'eux s'enfonce à moins d'un mètre, sans exploser. Il ne tourne même pas la tête. Il continue de bavarder avec Caulaincourt.

Si la mort me veut, qu'elle me prenne !

Les troupes bavaroises sont bousculées, et il peut continuer sa route, arriver le dimanche 31 octobre à Francfort.

Il s'installe pour quelques heures dans une maison des faubourgs de la ville. Il écrit.

« Ma bonne Louise,

« Je suis arrivé à Francfort, je vais me rendre à Mayence. J'ai bien rossé les Bavarois et les Autrichiens hier 30 à Hanau. Ils étaient forts de soixante mille hommes. Je leur ai pris six mille prisonniers, des drapeaux et des canons. Ces fols voulaient me couper ! Ma santé est bonne et n'a jamais été meilleure. *Addio mio bene.* Un baiser au roi.

« Nap. »

Il faut exploiter cette victoire. Pendant que les troupes marchent vers Mayence sous une pluie torrentielle, il dicte une lettre officielle cette fois à la régente Marie-Louise :

« Madame et très chère épouse, je vous envoie vingt drapeaux pris par mes armées aux batailles de Wachau, de Leipzig et de Hanau. C'est un hommage que j'aime à vous rendre... »

Il envoie ses ordres au ministre de la Guerre. Il faut une parade dans Paris, avec ces bannières ennemies, chacune d'elles portée par un officier à cheval. « Vous savez depuis longtemps ce que je pense de ces pompes militaires, mais dans les circonstances actuelles, je crois qu'elles seront utiles. »

Paris, la France doivent savoir que je suis encore vainqueur.

D'ailleurs, a-t-il jamais été battu ? Vraiment battu ? Il lui est arrivé de ne pas vaincre, mais quel général ennemi peut dire qu'il l'a vaincu ?

Il peut tout reprendre dans une autre partie.

Il arrive à Mayence le mardi 2 novembre. Voilà trois cents kilomètres depuis Leipzig qu'il court la route à cheval.

Il lit toutes les dépêches qui sont parvenues de Paris. Son frère Louis est dans la capitale. Que veut-il ? Il faut mettre en garde l'Impératrice.

« Cet homme est fol, écrit Napoléon à Marie-Louise. Plains-moi d'avoir une si mauvaise famille, moi qui les ai accablés de biens. Je réorganise mon armée. Tout prend tournure. Donne un baiser à mon fils. Tout à toi.

« Nap. »

Il parcourt les rues de la ville. Des soldats se traînent en guenilles. Les hôpitaux, les caves, lui dit-on, sont pleins de malades. Le typhus abat les hommes aussi bien que l'ont fait les balles et les boulets.

Il faut partir pour bâtir une autre armée.

Le dimanche 7 novembre à vingt-deux heures, il quitte Mayence. Pas d'escorte impériale, mais seulement deux voitures inconfortables, et une suite de trois personnes. Le temps n'est plus au faste.

Il arrive à Saint-Cloud le mardi 9 novembre 1813, à dix-sept heures.

À plus de quarante-quatre ans, il se sent l'âme d'un jeune général qui a tout à conquérir.

Cinquième partie

Je pars. Que ce dernier baiser
passe dans vos cœurs

10 novembre 1813 – 3 mai 1814

16.

Il fait quelques pas dans le vestibule du château de Saint-Cloud, que la pénombre, en cette fin de journée du mardi 9 novembre 1813, envahit déjà.

Il voit cette jeune femme et cet enfant qui avancent vers lui. Il s'arrête. Il pourrait s'élancer vers eux, leur tendre les bras. Mais il reste immobile. Il ne doit pas se laisser attendrir. Il n'est pas une personne privée. Il incarne le destin de millions d'hommes. Il doit rester inflexible. Si une faille s'ouvre en lui, qui pourra arrêter cette émotion qui l'envahit, qui submergera sa volonté ?

Marie-Louise s'appuie contre lui, éplorée. Il la rassure. Cela fait si longtemps qu'il n'a pas serré un corps de femme. C'est la douceur et la chaleur après tant de jours, de mois d'amertume et de froid. La vie après la mort. Il se penche. L'enfant le regarde, puis sourit, s'accroche à son cou. Il le soulève, l'emporte vers son cabinet de travail sans regarder les dignitaires qui s'approchent. Il devine Mme de Montesquiou, la gouvernante, la duchesse de Montebello, la plus empressée des dames de compagnie de l'Impératrice. Il a hâte de se retrouver seul avec sa femme et son fils pour échapper à ces yeux qui l'observent, l'épient.

Ce château est glacé. Ces gens guettent, espèrent. Quoi ? Que je succombe ou qu'une fois de plus je triomphe ?

Il entend le bruit des portes qu'on ferme derrière lui.

Il voit les dépêches sur la table, les cartes, les registres.

Demain, il sera à la tâche. Il présidera un Conseil privé et un Conseil des ministres.

Mais cette nuit est à lui, à lui seul, jusqu'à l'aube.

Ils sont là, autour de lui, à cette cérémonie de son lever, dès ce mercredi 10 novembre.

Même Talleyrand le Blafard est présent, ce vénal, ce traître qui est en relation avec les Bourbons, qui attend ma chute.

Il s'arrête devant lui.

– Que venez-vous faire ici ? Je sais que vous vous imaginez que, si je venais à manquer, vous seriez le chef du Conseil de régence.

Napoléon secoue la tête, poursuit :

– Prenez-y garde, monsieur. On ne gagne rien à lutter contre ma puissance. Je vous déclare que si j'étais dangereusement malade, vous seriez mort avant moi.

Talleyrand, à son habitude, ne tressaille pas.

– Sire, murmure-t-il, je n'avais pas besoin d'un pareil avertissement pour que mes vœux ardents demandent au Ciel la conservation des jours de Votre Majesté.

Napoléon lui tourne le dos. Chaque phrase de Talleyrand est une grimace hypocrite.

Mais à qui peut-il encore faire confiance ? Il dit d'une voix cassante :

– Les coalisés se sont donné rendez-vous sur ma tombe, mais c'est à qui n'y arrivera pas le premier. Ils croient que le moment de leur rendez-vous est arrivé. Ils regardent le lion comme mort ; c'est à qui lui donnera le coup de pied de l'âne.

Il baisse la tête, les mâchoires serrées.

– Si la France m'abandonne, dit-il, je ne puis rien, mais l'on ne tardera pas à se repentir de ce que l'on aura fait.

Il se dirige vers les dignitaires, qui s'écartent. Il reconnaît parmi eux ce vieil homme tout vêtu de noir, Laplace, qui était examinateur à l'École militaire. Le savant lui avait, il y a seulement quelques mois, envoyé son dernier livre, un *Traité des probabilités*. Napoléon se souvient : il l'avait reçu à Vitebsk et il l'avait feuilleté là-bas sous la neige, là-bas où a disparu la Grande Armée.

– Vous êtes changé et très amaigri, dit Napoléon.

– Sire, j'ai perdu ma fille, murmure Laplace.

Tous ces hommes enfouis, morts, là-bas. Napoléon se détourne.

– Vous êtes géomètre, Laplace, dit-il d'une voix dure, soumettez cet événement au calcul et vous verrez qu'il égale zéro.

Personne n'ose parler. Mais il lit les questions et les angoisses sur leurs visages.

– Attendez, attendez, dit-il tout à coup. Vous apprendrez sous peu que mes soldats et moi n'avons pas oublié notre métier ! On nous a trahis entre l'Elbe et le Rhin, mais il n'y aura pas de traîtres entre le Rhin et Paris...

Mais ce n'est pas ici, parmi ces dignitaires chamarrés, ces ministres, qu'il trouvera un appui enthousiaste. Ceux-là obéiront et suivront, seulement s'ils estiment qu'il peut vaincre, qu'ils y ont intérêt.

Il faut donc reconstituer l'armée, une fois de plus. Il a besoin d'hommes. Il va exiger du Sénat une levée de trois cent mille conscrits. Il faut aussi constituer des gardes nationales. Pourra-t-on, avec ce dont il dispose, faire face aux soixante-dix mille Prussiens et Russes de Blücher, qui s'avancent vers le Rhin, et aux douze mille Autrichiens de Schwarzenberg qui, plus au sud, semblent vouloir passer par la Suisse pour tourner les places fortes françaises qui défendent le Rhin ?

Mais s'il avait les hommes, aurait-il les armes nécessaires ?

« Rien n'est moins satisfaisant que notre situation en fusils », dit-il au ministre de la Guerre dès ces premières heures à Saint-Cloud.

Le général Clarke bredouille des réponses. Il y a des réserves dans les arsenaux de Brest et de La Rochelle, dit-il.

– Bien loin, murmure Napoléon. Ils ne seront pas arrivés avant plusieurs semaines. Et si vous n'avez pas d'autres mesures, toutes les troupes qui vont se rassembler pourraient se trouver sans utilité, par défaut de fusils !

Mais il faut faire avec ce que l'on a. Il ne veut pas céder au découragement, aux mauvaises nouvelles qui, à chaque heure, s'ajoutent les unes aux autres : les places fortes allemandes, Dresde, Torgau, Dantzig, se sont rendues. Leurs garnisons ne pourront constituer une armée venant de l'Allemagne du Nord comme il l'avait prévu. Il ne peut pas compter non plus sur les troupes d'Eugène. Elles vont rester en Italie. *Et les renforts que Murat devait rassembler pour me porter secours iront sans doute grossir la coalition.*

Et chacun, ici, autour de moi, connaît la situation.

Le dimanche 14 novembre 1813, aux Tuileries, il reçoit les sénateurs. Il les écoute affirmer leur fidélité. Et il est vrai qu'ils votent les levées de conscrits, mais dans leur tête ils doutent. Ils supputent.

Certains se retrouvent autour de Talleyrand, beaux esprits, qui célèbrent avec ironie ma « dernière victoire ». Ils manœuvrent une « armée de femmes », la duchesse de Dalberg, la duchesse de Courlande, Mme de Vaudémont, bavardes conspiratrices qui infestent les salons de Paris. Tous ceux-là attendent le retour des Bourbons. Je le sais. Mais les choses sont ainsi. Puis-je faire appel au peuple ? Pour qu'il recommence cette Révolution à laquelle j'ai mis fin ?

– Sénateurs, dit-il, j'agrée les sentiments que vous m'exprimez. Toute l'Europe marchait avec nous il y a un an. Toute l'Europe marche aujourd'hui contre nous. C'est que l'opinion du monde entier est faite par la France ou par l'Angleterre. Nous aurions donc tout à redouter sans l'énergie et la puissance de la nation.

Il veut croire à cette énergie, à cette puissance.

– La postérité dira, reprend-il, que si de grandes et critiques circonstances se sont présentées, elles n'étaient pas au-dessus de la France et de moi.

Il faut que l'on sache qu'il se battra, qu'il n'acceptera pas une paix de capitulation. Il se retire dans son cabinet de travail. Une nouvelle dépêche. Les Anglais marchent sur Bayonne.

Il froisse le feuillet, dicte :

« Ordre que, si jamais les Anglais arrivent au château de Marracq, on brûle le château et toutes les maisons qui m'appartiennent, afin qu'ils ne couchent pas dans mon lit. On en retirera tous les meubles, si l'on veut, qu'on placera dans une maison de Bayonne. »

Ils vont voir si le lion est mort.

D'abord se montrer, faire croire, faire savoir que rien n'a changé.

Il préside des Conseils quotidiens. Il parcourt les rues de Paris, visite les travaux du Louvre, de la nouvelle halle aux vins. Il se promène sur les quais de la Seine, au marché aux fleurs. On l'acclame. Il décide de se rendre au faubourg Saint-Antoine. Il voit les ouvriers et les artisans qui, en l'apercevant, sortent des ateliers, des entrepôts, qui crient « Vive Napoléon », et il entend les paroles des chants qu'ils entonnent : « Les aristocrates à la lanterne ».

Il se souvient de ces journées de 1792, de l'assaut donné aux Tuileries, de cette barbarie de la foule et de l'impuissance du roi Bourbon. Il ne veut pas revoir cela. Toute sa vie, il a cherché à construire autre chose, à ne pas céder à la rage des faubourgs et à échapper à la lâcheté des rois.

Dans la foule qui se presse autour de lui, il sent l'angoisse. Il faut qu'il rassure.

Il se rend plusieurs soirées de suite au théâtre, à l'Opéra. Il organise des revues au Carrousel. Il veut que défilent des milliers d'hommes, pour que Paris sache que la Grande Armée est reconstituée. Après les parades, il rentre à Saint-Cloud. Il s'enferme dans son cabinet de travail. Là, point de décors, de faux-semblants. L'ennemi qui avance. Schwarzenberg a pénétré en Suisse, franchi le Rhin à Schaffhouse et, après avoir débouché sur Bâle, marche sur Belfort. Il va maintenant remonter vers le nord-est, vers Dijon, Chalon-sur-Saône, pendant que Blücher, ses Prussiens et ses Russes vont attaquer frontalement le Rhin. Les coalisés se sont encore renforcés, et ils alignent près de quatre cent mille hommes.

Que puis-je leur opposer ?

Il a besoin d'échapper à ces questions qui l'habitent. Il part chasser, galopant dans le bois de Satory, éperonnant sa monture pour se retrouver seul, marchant alors au pas dans la bruine qui enveloppe la forêt. Il revient lentement vers le château de Saint-Cloud. Il traverse les galeries, retrouve quelques instants Marie-Louise. Il la rejoindra cette nuit. Elle l'attend. Mais souvent, dès qu'elle est endormie, il la quitte pour retourner à ses appartements, où il ne dort pas mais travaille.

Il a reçu ainsi au milieu de la nuit le comte de Saint-Aignan, le beau-frère de Caulaincourt. L'homme, bien sûr, est du parti de la paix à tout prix. Napoléon l'observe. C'est un officier valeureux qu'il a nommé écuyer et utilisé souvent comme plénipotentiaire. Il a été fait prisonnier. Il est porteur, dit-il, de propositions de Metternich et des coalisés.

Napoléon lui fait signe de parler, puis marche autour de lui, les bras croisés. Saint-Aignan s'exprime d'une voix exaltée. Les puissances reconnaîtraient à la France les frontières naturelles, « une étendue de territoire que n'a jamais connue la France sous les rois ».

Napoléon l'arrête. Qu'est-ce que cela signifie ? Quels territoires ? Qui ne voit que c'est une manière de faire croire au peuple que les Alliés veulent accorder une paix honorable, qu'ils ne font point la guerre à la France, mais seulement à l'empereur Napoléon !

Il renvoie Saint-Aignan.

Metternich est habile. On propose même un Congrès de la Paix. Et l'on m'empêche de mobiliser le peuple, on crée l'espoir de la fin des combats, on utilise contre moi tous ceux, ministres, maréchaux, qui ne veulent plus se battre. On m'isole. Voilà le but.

Mais je peux les démasquer.

Le 20 novembre, il convoque aux Tuileries Caulaincourt, Maret et le général Bertrand. Il a décidé, dit-il, de nommer Caulaincourt, l'homme de la paix, ministre des Relations extérieures à la place de Maret, qui reprend la secrétairerie d'État. Quant au général Bertrand, il sera grand maréchal du Palais.

Il fait quelques pas aux côtés de Caulaincourt.

– À vous de négocier, dit-il.

Caulaincourt est l'un de ceux qui croient que l'on peut conclure un traité avec les coalisés. L'un de ceux qui s'imaginent que les puissances ne veulent pas ma perte, mais seulement me rendre raisonnable ! Qu'elles ne désirent pas mutiler la France mais la respecter ! Alors que Metternich ne rêve que de ma chute pour laisser sur le trône un descendant des Habsbourg. Que les Anglais, avec Castelreagh, poussent vers Paris les Bourbons. Et qu'Alexandre hésite entre l'intronisation de Louis XVIII à Paris ou celle de Bernadotte !

Comment ne voient-ils pas cela, les Caulaincourt, les Saint-Aignan ?

Il trouve sur sa table de travail un exemplaire d'une déclaration des puissances coalisées qui est distribuée dans toute la France par les armées ennemies ou par les bandes royalistes qui commencent à s'organiser dans le Sud. Des milliers de copies de cette *Déclaration de Francfort* commencent à circuler. Voilà la preuve de la manœuvre politique, s'exclame-t-il en lisant le texte :

« Les puissances alliées ne font point la guerre à la France mais à cette prépondérance que, pour le malheur de l'Europe et de la France, l'empereur Napoléon a trop longtemps exercée hors des limites de son Empire. Les souverains désirent que la France soit grande, forte et heureuse. »

Il jette à terre cette feuille.

– Quel est l'homme qui convient mieux que moi à la France ? s'exclame-t-il.

Il prend connaissance des propositions dont les Alliés accompagnent cette déclaration. Ils ne parlent déjà plus de frontières naturelles. Ils arrachent la Belgique, la rive gauche du Rhin, la Savoie. C'est la France de 1790, sans aucune des conquêtes de la Révolution, qu'ils proposent.

Il dicte une dépêche à Caulaincourt. Celui-ci, qui va négocier avec les représentants des coalisés, est humilié. Les Alliés l'ignorent même, ne répondant pas aux questions qu'il pose afin de gagner ainsi des jours pendant lesquels, on l'espère, les armées coalisées auront avancé en France.

« Je suis si ému de l'infâme projet que vous m'envoyez que je me crois déshonoré rien que de m'être mis dans le cas qu'on vous l'ait proposé, lui écrit Napoléon. Vous parlez toujours des Bourbons. J'aimerais mieux voir les Bourbons en France avec des conditions raisonnables que de subir les infâmes propositions que vous m'envoyez. »

Comme il l'avait pensé, il ne reste qu'à se battre.

Il me faut « des éperons et des bottes ».

Il va et vient à pas rapides, mains derrière son dos, dans son cabinet de travail des Tuileries. Il reçoit une dépêche du télégraphe. Il a une expression de mépris et de colère : « La populace d'Amsterdam s'est insurgée », dit-il, Guillaume d'Orange vient d'arriver dans la ville. Il a été acclamé par la foule.

Ce sont les mêmes Hollandais qui m'avaient crié leur admiration ! Pourquoi, comment faire confiance aux hommes ?

Les Anglais débarquent en Toscane, et Murat signe un traité avec l'Autriche, lance à ses soldats une proclamation où il me calomnie, m'insulte, lui, l'époux de ma sœur, lui que j'ai fait roi. « L'Empereur ne veut que la guerre, écrit Murat. Je sais qu'on cherche à égarer le patriotisme des Français qui servent dans mon armée, comme s'il y avait encore de l'honneur à servir la folle ambition de l'empereur Napoléon à lui assujettir le monde ! »

Voilà ce que dit Murat !

Et à Paris, les députés du Corps législatif votent par 223 voix contre 51 l'impression d'un rapport qui exprime les mêmes opinions. Eux qui, comme Murat, ont tiré profit de l'Empire ! Murat a au moins l'excuse d'avoir risqué sa vie, mais eux, rats dans le fromage, ils osent approuver un texte qui condamne une « guerre barbare... Il est temps, disent-ils, que l'on cesse de reprocher à la France de vouloir porter dans le monde entier les torches révolutionnaires ».

Moi ! moi, qui ai mis fin ici aux incendies, moi qui ai tenté d'apporter partout le code civil, moi qui ai refusé de déchaîner la guerre paysanne en Russie.

Il s'écrie :

« Le Corps législatif, au lieu d'aider à sauver la France, concourt à précipiter sa ruine, il trahit ses devoirs ; je remplis les miens, je le dissous. »

Il se calme, reprend la phrase, dicte :

« Tel est le décret que je rends, et si l'on m'assurait qu'il doit, dans la journée, porter le peuple de Paris à venir en masse me massacrer aux Tuileries, je le rendrais encore : car tel est mon devoir. Quand le peuple français me confia ses destinées, je considérai les lois qu'il me donnait pour le régir : si je les eusse crues insuffisantes, je n'aurais pas accepté. Qu'on ne pense pas que je suis un Louis XVI. »

Mais ces députés qui me rejettent, les voici, ce 1er janvier 1814, devant moi, pour me présenter servilement leurs vœux ! Je leur avais dit, en m'adressant à eux dès mon retour : « Tout a tourné contre nous, la France serait en danger sans l'énergie et l'union des Français ! » Mais peu leur importe ! Ils tremblent. Ils m'accusent. Dans leur rapport, l'un d'eux, Lainé, parle de ma « fatale ambition qui depuis vingt ans nuit à l'Europe ». Et il loue « la royale couronne des lys ».

Tout à coup, Napoléon se dirige vers eux, se place au milieu du groupe qu'ils forment.

– Que voulez-vous ? Vous emparer du pouvoir ? Mais qu'en feriez-vous ? Et d'ailleurs, que faut-il à la France en ce moment ? Ce n'est pas une assemblée, ce ne sont pas des orateurs, c'est un général.

Il passe devant chacun d'eux, le visage méprisant, les yeux étincelants.

– Y en a-t-il un parmi vous ? Et puis, où est votre mandat ? Je cherche donc vos titres et je ne les trouve pas.

Il hausse les épaules, montre le siège impérial placé sur une estrade.

– Le trône lui-même n'est qu'un assemblage de quatre morceaux de bois doré recouvert de velours. Le trône est un homme, et cet homme, c'est moi, avec ma volonté, mon caractère, ma renommée.

D'un pas vif, il regagne l'estrade.

– C'est moi qui puis sauver la France, ce n'est pas vous !

Puis, brusquement, il revient vers eux.

– Si vous avez des plaintes à élever, il fallait attendre une autre occasion, que je vous aurais offerte moi-même... L'explication aurait eu lieu entre nous, car c'est en famille, ce n'est pas en public, qu'on lave son linge sale. Loin de là, vous avez voulu me jeter de la boue au visage. Comment pouvez-vous me reprocher mes malheurs ? Je les ai supportés avec honneur parce que j'ai reçu de la nature un caractère fort et fier et si je n'avais pas cette fierté dans l'âme, je ne me serais pas élevé au premier trône de l'univers.

Il crie :

– Je suis, sachez-le, un homme qu'on tue mais qu'on n'outrage pas !

Puis il ajoute, d'une voix tout à coup calme :

– La France a plus besoin de moi que je n'ai besoin de la France. Retournez dans vos départements. Allez dire à la France que, bien qu'on lui en dise, c'est à elle que l'on fait la guerre autant qu'à moi, et qu'il faut qu'elle défende non pas ma personne, mais son existence nationale. Bientôt, je vais me mettre à la tête de l'armée, je rejetterai l'ennemi, je conclurai la paix quoi qu'il puisse coûter à ce que vous appelez mon ambition...

Ils se taisent tous. Ils ont les visages lugubres de ceux qui subissent. Ils n'acceptent pas mon énergie, ma détermination. Que puis-je faire avec eux ?

Mais comment ne pas agir ?

Les Autrichiens s'approchent de Dijon, les Russes de Toul. Ils s'apprêtent à franchir la Marne.

– Il me manque deux mois, dit-il à Pasquier, le préfet de Police de Paris. Si je les avais eus, ils n'auraient pas passé le Rhin. Cela peut devenir sérieux, mais je ne puis rien seul. Si l'on ne m'aide pas, je succomberai, on verra alors si c'est à moi que l'on en veut.

Il pense à Talleyrand, qui continue de rassembler tous ceux qui s'apprêtent à rejoindre la coalition. Arrêter le « Blafard », le faire enfermer au château de Vincennes ou même fusiller ? Il a un geste d'indifférence. Que faudrait-il faire alors de ces préfets qui n'appliquent pas les consignes que je leur transmets ? De tous ceux qui répandent *le Manifeste* que vient de lancer Louis XVIII ?

Il le montre à Pasquier. Voilà ce que dit le Bourbon :

« Recevez en amis ces généreux Alliés, ouvrez-leur les portes de vos villes, prévenez les coups qu'une résistance criminelle et inutile ne manquerait pas d'attirer sur vous, et que leur entrée en France soit accueillie avec les accents de la joie ! »

Ils osent écrire cela. Et certains applaudissent.

Il regarde longuement Pasquier.

– Celui qui me refuse ses services aujourd'hui, dit-il, est nécessairement mon ennemi.

Puis, changeant de ton, il questionne :

– Eh bien, monsieur le Préfet, que dit-on dans cette ville ? Sait-on que les armées ennemies ont décidément passé le Rhin, qu'elles comptent de trois cent mille à quatre cent mille hommes ?

– On ne doute pas que Votre Majesté ne parte incessamment

pour se mettre à la tête de ses troupes et ne marche à la rencontre de l'ennemi.

– Mes troupes, mes troupes ! s'exclame-t-il. Est-ce qu'on croit que j'ai encore une armée ? La presque totalité de ce que j'avais ramené d'Allemagne n'a-t-elle pas péri de cette affreuse maladie qui est venue mettre le comble à mes désastres ? Une armée ! Je serai bien heureux si dans trois semaines d'ici je parviens à réunir trente ou quarante mille hommes ! Mais...

Il s'interrompt, secoue la tête.

– Mais les chances les plus malheureuses de la guerre ne me feraient jamais consentir à ratifier ce que je regarderais comme un déshonneur et la France comme une opprobre.

Il répète à voix basse : « des éperons, des bottes », lorsqu'il se présente le dimanche 2 janvier devant le Sénat.

Il veut, dit-il, que les sénateurs deviennent des commissaires extraordinaires envoyés dans les départements. Il se souvient de ces représentants en mission qu'il avait connus à Toulon, à Nice, à l'armée d'Italie, et qui ranimaient le courage des soldats. Car il faut décréter une « levée générale populaire » et, puisque les Russes et les Prussiens sont entrés en Alsace, il faut nommer « un général de l'insurrection alsacienne ».

Les sénateurs l'écoutent avec émotion. Il descend de la tribune, continue sur un ton familier :

– Je ne crains pas de l'avouer, dit-il, j'ai trop fait la guerre, j'avais formé d'immenses projets, je voulais assurer à la France l'Empire du monde. Je me trompais. Il aurait fallu appeler la nation tout entière aux armes et, je le reconnais, l'adoucissement des mœurs ne permet pas de convertir toute une nation en un peuple de soldats !

Il s'assied familièrement parmi les sénateurs.

– Je dois expier le tort d'avoir compté sur ma fortune, continue-t-il, et je l'expierai, c'est moi qui me suis trompé, c'est à moi de souffrir, ce n'est point à la France. Elle n'a pas commis d'erreurs, elle m'a prodigué son sang, elle ne m'a refusé aucun sacrifice...

On l'entoure, on l'acclame.

Il conclut d'une voix forte que, puisque certains départements sont déjà occupés : « J'appelle les Français au secours des Français. Les abandonnerons-nous dans leur malheur ? Paix et délivrance de notre territoire doit être notre cri de ralliement. »

A-t-il convaincu ? Les rapports de police indiquent que « la consternation est à Paris ». Et il ressent la même atmosphère aux Tuileries.

Il entre dans l'appartement de Marie-Louise. Elle vient vers lui, les yeux pleins de larmes. La reine Hortense est tout aussi éplorée, les traits tirés.

Il faut bien rassurer encore :

– Eh bien, Hortense, on a donc bien peur à Paris ? demande-t-il. On y voit déjà les cosaques. Ah, ils n'y sont pas encore et nous n'avons pas oublié notre métier.

Il se tourne vers Marie-Louise.

– Sois tranquille, ajoute-t-il en riant, nous irons encore à Vienne battre Papa François.

Il s'installe à table, prend le roi de Rome sur ses genoux.

– Allons battre Papa François, chantonne-t-il.

L'enfant répète avec détermination la phrase. Napoléon rit aux éclats.

Puis il convoque Berthier, demande au maréchal, prince de Neuchâtel, de prendre note. Il commence à dicter un plan de concentration des troupes en Champagne pour faire face aux armées de la coalition.

– Il nous faut recommencer la bataille d'Italie, dit-il.

Puis il se tourne vers l'Impératrice et Hortense qui sont restées silencieuses, attentives.

– Eh bien, mesdames, êtes-vous contentes ? Croyez-vous qu'on nous prenne si facilement ?

Mais les Alliés sont à Montbéliard, à Dijon, à Langres. Les maréchaux battent partout en retraite, saisis, semblent-ils, par la panique.

Que font-ils donc ? Où est passé leur courage, leur héroïsme ? Victor abandonne les Vosges, Marmont a déjà évacué la Sarre, Ney livre, sans combat, Nancy à Blücher, Augereau affirme que Lyon ne peut être défendu. Et pourtant, partout les paysans se rebellent contre les troupes étrangères. La guérilla commence, parce que les cosaques violent, pillent, brûlent.

Il dicte des ordres. Il faut se battre.

« Vous sentez combien il est important de retarder la marche de l'ennemi. Employez les gardes forestiers, les gardes nationales, pour faire le plus de mal possible à l'ennemi. »

Il martèle : « Il ne faut jamais faire aucun préparatif pour abandonner Paris, et s'ensevelir sous ses ruines s'il le faut. »

Il ajoute à voix basse : « Si l'ennemi arrive à Paris, il n'y a plus d'Empire. »

Il faut donc tout faire pour qu'il n'y parvienne jamais.

Lui seul peut l'en empêcher. Il doit partir.

Derniers jours, ici, aux Tuileries.

Reviendra-t-il ? Il est dans son cabinet de travail en compagnie du roi de Rome. L'enfant joue. Quel sera son destin ?

J'ai cru qu'avec lui l'avenir de ma dynastie serait assuré. Et me voici, jetant dans la cheminée mes lettres et mes papiers secrets.

Il regarde les flammes réduire en cendres ces documents qui jalonnent l'histoire de sa vie.

Qui peut dire si, demain, l'un de ces souverains étrangers ou un de leurs généraux ne sera pas ici dans mon cabinet, fouillant dans mes portefeuilles, comme je l'ai fait dans le château de la reine Louise de Prusse lorsque je m'apprêtais à entrer dans Berlin ?

C'est le dimanche 23 janvier 1814, il prend par la main le roi de Rome. Marie-Louise tient l'autre main de l'enfant. Ils entrent tous trois dans la salle des maréchaux, où sont rassemblés les officiers des douze légions de la garde nationale de Paris. Ces hommes forment un cercle au centre duquel Napoléon s'avance.

– Messieurs les officiers de la garde nationale, commence-t-il, je compte partir cette nuit pour aller me mettre à la tête de l'armée.

Il perçoit la tension des regards qui convergent vers lui.

– En quittant la capitale, je laisse avec confiance au milieu de vous ma femme et mon fils sur lesquels sont placées tant d'espérances. Je partirai avec l'esprit dégagé d'inquiétude lorsqu'ils seront sous votre garde.

Il les dévisage les uns après les autres.

– Je vous laisse, reprend-il, ce que j'ai au monde de plus cher après la France et le remets à vos soins.

Il sent l'émotion qui le gagne.

– Il pourrait arriver toutefois que par les manœuvres que je vais être obligé de faire, les ennemis trouvassent le moment de s'approcher de vos murailles. Souvenez-vous que ce ne pourra être l'affaire que de quelques jours et que j'arriverai bientôt à votre secours. Je vous recommande d'être unis entre vous. On ne manquera pas de chercher à ébranler votre fidélité à vos devoirs, mais je compte sur vous pour repousser toutes ces perfides instigations.

Il soulève son fils, le prend dans ses bras et le promène devant les officiers.

Les cris résonnent dans la salle, font trembler les vitres :

« Vive l'Empereur ! Vive l'Impératrice ! Vive le roi de Rome ! »

Plus tard, il s'est assis près de l'Impératrice. Il fixe l'enfant qui joue à quelques pas.

Quand le reverra-t-il ?

Il se tourne vers Marie-Louise. Elle semble hébétée. Elle a failli s'évanouir quand les officiers de la garde nationale ont lancé leurs cris. Maintenant, elle balbutie :

– Le retour ? demande-t-elle.

– Ma chère amie, dit-il, c'est le secret de Dieu.

Il faudrait qu'il se lève, regagne son cabinet de travail où il doit encore trier des papiers, brûler ce qui reste de sa correspondance secrète, ainsi que les rapports de certains de ses espions. Mais il ne peut bouger. Il voudrait que le temps s'immobilise. Il voudrait fixer dans son regard chaque expression de son fils.

Des dignitaires viennent présenter leurs hommages. Il se ressaisit, se dresse.

– Au revoir, Messieurs, dit-il, nous nous reverrons peut-être.

Peut-être.

S'il perd la partie, il ne reverra plus tous ceux qu'il laisse ici, sa femme, son fils.

Il ne lui restera que la mort.

Et s'il gagne ?

Il ne peut imaginer ce qui adviendra. Mais il ne pourra pas reconquérir l'Europe, reconstituer ce Grand Empire, redevenir l'Empereur des rois. Il le sait. Il n'entrera plus dans Vienne, Moscou, Madrid, Berlin, Varsovie. Cela a eu lieu. Et ne pourra plus être.

Il va se battre le dos au gouffre.

Il jette une poignée de lettres dans la cheminée. Il écrit à Joseph. « Mon aîné. Aîné, lui ! Pour la vigne de mon père, sans doute ! » « C'est une de mes fautes d'avoir cru mes frères nécessaires pour assurer ma dynastie. »

Mais il écrit quelques lignes pour désigner Joseph comme lieutenant général de l'Empire, aux côtés de l'Impératrice, régente.

Joseph, même s'il est incapable, s'il a perdu l'Espagne, Joseph ne m'a pas trahi.

Peut-être.

Mais combien sont les hommes sur qui il peut encore compter ? Ceux du peuple. Mais un peuple qui n'est pas dirigé devient une populace.

Il appelle son secrétaire, dicte une première consigne : faire partir avant cinq heures du matin le pape, et le conduire de Fontainebleau à Rome.

Puis, d'un geste, il indique qu'il veut rester seul.

Quelques papiers encore à détruire. Et voilà qu'il est déjà deux heures du matin.

Il sort de son cabinet, traverse les galeries des Tuileries désertes.

Quand reviendra-t-il ici ? Qui reverra-t-il ?

Il entre dans la chambre de son fils à pas de loup. Dans la pénombre, il aperçoit Mme de Montesquiou. Elle sursaute. Il fait signe à la gouvernante de ne pas bouger, de se taire.

Il s'approche du lit où dort l'enfant.

Il le regarde longuement dans la faible lumière de la veilleuse.

Il se baisse, effleure des lèvres le front de son fils. Puis il s'éloigne.

Dans la cour, la berline et cinq voitures de poste sont alignées. Des généraux et des officiers d'ordonnance forment un groupe sombre.

Il est trois heures du matin, ce mardi 25 janvier 1814.

17.

Combattre. Vaincre.

Il répète ces deux mots aux maréchaux rassemblés dans le grand salon de la préfecture de Châlons où il vient d'arriver. Il les regarde avec insistance : Berthier, Kellermann, Ney, Marmont, Oudinot, Mortier. Ils sont grâce à lui prince de Neuchâtel, duc de Valmy, prince de la Moskova, duc de Raguse, duc de Reggio, duc de Trévise – titres flamboyants qu'ils veulent conserver et dont ils veulent jouir. Mais sont-ils encore prêts à conduire des troupes à l'assaut, à charger à la tête de leurs escadrons, à risquer leur vie ? Ney et Berthier font une triste figure. Victor, duc de Bellune, parle des fuyards qui encombrent déjà les routes, de ces conscrits qu'on a à peine vêtus d'uniformes disparates, qui ne savent pas se servir d'un fusil, qui n'ont jamais subi un tir d'artillerie ou une charge de cavalerie et qui ne sont d'ailleurs que quelques milliers, face à des centaines de mille.

Combattre, vaincre, dit à nouveau Napoléon.

Il entraîne les maréchaux jusqu'aux cartes déroulées sur une table devant la cheminée. Il dit que tout au long de la route entre Paris et Châlons, à chaque étape, à Château-Thierry, à Dormans, à Épernay où il a déjeuné, la foule s'est rassemblée, a crié : « Vive l'Empereur ! » Il a vu les hommes de la garde nationale prendre partout les armes. Et déjà, les paysans se soulèvent ici et là dans les départements occupés par l'ennemi. Les pillages, les viols commis par les cosaques et les Prussiens vont entraîner une guérilla des « blouses bleues ».

Il s'arrête, le dos à la table, faisant face aux maréchaux. Que ceux qui étaient avec lui en Italie ou en Égypte se souviennent, dit-il. Ils avaient peu d'hommes. Mais ils ont battu l'ennemi à chaque fois. Qu'ils se rappellent ce principe : « La stratégie, martèle-t-il d'une voix lente, est la science de l'emploi du temps et de l'espace. Je suis pour mon compte moins avare de l'espace que du temps. Pour l'espace, nous pouvons toujours le regagner. Le temps perdu, jamais ! »

Il se tourne, se penche sur les cartes. Voilà la faute ennemie. Les armées coalisées ne se sont pas rassemblées. L'une, l'armée de Silésie, commandée par Blücher, débouche de Saint-Dizier et descend la Marne. L'autre, l'armée de Bohême, aux ordres de Schwarzenberg, avance sur Troyes en longeant la Seine.

Napoléon pointe le doigt entre les deux armées. Il faut battre successivement l'armée de Blücher puis celle de Schwarzenberg ; aller de l'une à l'autre. Des « vieilles moustaches » vont arriver d'Espagne, d'autres des places fortes du Nord et de l'Est ; le maréchal Augereau, duc de Castiglione, va avancer à partir de Lyon. Nous allons vaincre.

Il se sent aussi agile qu'il l'était au temps de la campagne d'Italie, quand il fallait courir d'une bataille à l'autre et écraser successivement les armées ennemies dix fois plus nombreuses.

Il se tourne vers Berthier.

– Faites prendre à Vitry deux cent à trois cent mille bouteilles de vin et d'eau-de-vie, afin qu'on en fasse la distribution à l'armée aujourd'hui et demain. S'il n'y a pas d'autre vin que du vin de Champagne en bouteilles, prenez-le toujours ; il vaut mieux que nous le prenions que l'ennemi !

Il lance encore quelques ordres, puis il trace un mot rapide pour Marie-Louise :

« Mon amie,

« Je suis arrivé à Châlons. Il fait froid. Au lieu de douze heures, je suis resté dix-huit heures en route. Ma santé est fort bonne. Je vais me rendre à Vitry, à six lieues d'ici. Adieu, mon amie. Tout à toi.

« Nap. »

C'est tôt le matin.

Il monte à cheval. Le vent est glacial. La terre, gelée.

« On annoncera à l'armée que l'intention est d'attaquer demain, dit-il. Cinquante mille hommes et moi, cela fait cent cinquante mille. »

Il galope le long de ces soldats aux visages d'enfant. Il sait que les vieilles moustaches aux traits burinés les appellent les « Marie-Louise », puisque c'est la régente qui a signé le sénatus-consulte décidant de leur incorporation. Que pourra-t-il faire avec ces jeunes recrues ? Mais il a confiance. Ces soldats, chaque fois qu'ils le voient, l'acclament.

À Vitry-le-François, la population manifeste le même enthousiasme. Il étudie les cartes en présence des notables et même d'une foule de paysans arrivés des campagnes environnantes. Ils donnent des renseignements, racontent comment ils ont tué des cosaques et des Prussiens. Des femmes sanglotent en évoquant les violences subies.

Il faut vaincre.

Il lance des ordres, écoute les rapports des aides de camp qui annoncent que les troupes russes ont été chassées de Saint-Dizier.

Ces « Marie-Louise », dit-il, se battent bien.

Il faut se rendre à Saint-Dizier.

Les rues de la ville sont remplies d'une foule qui se presse autour de son cheval, le conduit jusqu'à la maison du maire.

Il écoute, assis sur un rebord de table, interroge avec soin les habitants des villages.

– Il est possible qu'il y ait une affaire demain à Brienne, dit-il.

Il se penche sur une carte, mais il ne voit pas les épingles que les aides de camp ont plantées ici et là pour indiquer la présence des troupes de Blücher et des cosaques. Il revoit le château de Brienne. Le destin le reconduit donc là, dans cette ville, dans cette région où il passa tant d'années de son enfance. C'est sans doute là qu'il va livrer le premier combat de cette campagne de France, où se joue toute sa vie ! Là, à Brienne, où ont commencé à se nouer son destin, ses liens avec cette nation devenue sienne, avec ce métier des armes.

Brienne, où le destin va me soumettre à une nouvelle épreuve.

– Nous allons faire jouer trois cents pièces d'artillerie, dit-il.

Puis il va et vient devant ses officiers. Il faut qu'ils

comprennent ce qui est en train de se passer ici, dans cette campagne qui commence :

– Les troupes ennemies se comportent partout horriblement, reprend-il. Tous les habitants se réfugient dans les bois. On ne trouve plus de paysans dans les villages. L'ennemi mange tout, prend tous les chevaux, tous les bestiaux, tous les effets d'habillement, toutes les guenilles des paysans. Ils battent tout le monde, hommes et femmes, et commettent un grand nombre de viols.

Il baisse la tête, les mâchoires serrées, l'expression résolue.

– Je désire promptement tirer mes peuples de cet état de misère et de souffrance qui est véritablement horrible. Cela doit aussi donner fort à penser aux ennemis, le Français n'est pas patient, il est naturellement brave, et je m'attends à les voir s'organiser eux-mêmes en bandes.

Il se souvient des tumultes révolutionnaires, de ceux qu'il a réprimés comme lieutenant, de ceux dont il a été le témoin.

Il dicte une note pour le ministre de la Guerre, le général Clarke.

« Vous m'avez fait connaître que l'artillerie avait une grande quantité de piques : il faut en donner aux gardes nationales qui se rassemblent dans les environs de Paris. Ce sera pour le troisième rang. Faites imprimer une instruction sur la manière de s'en servir. Il faut aussi envoyer des piques dans les départements, cela est préférable aux fourches, et d'ailleurs, dans les villes, on manque même de fourches ! »

On repart. La pluie et le dégel transforment les chemins forestiers en bourbiers. À Mézières, il voit s'avancer dans le brouillard qui a succédé à l'averse un curé qui s'approche à grands pas et répète d'une voix haletante son nom :

– L'abbé Henriot, me reconnaissez-vous, Sire ?

Ce visage sorti du passé, celui d'un ancien maître de quartier du collège de Brienne. Le temps s'efface. Tout se rejoint. L'abbé se propose pour guider les colonnes à travers bois.

Tout à coup, dans la nuit, ces hurlements, cette chevauchée, ces coups de feu. Des cosaques.

Mourir ici ? Peut-être un signe. Là où tout a commencé pour moi.

Il voit la lance d'un cosaque, elle effleure sa poitrine. Le général Gourgaud la détourne violemment, tire un coup de feu. Le cosaque s'abat, mais le général est blessé. La lance, heureusement, a glissé sur sa croix de la Légion d'honneur.

Tout pour moi ne finira pas ici, à Brienne.

Il entend les cris de Ney.

– En avant, les Marie-Louise ! crie Ney, qui conduit les grenadiers de la Vieille Garde encadrant les jeunes recrues. En avant, les Marie-Louise !

Napoléon les suit, les voit s'engager dans les ruelles en pente qui conduisent au château. Il entre derrière elles dans le bâtiment saccagé. Il le parcourt. Il se souvient qu'en 1805, alors qu'il se rendait en Italie afin d'être couronné roi, il avait fait halte et dormi ici. Et déjà, il avait pensé que son destin le ramenait sur les lieux de son enfance. Et pour la troisième fois, le voici en ces lieux, victorieux de Blücher.

Mais pour combien de temps ? Il est anxieux. Il lui suffit de lire quelques lignes des rapports qu'il reçoit pour comprendre que Blücher et Schwarzenberg ont réuni leurs troupes. Et il ne peut rien contre une armée aussi puissante. Il faut se replier dans une tourmente de neige après un combat à Rothières, brûler ce village pour permettre à l'infanterie de regagner Brienne. Et, de là, dans la nuit, donner l'ordre de marcher sur Troyes.

Napoléon est sombre. Six mille hommes sont tombés. Si l'ennemi reste rassemblé, que faire ?

Et si les coalisés attaquent, comment éviter la panique parmi les jeunes troupes ? Napoléon est resté au château de Brienne. Il dicte ses ordres. Il va vers la fenêtre, regardant vers le champ de bataille signalé par la ligne de feux de bivouac des soldats ennemis. Les heures passent. Blücher ne bouge pas.

À quatre heures du matin, ce mercredi 2 février, Napoléon quitte enfin le château de Brienne.

Il traverse l'Aube et, le jeudi 3 février 1814 à quinze heures, il arrive à Troyes.

Dans le petit logement où il s'installe, rue du Temple, les nouvelles commencent à arriver. Il les parcourt.

À quoi bon lire avec attention ces plaintes que Cambacérès et

Joseph lui adressent ? On veut qu'il traite avec les coalisés qui ont réuni un congrès à Châtillon. Il y envoie Caulaincourt. Mais il sait ce que désirent les Alliés : l'amputation de la France, et la chute de sa dynastie. Pourquoi feraient-ils des concessions alors qu'ils peuvent imaginer être les maîtres sur le terrain ?

Mais, malgré ces exigences, mes proches sont tous autour de moi à me harceler. Maret, influencé par Caulaincourt, me supplie de céder aux demandes alliées.

Il prend un livre, le montre à Maret.

– Lisez, lisez tout haut, lui dit-il en lui indiquant un passage de ces *Considérations sur les causes de la grandeur et de la décadences des Romains* de Montesquieu.

Maret commence à lire d'une voix hésitante :

« Je ne sache rien de plus magnanime que la résolution que prit un monarque de s'ensevelir sous les débris du trône plutôt que d'accepter des propositions qu'un roi ne doit pas entendre. Il avait l'âme trop fière pour descendre plus bas que ne l'avaient mis ses malheurs ; et il savait bien que le courage peut raffermir une couronne et que l'infamie ne le fait jamais. »

Il arrache le livre des mains de Maret. *Voilà ce que pense Montesquieu. Voilà ce que je pense.*

– Et moi, Sire, s'écrie Maret, je sais quelque chose de plus magnanime, c'est de jeter votre gloire pour combler l'abîme où la France tomberait avec vous.

Napoléon marche vers lui, le dévisage.

– Eh bien, messieurs, faites la paix ! Que Caulaincourt la fasse ! qu'il signe tout ce qu'il faut pour l'obtenir, je pourrai en supporter la honte ; mais n'attendez pas que je dicte ma propre humiliation.

Il reste seul. Qu'ils essaient de conclure la paix ! Ils découvriront les intentions de l'ennemi ! Mais pourquoi n'ont-ils ni énergie ni détermination, ni même intelligence ? Ils veulent tout accepter plutôt que de se battre !

On lui apporte les dépêches de Paris. La capitale grouille d'intrigues. Le blafard Talleyrand prépare l'arrivée des Bourbons, s'étonne et s'indigne de la lenteur de l'avance des coalisés ! Quant aux autres, Cambacérès, Joseph, ils font dire des messes et des prières de quarante heures !

Mais qu'est-ce donc que ces gens-là ?

« Je vois qu'au lieu de soutenir l'Impératrice, écrit-il à Cambacérès, vous la découragez. Pourquoi perdre ainsi la tête ? Qu'est-ce que ces *Miserere* et ces prières de quarante heures à la chapelle ? Est-ce qu'on devient fou à Paris ? Le ministre de la Police dit et fait des sottises au lieu de s'instruire des mouvements de l'ennemi. »

Il s'interrompt. Un aide de camp lui rapporte que, selon des paysans, les deux armées ennemies sont en train de se séparer à nouveau, Blücher marchant sur Châlons et au-delà sur Paris, donc, et Schwarzenberg sur Troyes.

C'est peut-être une chance qui se présente. Il quitte Troyes, s'installe à Nogent-sur-Seine, pour protéger Paris.

Il lui semble qu'il n'a jamais eu autant de vigueur, de volonté de vaincre, d'agilité depuis la guerre d'Italie. S'il peut tendre toutes les énergies, si on ne le trahit pas, si on ne s'abandonne pas à la peur, si on l'aide, alors il pourra vaincre, renverser la situation.

Il faut qu'il écrive à Marie-Louise, qu'il la rassure.

« Mon amie. Je reçois ta lettre du 4 février. Je vois avec peine que tu te chagrines. Aie bon courage et sois gaie. Ma santé est parfaite, mes affaires, quoique difficiles, ne vont pas mal, elles se sont améliorées depuis huit jours et j'espère, avec l'aide de Dieu, les mener à bien.

« *Addio mio bene*, tout à toi.

« Nap. »

« Un baiser au petit roi. »

C'est la nuit du lundi 7 au mardi 8 février 1814. Berthier entre dans le logement que Napoléon occupe, en face de l'église de Nogent-sur-Seine. Napoléon détourne les yeux. Il ne peut voir ce visage qui exprime l'abattement.

Le maréchal Macdonald, qui devait résister à Châlons, s'est retiré sur Épernay, commence Berthier. Toute l'aile gauche de l'armée est ainsi à découvert. Les cosaques sont entrés à Sens et avancent vers Fontainebleau.

Napoléon se lève mais, avant même qu'il ait pu répondre, un envoyé de Caulaincourt apporte les propositions faites par les coalisés au congrès de Châtillon.

Il lit, s'assied. C'est comme si la lettre tirait le bras, qu'il laisse tomber le long du corps cependant que de l'autre main il soutient son front.

Est-ce possible ? Cela, des conditions de paix ! Et l'on voudrait que je les accepte !

Il tend la lettre à Berthier et à Maret, qu'ils la lisent ! Mais l'un et l'autre répètent qu'il faudrait laisser carte blanche à Caulaincourt.

– Quoi ! Vous voulez que je signe un traité pareil ! Et que je foule aux pieds mon serment !

Il se lève, gesticule.

– Des revers inouïs ont pu m'arracher la promesse de renoncer aux conquêtes que j'ai faites, crie-t-il, mais que j'abandonne aussi celles qui ont été faites avant moi, que je viole le dépôt qui m'a été remis avec tant de confiance, que pour prix de tant d'efforts, de sang et de victoires, je laisse la France plus petite que je ne l'ai trouvée : jamais ! Le pourrais-je sans trahison et lâcheté ? Vous êtes effrayés de la continuation de la guerre, et moi je le suis de dangers plus certains que vous ne voyez pas !... Répondez à Caulaincourt, puisque vous le voulez, mais dites-lui que je regrette ce traité, que je préfère courir les chances les plus rigoureuses de la guerre.

Il ne peut plus parler. Il se jette sur un lit de camp. Mais il ne réussit pas à y demeurer. Il se lève, se recouche, demande qu'on retire toutes les bougies, puis qu'on redonne de la lumière.

Il commence à dicter une lettre à Joseph.

« J'ai le droit d'être aidé par les hommes qui m'entourent, par ceux-là mêmes que j'ai moi-même aidés.

« Ne laissez jamais tomber l'Impératrice et le roi de Rome entre les mains de l'ennemi.

« Je préférerais qu'on égorgeât mon fils plutôt que de le savoir jamais à Vienne, comme prince autrichien, et j'ai assez bonne opinion de l'Impératrice pour être aussi persuadé qu'elle est de cet avis, autant qu'une femme et une mère peuvent l'être.

« Je n'ai jamais vu représenter *Andromaque* que je n'aie plaint le sort d'Astyanax survivant à sa maison et que je n'aie point regardé comme un bonheur pour lui de ne pas survivre à son ère.

« Dans les circonstances bien difficiles de la crise des événements, on fait ce qu'on doit et on laisse aller le reste. »

Il est sept heures du matin, ce mardi 8 février. Il n'a pas dormi. Un officier de l'état-major de Marmont entre dans la chambre, donne un pli. Marmont annonce que la cavalerie prussienne est arrivée à Montmirail, et son infanterie à Champaubert. Ces troupes sont commandées par le général Sacken.

Napoléon bouscule l'officier et commence à étudier les cartes, mesurant les distances avec un compas.

Maret s'approche, lui apporte à signer les dépêches pour Caulaincourt, qui accordent à ce dernier le droit d'approuver les propositions alliées.

– Ah, vous voilà ! lance Napoléon sans lever la tête. Il s'agit maintenant de bien autre chose ! Je suis en ce moment à battre Blücher de l'œil, il s'avance par la route de Montmirail : je pars, je le battrai demain, je le battrai après-demain ; si ce mouvement a le succès qu'il doit avoir, l'état des affaires va entièrement changer, et nous verrons, alors ! Il sera toujours temps de faire une paix comme celle qu'on nous propose.

En avant, sans attendre, malgré la pluie et la neige, malgré les chemins boueux, les marais ! En avant ! Il faut aller vite, tomber avec quelques dizaines de milliers d'hommes sur les Russes et les Prussiens de Blücher commandés par Sacken, Olsufieff, Yorck, puis, cela fait, se retourner, à marches forcées, contre les cent cinquante mille hommes de Schwarzenberg.

Folie ? Il lit ce mot dans les yeux de ses maréchaux. Mais c'est ainsi qu'il a gagné la campagne d'Italie, et cette campagne de France, il veut la conduire de la même manière. Il n'a qu'une cinquantaine de milliers d'hommes alors que les coalisés en alignent trois cent mille ! Il faut simplement les surprendre, et être plus fort là où l'on frappe.

En avant, vers Champaubert, Montmirail, Château-Thierry, Vauchamps.

Temps de chien, chemins où l'on s'enlise. Il est à cheval. Il y a, écrit-il à Joseph, « six pieds de boue ». Mais il donne de la voix le long des colonnes pour qu'on pousse les caissons d'artillerie. Il se rend dans les villages pour demander aux paysans qu'ils prêtent leurs chevaux, aident à tirer et à pousser. Et, arrivé sur le champ de bataille de Champaubert, les Marie-Louise subissent sans se débander le feu, les charges, et partent à l'assaut, culbutant l'ennemi.

Il est au centre de l'affrontement, et il ne s'installe dans une ferme au coin de la grand-rue de Champaubert et de la route de Sézanne qu'à la nuit tombée, ce jeudi 10 février 1814.

Jamais, depuis ses premières victoires d'Italie, il n'a éprouvé une telle joie.

Il voit entrer le général Olsufieff, qui a été fait prisonnier avec plusieurs de ses généraux. Il l'invite à dîner, dit aux maréchaux, qui paraissent épuisés, sans entrain :

– À quoi tient le destin des Empires ! Si demain nous avons sur le général Sacken un succès pareil à celui que nous avons aujourd'hui sur Olsufieff, l'ennemi repassera le Rhin plus vite qu'il ne l'a passé, et je suis encore sur la Vistule !

Il regarde les maréchaux, aux visages sombres. Il ajoute :

– Et puis, je ferai la paix aux frontières naturelles du Rhin !

Il dîne en quelques minutes, se lève, consulte les cartes.

– On marche sur Montmirail, où nous serons ce soir à dix heures, dit-il, montrant aux maréchaux les itinéraires à suivre. J'y serai de ma personne demain matin avant le jour, pour marcher sur Sacken avec vingt mille hommes. Si la fortune nous seconde comme aujourd'hui, les affaires seront changées en un clin d'œil.

Puis, debout, il trace quelques lignes pour Marie-Louise.

« Ma bonne Louise,

« Victoire ! J'ai détruit douze régiments russes, fait six mille prisonniers, quarante pièces de canon, deux cents caissons, pris le général en chef et tous les généraux, plusieurs colonels ; je n'ai pas perdu deux cents hommes. Fais tirer le canon des Invalides et publier cette nouvelle à tous les spectacles. Je serai à minuit à Montmirail et le serrerai de près.

« Nap. »

Le vendredi 11 février, il est à Montmirail. Il n'a que vingt-quatre mille hommes. Il faut qu'ils fassent des miracles. Victoire à nouveau. Les troupes russes du général Sacken sont balayées.

En entrant dans la ferme des Grénaux où il doit bivouaquer, il voit des cadavres entassés dans les deux pièces où il doit s'installer. On s'est battu ici toute la journée.

Il faut qu'on sache à Paris, aux Tuileries, quelle est ma victoire.

« Pas un homme de cette armée en débâcle ne se sauvera », écrit-il à Marie-Louise. « Je meurs de fatigue. Tout à toi, poursuit-il. Donne un baiser à mon fils. Fais tirer soixante coups de canon et donner cette nouvelle à tous les spectacles. Le général Sacken a été tué. »

Malgré l'épuisement, il ne peut dormir.

« Ces deux journées changent entièrement la situation des affaires », dit-il.

Tant de fois dans sa vie il en a été ainsi, au bord d'un abîme où il pouvait rouler et tout perdre. Et en se cambrant, en s'agrippant, en repoussant l'ennemi, en l'écrasant, il s'est à chaque fois éloigné du gouffre, et a consolidé son pouvoir

Il peut, il doit en être ainsi maintenant.

Il avance vers Château-Thierry ce samedi 12 février 1814. Des paysans marchent près de lui. Ils sont armés de fourches et de vieux fusils. Ils fuient les villages où, disent-ils, les cosaques violent, battent, tuent, pillent. Ils racontent comment ils tendent des embuscades aux soldats ennemis, égorgent les traînards, les isolés.

Si ces « blouses bleues » se lèvent en masse, les coalisés sont perdus. Il combat avec les troupes toute la journée. Les Russes sont à nouveau battus.

Napoléon arrive ainsi sur les bords de la Marne. Les coalisés ont fait sauter le pont de Château-Thierry. Il s'avance malgré les tirailleurs ennemis. Il faut commencer à le réparer, dit-il. Mais la poursuite est ralentie.

Il surveille les travaux des pontonniers, et la bataille reprend à Vauchamps. Nouvelle victoire.

Il fait allumer un feu au bord de la route et regarde défiler les prisonniers, puis il interroge les grenadiers, les Marie-Louise qui passent et montrent les trophées pris à l'ennemi. Il remet des croix de la Légion d'honneur, distribue des récompenses. Voilà des hommes qui changent le cours du destin.

« Ce qu'ils ont fait, dit-il, ne peut se comparer qu'aux romans de chevalerie et aux hommes d'armes de ces temps où, par l'effet de leurs armures et l'adresse de leurs chevaux, un en battait trois cents ou quatre cents. L'ennemi doit être frappé d'une singulière terreur. La Vieille Garde a de beaucoup surpassé tout ce que je pouvais attendre d'une troupe d'élite. C'était absolument la tête de Méduse. »

Il écrit à Marie-Louise. Qu'on répète cela à Paris. Qu'on fasse défiler les prisonniers dans les rues de la capitale.

Mais alors que mes soldats se surpassent, Murat me déclare la guerre ! C'est un fou et un ingrat !

« La conduite du roi de Naples est infâme et celle de la reine, ma sœur Caroline, n'a pas de nom. J'espère vivre assez pour venger moi et la France d'un tel outrage et d'une ingratitude aussi affreuse. »

Il donne l'ordre de marcher sur Montereau pour arrêter l'avance des troupes de Schwarzenberg, qui profitent des combats contre les armées de Blücher pour progresser.

Sur la route, il apprend que le général Guyot, qui commande la deuxième division de cavalerie de la Garde, a abandonné deux pièces à l'ennemi.

Napoléon s'arrête dès qu'il aperçoit Guyot, hurle, saute de cheval, jette son chapeau à terre. Il se laisse emporter par la fureur, puis remonte à cheval, mais la colère s'incruste en lui.

Il avance malgré les obus qui commencent à tomber autour de lui, dans cette bataille qui se déroule autour de Montereau. Il rejoint les canons en batterie, descend de cheval, pointe lui-même une pièce. L'ennemi réplique mais Napoléon paraît ne pas entendre ces explosions, ces boulets qui sifflent. Il lance, en se tournant vers les artilleurs :

– Allez, mes amis, ne craignez rien, le boulet qui me tuera n'est pas encore fondu !

Il s'expose ainsi toute la journée. Il se sent invulnérable, comme au cours de toutes ces batailles qu'il a commandées.

« Ma bonne Louise, écrit-il le soir, je suis fatigué. J'ai eu une journée superbe. J'ai défait les corps de Bianchi, forts de deux divisions, et les Wurtembergeois... Mais ce qui est meilleur que tout cela, je leur ai pris le pont de Montereau, sans qu'ils aient pu le couper. J'ai débouché sur l'ennemi, j'ai pris deux drapeaux autrichiens, un général et plusieurs colonels. Adieu mon amie, tout à toi.

« Nap. »

Mais le soir, au château de Surville, la colère est encore là en lui.

Que valent ses maréchaux ? Victor ? Oudinot ? Ils ont reculé. Le général Montbrun a laissé les cosaques envahir la forêt de Fontainebleau. Le général Digeon a laissé ses canons manquer de munitions. Le maréchal Augereau, à Lyon, n'avance pas, alors qu'il a des soldats aguerris et qu'il pourrait menacer les arrières ennemis.

Napoléon s'emporte.

« Partout, lance-t-il, j'ai des plaintes du peuple contre les maires et les bourgeois qui les empêchent de se défendre. Je vois la même chose à Paris. Le peuple a de l'énergie et de l'honneur. Je crains bien que ce ne soit certains chefs qui ne veulent pas se battre et qui seront tous sots, après l'événement, de ce qui leur sera arrivé à eux-mêmes. »

Voilà le maréchal Victor, duc de Bellune, qui, au bord des larmes, se présente, se justifie, déclare ne pouvoir accepter d'être éloigné du champ de bataille, lui, l'un des plus anciens compagnons d'armes de l'Empereur.

Ce n'est pas le passé qui excuse les actes présents. Victor insiste. Il a perdu son gendre, le général Chataux, tué au combat. Il est resté au milieu de ses soldats.

– Je vais prendre un fusil, dit-il, je n'ai pas oublié mon ancien métier : Victor se placera dans les rangs de la Garde.

Napoléon, tout à coup, lui tend la main.

– Eh bien, restez, dit-il. Je ne puis vous rendre votre corps d'armée, puisque je l'ai donné à Gérard, mais je vous donne deux divisions de la Garde, allez en prendre le commandement, et qu'il ne soit plus question de rien entre nous !

Il tourne le dos à Victor. Ces chefs sont fatigués. Et lui, ne l'est-il pas ?

La colère le reprend.

Il dicte une lettre pour Augereau :

« Je vous ordonne de partir douze heures après la réception de la présente lettre pour vous mettre en campagne. Si vous êtes toujours l'Augereau de Castiglione, gardez le commandement ; si vos soixante ans pèsent sur vous, quittez-le et remettez-le au plus ancien de vos officiers généraux. La patrie est menacée et en danger : elle ne peut être sauvée que par l'audace et la bonne volonté, et non par de vaines temporisations. Vous devez avoir un noyau de plus de six mille hommes de troupes d'élite : je n'en ai pas autant, et j'ai pourtant détruit trois armées et sauvé trois fois la capitale. Soyez le premier aux balles.

« Il n'est plus question d'agir comme dans les derniers temps, mais il faut reprendre ses bottes et sa résolution de 93 !

« Quand les Français verront votre panache aux avant-postes et qu'ils vous verront vous exposer aux coups de fusil, vous en ferez ce que vous voudrez ! »

Tout à coup, une fatigue immense l'envahit.

Voilà des jours et des jours qu'il chevauche, qu'il est en première ligne à chaque bataille, qu'il imagine sa stratégie, dicte des centaines d'ordres, qu'il déjeune et dîne en quelques minutes, qu'il affronte le froid, la pluie, la boue, et qu'il tente de tenir hors du découragement tous ceux qui l'entourent et qui, sinon, il le sait bien, se laisseraient aller, couleraient, entraînant avec eux le pays.

Et maintenant, ce samedi 19 février, il ne peut plus. Il lui semble qu'il a accompli la tâche qu'il s'était fixée. Il a successivement battu les Prussiens et les Russes de Blücher, et les Autrichiens de Schwarzenberg. Il peut dormir. Il s'allonge cependant que son valet lui retire les bottes. Le feu brûle dans la cheminée de cette petite chambre du château de Surville.

Il ferme les yeux.

« Ma bonne amie, écrit-il le lendemain à l'aube,

« J'étais si fatigué hier au soir que j'ai dormi huit heures de suite. Fais tirer trente coups de canon pour le combat de Montereau. Il est nécessaire, lorsque je t'écris de faire tirer le canon, que tu écrives au ministre de la Guerre, signé de toi et que tu dises :

“ en conséquence de tel avantage remporté tel jour par l'Empereur ”, le ministre de la Guerre devant toujours être instruit des événements militaires directement.

« Adieu, ma bonne Louise, tout à toi.

« Nap. »

Il sort. « Le froid est horrible. » Le sol est gelé, ce qui facilite les déplacements de l'ennemi.

Allons, en selle, vers Nogent-sur-Seine, vers Troyes. Les estafettes apportent, à la halte, les dépêches et les journaux de Paris. Dans la pièce où il s'est installé, à Nogent-sur-Seine, il s'indigne. Il faudrait aussi qu'il écrive les journaux ! Comment ne comprennent-ils pas que l'un « des premiers principes de la guerre est d'exagérer les forces et non de les diminuer » ? Pourquoi ne relèvent-ils pas les crimes commis par l'ennemi, et dont le récit « me fait dresser les cheveux sur la tête » ? D'un mouvement du bras, il balaie les dépêches et les journaux qu'on avait posés devant lui.

– En vérité, crie-t-il, je n'ai jamais été plus mal servi !

Il fait quelques pas dans la pièce, lance :

– On ne peut pas être plus mal secondé que je le suis !

Il se calme. Il contemple une bonbonnière, un envoi de Marie-Louise, sur laquelle est peint un portrait du roi de Rome. Il le fixe quelques secondes. L'enfant a les mains jointes.

Napoléon prend la plume.

« Je désire que tu le fasses graver, écrit-il à l'Impératrice, avec cette devise : “ Je prie Dieu qu'il sauve mon père et la France. ” Cette petite gravure est si intéressante qu'elle fera plaisir à tout le monde. »

Peut-être la vue de cet enfant donnera-t-elle à certains l'envie de mieux se battre, de résister.

Il s'emporte à nouveau. Il faudrait qu'il soit à l'intérieur de l'âme de chaque officier, de chaque soldat, de chaque ministre.

Il répète : « Il y a remède à tout avec du courage, de la patience et du sang-froid. Il n'y en a pas quand on réunit tous les faits pour former des tableaux et qu'on se bouleverse l'imagination. Cette manière de voir n'est propre qu'à faire naître le découragement et le désespoir. »

Il entre à Troyes. On l'acclame. Un envoyé du général Schwarzenberg demande un armistice.

Croit-on que je ne saisis pas qu'ils veulent ainsi retarder mon offensive ? Qu'un jour de perdu pour moi peut me coûter la victoire ? Alors qu'avec leur supériorité numérique, leurs réserves, ils ont pour allié le temps et l'espace ? Mais on continue à me proposer de capituler ! On ne mesure pas que ce qu'exigent les coalisés, c'est le dépeçage de l'Empire et ma perte.

Voici Saint-Aignan, le beau-frère de Caulaincourt, qui dit :

– La paix sera assez bonne si elle est prompte.

– Elle arrivera assez tôt si elle est honteuse, répond Napoléon.

Certains sont prêts à me trahir, comme Murat.

Des royalistes de Troyes se sont rendus, alors que la ville était occupée, auprès d'Alexandre pour solliciter le rétablissement des Bourbons. L'un d'eux est arrêté, exécuté. Et la grâce que Napoléon lui accorde vient trop tard.

– La loi le condamnait, murmure l'Empereur.

Il fait à cheval le tour des fortifications de Troyes. La ville a souffert des combats. On enterre les soldats morts. Il détourne la tête. Il a le sentiment que la victoire, le renversement de la situation est à portée de main. C'est à cela qu'il doit penser. Il ne doit pas se laisser prendre par cette angoisse, ce désespoir qui ronge l'âme. Mais c'est un effort de chaque instant. Il s'indigne.

– Je ne suis plus obéi. Vous avez tous plus d'esprit que moi, et sans cesse on m'oppose de la résistance, en m'objectant des « mais », des « si », des « car » !

Alors qu'il ne faut que de l'énergie et de l'intelligence.

Blücher et les Prussiens battent retraite vers Soissons. Il faut les poursuivre, coucher dans la seule pièce d'un presbytère de village, affronter le froid, la pluie.

À La Ferté-sous-Jouarre, il écoute les paysans qui viennent raconter les tortures et les violences qu'ils ont subies.

Il interroge, rassure, se penche sur les cartes. Son plan est simple. « Je me prépare à porter la guerre en Lorraine, dit-il, où je rallierai toutes les troupes qui sont dans mes places de la Meuse et du Rhin. »

Il coupera ainsi les armées ennemies de leurs arrières, et les empêchera d'avancer vers Paris. Il défendra la capitale par ce mouvement vers l'est, et non directement. Il suffira que Paris tienne quelques jours, quelques heures même.

L'angoisse le saisit. Et si Paris ne tient pas ?

Il écarte cette éventualité. Il n'y a pas d'autre choix que d'isoler l'ennemi de ses bases, de le contraindre ainsi à la retraite.

Marmont se placera devant Paris et résistera pendant que je foncerai vers l'est. Il faut expliquer cela, rassurer.

Il écrit à Cambacérès, à Clarke :

« Il suffit de penser que la capitale aujourd'hui n'est plus réellement compromise », dit-il à l'un. « L'ennemi est partout mais il n'est en force nulle part », précise-t-il à l'autre.

Puis il repart. À Méry, les Prussiens sont battus. Mais un équipage de pont manque pour traverser le fleuve et les poursuivre. On perd quelques heures.

Il attend avec impatience, guettant les dépêches. Et tout à coup, après avoir lu l'une d'elles, il gesticule. Soissons, une place forte qui pouvait sur l'Aisne ralentir la retraite de Blücher, a capitulé sans raison ! « Infamie ! crie-t-il, que le général soit fusillé au milieu de la place de Grève et qu'on donne beaucoup d'éclat à cette exécution ! »

Tout est à reprendre. Le temps me file entre les doigts. Mais il faut réagir. Il marche dans la tempête de neige. On se bat à Craonne, à Laon.

À Corbeny, un petit village, il reconnaît une silhouette parmi les maires des localités voisines qui se sont rassemblés autour de lui. Il appelle l'homme, qui s'approche.

Encore, comme à Brienne, un témoin du passé, M. de Bussy, ancien officier au régiment de La Fère. À chaque pas, je retrouve mes empreintes, comme si le destin se nouait en boucle.

Il nomme M. de Bussy aide de camp. Il décore un émissaire venu de l'Est et qui annonce que les paysans des Vosges se sont soulevés. Et cet homme, Wolff, est aussi un ancien du régiment de La Fère.

Il va donner l'ordre du départ quand on lui apporte des dépêches de Caulaincourt qui continue à négocier. Il les écarte.

– Je ne lis plus ses lettres, dit-il. Dites-lui qu'elles m'ennuient. Il veut la paix ! Et moi, je la veux belle, bonne, honorable !

Le lundi 7 mars, il entre chancelant de fatigue dans le petit village de Bray-en-Laonnois. Il a un moment d'hésitation avant de franchir le seuil de la maison où il doit passer la nuit. Des blessés et des mourants sont allongés à même le sol. La bataille de Craonne a été dure, incertaine.

Il s'assied dans un coin. Il prend sa tête dans ses mains.

Au milieu de la nuit, un nouvel envoyé de Caulaincourt lui annonce que toutes les propositions françaises ont été repoussées par les Alliés. Les coalisés n'acceptent qu'une France réduite à ses anciennes limites.

Napoléon se dresse, lance, en franchissant les corps étendus :

– S'il faut recevoir les étrières, ce n'est pas à moi à m'y prêter, et c'est bien le moins qu'on me fasse violence.

Se battre donc, à Laon, avancer vers Reims.

Et apprendre, le jeudi 10 mars, que Marmont, qu'il a laissé devant Paris, a reculé, cédé.

Marmont, mon compagnon depuis la guerre d'Italie ! Marmont, qui lâche pied.

Il faut faire face, minimiser l'affaire, dire : « Ceci n'est qu'un accident de guerre, mais très fâcheux dans un moment où j'avais besoin de bonheur. »

Si Marmont aussi cède, après Murat, après Augereau, après Victor, après Bernadotte, sur qui puis-je compter encore ?

Puis-je même avoir confiance dans mon frère ? Joseph veut peut-être lui aussi sauver son avenir, prendre enfin sa revanche sur moi ?

De quoi ne serait-il pas capable ?

Un doute l'assaille tout à coup.

« Mon amie, écrit-il à Marie-Louise, n'aie pas trop de familiarité avec le roi Joseph. Tiens-le loin de toi, qu'il n'entre jamais dans ton intérieur ; reçois-le comme Cambacérès, en cérémonie et dans ton salon... Mets beaucoup de réserve avec lui et tiens-le loin de toi ; point d'intimité, et plus que tu pourras parle-lui devant la Duchesse et à l'encoignure d'une fenêtre. »

Il faut se méfier de tous et de tout. Il les sent à l'affût.

Joseph pourrait vouloir séduire Marie-Louise. Joseph, me dit-on, a conçu le projet d'une Adresse en faveur de la paix, qu'il ferait approuver par des dignitaires.

« La première adresse qui me serait présentée pour demander la paix, je la regarderais comme une rébellion », dit-il.

Que fait donc ce ministre de la Police, Savary, duc de Rovigo ?

« Vous ne m'apprenez rien de ce qui se fait à Paris. Il y est question d'Adresse, de régence et de mille intrigues aussi plates qu'absurdes, et qui peuvent tout au plus êtres conçues par un imbécile... Tous ces gens-là ne savent point que je tranche le nœud gordien à la manière d'Alexandre ! Qu'ils sachent bien que je suis le même aujourd'hui, le même homme que j'étais à Wagram et à Austerlitz ; que je ne veux dans l'État aucune intrigue ; qu'il n'y a point d'autre autorité que la mienne et qu'en cas d'événements pressés, c'est la Régente qui a exclusivement ma confiance. Le roi Joseph est faible, il se laisse aller à des intrigues qui pourraient être funestes à l'État... Je ne veux point de tribun du peuple ; qu'on n'oublie pas que c'est moi qui suis le grand tribun. »

On se bat devant Reims. Il est en première ligne.

À minuit, ce lundi 14 mars, il pénètre dans la ville. Toutes les croisées sont illuminées, la foule a envahi les rues et l'acclame.

Napoléon, à l'hôtel de ville, est entouré par des centaines de Rémois qui crient : « Vive l'Empereur ! » Il décore l'artilleur qui, par son tir, a tué le général Saint-Priest qui commandait l'armée russe.

– C'est le même pointeur qui a tué le général Moreau : c'est le cas de le dire, ô Providence, ô Providence ! s'exclame Napoléon.

Il reçoit Marmont, l'accable de reproches puis peu à peu s'apaise. Il lui semble que la victoire est à nouveau à portée de main. Il a enfoncé un coin entre les armées de Blücher et de Schwarzenberg. Il peut rejoindre l'Est, tourner les coalisés.

« Votre caractère et le mien, écrit-il à Joseph, sont opposés. Vous aimez à cajoler les gens et à obéir à leurs idées ; moi, j'aime qu'on me plaise et qu'on obéisse aux miennes. Aujourd'hui comme à Austerlitz, je suis le maître. »

On lui rapporte que Marmont, en quittant l'hôtel de ville, a dit : « C'est le dernier sourire de la fortune. »

Il a un ricanement de mépris. Que savent-ils de la fortune ? Il faut la saisir par la crinière, la traîner jusqu'à soi, puis la chevaucher.

Le jeudi 17 mars, il est à Épernay. La foule l'acclame. On verse du champagne aux soldats. Il décore le maire, M. Moët. Puis il reprend sa marche vers l'Aube, pour surprendre le flanc de l'armée de Schwarzenberg.

On se bat pour Arcis-sur-Aube, on se bat à Torcy.

Napoléon voit les obus exploser devant un bataillon de jeunes recrues, qui refluent. Il se précipite, se place à leur tête, et quand un obus tombe au pied de son cheval, il ne bouge pas.

Mourir ici ? Pourquoi pas !

L'obus explose. Le cheval est éventré. Napoléon se relève au milieu de la fumée. Les soldats l'acclament, partent à l'assaut, prennent Torcy.

Mais les morts couvrent le sol. De combien d'hommes dispose-t-il encore ? Vingt mille ? Trente mille ?

Il reste un long moment silencieux. Le général Sebastiani est auprès de lui. Il a confiance en ce Corse issu d'une famille modeste et qui, après des missions diplomatiques auprès des Turcs, a combattu en Russie, en Allemagne, et qui vient de charger avec la cavalerie de la Garde.

– Eh bien, général, que dites-vous de ce que vous voyez ?

– Je dis que Votre Majesté a sans doute d'autres ressources que nous ne connaissons pas.

– Celles que vous avez sous les yeux, répond Napoléon.

– Mais alors, comment Votre Majesté ne songe-t-elle pas à soulever la nation ?

Napoléon regarde Sebastiani, fait faire quelques pas à son cheval. Depuis le début de la campagne, il a multiplié les proclamations aux Blouses Bleues. Mais si la guérilla s'est répandue, elle n'a pas le caractère d'un soulèvement général comme en Espagne ou en Russie.

– Chimères ! lance Napoléon en revenant vers Sebastiani. Chimères empruntées au souvenir de l'Espagne et de la Révolution française ! Soulever la nation dans un pays où la Révolution a détruit les nobles et les prêtres et où j'ai moi-même détruit la Révolution !

Il a un ricanement amer.

Il est le seul, avec les soldats qui lui restent, à pouvoir changer le cours des choses.

Mais peut-il être sûr de vaincre ?

Il regarde passer ces quelques milliers d'hommes épuisés avec lesquels il doit affronter les centaines de milliers d'ennemis.

Il va lancer les dés. Il écrit à Joseph.

« Je vais manœuvrer de manière qu'il serait impossible que vous fussiez plusieurs jours sans avoir de mes nouvelles. Si l'ennemi s'avançait sur Paris avec des forces telles que toute résistance devînt impossible, faites partir la Régente et mon fils dans la direction de la Loire.

« Ne quittez pas mon fils et rappelez-vous que je préférerais le savoir dans la Seine plutôt que dans les mains des ennemis de la France. Le sort d'Astyanax prisonnier des Grecs m'a toujours paru le sort le plus malheureux de l'histoire. »

Cette idée, cette image l'obsède. Et il a peur de son intuition et de la force de sa pensée.

18.

À quatorze heures, ce mercredi 23 mars 1814, il arrive à Saint-Dizier. Les fantassins sont couchés à même le sol, contre les façades des maisons. Les uniformes sont souillés et la fatigue, il le voit, écrase ces corps après des jours et des jours de marche et de combat.

Combien d'hommes lui reste-t-il ?

Il entre dans la maison du maire. Les maréchaux sont déjà là. Berthier, Ney disent d'une voix sourde que la bataille d'Arcis-sur-Aube a été coûteuse, que l'ennemi dispose d'au moins cent mille hommes et de plusieurs centaines de pièces de canons.

Quelles sont nos forces ? demande-t-il. Et il voudrait ne pas entendre la réponse de Berthier. Dix-huit mille fantassins et neuf mille cavaliers, répète le prince de Neuchâtel, major général de l'armée.

On peut faire des miracles avec une poignée d'hommes. Ne le savent-ils pas, eux qui le suivent depuis les premiers jours ? Les garnisons des places fortes de l'Est vont arriver. L'ennemi ne pourra pas avancer vers Paris sans se soucier de ses arrières, qui seront à découvert, que nous harcèlerons.

Il commence à écrire.

« Mon amie,

« J'ai été tous ces jours-ci à cheval. Le 20, j'ai pris Arcis-sur-Aube. L'ennemi m'y a attaqué à six heures du soir, le même jour je l'ai battu et je lui ai fait quatre mille morts. Je lui ai pris deux pièces de canons, il m'en a pris deux, cela fait quitte. Le 21, l'armée ennemie s'est mise en bataille pour protéger la marche de ses convois sur Brienne et Bar-sur-Aube. J'ai pris le parti de me porter sur la Marne et sur ses communications afin de le pousser plus loin de Paris et me rapprocher de mes places. Je suis ce soir à Saint-Dizier.

« Adieu, mon amie. Un baiser à mon fils.

« Nap. »

Est-ce que cette lettre parviendra jamais à Marie-Louise ? Voilà près de cinq jours qu'il ne reçoit plus de nouvelles d'elle.

Il se tourne vers Berthier et Ney.

– Ces cosaques..., murmure-t-il.

Ils traquent les estafettes, loin en avant du gros des troupes. Ils se saisissent du courrier. L'ennemi peut ainsi être averti de mes mouvements, de l'état d'esprit de Paris. Mais c'est un risque qu'il faut prendre. Il faut qu'à Paris les « trembleurs » sachent que je combats, que l'espoir et la résolution m'habitent.

Dans la nuit, alors qu'il va de son lit de camp à la table sur laquelle sont étalées les cartes, Caulaincourt arrive. Il est hors d'haleine, les traits tirés. Il a failli être fait prisonnier entre Sompuis et Saint-Dizier. Les Alliés ne traitent plus, dit-il. Napoléon s'exclame. Ils n'ont jamais voulu réellement négocier.

– Ce que veut l'ennemi, c'est de piller et de bouleverser la France. Alexandre veut se venger à Paris de la bêtise qu'il a faite en brûlant Moscou. Ce que veulent les ennemis, c'est de nous humilier, mais plutôt mourir.

Il marche dans la pièce sombre.

– Je suis trop vieux soldat pour tenir à la vie ; jamais je ne signerai la honte de la France. Nous nous battrons, Caulaincourt. Si la nation me soutient, les ennemis sont plus près que moi de leur perte, car l'exaspération est extrême. Je coupe la communication des Alliés ; ils ont des masses mais pas d'appuis ; je rallie une partie de mes garnisons ; j'écrase un de leurs corps et le moindre revers peut les amener loin.

Il se penche sur Caulaincourt.

– Si je suis vaincu, mieux vaut tomber avec gloire que de souscrire à des conditions que le Directoire n'eût pas acceptées après ses revers d'Italie. Si on me soutient, je puis tout réparer. Si la fortune m'abandonne, la nation n'aura pas à me reprocher d'avoir trahi le serment que j'ai prêté à mon couronnement.

Il se redresse.

– Schwarzenberg me suit ; vous arrivez à propos, vous verrez de belles choses sous peu.

Il appelle Berthier. Il va et vient les mains derrière le dos.

– Envoyez un gendarme déguisé à Metz ; envoyez-en un à Nancy et un à Bar, avec des lettres aux maires, dit-il. Vous leur ferez connaître que nous arrivons sur les derrières de l'ennemi ; que le moment est venu de se lever en masse, de sonner le tocsin, d'arrêter partout les commandants de place, commissaires de guerre ennemis, de tomber sur les convois, de saisir les magasins et les réserves de l'ennemi, qu'ils fassent publier sur-le-champ cet ordre dans toutes les communes. Écrivez au commandant de Metz de réunir les garnisons et de venir à notre rencontre sur la Meuse.

Il s'arrête, fixe Berthier. Le maréchal, prince de Neuchâtel, a l'air hagard. Il balbutie mais n'ose prononcer une phrase d'une voix distincte.

Je sais ce qu'il pense, ce qu'ils pensent tous : où va-t-on ? se demandent-ils. Si l'Empereur tombe, tomberons-nous avec lui ?

Il lui faudrait du temps pour rallier des troupes. Mais à chaque heure l'ennemi se renforce. Et tout cède. Augereau, duc de Castiglione – mais qu'est devenu l'homme de la campagne d'Italie ? – évacue Lyon au lieu de m'apporter son soutien. Il se replie sur Valence ! Marmont et Mortier, deux maréchaux encore, reculent et se font battre à La Fère-Champenoise. Ce sont les carrés formés par les gardes nationaux qui résistent le mieux, se font tailler en pièces comme de vieux grenadiers. Les cosaques viennent jusqu'ici, à Saint-Dizier, et il faut se battre contre les troupes russes de Winzingerode, dont ils ne sont que l'avant-garde.

Napoléon est en première ligne avec les « Marie-Louise » et la Garde, qui montent à l'assaut tambour battant. La victoire est complète. Mais au loin, au-delà du champ de bataille, les feux de bivouac qui brûlent dans cette nuit glacée de mars 1814 signalent d'autres troupes ennemies, un flot énorme, un instant contenu, mais qui va bientôt déferler.

Napoléon erre dans la campagne autour de Saint-Dizier. Les morts des combats qui viennent d'avoir lieu sont étendus, couverts déjà d'une gelée blanche. Il interroge les blessés ennemis. Ils appartiennent à un seul corps de troupe qui a été détaché de l'armée de Schwarzenberg, qui, elle, marche maintenant depuis deux jours vers Paris pour prendre la capitale.

Il me faudrait du temps, quelques jours seulement.

Il hésite, rassemble autour de lui les maréchaux. Le choix est simple, dit-il. Mais Ney, Berthier, Mortier, Marmont baissent la tête. Ce n'est pas d'un choix entre des stratégies dont ils veulent parler, mais de l'arrêt des combats.

Qu'ils osent !

Ils n'osent pas.

Faut-il attendre, demande-t-il, les garnisons de l'Est, et même aller à leur rencontre, s'appuyer sur les révoltes des paysans et les favoriser ?

Les maréchaux ont le visage crispé par le refus.

Marcher vers Paris, alors ?

Ils approuvent. Mais point de marches forcées, disent-ils, l'armée n'y survivrait pas. Il faut se rendre dans la capitale par Vassy, Bar-sur-Aube, Troyes, Fontainebleau. Les soldats pourront ainsi reprendre des forces.

Mais cette route est la plus longue et il me faudrait du temps.

Il quitte Saint-Dizier le lundi 28 mars 1814. Lorsqu'il entre dans le village de Doulevant à la fin de l'après-midi, il voit s'avancer vers lui des estafettes qui arrivent de Paris. Il saute aussitôt de cheval. La première dépêche est de Lavalette, le directeur des Postes, un homme de toute confiance qui depuis l'Italie n'a jamais failli.

Une ligne seulement, qu'il lit et relit :

« La présence de l'Empereur est nécessaire. S'il veut empêcher que la capitale soit livrée à l'ennemi, il n'y a pas un instant à perdre. »

Voilà la clé de ce qu'il ne comprenait pas : Paris *livré* !

La certitude de pouvoir conquérir la capitale sans combat est donc la raison pour laquelle les coalisés ne se soucient pas de leurs arrières, de la menace que je fais peser sur leurs communi-

cations, alors que les prisonniers avouent que les munitions et les vivres commencent à manquer. Il suffirait donc que Paris tienne deux jours pour que les armées ennemies soient démunies et que, appuyée par un soulèvement des Blouses Bleues, mon offensive sur leurs arrières transforme la campagne de France en désastre !

Mais si Paris capitule, c'est la tête qui tombe, et le corps ne peut plus avoir que des soubresauts.

Il lit un autre courrier.

« Tous les passages à quinze lieues de Paris sont aux mains de l'ennemi. Dans la capitale, les royalistes distribuent des proclamations. On parle de forcer le Corps législatif à se réunir pour demander la paix. Sûrement, disent les gens, les Russes brûleront Paris pour venger l'incendie de Moscou. »

Il imagine. Les manœuvres de Talleyrand, des nobles du faubourg Saint-Germain, de tous les notables, Talleyrand doit correspondre avec les coalisés. On ne se battra pas, alors qu'il y a dans la capitale des dizaines de milliers d'hommes, des canons, qu'on peut défendre les portes de Paris. Et qu'il suffirait de résister deux jours.

Il me faudrait du temps.

Il veut partir aussitôt pour Paris, mais des cosaques tiennent la route de Troyes. Il faut passer la nuit à Doulevant, alors que chaque minute compte.

À l'aube du mardi 29 mars, il peut enfin donner l'ordre du départ. Il marche avec la Garde. Au pont de Dollencourt, il rencontre les courriers de Paris. Les maréchaux se sont repliés. Meaux est aux mains de l'ennemi. On refuse d'armer les ouvriers des faubourgs qui sont prêts à se battre, comme les polytechniciens. Seul le fabricant Richard Lenoir a armé ses ouvriers, mais il est l'unique notable resté fidèle à l'Empereur. Hulin, le commandant militaire, un des « vainqueurs de la Bastille », déclare qu'il n'a pas d'armes à distribuer. Les rues sont pleines de paysans qui se sont réfugiés dans la capitale pour fuir l'avance ennemie.

Il me faudrait du temps.

Il prend le galop. Le cheval, après des heures à un train d'enfer, s'effondre. Napoléon monte dans un cabriolet d'osier prêté par un boucher de Villeneuve-sur-Vanne, une petite bourgade entre Troyes et Sens.

Napoléon parle à Caulaincourt assis près de lui comme dans ce traîneau lorsqu'ils avaient quitté ensemble la Russie. Si Paris tenait quarante-huit heures... Il se penche pour voir si les deux voitures dans lesquelles ont pris place le général Gourgaud et le maréchal Lefebvre, puis les généraux Drouot et Flahaut, suivent. Il a chargé Lefebvre d'organiser la résistance des faubourgs en armant les ouvriers. Mais il faudrait du temps.

On change les chevaux. Un courrier explique que Joseph a autorisé les maréchaux à négocier les conditions de leur capitulation et qu'il a quitté Paris avec l'Impératrice, le roi de Rome et les ministres. Mais on se bat aux portes de la capitale. Et l'ennemi ne progresse pas, recule même. Des ouvriers et des polytechniciens se sont mêlés aux gardes nationaux et aux fantassins. Seulement, place Vendôme et dans les beaux quartiers, la foule est attablée aux terrasses des cafés et crie : « Vive le Roi ! »

Plus vite, plus vite. Il lui faudrait aller plus vite que le temps.

Le mercredi 30 mars à vingt-trois heures, il entre dans la cour de la maison des Postes des Fontaines-de-Juvisy. Il lit sur la façade cette enseigne : *À la Cour de France.* Et il en a le cœur serré.

Une colonne de cavalerie passe sur la route. Napoléon sort, interpelle le général Belliard qui chevauche en tête.

– Comment, vous êtes ici ? Où est l'ennemi ? crie-t-il. Où est l'armée ? Qui garde Paris ? Où sont l'Impératrice, le roi de Rome ? Joseph ? Clarke ? Mais Montmartre, mais mes soldats, mais mes canons ?

Il écoute Belliard. Est-il possible que malgré le courage des défenseurs, Joseph ait autorisé la capitulation, alors qu'il eût suffi de quelques heures de plus ! Il marche sur la route, il entraîne Belliard, Caulaincourt, Berthier.

– Quelle lâcheté, capituler, Joseph a tout perdu ! Quatre heures trop tard ! Si je fusse arrivé quatre heures plus tôt, tout était sauvé.

Il serre les poings. Sa voix est sourde.

– Tout le monde a donc perdu la tête ! crie-t-il. Voilà ce que c'est que d'employer des hommes qui n'ont aucun sens commun ni énergie !

Il marche, s'enfonçant dans la nuit, reprend :

– Quatre heures ont tout compromis.

Il se tourne vers Caulaincourt, qui le suit à quelques pas.

– En quelques heures, le courage, le dévouement de mes bons Parisiens peut tout sauver. Ma voiture, Caulaincourt, allons à Paris. Je me mettrai à la tête de la garde nationale et des troupes : nous rétablirons les affaires. Général Belliard, donnez l'ordre aux troupes de retourner... Partons ! ma voiture, Caulaincourt, ne perdons pas de temps.

Belliard objecte que la capitulation est signée, qu'il faut la respecter.

Il hurle :

– Quelle est cette convention ? De quel droit l'a-t-on conclue ? Paris avait plus de deux cents canons et des approvisionnements pour un mois... Quatre heures trop tard, quelle fatalité ! On me savait cependant sur les derrières de l'ennemi, et celui-ci jouait trop gros jeu, m'ayant si près de lui, pour être fort aventureux si l'on eût tenu ; gagner la journée eût été chose facile. Il y a là-dessous quelque intrigue... Comme on s'est pressé ! Joseph m'a perdu l'Espagne, il me perd Paris. Cet événement perd la France, Caulaincourt !

Il marche d'un pas vif.

– Nous nous battrons, Caulaincourt, car mieux vaut mourir les armes à la main que de s'être humilié devant les étrangers. En y réfléchissant, la question n'est pas décidée ! La prise de Paris sera le signal du salut si l'on me seconde... Je serai maître de mes mouvements, et l'ennemi paiera cher l'audace qui lui a fait nous surprendre trois marches...

Il répète d'un ton amer, méprisant :

– Joseph a tout perdu ! Ne pas tenir vingt-quatre heures avec vingt-cinq mille gardes nationaux et cinquante mille hommes dans les faubourgs !

Puis il ajoute, d'une voix lasse tout à coup :

– Vous ne connaissez pas les hommes, Caulaincourt, et ce que peuvent, dans une telle ville, les intrigues de quelques traîtres, dans des circonstances si graves et sous l'influence de la vengeance et des baïonnettes des étrangers.

Il se tait longuement.

C'est comme s'il entendait Talleyrand répéter : « Louis XVIII est un principe, c'est le roi légitime », c'est comme s'il les voyait tous, les dignitaires, se rallier à la suite du prince de Bénévent, ce Blafard, au roi Bourbon !

Et mon fils, mon roi de Rome, ma dynastie !

– Mon énergie les irrite, dit-il d'un ton hargneux. Ma constance les fatigue. Les intrigues se découvriront, je sais tout...

Il entre dans la maison de la poste.

– Paris, s'exclame-t-il, la capitale de la civilisation, être occupée par les Barbares ! Cette grande cité sera leur tombeau !

Il soupire.

– Mais il y a bien des intrigants à Paris. Qui sait ce qui se passera dans la journée de demain ? Les soldats, les braves officiers ne me trahiront pas. Marmont a été élevé dans mon camp ; j'ai été pour lui un père. Il peut avoir manqué d'énergie, avoir fait des bêtises, mais il ne peut être un traître.

Il s'assied, les coudes sur la table, la tête dans les mains, puis il commence à écrire.

« Mon amie.

« Je me suis rendu ici pour défendre Paris, mais il n'était plus temps. La ville avait été rendue dans la soirée. Je réunis mon armée du côté de Fontainebleau. Ma santé est bonne. Je souffre ce que tu dois souffrir.

« Napoléon.

« *La Cour de France*, le 31 mars à trois heures du matin. »

Il se lève. Il faudrait... Il se tourne vers Caulaincourt.

– Il faut partir, allez à Paris, allez sauver la France et votre Empereur, faites ce que vous pourrez. On nous imposera sûrement de dures conditions, mais je m'en remets à votre honneur comme Français...

Il commence à dicter un ordre de mission pour Caulaincourt, puis, en le tendant au ministre des Relations extérieures, il murmure :

– Vous arriverez trop tard. Les autorités de Paris craindront de compromettre les habitants vis-à-vis de l'ennemi. Elles ne voudront pas vous écouter, car les ennemis ont d'autres projets que ceux qu'ils ont annoncés jusqu'à présent...

C'est ma tête qu'ils veulent.

Le général Flahaut, qui rentre de Paris, lui tend une lettre de Marmont.

« Je dois dire à Votre Majesté la vérité tout entière. Non seulement il n'y a pas de dispositions à se défendre, mais il y a une résolution bien formelle à ne point le faire. Il paraît que l'esprit a changé du tout au tout depuis le départ de l'Impératrice, et le départ du roi Joseph à midi et de tous les membres du gouvernement a mis le comble au mécontentement... »

Napoléon baisse la tête.

Il sort sans un mot de la *Cour de France*, monte dans sa voiture.

Il arrive à Fontainebleau le 31 mars 1814 à six heures du matin.

Il s'enferme dans son appartement du premier étage. Il lit les courriers, appelle son secrétaire, commence à dicter.

Rien n'est perdu puisqu'un autre jour se lève.

19.

Ne jamais renoncer.

Il regarde par la croisée le parc du château de Fontainebleau. Tout est si calme, si désert, ce jeudi 31 mars 1814. Il reste un long moment pensif, puis il secoue tout son corps.

– Orléans doit être le pivot de l'armée, dit-il en retournant vers la table des cartes. Qu'on y concentre tous les dépôts, ceux de l'artillerie, de la cavalerie, de l'infanterie, des gardes nationaux.

Il se penche tout en parlant. Il dispose encore de plus de soixante-dix mille hommes. Les coalisés sont près de cent quatre-vingt mille. Soit. Mais ils ont perdu dix mille hommes à Paris. On peut les refouler, soulever les faubourgs, couper les lignes de retraite, appeler à l'aide les Blouses Bleues de toute la Champagne, de la Lorraine, de l'Est. Du doigt, il trace une ligne sur la carte, dicte.

« Le duc de Raguse, maréchal Marmont, formera l'avant-garde et réunira toutes ses troupes à Essonne. Le corps du maréchal Mortier, duc de Trévise, se réunira entre Essonne et Fontainebleau. Le ministre de l'Intérieur mettra partout en vigueur la mesure de levée en masse pour remplir les cadres des bataillons. »

Il s'arrête, s'approche à nouveau de la croisée. Brusquement, ce silence autour du château l'accable. A-t-il tout perdu ? Où sont sa femme et son fils ? Il écrit :

« Ma bonne Louise. Je n'ai pas reçu de lettre de toi. Je crains que tu ne sois trop affectée de la perte de Paris. Je te prie d'avoir du courage et de soigner ta santé qui m'est si précieuse. La mienne est bonne. Donne un baiser au petit roi et aime-moi toujours.

« Ton Nap. »

Un courrier de Paris arrive.

Napoléon prend la dépêche de Caulaincourt qui, comme ministre des Relations extérieures, tente encore de négocier. Avant de lire, Napoléon bande ses muscles comme s'il entendait le sifflement d'un boulet.

« Une déclaration des souverains, affichée dans l'après-midi, prouve que la trahison a, je le crains, déjà fait bien du chemin, écrit Caulaincourt. Je n'ai pas vu un visage ami. Cela donne la mesure de l'opinion et du caractère des hommes restés ici. Je trouve bien peu de Français, je le dis avec douleur à Votre Majesté. Beaucoup d'intrigants désirent mon départ. Je ne lâcherai prise que lorsqu'on me mettra à la porte. J'espère que Votre Majesté ne met en doute ni le dévouement du ministre ni l'indignation du citoyen que tant d'ingratitude révolte. »

Il a jugé trop sévèrement Caulaincourt. *Dans l'épreuve, cet homme est fidèle. Il s'est dégagé de l'emprise du Blafard Talleyrand. Je dois lui faire confiance. Combien sont-ils encore, ceux qui demeurent auprès de moi et sont prêts à combattre encore ?*

Il découvre un second feuillet. C'est le texte de la *Déclaration des Souverains*, signée par Alexandre.

« Les souverains alliés déclarent qu'ils ne traiteront plus avec Napoléon Bonaparte ni avec aucun membre de sa famille. Ils invitent par conséquent le Sénat à désigner sur-le-champ un gouvernement provisoire... »

Il froisse le texte.

Les sénateurs vont proclamer ma déchéance. Tous, ils se précipiteront vers les vainqueurs. Tous.

Il découvre un mot que Caulaincourt a joint à sa dépêche. Fontanes, explique le ministre, est en train de rédiger un texte qui délie, au nom du Sénat, les soldats de « leur fidélité à un homme qui n'est même pas français ».

Moi.

Il a la nausée.

Fontanes, que j'ai fait grand maître de l'Université! Fontanes, le servile qui m'encensait en 1804!

Voilà les hommes tels qu'ils sont.

Il interroge l'estafette. L'officier raconte que les troupes des coalisés et le tsar ont été accueillis dans les beaux quartiers de Paris par des cris de joie.

– On eût dit un autre peuple, murmure le courrier.

Les dames de la noblesse sont montées en croupe des chevaux des cosaques. On a embrassé les bottes d'Alexandre.

Ces gens-là, que j'ai fait rayer de la liste des émigrés, que j'ai couverts de bienfaits!

Que me reste-t-il à faire, sinon continuer la guerre à tout prix? Car ils veulent ma déchéance et ma mort.

Il faut donc se montrer, organiser des parades, rassembler les troupes, leur donner confiance.

Il se rend aux avant-postes d'Essonne. Il passe sur le front des troupes qui sont rassemblées dans la cour du Cheval Blanc, devant le château de Fontainebleau. Il éprouve, à voir défiler ces hommes qui se redressent quand ils approchent de lui, un sentiment de confiance. Ceux-là ne trahiront pas.

Il doit parler à tous ces visages tendus vers lui.

– Officiers, sous-officiers et soldats de la Vieille Garde..., commence-t-il.

Il se cambre sur ses étriers. Il regarde les carrés sombres qui sont ce qui reste de la Grande Armée. Avec cette poignée d'hommes, s'ils le veulent, s'il réussit à les entraîner, il peut encore briser cette situation où l'on veut l'enfermer.

– L'ennemi nous a dérobé trois marches, continue-t-il. Il est entré dans Paris. J'ai fait offrir à l'empereur Alexandre une paix achetée par de grands sacrifices. Non seulement il a refusé, il a fait plus encore : par les sugestions perfides de ces émigrés auxquels j'ai accordé la vie et que j'ai comblés de bienfaits, il les autorise à porter la cocarde blanche, et bientôt il voudra la substituer à notre cocarde nationale. Dans peu de jours, j'irai l'attaquer à Paris. Je compte sur vous...

Ces soldats répondront-ils? Tout se joue maintenant.

– Ai-je raison?

Les cris déferlent enfin : « Vive l'Empereur ! À Paris, à Paris ! »

Sa poitrine se gonfle. Il parle plus fort encore.

– Nous irons leur prouver que la nation française sait être maîtresse chez elle ; que si nous l'avons été longtemps chez les autres, nous le serons chez nous, et qu'enfin nous sommes capables de défendre notre cocarde, notre indépendance, et l'intégrité de notre territoire !

Il s'éloigne cependant que les cris de « Vive l'Empereur ! » retentissent à nouveau.

Dans son cabinet, il reste quelques instants seul. Et si l'attaque de Paris ne réussissait pas ? Il faut prendre en compte toutes les éventualités.

« Mon amie, écrit-il à Marie-Louise,

« Tu peux envoyer une lettre très vive pour te recommander, et ton fils, à ton père. Fais sentir à ton père que le moment est arrivé qu'il nous aide. Adieu mon amie, porte-toi bien.

« Tout à toi.

« Nap. »

Et maintenant, les dépêches de Paris.

Il lit.

Le Sénat et le Corps législatif ont proclamé ma déchéance. Un gouvernement provisoire a été constitué, dont Talleyrand est le président.

Ce qu'il a prévu s'est donc produit.

Ils vont, dans les jours et peut-être même dans les heures qui viennent, appeler « librement » Louis XVIII à être roi des Français. Et ils invoqueront le vœu de la nation ! Je les connais, je les ai vus à l'œuvre le 18 Brumaire, ces bavards ! Ils n'écoutent que la voix de leur intérêt, et ils ne sont sensibles qu'à la victoire des armes.

Je peux encore vaincre.

Il fait entrer dans son cabinet les maréchaux Ney, Berthier, Lefebvre, Oudinot, Macdonald, ainsi que des généraux, puis Caulaincourt et Maret.

Il marche vivement devant eux, les dévisage. Ils sont figés, tristes, lugubres même. N'ont-ils pas entendu les cris des soldats ?

À Paris, à Paris! Il les interroge. Ils ne voient pas la fin, murmurent-ils.

– La fin ! Mais elle dépend de nous, répond-il. Vous voyez ces braves soldats qui n'ont ni grade ni dotation à sauver. Ils ne songent qu'à marcher, qu'à mourir pour arracher la France aux mains de l'étranger. Il faut les suivre. Les coalisés sont partagés entre les deux rives de la Seine dont nous avons les ponts principaux, et dispersés dans une ville immense. Vigoureusement abordés dans cette position, ils sont perdus. Le peuple parisien est frémissant, il ne les laissera pas partir sans les poursuivre, et les paysans les achèveront. J'ai soixante-dix mille hommes, et avec cette masse je jetterai dans le Rhin tout ce qui sera sorti de Paris et voudra y rentrer. Que faut-il pour tout cela ? Un dernier effort qui vous permettra de jouir en repos de vingt-cinq années de travail.

Il attend. Les maréchaux se taisent, puis Ney commence à parler, et Lefebvre et Macdonald.

– Vous nous appelez à marcher sur la capitale, dit ce dernier. Je vous déclare au nom des troupes qu'elles ne veulent pas l'exposer au sort de Moscou.

Maintenant ils parlent tous. Il les regarde, dédaigneux. Ils répètent tous « Moscou ». Ils évoquent la situation à Paris, le découragement des troupes. Il est temps de jouir du repos, dit Lefebvre. Nous avons des titres, des hôtels, des terres, nous ne voulons pas nous faire tuer pour vous !

Voilà ce que sont les hommes.

Après Bernadotte, après Murat, tous ceux-là refusant de m'obéir, prêts à me trahir. On ne fait pas la guerre contre ses officiers.

– Eh bien, Messieurs, puisqu'il en est ainsi, j'abdiquerai. J'ai voulu le bonheur de la France et je n'ai pas réussi ; les événements ont tourné contre moi. Je ne veux pas augmenter nos malheurs. Mais en abdiquant, que ferez-vous ? Voulez-vous le roi de Rome pour mon successeur et l'Impératrice pour régente ?

Ils acceptent.

Ney, Marmont, Caulaincourt iront négocier avec les coalisés.

– Messieurs, reprend Napoléon, vous pouvez maintenant vous retirer, je vais dresser les instructions des négociateurs.

Puis, brusquement, il se laisse tomber sur le canapé, se frappe la cuisse de la main et lance :

– Bah, Messieurs, laissons cela, et marchons demain, nous les battrons. Il faut tout tenter.

Mais les maréchaux secouent la tête.

D'un signe alors, il les congédie.

Tels sont les hommes.

Il rappelle Caulaincourt.

– Les maréchaux ont perdu la tête, dit-il. Ils se jettent dans la gueule du loup. Ils ne voient pas que sans moi, il n'y a plus d'armée et que, sans cela, il n'y a plus de garantie pour eux. Né soldat, je vivrai bien sans Empire, mais la France ne peut se passer de moi, ou elle subira le joug qu'Alexandre et les intrigues de Talleyrand lui imposeront.

Il prend le bras de Caulaincourt.

– Quant à moi, je suis décidé. Pendant que vous négocierez, nous nous battrons. Les Parisiens me seconderont. Ce qui se passe à Paris n'est que l'effet des intrigues de cinquante traîtres. Si on a un peu d'énergie, tout sera sauvé, et la bataille tranchera toute la question !

Voilà mon plan. Jouer deux cartes.

– Je ne tiens pas au trône, ajoute-t-il à Caulaincourt. Mais il faut démasquer Alexandre.

Il hésite, puis, d'une voix plus basse, ajoute :

– Je ne vous recommande pas les intérêts de mon fils, je sais que je puis compter sur vous. Quant à moi, vous savez que je n'ai besoin de rien.

Il se sent tout à coup las, épuisé même. Il entre dans sa chambre. Il s'allonge. Possède-t-il encore des cartes ?

Il ne peut dormir. Il va à la croisée, l'ouvre. Cette aube du mardi 5 avril 1814 est douce. La brise qui vient de la forêt est chargée des senteurs du printemps. Il entend les sabots des chevaux, des bruits de voix, des pas.

Il va recevoir de nouveaux boulets, il le sent. Il attend. Le général Gourgaud entre, parle d'une voix exaltée, et bientôt des officiers pénètrent aussi dans la chambre. Le maréchal Marmont, duc de Raguse, a quitté ses troupes, qui forment l'avant-garde de l'armée à Essonne, pour gagner Paris. Il a fait faire mouvement à ses dix mille hommes, qui se sont ainsi retrouvés au milieu des lignes autrichiennes. Livrés ! Marmont a trahi.

– L'ingrat ! Il sera plus malheureux que moi, lance Napoléon.

Il reste un instant silencieux. Marmont, qu'il a connu au siège de Toulon, dont il a fait son aide de camp, qui a été de l'Italie et de l'Égypte, de toutes les campagnes, Marmont qu'il a élevé au grade de général à vingt-huit ans.

Il donne quelques ordres pour que l'on tente de couvrir avec de nouvelles troupes la ligne de l'Essonne.

– Il est possible que l'ennemi attaque, dit-il.

Il dicte d'une voix calme un ordre du jour à l'armée, mais souvent il s'interrompt. Il sent qu'on approche de la fin de la partie. Un officier polonais, couvert de poussière, lui tend une lettre. Elle est du général Krazinski, qui commande les lanciers :

« Sire, des maréchaux vous trahissent. Les Polonais ne vous trahiront jamais. Tout peut changer ; mais non leur attachement. Notre vie est nécessaire à votre sûreté. Je quitte mon cantonnement sans ordre pour me rallier près de vous et vous former des bataillons impénétrables. »

Il relit la lettre. Il est calme, serein. Il se sent déjà si loin de cette partie. Il se voit et voit les joueurs, comme s'il avait à écrire leur histoire, comme s'il était un témoin extérieur à la scène regardant depuis une butte, dans une lunette, les manœuvres des uns et des autres.

Et l'un des joueurs, c'est encore lui.

Il reçoit Caulaincourt, qui explique que l'abdication conditionnelle en faveur du roi de Rome a été refusée par Alexandre dès que l'empereur de Russie a connu la trahison de Marmont. Les négociations, en effet, avaient pour seul argument l'attachement de toute l'armée à Napoléon. Dès lors que Marmont livre ses hommes, les coalisés peuvent exiger l'abdication pleine et entière. Et les sénateurs ont remis le trône à Louis XVIII.

Il écoute. Il est loin.

– À peu d'exceptions près, Caulaincourt, les circonstances sont plus fortes que les hommes, murmure-t-il. Tout est hors de calculs humains.

Il commence à marcher d'un pas lent.

– Marmont a oublié sous quel drapeau il a obtenu tous ses grades, sous quel toit il a passé sa jeunesse. Il a oublié qu'il doit tous ses honneurs au prestige de cette cocarde nationale qu'il foule aux pieds pour se parer du signe des traîtres. Je me réjouissais de le voir placé entre mes ennemis et moi parce que je croyais à son attachement, à sa fidélité. Comme j'étais dans l'erreur ! Voilà le sort des souverains. Ils font des ingrats. Le corps de Marmont ne savait sûrement pas où on le menait.

Caulaincourt l'approuve, raconte que les soldats de Marmont ont crié « Vive l'Empereur », qu'ils ont insulté les généraux et qu'il a fallu toute l'autorité et les mensonges de Marmont pour les convaincre de se rendre alors qu'ils étaient déjà enveloppés par les Autrichiens.

– Ah, Caulaincourt, dit-il, l'intérêt, l'intérêt, la conservation des places ; l'argent, l'ambition, voilà ce qui mène la plupart des hommes.

Il fait quelques pas.

– C'est dans les hauts rangs de la société que se trouvent les traîtres, continue-t-il. Ce sont ceux que j'ai le plus élevés qui m'abandonnent les premiers ! Les officiers et les soldats mourraient encore tous pour moi les armes à la main.

Il s'assied, se prend la tête entre les mains.

– Aujourd'hui, on est fatigué, on ne veut que la paix à tout prix.

Il relève la tête, regarde droit devant lui.

– Avant un an, on sera honteux d'avoir cédé au lieu de combattre et d'avoir été livré aux Bourbons et aux Russes. Chacun accourra dans mon camp.

Il ajoute d'une voix tranquille :

– Les maréchaux me croient bien loin de vouloir abdiquer.

Il hausse les épaules.

– Mais il faudrait être bien fou pour tenir à une couronne qu'il tarde tant à quelques-uns de me voir quitter.

Il observe Caulaincourt, mesure l'étonnement du ministre. Oui, il a prononcé cette phrase. Il est prêt à abdiquer.

Il fixe les détails de l'ultime négociation avec Caulaincourt. On lui accorde la souveraineté sur l'île d'Elbe ? Soit, puisqu'il ne faut pas amputer la France de la Corse, qui est département français. Elbe ? Va pour Elbe.

– C'est une île pour une âme de rocher, dit-il.

Il murmure.

– Je suis un caractère bien singulier sans doute, mais on ne serait pas extraordinaire si l'on n'était d'une trempe à part.

Plus haut, il ajoute, tourné vers Caulaincourt :

– Je suis une parcelle de rocher lancée dans l'espace.

Il reçoit les maréchaux le mercredi 6 avril.

Il s'est assis devant une fenêtre. Il a par moments des accès de fatigue, avec la tentation de fermer les yeux, de se coucher, de ne plus rien entendre. Puis cela s'efface.

– Vous voulez du repos. Ayez-en donc ! lance-t-il en voyant Ney et les autres maréchaux. Hélas, vous ne savez pas combien de dangers et de chagrins vous attendent sur vos lits de duvet.

Il se redresse.

– Quelques années de cette paix que vous allez payer si cher en moissonneront un plus grand nombre d'entre vous que n'aurait fait la guerre, la guerre la plus désespérée.

Puis il leur tourne le dos et prend place à sa table. Il commence à écrire.

« Les puissances alliées ayant proclamé que l'Empereur Napoléon était le seul obstacle au rétablissement de la paix en Europe, l'Empereur Napoléon, fidèle à son serment, déclare qu'il renonce pour lui et ses héritiers aux trônes de France et d'Italie, et qu'il n'est aucun sacrifice personnel, même celui de sa vie, qu'il ne soit prêt à faire à l'intérêt de la France. »

Il ne lui reste qu'à négocier pour lui et les siens.

– Je puis vivre avec cent louis par an, dit-il. Disposant de tous les trésors du monde, je n'ai jamais placé un écu pour ma personne, tout était ostensible et dans le trésor.

Mais il y a sa femme, son fils, ses frères, ses sœurs, sa mère, ses soldats demeurés fidèles. Ceux-là, il faut les protéger, leur obtenir le droit de conserver leurs avantages.

Il a un mouvement de colère. L'empereur d'Autriche semble n'avoir pas eu un geste pour Marie-Louise.

– Pas une marque d'intérêt, pas même un souvenir de son père dans ces douloureuses circonstances. Les Autrichiens n'ont pas d'entrailles.

Il veut rester seul.

Sa femme, son fils, les reverra-t-il jamais ?

Il écrit :

« Ma bonne Louise, mon cœur se serre de penser à tes peines.

« J'ai bien des sollicitudes pour toi et mon fils, tu penses que j'en ai peu pour moi. Ma santé est bonne. Donne un baiser à mon fils et écris à ton père tous les jours afin qu'il sache où tu es.

« Il paraît que ton père est notre ennemi le plus acharné. Je suis fâché de n'avoir plus qu'à te faire partager ma mauvaise fortune. J'eusse quitté la vie si je ne pensais que cela serait encore doubler tes maux et les accroître.

« Adieu, ma bonne Louise, je te plains. Écris à ton père pour lui demander la Toscane pour toi, car pour moi je ne veux plus que l'île d'Elbe.

« Adieu mon amie, donne un baiser à ton fils. »

Il n'a pas la force de signer.

Il voudrait avoir près de lui sa femme et son fils. Que lui reste-t-il d'autre ? Et ce qu'on lui accorde, cette île d'Elbe, vaut-il la peine de vivre ?

Il touche le petit sachet de cuir pendu à son cou et qui contient ce poison que le docteur Yvan lui a préparé pendant la campagne de Russie, pour échapper, si besoin était, aux cosaques, alors qu'il avait failli être pris par eux sur la route de Maloiaroslavets. Il y a là, lui avait dit Yvan, de l'opium, de la belladone, de l'ellébore blanc. De quoi mourir comme un empereur romain. Une mort choisie, comme un dernier couronnement, un acte de volonté, comme il avait posé sur son propre front la couronne impériale, lors du sacre.

Il pense à Joséphine, à Hortense, à Eugène.

Il faut que dans les dispositions de l'acte d'abdication, leur sort soit précisé, qu'ils conservent tout ce que je leur ai accordé.

Il faut donc se préoccuper d'argent. Il convoque Caulaincourt. Il faut qu'on envoie à Orléans, où se trouve l'Impératrice, des officiers pour tenter de se saisir d'une partie du trésor des Tuileries qui y a été apporté.

Caulaincourt lui annonce que l'accord a été conclu, à Paris, sur les conditions de l'abdication. L'Empereur sera le souverain de l'île d'Elbe et il recevra une rente de deux millions versés par le gouvernement français. L'Impératrice régnera sur le duché de Parme avec droit de succession pour son fils.

Il écoute. Il est loin. Il est le témoin de ce qui se joue, dont il est pourtant l'acteur.

« Ma bonne amie, commence-t-il à écrire. Tes peines sont toutes dans mon cœur, ce sont les seules que je ne puis supporter. Tâche donc de surmonter l'adversité. On me donne l'île d'Elbe, et à toi et à ton fils, Parme, Plaisance et Guastalla. C'est un objet de quatre cent mille âmes et trois ou quatre millions de revenus. Tu auras au moins une maison et un beau pays lorsque le séjour dans mon île d'Elbe te fatiguera et que je deviendrai ennuyeux, ce qui doit être lorsque je serai plus vieux et toi encore jeune.

« Je me rendrai, aussitôt que tout sera fini, à Briare, où tu viendras me rejoindre, et nous irons par Moulins, Chambéry, à Parme et, de là, nous embarquer à La Spezia. J'approuve tous les arrangements que tu fais pour le petit roi.

« Ma santé est bonne, mon courage au-dessus de tout, surtout si tu te contentes de mon mauvais sort et que tu penses t'y trouver encore heureuse. Adieu, mon amie, je pense à toi et tes peines sont grandes pour moi. Tout à toi.

« Nap. »

Viendra-t-elle ? Les verra-t-il ? Ou bien le destin me privera-t-il de cela aussi ? Il va et vient dans son appartement. Le parc est désert après une dernière parade. Mais ce défilé des troupes, c'est déjà si loin, dans un autre temps, le jeudi 7 avril, et l'on est le mardi 12.

Caulaincourt a apporté la convention d'abdication. Il ne reste qu'à la signer. Mais déjà ils s'en vont tous. Berthier, qui est resté près de moi tous les jours, m'a expliqué qu'il voulait regagner Paris au plus vite. Il ne m'accompagnera pas à l'île d'Elbe.

Qui m'eût dit qu'il serait l'un des premiers à me quitter ? Il espère conserver sa fortune, mais quitter Fontainebleau avant mon départ me choque.

Il soupire. Le général Bertrand, grand maréchal du Palais, a décidé de le suivre dans l'île d'Elbe. Mais, pour un fidèle, combien d'ingrats et de traîtres ?

Il s'allonge. Il respire mal.

– Croyez donc qu'inutile à la France je survive à sa gloire ? murmure-t-il.

Il parle difficilement. Tout à coup, il imagine ce voyage jusqu'à la côte méditerranéenne. Les insultes à subir, peut-être. Ou bien les assassins stipendiés par les Bourbons. Et Marie-Louise et le roi de Rome qui ne le rejoindront pas.

– Ah, Caulaincourt, j'ai déjà trop vécu. Pauvre France, je ne veux pas voir ton déshonneur !

Les mots s'échappent seuls, malgré lui.

– Ah, mon pauvre Caulaincourt, quelle destinée ! Pauvre France ! Quand je pense à sa situation actuelle, à l'humiliation que lui imposeront les étrangers, la vie m'est insupportable.

Il ferme les yeux.

– L'Impératrice ne voudra pas passer toute l'année à l'île d'Elbe, murmure-t-il. Mais elle ira et viendra.

Mais non. Ils la retiendront. Elle se lassera. Elle n'est qu'une jeune femme sans volonté. Il le sait.

– La vie m'est insupportable, répète-t-il. J'ai tout fait pour mourir à Arcis. Les boulets n'ont pas voulu de moi. J'ai rempli ma tâche.

Il voit le valet de chambre approcher. Il sursaute. Marie Walewska attend dans l'une des galeries du palais, explique le domestique. Elle est seule. Elle veut voir l'Empereur.

Il secoue la tête. Il ne peut pas. Il ne doit pas, parce que si l'on apprenait qu'il a reçu Marie Walewska, on en tirerait peut-être argument pour empêcher Marie-Louise de le rejoindre avec son fils.

Mais ce refus est comme une capitulation, une abdication de plus.

– La vie m'est insupportable, dit-il une nouvelle fois.

Il ferme les yeux. Il murmure :

– J'ai besoin de repos, et vous aussi, Caulaincourt. Allez vous coucher. Je vous ferai appeler cette nuit.

Il se lève, va à sa table, écrit :

« Fontainebleau, le 13, à trois heures du matin.

« Ma bonne Louise. J'approuve que tu ailles à Rambouillet où ton père viendra te rejoindre. C'est la seule consolation que tu puisses recevoir dans nos malheurs. Depuis huit jours, j'attends le moment avec empressement. Ton père a été égaré et mauvais pour nous, mais il sera bon père pour toi et ton fils. Caulaincourt est arrivé. Je t'ai envoyé hier copie des arrangements qu'il a signés, qui assurent un sort à ton fils. Adieu, ma douce Louise. Tu es ce que j'aime le plus au monde. Mes malheurs ne me touchent que par le mal qu'ils te font. Toute la vie tu aimeras le plus tendre des époux. Donne un baiser à ton fils. Adieu, ma Louise. Tout à toi.

« Napoléon. »

Ma femme, mon fils, ils seront désormais avec l'empereur d'Autriche. Protégés. J'ai fait ce que j'avais à faire.

La vie m'est insupportable.

Il se voit, empereur trahi, prenant le sachet de poison qui pend à son cou. Il le verse dans un verre d'eau. Il boit lentement. Puis il va s'allonger.

Le feu dans les entrailles.

Il appelle. Il veut parler à Caulaincourt.

Il a besoin de tenir la main de cet homme. Il a besoin de l'affection d'un homme.

– Donnez-moi votre main, embrassez-moi.

Caulaincourt pleure.

– Je désire que vous soyez heureux, mon cher Caulaincourt. Vous méritez de l'être.

Il peut à peine parler. Il a le ventre cisaillé, tordu, déchiré.

– Dans peu je n'existerai plus. Portez alors cette lettre à l'Impératrice ; gardez les siennes dans le portefeuille qui les renferme, pour les remettre à mon fils quand il sera grand. Dites à l'Impératrice de croire à mon attachement...

Le froid, la glace en même temps que le feu.

– Je regrette le trône pour elle et pour mon fils, dont j'aurais fait un homme digne de gouverner la France, murmure-t-il.

Ces nausées.

– Écoutez-moi, le temps presse.

Il serre la main de Caulaincourt. Il ne veut pas qu'on appelle le docteur.

– Je ne veux que vous, Caulaincourt.

L'incendie de tout le corps.

– Dites à Joséphine que j'ai bien pensé à elle.

Il faut donner à Eugène un beau nécessaire. Pour vous, Caulaincourt, mon plus beau sabre et mes pistolets, et un sabre à Macdonald.

Il se cambre, le corps couvert de sueur.

– Qu'on a de peine à mourir, qu'on est malheureux d'avoir une constitution qui repousse la fin d'une vie qu'il me tarde de voir finir, dit-il d'une voix saccadée. Qu'il est donc difficile de mourir dans son lit quand peu de chose tranche la vie, à la guerre.

Tout à coup, il vomit.

Il faut garder le poison en moi.

Mais la bouche s'ouvre, le flot amer et aigre passe.

Il aperçoit le docteur Yvan, que Caulaincourt a réussi à appeler.

– Docteur, donnez-moi une autre dose plus forte et quelque chose pour que ce que j'ai pris achève son effet. C'est un devoir pour vous, c'est un service que doivent me rendre ceux qui me sont attachés.

Il fixe Yvan. Il entend le médecin dire qu'il n'est pas un assassin.

Lâche. Tous lâches. Ils souhaitent pour moi, pour eux, que je meure, je le lis sur leurs visages, mais ils n'osent pas agir, décider, ils me laissent vomir la mort, survivre.

Il vomit encore. C'est la mort qui s'enfuit.

Il s'agrippe à Caulaincourt, demande à nouveau du poison. Mais on le soulève, on le soutient pour qu'il aille jusqu'à la fenêtre. Il cherche des yeux ses pistolets. Mais on a retiré la poire à poudre.

Ils veulent me laisser vivre.

On l'assoit devant la croisée. L'aube se lève. Il est endolori, mais la tempête est passée, le feu s'éteint lentement.

Le grand maréchal du Palais Bertrand lui répète qu'il veut le suivre à l'île d'Elbe. Le maréchal Macdonald, duc de Tarente, se présente. Il doit rapporter la convention d'abdication à Paris. Napoléon la signe. C'est le mercredi 13 avril 1814.

Puis, d'une voix étouffée, il murmure à Macdonald :

– J'apprécie trop tard votre loyauté, acceptez le sabre de Mourad Bey que j'ai porté à la bataille du mont Thabor.

Il serre Macdonald contre lui.

Il a besoin de cette chaleur de la vie, de la fidélité.

Il a la tête dans ses mains, les coudes appuyés sur les genoux.

– Je vivrai, dit-il. Je vivrai, puisque la mort ne veut pas plus de moi dans mon lit que sur le champ de bataille.

Il se lève. Il boit, difficilement, un verre d'eau.

– Il y aura aussi du courage à supporter la vie après de tels événements, reprend-il. J'écrirai l'histoire des braves.

Il se remet.

Il faut donc organiser la vie.

Il voyagera incognito jusqu'au port d'embarquement.

– Voir encore cette France que j'aime tant, murmure-t-il, paraître devant elle comme un objet de pitié, est un effort au-dessus de mes forces.

Il répète qu'on aurait mieux fait de lui donner les moyens de mourir.

On apporte une lettre de Marie-Louise.

Il la lit en marchant à pas lents. C'est comme si la vie rentrait en lui à nouveau.

« Tu es si bon et si malheureux et tu mérites si peu de l'être, écrit-elle. Au moins, si tout mon tendre amour pouvait te servir à te faire espérer un peu de bonheur, tu en aurais encore beaucoup dans ce monde. J'ai l'âme déchirée de ta triste situation. »

Il relit la lettre, la tend à Caulaincourt.

Puis il écrit :

« Ma bonne Louise,

« Il me tarde que nous puissions partir. L'on dit que l'île d'Elbe est un très beau climat. Je suis si dégoûté des hommes que je n'en veux plus faire dépendre mon bonheur. Toi seule, tu y peux quelque chose. Adieu, mon amie. Un baiser au petit roi, bien des choses à ton père, prie-le qu'il soit bon pour nous. Tout à toi.

« Nap. »

Il descend dans le jardin. L'air est si doux. Il marche à pas lents. Il veut arrêter chaque détail du voyage. Pas de soldats de la Garde, donc, mais l'incognito. Il s'appuie au bras de Caulaincourt.

– Si vous voyez l'Impératrice, dit-il, n'insistez pas pour qu'elle me rejoigne ; je l'aime mieux à Florence qu'à l'île d'Elbe si elle y apportait un visage contrarié.

Il dégage son bras, marche les mains derrière le dos.

– Je n'ai plus de trône, reprend-il. Il n'y a plus d'illusions. César peut se contenter d'être un citoyen ! Il peut en coûter à sa jeune épouse de ne plus être que la femme de César ! À l'âge de l'Impératrice, il faut encore des hochets. Si elle ne met pas d'elle-même sa gloire dans le dévouement qu'elle me montrera, mieux vaut ne pas la presser.

Il imagine.

– On pourra arranger que j'aille passer tous les ans quelques mois en Italie avec elle, quand on verra que je suis décidé à ne me mêler de rien et que je me contente, comme Sancho, du gouvernement de mon île et du plaisir d'écrire mes Mémoires.

Caulaincourt paraît étonné.

– Comme Sancho, répète Napoléon.

Il sourit pour la première fois depuis longtemps. Tout est possible dans la vie, même cela.

20.

Il est assis à sa table de travail dans le petit appartement qu'il quitte rarement. Il va souvent jusqu'à la croisée, l'ouvre, regarde le parc du château et, au loin, la forêt de Fontainebleau. Parfois il entend le roulement d'une voiture sur les pavés de la cour du Cheval Blanc. Il pense à Berthier, à ses ministres, à tous ces hommes qui ont été près de lui des années durant, chaque jour, et qui ont disparu avant même qu'il se soit éloigné, tous pressés de servir les Bourbons, ce comte d'Artois que le Sénat vient de désigner lieutenant général du Royaume. Comment peuvent-ils ainsi, en quelques jours, parfois en quelques heures, changer de cocarde ?

Un officier, le colonel Montholon, demande à être reçu. Il parle avec émotion de l'état d'esprit des troupes et des populations dans toute la Haute-Loire, du mépris qui entoure le maréchal Augereau. Le duc de Castiglione, en effet, a harangué ses troupes, leur demandant de prendre la cocarde blanche : « Arborons cette couleur vraiment française, a-t-il dit, qui fait disparaître l'emblème d'une Révolution qui est fixée. » À Paris, on a le même mépris pour le maréchal Marmont qu'on appelle le maréchal Judas. On pourrait, continue Montholon, rallier les troupes, combattre encore.

Napoléon secoue la tête.

– Il est trop tard, ce ne serait plus à présent que la guerre civile et rien ne pourrait m'y décider.

Il montre, sur sa table, les livres, les planches et les cartes, les registres statistiques qu'il a fait rassembler et qui concernent l'île d'Elbe. Il veut, dit-il, tout connaître de cette « île du repos ».

Il reconduit Montholon, puis dit à Caulaincourt :

– La Providence l'a voulu ! Je vivrai ! Qui peut sonder l'avenir ? D'ailleurs, ma femme et mon fils me suffisent.

Mais pourquoi tardent-ils ?

« Ma bonne Louise, écrit-il,

« Tu dois avoir vu à cette heure ton père. L'on dit que tu vas pour cet effet à Trianon. Je désire que tu viennes demain à Fontainebleau afin que nous puissions partir ensemble et chercher cette terre d'asile et de repos où je serai heureux si tu peux te résoudre à l'être et oublier les grandeurs du monde.

« Donne un baiser à mon fils et crois à tout mon amour.

« Nap. »

Maintenant que la décision est prise, il voudrait partir sans tarder.

Que font les Alliés ? Qu'attendent-ils pour renvoyer les conventions signées, pour nommer les commissaires qui m'accompagneront jusqu'à l'île d'Elbe ?

– Je gêne, dit-il, ma présence au milieu de beaucoup d'officiers généraux et au milieu de troupes peut même donner quelques inquiétudes... Pourquoi n'en finit-on pas ?

Il regarde Caulaincourt. Que sait-il ?

Caulaincourt avoue enfin que lui aussi s'étonne. Les chevaux prévus aux différents relais ont été retirés. À Paris, on évoque des projets d'assassinat. Un certain Maubreuil prétend avoir été approché par le collaborateur le plus intime de Talleyrand afin de « nous débarrasser de l'Empereur ». Il doit recruter des hommes déterminés. Peut-être agiront-ils le long du parcours. Ici, à Fontainebleau, il y a encore la Vieille Garde.

On a déjà si souvent voulu m'assassiner. Ces hommes-là sont prêts à tout.

– M. de Talleyrand me trahit depuis si longtemps, dit-il. Il a sacrifié la France aux Bourbons. Il l'a livrée à l'intrigue d'une coterie.

Il a un geste de mépris.

– J'ai fermé l'arène des révolutions, continue-t-il, et pardonné même à ses assassins. Qu'ai-je fait pour moi ? Où sont mes trésors, mes bijoux ? Les autres étaient couverts d'or, l'habit de mes chasseurs ou de mes grenadiers me suffisait...

Il fait quelques pas, s'appuie à la croisée.

– On sera bien étonné de ma résignation, du calme dans lequel je compte vivre maintenant. L'ambition que vous-même me croyez n'aura plus pour but que la gloire de cette chère France.

Il se tourne vers Caulaincourt.

– Puisque je suis condamné à vivre, j'écrirai l'histoire. Je rendrai justice aux braves qui se sont couverts de gloire, aux hommes d'honneur qui ont bien servi la France, j'immortaliserai leurs noms, c'est pour moi une dette et je l'acquitterai.

Il reste seul.

Il le sait, il a parfois été injuste envers ceux qui lui étaient le plus proches.

Il a choisi contre eux pour atteindre ses buts politiques.

Et même s'il a essayé de les ménager, de les protéger, il les a fait souffrir. Ici même, il y a quelques jours, Marie Walewska est venue. Elle l'a attendu plusieurs heures. Il ne l'a pas reçue. Elle ne voulait que le voir, le soutenir.

Il commence à écrire :

« Marie, les sentiments qui vous animent me touchent vivement. Ils sont dignes de votre belle âme et de la bonté de votre cœur. Lorsque vous aurez arrangé vos affaires, si vous allez aux eaux de Lucques ou de Pise, je vous verrai avec un vif plaisir ainsi que votre fils, pour qui mes sentiments seront toujours invariables. Portez-vous bien, n'ayez point de chagrin, pensez à moi avec plaisir et ne doutez jamais de moi. »

Il reste un long moment silencieux, puis répond à peine à Caulaincourt qui lui annonce que les commissaires alliés arriveront le 19 avril et que le départ de Fontainebleau pourra ainsi être fixé au 20. Est-ce que ma femme et mon fils seront là ? Caulaincourt l'espère.

D'un signe, Napoléon demande à rester seul.

Il a une autre dette à honorer. Il veut écrire à Joséphine.

« Je me félicite de ma situation, lui dit-il. J'ai la tête et l'esprit débarrassés d'un poids énorme ; ma chute est grande mais au moins elle est utile, à ce qu'ils disent.

« Je vais dans ma retraite substituer la plume à l'épée. L'histoire de mon règne sera curieuse ; on ne m'a vu que de profil, je me montrerai tout entier. Que de choses n'ai-je pas à faire connaître. Que d'hommes dont on a une fausse opinion ! J'ai comblé de bienfaits des milliers de misérables ! Qu'ont-ils fait dernièrement pour moi ? Ils m'ont trahi, oui, tous.

« J'excepte de ce nombre le bon Eugène, si digne de vous et de moi. Puisse-t-il être heureux sous un roi fait pour apprécier les sentiments de la nature et de l'honneur !

« Adieu, ma chère Joséphine, résignez-vous ainsi que moi et ne perdez jamais le souvenir de celui qui ne vous a jamais oubliée et ne vous oubliera jamais.

« Napoléon. »

« P.-S. J'attends de vos nouvelles à l'île d'Elbe. Je ne me porte pas bien. »

Il peut avouer cela à Joséphine. Souvent il respire mal, comme si sa poitrine était écrasée. L'estomac, depuis la nuit de sa mort manquée, est douloureux. Il est inquiet. Malgré les lettres qu'il reçoit de Marie-Louise, il pressent qu'elle ne viendra pas, qu'il ne verra peut-être plus jamais ni sa femme ni son fils.

Il reprend les lettres qu'il a reçues d'elle. Marie-Louise lui annonce qu'elle n'ira pas aux eaux de Toscane, mais à celles d'Aix-les-Bains. Son père l'a contrainte à recevoir l'empereur Alexandre et le roi de Prusse.

Il écrit :

« Je te plains de recevoir de pareilles visites, le roi de Prusse est capable de te dire sans mauvaise intention des choses inconvenantes. Je suis fâché de te voir aller hors de la ligne des bains où il serait naturel que tu ailles. Dans tous les cas, je te recommande de prendre soin de ta santé et d'avoir du courage pour soutenir ton rang et le malheur avec fermeté et courage.

« Adieu ma bonne Louise. Tout à toi. »

Il se rend compte, après avoir confié la lettre à Montesquiou, qu'il ne l'a pas signée. Il est nerveux. Il voudrait chasser cette intuition qui grandit en lui. Il ne les verra plus.

Il guette les bruits, se précipite hors de l'appartement. C'est un courrier de l'empereur d'Autriche. Il parcourt la lettre : « Monsieur mon frère et cher beau-fils... » Il avait raison. L'Empereur entraîne sa fille et le roi de Rome à Vienne. « Rendue à la santé, écrit-il, ma fille ira prendre possession de son pays, ce qui la rapprochera tout naturellement du séjour de Votre Majesté. »

Il jette la lettre.

La vie m'est insupportable.

Il savait cela depuis longtemps. *Ils vont me prendre mon fils.*

Il s'écrie : « Montrer aux Viennois la fille des Césars, l'Impératrice des Français, l'épouse de Napoléon, le roi de Rome, le fils du vainqueur de l'Autriche déchu, tombé du trône par la coalition de toute l'Europe, par l'abandon d'un père, voilà qui blesse trop de convenances. »

Que la honte soit sur ces gens-là, qui osent cela. Et l'on me considérait comme indigne d'être l'égal de ces gens-là, qui me volent ma femme et mon fils !

Puisqu'il ne peut pas mourir, que la mort se refuse, et puisque les commissaires sont arrivés, alors il faut partir, vite, loin.

Ce mercredi 20 avril 1814, il est debout dès l'aube. Il entend les pas des soldats de sa Vieille Garde qui viennent former la haie dans la cour du Cheval Blanc au bas de l'escalier du fer à cheval.

Il écrit à Marie-Louise.

« Je pars pour coucher ce soir à Briare. Je partirai demain matin pour ne plus m'arrêter qu'à Saint-Tropez. J'espère que ta santé te soutiendra et que tu pourras venir me rejoindre.

« Adieu, ma bonne Louise, tu peux toujours compter sur le courage, la constance et l'amitié de ton époux.

« Nap. »

« Un baiser au petit roi. »

Il sort de l'appartement, il s'approche des commissaires étrangers, un Russe, le comte Chouvalov, le général Koller pour l'Autriche, le colonel Campbell pour l'Angleterre, et le comte prussien Walbourg-Truchsess. Il les sent émus, inquiets même. Il domine ces hommes-là.

L'empereur d'Autriche ne respecte pas ses engagements, dit-il, c'est un homme sans religion qui pousse sa fille au divorce. Ces souverains qui se sont rendus auprès de l'Impératrice ont manqué de délicatesse.

Puis il lance :

– Je n'ai point été un usurpateur, parce que je n'ai accepté la couronne que d'après le vœu unanime de la nation ; tandis que Louis XVIII l'a usurpée, n'étant appelé au trône que par un vil Sénat dont plus de dix membres ont voté la mort de Louis XVI !

Il s'éloigne. Il entend les voitures qui roulent sur les pavés de la cour du Cheval Blanc.

C'est le moment.

Il voit ses grenadiers, raides sous les armes. Les baïonnettes brillent entre les hauts bonnets à poil. Il se tourne vers les officiers qui le suivent, leur serre la main, puis descend d'un pas ferme les escaliers.

Il est au milieu de ses soldats. Il leur a tant de fois parlé pour les envoyer au combat, à la mort. Il leur doit tout.

– Soldats de ma Vieille Garde, je vous fais mes adieux, commence-t-il. Depuis vingt ans, je vous ai trouvés constamment sur le chemin de l'honneur et de la gloire ! Dans ces derniers temps comme dans ceux de ma prospérité, vous n'avez cessé d'être des modèles de bravoure et de fidélité. Avec des hommes tels que vous, notre cause n'était pas perdue, mais la guerre était interminable, c'eût été la guerre civile et la France n'en serait devenue que plus malheureuse.

Il les regarde. Certains de ces hommes cachent leurs yeux sous leurs doigts, d'autres sanglotent.

Il sent l'émotion le submerger.

– J'ai donc sacrifié tous nos intérêts à ceux de la patrie, continue-t-il. Je pars : vous, mes amis, continuez à servir la France. Son bonheur était mon unique pensée ; il sera toujours l'objet de mes vœux ! Ne plaignez pas mon sort : si j'ai consenti à me survivre, c'est pour servir encore à votre gloire. Je veux écrire les grandes choses que nous avons faites ensemble !

Il est contraint de se taire quelques secondes. Il entend les sanglots.

– Adieu, mes enfants ! Je voudrais vous presser tous sur mon cœur ; que j'embrasse au moins votre drapeau.

Le général Petit avance en tenant la hampe couronnée de l'aigle. Napoléon embrasse le drapeau, serre le général dans ses bras.

Il voit des grenadiers qui soulèvent leur bonnet. Il aperçoit le général autrichien Koller qui a mis son chapeau au bout de son épée et le brandit.

Napoléon ne peut parler. Puis il se reprend, dit d'une voix forte :

– Adieu encore une fois, mes vieux compagnons ! Que ce dernier baiser passe dans vos cœurs.

Il embrasse les officiers qui l'entourent. Puis il monte dans la voiture, une « dormeuse », qui s'ébranle aussitôt.

21.

Il ne parle pas. Trop de souvenirs, trop de questions qui l'étouffent. Cette route vers le sud, il l'a tant de fois parcourue, aux moments les plus importants de sa vie. Il se rendait ou revenait de Corse, jeune officier, il gagnait Nice et l'armée d'Italie, ou bien Toulon avant le départ pour l'Égypte. Et il l'a aussi remontée vers Paris, lorsqu'il roulait, avec Marmont près de lui, dans la même voiture, après avoir échappé aux croisières anglaises, après l'Égypte, vers le pouvoir. C'est toute sa vie qui défile. Marmont est devenu le maréchal Judas.

Il se penche. Il a besoin de ce souffle pour chasser ces souvenirs. Il voit le long cortège des quatorze voitures, puis la foule, qui paraît hésiter et tout à coup l'acclame. Elle se presse dans les rues de Fontainebleau, de Nemours, de Montargis.

À Briare, lorsqu'il descend devant l'hôtel de la Poste, les cris éclatent. « Vive l'Empereur ! » On insulte les commissaires étrangers dont on reconnaît les uniformes. « Dehors les Russes ! » « À mort les Autrichiens ! »

Il baisse la tête. Cette houle ne porte plus son destin.

Il veut souper seul.

Le lendemain matin, alors que la foule est encore rassemblée autour des voitures, il écrit :

« Ma bonne Louise,

« Je me porte bien. Je me rends à Saint-Tropez, je pars dans une heure. Je ne resterai pas en route, je pense que je serai rendu dans quatre jours. Je suis très content de l'esprit de la population, qui me montre beaucoup d'attachement et d'amour. Je n'ai pas de tes nouvelles depuis le 18. Le courrier du Palais n'est pas arrivé, ce que j'attribue au défaut de chevaux. Adieu, mon amie, porte-toi bien. Donne un baiser à mon fils et ne doute jamais de

« Nap. »

À Nevers, des officiers l'entourent, les larmes aux yeux. À Roanne, à Tarare, la foule est dense, chaleureuse. Les voitures avancent au pas dans les rues étroites. Il se penche. Tous ces visages tournés vers lui, comme au temps de la gloire. Où est sa défaite ? Il écoute sans répondre ces gens qui l'interpellent.

« Qu'allons-nous devenir sous un gouvernement maîtrisé par les Anglais ? Et nos manufactures ? Qui achètera nos toiles ? »

De la foule, des voix montent : « Conservez-vous pour nous ! L'année ne passera pas que vous ne reveniez en France. Nous le voulons. Vive l'Empereur ! »

Il se rencogne dans sa voiture. Bertrand murmure quelques mots, auxquels il ne répond pas.

Il a abdiqué. Il n'est plus que le souverain de l'île d'Elbe.

À Salvigny, à deux heures de Lyon, il fait arrêter les voitures. Il ne veut traverser la ville que durant la nuit. Il ne veut plus de manifestations.

Il fait quelques pas seul, sur la route, au milieu de la campagne. Les voitures immobilisées occupent toute la rue de la ville.

Il voudrait déjà être parvenu dans l'île. Oublier, puisqu'il l'a décidé et qu'il le faut.

Mais quand les voitures parviennent au carrefour de la Guillotière, la foule est là, rassemblée, qui crie encore « Vive l'Empereur ».

Il se penche. Qu'on passe, qu'on ne s'arrête pas.

À l'aube du dimanche 24 avril, il traverse Vienne.

Il reconnaît ces parfums du Sud, cette douceur de l'air printanier, ces couleurs d'un vert léger, c'est comme s'il s'enfonçait dans son enfance et sa jeunesse.

Il s'arrête à Péage-de-Roussillon. Pendant qu'on prépare le déjeuner dans l'auberge, il se promène dans ce paysage familier. Le passé qu'il a connu ici au bord du Rhône semble si proche, comme s'il n'avait rien vécu, rien subi, au fond de l'Allemagne, dans les plaines de Pologne et en Russie.

Comme s'il n'avait pas dormi dans les châteaux et les palais.

Il traverse Saint-Vallier et Tain, et tout à coup apparaît sur la route une voiture tirée par six chevaux précédés de deux courriers. Le convoi s'arrête, comme la voiture. Un homme descend, qui s'avance, tête basse et pas lourd. C'est Augereau, maréchal, duc de Castiglione !

Un homme qui m'a trahi, qui a fait arborer la cocarde blanche, qui a lancé une proclamation à ses soldats en dénonçant le « joug tyrannique de Napoléon Bonaparte », mon despotisme. Lui, qui m'a aussi accusé « d'avoir immolé des millions de victimes à ma cruelle ambition » et de n'avoir pas su « mourir en soldat ».

Voilà que le destin le place sur ma route. Augereau n'ose pas lever la tête, me regarder dans les yeux.

Il pleure.

– Où vas-tu comme ça ? Tu vas à la Cour ? Ta proclamation est bien bête, pourquoi ces injures contre moi ?

Le temps a bien passé depuis notre jeunesse. Augereau n'est plus qu'un vieux soldat qui a vieilli vingt ans sous mes ordres. Et me trahit.

Il suffit de lui tourner le dos.

Sur les bords de la route, une compagnie d'infanterie présente les armes. Un capitaine s'avance.

– Avez-vous rencontré ce misérable ? dit l'officier. Il a eu le bon nez de ne pas attendre votre arrivée à Valence, les troupes étaient résolues à le fusiller devant vous.

– Votre général..., commence Napoléon.

– Vous et la France n'avez pas de grand ennemi ; nous avons été vendus à deniers comptants ! crie le capitaine.

Je ne veux pas imaginer ce qui serait encore possible avec ces hommes-là, qui me sont fidèles.

Il reste cependant penché à la portière. Ici, tout parle à sa mémoire. Il a parcouru toutes ces routes, il connaît ces villes. À Valence, des régiments lui rendent les honneurs.

Comme si je n'avais pas abdiqué.

Certains de ces hommes sanglotent, d'autres crient « Vive l'Empereur ».

Au relais de Loriol, il dit d'une voix forte :

– Mes amis, je ne suis plus votre Empereur. Il faut crier « Vive Louis XVIII ».

On l'entoure. On lui prend les mains, on les serre, on les embrasse.

– Vous serez toujours notre Empereur.

Il se dégage.

– S'il y avait vingt mille hommes comme moi, lance un cuirassier, nous vous enlèverions, nous vous remettrions à notre tête.

Napoléon se détourne, remonte en voiture.

– Ce ne sont pas vos soldats qui vous ont trahi, crie un fantassin, ce sont vos généraux !

Il ne peut s'empêcher de trembler, d'être envahi par l'émotion.

– Ces hommes me font mal, murmure-t-il à Bertrand.

À Montélimar, dès qu'il descend de voiture, il sent que l'atmosphère a changé. La foule est plus curieuse que favorable. Le sous-préfet s'approche. C'est un petit homme qui semble terrorisé. Tout le pays du Rhône est hostile, dit-il. Les Anglais ont été accueillis à Marseille en triomphateurs. À Avignon, à Orange, à Orgon, à Lambesc, partout des royalistes venus de Paris ont rassemblé leurs partisans. Ils veulent assassiner l'Empereur. Les monuments à sa gloire sont brisés. On le pend en effigie. On crie « Vive le Roi, à bas le tyran ».

Napoléon écoute. Il attendait cela depuis le départ de Fontainebleau.

S'ils le peuvent, ils me tueront.

Trop d'hommes, trop de soldats l'aiment encore, il vient de le voir. Mais il secoue la tête quand le sous-préfet propose de changer d'itinéraire, de passer par Grenoble et Sisteron.

On traversera simplement Avignon à l'aube.

Attelons, partons.

Mais à Orange, on hurle : « Vive le Roi ! » Au relais, près d'Avignon, la foule est là qui crie : « À bas le tyran, le coquin ! »

En ville, une troupe de plusieurs centaines d'hommes attend le passage du convoi pour l'attaquer. On longera donc les remparts d'Avignon.

À Orgon, une potence a été dressée. Un mannequin en uniforme français maculé de sang y est pendu.

– Voilà le sort du tyran ! crie la foule.

Napoléon se tient immobile. Il ne voulait pas vivre cela, cette honte, cette haine, cette impuissance, ce discours que le commissaire russe Chouvalov adresse à la foule qui entoure la voiture pour la calmer. Elle a commencé à lancer des pierres sur le véhicule, à le secouer en criant : « À mort le tyran ! »

Moi, menacé par des citoyens français et protégé par un officier étranger !

La voiture repart, s'arrête peu après. Un cavalier s'approche. La région tout entière est parcourue, dit-il, par des agents de Paris qui veulent tuer l'Empereur. On affirme qu'ils sont envoyés par le prince de Bénévent. On attend un certain Maubreuil, qui doit recruter des assassins, monter un guet-apens entre Aix et Fréjus.

Talleyrand le Blafard qui veut ma mort.

Napoléon descend de voiture, passe une redingote bleue, coiffe un chapeau rond et arbore une cocarde blanche. Puis il saute en selle. Il va parcourir ces routes seul, traversant Lambesc, où un groupe l'interpelle :

– Où est la voiture de l'Empereur ?

Il fait un geste vague, pique des éperons.

Je ne mourrai pas ainsi, comme un animal qu'on traque.

Il galope jusqu'à Saint-Cannat.

Jadis, il avait remonté ces routes porté vers la gloire. On criait : « Vive le général Bonaparte ! »

Et maintenant, il refuse de manger le dîner qu'on lui prépare parce qu'il craint d'être empoisonné, qu'on lui confirme que Maubreuil, l'agent de Talleyrand, serait posté en embuscade sur le chemin de Fréjus.

Il doit vivre. Il ne veut pas être égorgé par des enragés, des spadassins. Il regarde le général Koller. Il va revêtir l'uniforme autrichien, monter dans la voiture de ce commissaire. Ainsi, on déjouera les assassins.

À Saint-Maximin, il convoque le sous-préfet.

– Vous devez rougir de me voir en uniforme autrichien, dit-il. J'arrivais avec pleine confiance au milieu de vous, tandis que j'aurais dû emmener avec moi six mille hommes de ma Garde. Je ne trouve ici que des tas d'enragés qui menacent ma vie.

Il veut repartir aussitôt, gagner le département du Var, où on lui dit que les royalistes ne rencontrent que peu d'écho. Il passe dans sa voiture, regarde ce ciel limpide sous lequel il a chevauché de Toulon à Nice et lorsqu'il a débarqué à Fréjus, venant d'Égypte.

Tous ces souvenirs lui donnent la nausée.

Et voici Pauline, qui réside dans le château de Bouillédou, proche de Lucques.

Elle sanglote. Elle ne veut pas le voir ainsi déguisé en Autrichien. Il jette ses vêtements, revêt sa tenue de chasseur de la Garde, la serre enfin contre lui, la plus belle de ses sœurs. Ils parlent sans fin. Ils retournent à leurs origines, une île, Elbe, si proche de la Corse. Elle l'interroge, mais quand elle parle de Marie-Louise et du roi de Rome, il ne répond pas.

Il ne veut pas dire qu'il craint de ne plus les revoir.

Ils évoquent leurs frères, Jérôme, Joseph, qui ont, dit Pauline, l'intention de se rendre en Suisse, où Louis serait déjà arrivé. Leur mère est partie avec le cardinal Fesch pour Rome, où se trouve sans doute Lucien. Élisa est peut-être à Bologne. Caroline...

Il fait un geste. Il ne veut pas qu'on mentionne l'épouse de Murat, celle qui a poussé sûrement le roi de Naples à la trahison.

Pauline, en sanglots, dit qu'elle veut se rendre à l'île d'Elbe, vivre avec lui. Pauline la fidèle, alors que presque tous l'ont trahi. Il l'embrasse. Au bout de son destin, il retrouve la sœur qu'il aimait le plus. Comme si rien n'avait pu changer cela, presque comme si rien n'avait eu lieu dans leurs vies.

Le mercredi 27 avril 1814 à onze heures, il entre dans l'auberge du Chapeau Rouge, à Fréjus.

Rien n'a changé depuis ce mois d'octobre 1799 où, débarquant d'Égypte, il pénétrait dans cette salle, général maigre et déterminé, brûlé par le soleil, ayant échappé par miracle aux frégates anglaises.

Et aujourd'hui, c'est sur l'une d'elles, qu'il voit depuis la fenêtre de sa chambre mouiller dans la baie, qu'il va rejoindre l'île d'Elbe.

Il donne l'ordre de faire monter ses bagages à bord de l'*Undaunted*.

Une frégate française aurait dû assurer son transport, mais elle n'est pas encore arrivée, et après tout il se sent plus en sécurité à bord d'un navire anglais que sur un bateau où, peut-être, se sont glissés dans l'équipage des assassins que le comte d'Artois ou le prince de Bénévent ont pu recruter.

Il fait quelques pas sur les quais du port. La foule l'entoure avec respect.

Dans sa chambre, il reste longuement à la fenêtre. La mer. Si souvent il a longé ces côtes. Reconnaîtra-t-il encore, si la frégate passe la Corse, le parfum de l'île ?

Il aimerait revivre tout cela avec sa femme et son fils. En leur compagnie, il pourrait trouver la paix, dans ces paysages qui sont les siens.

Il commence à écrire.

« Ma bonne Louise,

« Je suis arrivé à Fréjus il y a deux heures. J'ai été très content de l'esprit de la France jusqu'à Avignon. Mais depuis Avignon, je les ai trouvés fort exaltés contre. J'ai été très content des commissaires, surtout du général autrichien et du Russe, fais-le savoir à ton père.

« Je pars dans deux heures pour l'île d'Elbe d'où je t'écrirai à mon arrivée. Ma santé est bonne, mon courage au-dessus de tout. Il ne serait affaibli que par l'idée que mon amie ne m'aime plus. Donne un baiser à mon fils.

« La princesse Pauline, qui est dans un château à deux heures d'ici, veut absolument venir à l'île d'Elbe pour me tenir compagnie, mais elle est si malade que j'ignore lorsqu'elle pourra faire le trajet.

« J'ai avec moi le grand maréchal Bertrand et mon aide de camp Drouot.

« Ton fidèle époux,

« Nap. »

Le départ tarde. Il demande au colonel Campbell, le commissaire anglais, de prévoir une frégate pour prendre Pauline « dans cinq ou six jours et la conduire à l'île d'Elbe ». Puis il écrit au général Dalesmes, qui commande l'île d'Elbe.

Elle va cesser d'appartenir à la Toscane pour devenir mon territoire. J'ai choisi le drapeau. Blanc, coupé par une bande diagonale rouge marquée de trois abeilles.

« Les circonstances m'ayant porté à renoncer au trône de France, écrit-il, sacrifiant ainsi mes droits au bien et aux intérêt de la patrie, je me suis réservé la souveraineté et propriété de l'île d'Elbe et des forts de Portoferraio et Porto Longone, ce qui a été consenti par toutes les puissances.... Veuillez faire connaître ce nouvel état des choses aux habitants et le choix que j'ai fait de leur île pour mon séjour en considération de la douceur de leurs mœurs et de la bonté de leur climat. Ils seront l'objet constant de mon plus vif intérêt. »

Il a tant lu en quelques jours, à Fontainebleau, de livres traitant de l'île d'Elbe qu'il a l'impression de tout connaître de son histoire.

Il marche dans la chambre, s'arrête souvent devant la fenêtre pour regarder la mer.

Il sera là-bas sur l'île qui fut grecque et romaine, et de cette terre, l'*Aithalia* des Grecs, l'*Ilva* des Romains, il pourra voir les côtes de Corse.

Curieux destin que le sien. D'une île à l'autre.

Celle-ci sera pour moi l'île du repos.

Il voit entrer dans la rade la frégate française.

Le capitaine se présente à l'auberge peu après, revendique l'honneur de conduire l'Empereur.

Napoléon secoue la tête. Il ne veut pas naviguer sous le drapeau blanc, dit-il.

« Pour le roi de France, tant que le trône ne sera fondé que par les baïonnettes étrangères et qu'il ne se sera pas nationalisé par sa conduite et par l'opinion nationale, je n'aurai aucune estime ni considération pour lui. »

Il faut attendre que le vent se lève, et cette attente lui pèse. Il ne cesse de s'interroger. Marie-Louise et son fils viendront-ils ?

Quand foulera-t-il à nouveau le sol de France ?

Il fait quelques pas dans sa chambre, ce jeudi 28 avril, et tout à coup il est pris de nausées, le sol se dérobe, il vomit.

Il pourrait mourir là, seul. Il a le corps couvert d'une sueur froide. Il va à la fenêtre. Il se remet peu à peu.

Il écrit quelques mots à Marie-Louise.

« Le temps est beau et j'aurai une navigation douce. J'espère que ta santé te soutiendra et que tu auras le courage nécessaire. J'aurai un grand plaisir à te voir ainsi que mon fils. »

Mais les reverra-t-il jamais ?

« Adieu ma bonne Louise. Je te prie de donner un baiser bien tendre à mon fils et de faire mes compliments à toutes ces dames. Tout à toi.

« Ton affectionné et fidèle époux.

« Napoléon. »

Mais qu'il est difficile de s'arracher à la France !

Le vent est si faible que, monté à bord de l'*Undaunted*, il débarque à Saint-Raphaël.

On l'acclame.

Enfin, le vendredi 29 avril 1814, on met à la voile.

Il reste le plus souvent à la proue, ou bien il marche sur le pont. Il regarde s'éloigner les côtes françaises. Il s'accoude au bastingage. Il dit à Bertrand :

– Les Bourbons, pauvres diables, se contentent d'avoir leurs terres et leurs châteaux, mais si le peuple français devient mécontent de cela et trouve qu'il n'y a pas d'encouragement pour leurs manufactures, ils seront chassés dans six mois.

– Six mois ? murmure Bertrand.

Il ne répond pas.

Il passe les nuits sur le pont, dans la douceur de l'air chargé des senteurs de la végétation insulaire.

Voici, le dimanche 1er mai, Ajaccio à portée de canon. C'est le passé qui surgit, telle une Atlantide. Il fixe longuement du regard les quais du port, la forteresse. Ici, son destin a lancé ses premiers défis, fait rouler les dés.

On est en panne devant Calvi.

Il lui semble qu'il se sent mieux dans son corps depuis qu'il respire cet air, qu'il voit ces couleurs, cette montagne corse.

Enfin, le mardi 3 mai 1814, la frégate jette l'ancre à l'entrée de Portoferraio. Il enlève le chapeau de marin qu'il portait. Il coiffe son bicorne. Le voici en uniforme des chasseurs à cheval de la Garde impériale, sur lequel il porte l'étoile de la Légion d'honneur et la décoration de la couronne de fer de roi d'Italie.

Il est toujours un soldat et un souverain.

Sixième partie

Je suis regretté et demandé par toute la France

4 mai 1814 – 28 février 1815

22.

Il est quatorze heures, ce mercredi 4 mai 1814. Il s'approche de la coupée, avançant au milieu des marins de l'*Undaunted*, qui le saluent, leurs sabres d'abordage dressés. Il regarde une nouvelle fois cette rade dominée par une falaise abrupte. Sur les quais de Portoferraio, il distingue la foule, les uniformes de la petite garnison de la capitale de l'île d'Elbe. La brise de terre porte parfois des éclats de voix, les sons clairs d'une fanfare.

Tout à coup, des fumées blanches couronnent les forts de Stella et de Falcone, dont il connaît la situation et a étudié les plans déjà. Les explosions se succèdent. Entre les forts, il distingue quelques moulins en ruine qui dominent à la fois la ville et la mer.

Là il a pensé s'établir, dans cette zone des *Mulini* d'où il pourra saisir tout mouvement venant de la terre ou de la mer.

Il donne l'ordre qu'on hisse le drapeau du nouvel État à la poupe de l'embarcation qui va le conduire à quai.

Il descend lentement l'échelle de coupée, murmure :

– Me voici logé à bonne enseigne, ce sera l'île du repos.

Il se tient debout au milieu de la barque. Il lui semble s'avancer vers l'une de ces villes corses de son enfance, avec ces maisons à arcades, aux façades austères qui s'élèvent en amphithéâtre au-dessus des quais.

Il est chez lui, ici.

Mais elle, Marie-Louise, si jamais un jour elle peut et veut quitter le continent avec mon fils, comment pourra-t-elle vivre ici ?

Il saute à quai.

Quelle est cette mascarade ? On lui présente les clés de la ville sur un plateau d'argent. On l'invite à se placer sous un dais de papier doré surmonté d'abeilles en carton.

Il est entré dans toutes les villes glorieuses que compte l'Europe. Il a vu brûler Moscou. Il a été couronné à Notre-Dame. Et le voici qui s'avance vers l'autel d'une petite église alors que dans les ruelles la foule crie, l'acclame, que les tambours roulent et que l'odeur insupportable des détritus, des immondices, cette odeur d'excréments flotte jusque dans l'église paroissiale qu'on vient de décréter cathédrale.

Il répond à peine à Mgr Arrighi, un Corse qui lui affirme qu'il est un cousin des Bonaparte.

Il a un mouvement d'impatience. Il veut se retirer à l'hôtel de ville, où il doit séjourner. La foule piétine en criant devant le bâtiment. Et il y a toujours cette puanteur.

Il exigera des habitants qu'ils ne versent plus leurs immondices dans la rue. Il édictera des lois pour que l'hygiène soit établie partout dans l'île.

Si elle vient avec mon fils, où habitera-t-elle ?

Il donne quelques ordres à Marchand, son valet de chambre, à Rathery, le secrétaire. Il veut, commence-t-il à expliquer aux généraux Drouot et Cambronne, ainsi qu'à Bertrand, le grand maréchal du Palais...

Mais il s'interrompt, répète : « du Palais ».

Il veut, reprend-il, que l'étiquette soit respectée ici comme aux Tuileries ou à Saint-Cloud. Il nommera des chambellans. Bertrand veillera sur tous ces dignitaires recrutés parmi les notables de l'île, on organisera des dîners et des bals avec leurs épouses. Il passera en revue la Garde dès qu'elle aura débarqué. Et demain, à l'aube, il commencera la visite de l'île.

Pour l'heure, qu'on le laisse seul.

Il écrit :

« Ma bonne Louise,

« Je suis resté quatre jours en mer par temps calme, je n'ai point du tout souffert. Je suis arrivé à l'île d'Elbe qui est très jolie. Les logements y sont médiocres. Je vais en faire arranger en peu de semaines. Je n'ai pas de nouvelles de toi. C'est ma peine de tous les jours. Ma santé est fort bonne.

« Adieu, mon amie, tu es loin de moi, mais mon idée est avec ma Louise. Un tendre baiser à mon fils. Tout à toi.

« Nap. »

Il s'allonge. Il entend le bruit de la mer. Il retrouve son enfance et sa jeunesse. Il se sent plein d'énergie.

À l'aube, il galope déjà dans cet air léger du mois de mai, et au fur et à mesure qu'il s'éloigne de Portoferraio, par ces chemins caillouteux et étroits accrochés à flanc de montagne, il reconnaît les parfums de cette végétation qui lui rappelle aussi la Corse.

Il arrive à Rio Marina. Le sol est rouge. Les galeries des mines de fer s'enfoncent dans la falaise. Il veut connaître les quantités produites, en portées, les bénéfices réalisés, les impôts payés. Il lui semble que le visage de l'administrateur des mines ne lui est pas inconnu. Si souvent les circonstances ont replacé sur sa route des hommes connus autrefois, qu'il ne s'étonne plus que l'homme qui se nomme Pons, de l'Hérault, ait participé au siège de Toulon à ses côtés. Mais, dit Pons avec fierté, je suis resté républicain, jacobin.

– Je ne demande que la fidélité à la France, dit Napoléon.

Il s'éloigne. Cet homme-là est digne de confiance, puisqu'il n'a pas été un courtisan durant les heures glorieuses.

Il s'éloigne, parcourt les chemins.

Il faudra ouvrir des routes. Ici, dans ce vallon de San Martino planté de vignes, on élèvera une construction qui sera résidence d'été et relais de chasse. Le lieu est calme et ombragé. La vue porte jusqu'à la mer.

Là, aux *Mulini*, sera le palais.

Napoléon revient chaque jour suivre les travaux. Il fait ouvrir un tunnel dans la falaise qui permet d'accéder à une petite esplanade d'où l'on découvre Portoferraio. On peut ainsi quitter les *Mulini* sans passer par la ville. Et l'on peut, avec quelques factionnaires, se protéger de toute incursion hostile.

Parfois, en regardant une carte de l'île ou bien en découvrant le panorama depuis l'esplanade des *Mulini*, ou encore au sommet de Monte Giove qu'il a gravi par un chemin muletier, il s'exclame : « Eh, mon île est bien petite ! »

Il prend à témoin Bertrand ou Drouot, ou bien Peyrusse, cet ancien trésorier de la couronne qu'il a nommé son ministre des Finances. Deux cent trente-trois kilomètres carrés et quelques milliers d'habitants !

Et il a été l'empereur de la plus grande partie de l'Europe, l'égal de Charlemagne ! Il a dirigé une armée de plusieurs centaines de milliers d'hommes appartenant à toutes les nations, et il ne commande plus qu'à seize cents hommes, et parmi eux, il n'y a que six cent soixante-quinze grenadiers de la Garde, cinquante-quatre chevau-légers polonais, un bataillon recruté sur place et un bataillon de Corses auxquels il ne peut guère faire confiance, parce que sans doute des espions, des ennemis, peut-être des assassins s'y sont sûrement introduits.

Mais le paysage l'exalte.

Au-delà du Monte Giove, il découvre, au milieu d'un bois de châtaigniers, une chapelle et une masure, l'ermitage de la Madone, un lieu de pèlerinage. Il gravit des marches taillées dans les rochers et il est saisi par la beauté du panorama. Au soleil couchant, il aperçoit la Corse, *mon île*, l'îlot de Capraia, celui de Montecristo et toute la côte de l'île d'Elbe qui se découpe sur le bleu brillant de la mer Tyrrhénienne.

Il s'assied. Il pourrait vivre ici.

Il décide de passer là les journées les plus chaudes. Il choisit une cellule qui a été occupée par l'ermite. Une escouade de grenadiers pourra installer son bivouac en contrebas de l'ermitage. Le général Drouot occupera une autre cellule. Et si Madame Mère vient, comme elle le souhaite, elle occupera une maison du village de Marciana Alta, situé à quelques centaines de mètres sur la pente du Monte Giove.

Il lui suffit de quelques jours pour prendre possession d'un territoire, *mon nouvel espace*. Le samedi 21 mai, il s'installe aux *Mulini*. Les pièces sentent encore la peinture et le plâtre, mais il faut que la vie ordonnée commence.

Il se lève avant l'aube, lit, dicte.

« Faire arborer dimanche le pavillon de l'île dans toutes les communes et en faire une espèce de fête. »

« Témoigner mon mécontentement à l'intendant sur la malpropreté des rues. »

« Je désire que la commune fasse les frais d'un bal qu'elle donnera sur la place publique, où l'on construira une salle en bois, et que les officiers de la Garde impériale y soient invités. Aux environs de cette salle, on établira des orchestres pour faire danser les soldats et on aura soin de disposer quelques barriques de vin pour qu'ils puissent boire... »

Il s'arrête.

C'est le lever du soleil. Il va jusqu'à l'esplanade, scrute l'horizon et le golfe de Porteferraio. Il aperçoit le brick l'*Inconstant*, la goélette la *Caroline*, d'autres petits navires, deux felouques, la *Mouche* et l'*Abeille*, un chebek, l'*Étoile*, qui constituent sa flotte. La Corse n'est qu'à une cinquantaine de kilomètres, le port de Piombino à moins de douze, Livourne est proche, la côte française à trois ou quatre jours de navigation.

Il ne peut détacher ses yeux de ces navires. Par eux, il peut savoir ce qui se passe en France, en Europe. Il peut, s'il le veut, quitter l'île.

Il refuse de penser à cela.

Mais il faut savoir ce que deviennent la France et l'Europe. Il veut recevoir des journaux anglais. *Le Journal des débats, Le Nain Jaune*. Il veut établir un réseau de correspondants et d'informateurs.

Tout cela doit être mis en place au plus vite, puisque les premières lettres reçues annoncent que Louis XVIII a choisi pour ministre de la Guerre le général Dupont, l'officier qui avait capitulé à Baylen ! Une insulte pour moi, pour l'armée. Et Dupont se venge. Il licencie cent mille soldats, place en demi-solde douze mille officiers, pendant que Louis XVIII organise une parade, entouré des souverains dont les armées occupent Paris !

À sept heures, quand le soleil est déjà haut, il rentre, prend un petit déjeuner, parfois se recouche, lit les journaux, écrit à nouveau.

« Ma bonne Louise,

« Le général Koller qui m'a accompagné jusqu'ici et dont j'ai été extrêmement content s'en retourne, je le charge de cette lettre. Je te prie d'écrire à ton père qu'il fasse quelque chose pour témoigner ma reconnaissance à ce général qui a été parfaitement bon pour moi.

« Je fais arranger un assez joli logement avec un jardin et en très bon air. Ma santé est parfaite, l'île est saine, les habitants paraissent bons et le pays est assez agréable. Il me manque d'avoir de tes nouvelles et de te savoir bien portante ; je n'en ai pas reçu depuis le courrier que tu m'as expédié et qui m'a rejoint à Fréjus.

« Adieu, mon amie, donne un baiser à mon fils et ne doute jamais de ton

« Nap. »

Il reste un instant prostré.

Ce silence de Marie-Louise, cette ignorance où on le tient sur le sort de son fils, cette cruauté barbare avec laquelle on le sépare des siens le révoltent et l'accablent.

Que veulent-ils ? les Bourbons, les Autrichiens ?

Déjà des informateurs assurent qu'autour de Louis XVIII et du comte d'Artois on prépare des projets pour son enlèvement, son assassinat. N'ont-ils pas fait célébrer, à Paris, des messes solennelles en souvenir de Cadoudal, de Pichegru, et même du feld-maréchal Moreau !

Le général Dupont a nommé comme gouverneur de la Corse le chevalier de Bruslart, un chouan, un complice de Cadoudal, un homme qui a mené une guerre de bandes en Normandie durant plusieurs années et qui ne rêve, dit-on, que de m'assassiner.

Même ici, je les gêne. J'incarne une autre France alors que Louis XVIII a constitué une Maison militaire composée d'émigrés qui ont tous servi dans les armées étrangères ! Que peuvent penser mes soldats de cela, de cet ordre de la Légion d'honneur qui est présidé par un homme qui les a combattus dans les rangs de leurs ennemis !

Il veut chasser ces pensées, et chaque soir il chevauche, en compagnie d'un officier d'ordonnance, sur les chemins de l'île, inspectant les forts, se rendant à Marciana Marina ou à Marina del Campo, des ports situés loin de Portoferraio.

Il faut qu'il soit en mouvement. Il faut qu'il donne audience tout l'après-midi. Il a besoin de voir des gens, de sentir la vie de l'île et du monde, de recevoir les visiteurs, souvent des Anglais qui, respectueusement, viennent lui rendre visite, l'interroger.

Il lit l'étonnement sur le visage de ces membres du Parlement de Londres, Fazakerley et Vernon, qui viennent d'entrer dans le jardin des *Mulini*. L'activité bruissante de ce « palais », l'étiquette, les uniformes chamarrés, la foule des domestiques, près d'une centaine, les grenadiers qui montent la garde, la Cour ainsi reconstituée les surprennent. Napoléon parle longuement avec eux, sur le ton détaché d'un chroniqueur. Mais ses campagnes, son œuvre ne font-elles pas déjà partie de l'Histoire ?

– Je voulais faire de grandes choses pour la France, dit-il, mais j'ai toujours demandé vingt ans. Il me fallait vingt ans pour réaliser mon système.

Il se lève, les entraîne vers l'esplanade.

– En France, dit-il, la queue est bonne, la tête mauvaise. En Angleterre, la tête est bonne, la queue médiocre. L'Angleterre joue aujourd'hui le premier rôle, mais son tour viendra : elle tombera comme tous les grands Empires. Mais la France n'est pas épuisée. J'ai toujours ménagé ses ressources, j'ai tiré des soldats de l'Allemagne, de l'Italie, de l'Espagne pour épargner la France, j'ai levé des contributions partout, pour le même objet. Vous aurez vu dans les provinces une jeunesse abondante, l'agriculture améliorée, des manufactures florissantes.

Et il veut, ici, dans l'île, changer les habitudes. Il a introduit la pomme de terre, fait planter les châtaigniers sur les faces nord des collines, et des oliviers et de la vigne sur les pentes exposées au sud. Il ouvre des routes, oblige chaque habitant à avoir des latrines.

– J'agis, je transforme, dit-il.

Il leur fait visiter les *Mulini*, sa « bicoque ». Ce n'est pas un palais, mais qu'importe ?

– Moi, je suis né soldat ; j'ai régné pendant quinze ans, je suis descendu du trône. Eh bien, quand on a survécu aux malheurs humains, il n'y a qu'un lâche qui ne puisse pas les supporter. Ma devise, ici ? *Napoleo ubiscumque felix.*

Quand les audiences sont terminées, il chevauche à nouveau sur les sentiers. Il chasse et, au crépuscule, va jusqu'à l'ermitage de la Madone, au Monte Giove, parce que dans le silence de cette forêt de châtaigniers et l'air vif de la cime il s'apaise. Il reste ainsi de longs moments à contempler le coucher du soleil et la Corse qui se découpe sur l'horizon rouge. Puis il passe la nuit dans la cellule de l'ermitage.

Un matin, le général Bertrand le rejoint. Madame Mère est arrivée. Elle est furieuse, explique le grand maréchal du Palais, de ne pas avoir été accueillie à Portoferraio par l'Empereur.

Il est ému. Sa mère près de lui dans une île, comme aux premiers temps de sa vie, sur cette autre île que le soleil levant estompe.

Il se précipite. Elle est devant lui enfin, dans sa longue robe sombre, raide et sévère, toujours comme un éclat de rocher noir, plus maigre, avec plus d'inquiétude dans le regard, et des cheveux blancs. Il se voit dans son regard. Elle doit se souvenir de l'enfant, de l'homme jeune, de l'Empereur, et elle voit un homme qui va avoir quarante-cinq ans dans quelques jours et qui est devenu gros, si bien qu'il semble courtaud, massif, presque une boule ronde avec ses cheveux rares.

Il l'embrasse, l'installe dans la plus belle maison de Portoferraio, et tous les soirs il descend des *Mulini* pour la retrouver. Ils vont, assis côte à côte, se promener en voiture, puis ils s'installent aux *Mulini* sur la terrasse. Il joue avec elle aux *reversi*. Elle manie les cartes avec dextérité, mais il ne peut admettre qu'elle gagne. Il triche. Il compte les points. Et c'est lui qui l'emporte.

Est-elle dupe ?

Il se lève, la raccompagne. Il aime sa voix un peu rauque qui murmure : « *Addio, mio caro figlio.* »

Parfois il invite les notables de l'île pour une soirée. Il va de l'un à l'autre, s'incline devant les femmes qui, timides, essaient gauchement dans leur élégance empruntée de faire une révérence.

C'est une vie. Sa vie, désormais.

Mais, quand il se retrouve seul, l'amertume lui serre la gorge. Il ne regrette ni le parterre de rois, ni l'or des Tuileries, ni même les jolies femmes qui s'offraient à lui. Mais il a un fils et une épouse. Que vaut la vie si même cela lui est retiré ?

Il n'a reçu qu'une lettre de Marie-Louise. Elle lui annonce son départ pour Aix-les-Bains. Il enrage. Mais il doit se maîtriser, essayer de la convaincre, alors qu'elle est entourée par tous ceux qui veulent l'éloigner de lui, lui voler son fils.

« Je pense, écrit-il, que tu dois le plus tôt possible venir en Toscane, où il y a des eaux aussi bonnes et de même nature que celles d'Aix en Savoie. Cela aura tous les avantages. Je recevrai plus souvent de tes nouvelles, tu seras plus près de Parme, tu pourras avoir ton fils avec toi et tu ne donneras d'inquiétude à personne. Ton voyage à Aix n'a que des inconvénients. Si cette lettre t'y trouve, n'y prends qu'une saison et viens pour ta santé en Toscane.

« Ma santé est bonne, mes sentiments pour toi les mêmes, et mon désir de te voir et de te le prouver très grand.

« Adieu, ma bonne amie. Un tendre baiser à mon fils. Tout à toi.

« Nap. »

La chaleur de cet été qui s'installe. Tout est ralenti. Il monte souvent à l'ermitage de la Madone du Monte Giove, et ce n'est qu'en fin de journée qu'il descend voir sa mère, installée dans le village de Marciana Alta.

Il lit les journaux qui arrivent jusqu'à Piombino et que des navires déposent par lots à Portoferraio. Le *Morning Chronicle* et *Le Journal des débats* sont les plus intéressants. Il reçoit aussi de Maret, resté à Paris, ou bien par les lettres destinées aux soldats de la Garde et qu'il a obtenu qu'on lui communique, des informations directes sur ce qui se passe en France.

Il s'indigne. Il a suffi de quelques semaines pour que les Bourbons montrent leur vrai visage.

Ils n'ont rien compris à la nouvelle France que j'ai bâtie ! Le maréchal Soult, mon duc de Dalmatie, pour les servir, veut faire élever un monument à la gloire des chouans. Il lance une souscription pour les « martyrs de Quiberon » ! Et les prêtres, comme les aristocrates, remettent en question la vente des biens nationaux ! Que peuvent penser tous ceux, paysans, bourgeois, qui ont acquis des terres, des maisons de nobles et des biens ecclésiastiques ?

Il a un sentiment de dégoût. Ces journaux sont pleins d'insultes contre lui. On l'accuse d'amours incestueuses avec Pauline, parce qu'on a appris qu'elle a passé deux jours dans l'île ! On dit même qu'elle est comme lui, à cause de lui, atteinte de la « maladie du vice » et qu'elle doit être soignée pour cela. Et lui-même est fou à cause de ce mal vénérien !

Il éprouve des nausées à regarder ces caricatures où on le représente en train de « vomir » ce qu'il a avalé : pays, trônes, biens, richesses, et qu'il est malade malgré les « bains de sang » dans lesquels il se plonge !

Ceux qui le calomnient ainsi, si bassement, dans sa vie privée, ne peuvent que vouloir le tuer, l'entourent d'espions.

Il sursaute en apprenant que Talleyrand le Blafard, prince de Bénévent, a fait nommer comme consul de France à Livourne, qui n'est qu'à cinq heures de mer de Portoferraio, le chevalier Mariotti. Il se souvient de ce Corse qui a été préfet de Police à Lucques pour la princesse Élisa puis qui a trahi la souveraine, soulevé les garnisons de la principauté en faveur des Bourbons.

Talleyrand, qui a déjà voulu me faire assassiner par Maubreuil, songe-t-il à me faire enlever ici, parce qu'il pressent ce que vont penser dans quelques mois les Français ?

Avec le chevalier de Bruslart comme gouverneur de la Corse et Mariotti à Livourne, les Bourbons me prennent en tenaille. Ils veulent m'étrangler. Ils ne versent pas la rente de deux millions de francs fixée par le traité. C'est ma mort qu'ils souhaitent !

Il faut donc se battre, organiser mon propre réseau, envoyer en Italie mes espions, rassembler des informations afin de pouvoir me défendre, agir.

Et pour cela suivre l'évolution de l'opinion, lire.

Mais, tout à coup, quelques lignes dans *Le Journal des débats* qui le terrassent. *Le journal est paru il y a plusieurs semaines déjà, mais cette mort qu'il annonce est pour moi d'aujourd'hui, dans ce plein été 1814.*

Joséphine est morte le 29 mai.

Il ne bouge pas. Il ne sort plus durant deux jours.

Sa vie défile, *toute ma vie liée à elle.*

Il oublie ce qu'il a lu et qui accompagne l'annonce de sa mort : qu'elle l'a trahi aussi, en recevant chez elle à la Malmaison le tsar Alexandre, l'empereur d'Autriche, le roi de Prusse ; que ces souverains ont dansé avec elle, qu'elle a présidé des dîners en leur honneur, qu'elle a présenté Hortense et Eugène au tsar afin qu'il les recommande à Louis XVIII.

C'est vrai qu'elle a fait cela, mais elle est morte. Elle avait souffert par lui, même s'il avait toujours essayé de la protéger, même si, déjà, elle l'avait trahi avec tant d'autres.

Il laisse entrer Bertrand. Il dit :

– Pauvre Joséphine, elle est bien heureuse maintenant.

Puis, comme pour lui-même, il ajoute :

– En somme, Joséphine m'a donné le bonheur, et elle s'est constamment montrée mon amie la plus tendre. Aussi, je lui conserve les plus tendres souvenirs et la plus vive reconnaissance.

Il soupire, sort sur l'esplanade pour la première fois depuis deux jours. Il regarde l'horizon.

– Elle était soumise, dévouée, complaisante aussi, elle mettait ces dispositions et ces qualités au rang de l'adresse politique dans son sexe.

Il s'en va seul marcher sur ce sentier qui domine la mer.

Il a quarante-cinq ans ce 15 août 1814.

Joséphine et tant sont morts déjà. Pourquoi vit-il ?

Il accueille sa mère et ses invités, les notables de l'île, dans la maison des *Mulini.* On le félicite en ce jour de fête. Mais il est sombre, silencieux. Il faut pourtant présenter ses hommages aux dames de l'île, à l'épouse du grand maréchal du Palais, la comtesse Bertrand. Mais après quelques instants il se dirige vers le piano, joue quelques notes. C'est sa manière d'annoncer qu'il va se retirer dans ses appartements, quelques chambres modestes et une salle de bains. Au-dessus de la baignoire, il a fait placer une mosaïque romaine représentant une femme alanguie.

Pourquoi est-il seul ?

« Ma bonne Louise,

« Je t'ai écrit souvent. Je suppose que tu as fait de même, cependant je n'ai reçu aucune de tes lettres depuis celle de quelques jours de ton départ de Vienne. Je n'ai reçu aucune nouvelle de mon fils. Cette conduite est bien bête et atroce.

« Madame est ici et se porte bien. Elle est bien établie. Je suis bien portant. Ton logement est prêt et je t'attends dans le mois de septembre pour faire la vendange.

« Personne n'a le droit de s'opposer à ton voyage. Je t'ai écrit là-dessus. »

Mais si c'était elle qui refusait de me rejoindre ? Elle, si faible, si influençable, que les gens de Vienne ont dû circonvenir.

Il reprend :

« Viens donc. Je t'attends avec impatience. Tu sais tous les sentiments que je te porte. Je ne t'écris pas plus au long, puisqu'il est possible que cette lettre ne te parvienne pas. La princesse Pauline sera ici au mois de septembre.

« Voilà ta fête. Je te la souhaite bonne. Plains-toi de la conduite que l'on tient, empêchant une femme et un enfant de m'écrire. Cette conduite est bien vile.

« *Addio, mio bene.*

« Nap. »

23.

Il ressent le besoin de s'isoler, loin de la chaleur et des rumeurs du bord de mer. Il quitte les *Mulini*, s'installe à l'ermitage de la Madone, et souvent seul parcourt les pentes du Monte Giove. Il reste quelquefois plusieurs heures sur la plate-forme rocheuse d'où l'on domine tout le paysage. La Corse s'embrase dans le couchant. Les îlots de Capraia et de Montecristo sont comme des diamants noirs sertis dans la plaque d'argent de la mer.

Le soir, il descend par le chemin muletier jusqu'à la maison de Marciana Alta où réside sa mère.

Elle est là, assise dans le jardin, le dos droit, immobile comme l'axe de ma vie qui, après tant de détours, se referme ici, avec elle, dans l'insularité de mon enfance.

Il demeure silencieux en face d'elle.

Parfois elle pose une question brève. *Mais jamais elle n'évoque Marie-Louise et mon fils.* Elle parle des frères et des sœurs, Lucien est installé à Rome. Elle lui écrit. Elle explique qu'il dispose d'une fonderie et voudrait acheter du minerai de fer de Rio Marina. Jérôme est à Trieste, Élisa est réfugiée à Bologne et la police autrichienne les surveille. Louis est à Rome avec son oncle le cardinal Fesch. Joseph s'est installé au bord du lac Léman, dans son domaine de Prangins. Il écrit, fait passer des informations par l'intermédiaire de messagers. Il annonce que Bruslart recrute une bande d'assassins corses avec mission de pénétrer dans l'île d'Elbe et de tuer l'Empereur.

Napoléon écoute sa mère. Elle voudrait reconstituer les liens familiaux entre eux tous. Pauline doit arriver de Naples, répète-t-elle. Elle évoque Caroline, s'essaie à la disculper, et elle plaide pour Murat.

Il écoute, approuve. Il peut avoir besoin de Murat. Le roi de Naples a trahi, mais les hommes faibles sont le jouet des circonstances.

Il remonte dans l'ermitage et commence à écrire.

« Ma bonne amie,

« Je suis ici dans un ermitage de six cents toises au-dessus de la mer, ayant le coup d'œil de toute la Méditerranée, au milieu d'une forêt de châtaigniers. Madame est dans le village, cent cinquante toises plus bas.

« Ce séjour est très agréable. Ma santé est fort bonne, je passe une partie de la journée à chasser.

« Je désire bien te voir et aussi mon fils. Je verrai avec plaisir Isabey. Il a ici de très beaux paysages à dessiner.

« Adieu, ma bonne Louise. Tout à toi, ton

« Nap. »

Il regarde autour de lui. Le soleil entre par de grands pans éblouissants dans la pièce. Dehors, des grenadiers traînent sur l'aire un mulet mort durant la nuit.

Il observe tout cela et le changement de lumière sur l'horizon.

Parfois il a le sentiment que toutes les choses se valent, qu'il faut la même énergie pour faire placer dans l'écurie une petite pompe afin que les mulets ne risquent pas d'être noyés que pour préparer une bataille.

Il est ainsi fait qu'il voit tout, qu'il veut mettre de l'ordre, et ne peut accepter la confusion, le chaos, le laisser-aller.

« Monsieur le Comte Bertrand, écrit-il, il me manque trois volets pour les fenêtres de ma chambre. Il faut envoyer trois rideaux pour la chambre de Madame, les tringles y sont, envoyez-nous aussi des feux, pincettes, pelles...

« Je crois vous avoir mandé d'écrire à la princesse Pauline de ne pas amener de maître de piano, mais seulement un bon chanteur et une bonne chanteuse, vu que nous avons ici un bon violon et un bon pianiste. »

Il s'arrête d'écrire.

Peut-il finir sa vie ici ? Sous la menace des assassins, dans la pauvreté, car il ne reçoit rien de la rente qu'on doit lui verser, et alors que « je suis regretté et demandé par toute la France », déjà !

Il sait que partout dans les casernes les soldats ont fêté, malgré les consignes reçues, la Saint-Napoléon, et piétiné la cocarde blanche.

Il regarde le paysage. Parfois il lui semble que cette plate-forme rocheuse a la forme d'un aigle aux ailes déployées.

La nuit du 1er septembre, on le réveille. Un bateau vient de jeter l'ancre dans le golfe de Portoferraio, mais a choisi de s'abriter dans une crique, loin du port.

Il s'habille à la hâte, fait seller sa jument blanche et descend le long du sentier jusqu'au col de Procchio. Il voit de loin arriver les cavaliers, la voiture, les deux mulets qui avancent lentement.

Il savait que Marie Walewska voulait lui rendre visite, et il avait donné son accord à son frère, le major polonais Teodor Walewski. Mais maintenant qu'il attend, marchant à la rencontre de la voiture, il est préoccupé. Peut-être a-t-il cédé à un mouvement irréfléchi. Si les espions autrichiens apprennent la venue de Marie Walewska, ils en tireront parti contre lui, et l'Impératrice trouvera là un prétexte ou un argument.

Mais il est aussi impatient et ému. Pourquoi aurait-il refusé cette visite, celle d'une femme qu'il n'a pas reçue à Fontainebleau à la veille de son abdication, qui est aussi la mère d'un enfant de lui ? N'a-t-il pas assez sacrifié à la raison politique ?

La voiture s'arrête. On élève la lanterne. Il les voit, elle dans la pleine beauté d'une femme de presque trente ans, et lui, Alexandre, l'enfant, des boucles blondes, *comme le roi de Rome, et ce profil qui est le mien.*

Il s'assied près d'elle. Cela fait des années qu'il ne la côtoie plus.

Il lui prend la main, puis il caresse la tête de l'enfant. Il éprouve une grande émotion mais en même temps, sera-ce désormais toujours ainsi, il n'est pas tout entier dans le désir, dans l'affection, dans les questions qu'il pose à l'enfant ensommeillé.

Il s'entend. Il se voit. Il est le témoin de ce qu'il fait et dit.

Elle le questionne de sa voix chantante marquée par l'accent polonais, et il se sent enveloppé par le souvenir. Il prend son fils contre lui, le soulève pour le porter jusqu'à l'ermitage, où il a fait préparer les chambres, alors que lui-même dormira sous la tente.

Mais pourquoi resterait-il seul ainsi ? Quel serait le sens de cette privation ? La vie doit être prise à bras-le-corps quand elle s'offre.

Il sort de la tente, se dirige vers l'ermitage.

Et quand l'aube blanchit le ciel il quitte la chambre de Marie Walewska pour demeurer longuement face à l'horizon.

Alors qu'elle dort encore, il voit s'avancer sur le sentier un officier de la Garde qui arrive de Portoferraio avec une lettre du général Drouot.

Il la lit en marchant à grands pas sur la plate-forme. Toute la population du port est persuadée que l'Impératrice et le roi de Rome sont arrivés dans la nuit, et qu'ils vont séjourner sur l'île aux côtés de l'Empereur. Dès lors que cette rumeur s'est répandue, elle ne pourra qu'être connue des espions qui grouillent dans l'île.

Il froisse le message de Drouot. Il s'enfonce dans la petite forêt de châtaigniers. Il se sent entravé, prisonnier, contraint de tenir compte de l'opinion de la population de cette île qui épie et cancane comme celle d'un village corse.

Il n'est plus l'Empereur qui pouvait imposer à tous sa manière de vivre. Et tous acceptaient. Maintenant, il craint les décisions de Vienne, les réactions de Marie-Louise, les bavardages des Elbois, auxquels il a prêché la vertu.

Perdre la puissance, c'est se soumettre aux autres. Il est humilié mais, s'il veut espérer revoir Marie-Louise et son fils, il doit accepter la prudence.

Il a pris sa décision. Il assiste au dîner avec Marie Walewska, il applaudit aux danses et aux chansons qu'interprètent des officiers polonais. Il caresse le visage d'Alexandre. Et cette dernière nuit, il retrouve Marie. Mais il ne peut accepter, comme elle le désire, qu'elle reste dans l'île. Il refuse les bijoux qu'elle veut lui donner, parce que le « ministre des Finances » Peyrusse lui a confié que les ressources de l'Empereur s'amenuisent.

Elle écoute dignement, les larmes dans les yeux.

C'est, il en a conscience, la femme la plus noble, la plus généreuse qu'il ait connue.

Elle ne demande que le droit de l'aimer.

Et il la repousse.

Il la voit partir alors que se déchaîne un orage et que le vent souffle en tempête. Elle doit embarquer à Marciana Marina, mais il devine dans la lueur des éclairs le navire qui met à la voile, s'éloigne sans doute pour contourner l'île, se mettre ainsi à l'abri du vent.

Tout à coup, il hurle, appelle un officier d'ordonnance, demande à ce qu'on rejoigne la comtesse et son fils, qu'on leur interdise d'embarquer avant que la tempête soit calmée.

Il regarde le cavalier s'éloigner dans les bourrasques.

Marie Walewska a traversé l'île jusqu'à Porto Longone, explique l'officier à son retour. Napoléon s'élance sous l'averse. Il galope jusqu'au port, poussé par le vent et les rafales.

Voici enfin devant lui l'ample rade au fond de laquelle brillent les quelques lumières de Porto Longone. Il n'y a pas de navire.

Il descend jusqu'au port. Ils ont embarqué, lui explique-t-on. Elle avait, a-t-elle dit, l'autorisation de l'Empereur. Et le navire a aussitôt levé l'ancre.

Tout est bien, murmure-t-il.

Il remonte lentement vers l'ermitage. La pluie tombe dru et droite. Le vent a cessé.

Lorsqu'il parvient sur la plate-forme rocheuse, à l'ermitage, le ciel est dégagé, l'horizon clair.

Il donne des ordres. Il sait qu'il ne reviendra plus ici. Où elle a été. Où elle n'est plus.

24.

Il retrouve avec plaisir les *Mulini*. Il fait moins chaud. Il chasse. Il crée une réserve de gibier au bout du petit cap Stella. Il aperçoit dans sa lunette un îlot à une vingtaine de milles au sud. Il donne aussitôt des ordres pour qu'on arme l'*Inconstant*. Il veut visiter cette terre abandonnée. Il arpente cet îlot de Pianovo, installe une petite garnison, des familles italiennes qui sont chargées de le défricher. Il voudrait transformer l'île d'Elbe, développer les mines de fer, les carrières de marbre, l'agriculture, les routes. Il veut chaque soir être écrasé par la fatigue d'une journée où, à chaque instant, il a galopé, décidé, agi.

Mais il n'oublie pas.

– Ma femme ne m'écrit plus, dit-il à Bertrand. Mon fils m'est enlevé comme jadis les enfants des vaincus pour orner le triomphe des vainqueurs. On ne peut citer dans les temps modernes l'exemple d'une pareille barbarie.

Il a appris que l'empereur François fait ouvrir les lettres qu'il écrit à Marie-Louise, et qu'il interdit à sa fille de répondre.

Que sont ces gens-là ?

Il a le sentiment d'avoir été dupé, ou de s'être trompé, ce qui est pire. Mais il ne peut renoncer. *C'est mon fils, c'est mon épouse.* Il faut donc solliciter, et les mots qu'il écrit au grand-duc de Toscane lui font mal.

« Monsieur mon frère et très cher oncle, n'ayant pas reçu de nouvelles de ma femme depuis le 10 août, ni de mon fils depuis six mois, je charge le chevalier Colonna de cette lettre. Je prie

Votre Altesse royale de me faire connaître si elle veut permettre que je lui adresse tous les huit jours une lettre pour l'Impératrice et m'envoyer en retour de ses nouvelles et les lettres de Mme la comtesse de Montesquiou, gouvernante de mon fils. Je me flatte que, malgré les événements qui ont changé tant d'individus, Votre Altesse royale me conserve quelque amitié. Si elle veut bien m'en donner l'assurance, j'en recevrai une sensible consolation. »

Mais il n'y a pas de réponse. On l'a mis au ban de l'Europe.

Et qui ? Talleyrand ! Le prince de Bénévent intrigue au Congrès de Vienne. Les journaux rapportent ses exploits. Il n'a que les mots de « souverain légitime » à la bouche. Il veut « être bon Européen ». Combien reçoit-il de pots-de-vin, ce vénal Blafard, pour s'entendre avec l'Angleterre et l'Autriche contre la Prusse et la Russie ?

Mais c'est moi qu'il poursuit de sa haine. Tout le Congrès bavarde, me confirment les lettres des informateurs, à l'idée de m'éloigner encore de l'Europe. On parle des Açores parce que, aurait dit Talleyrand, « c'est à cinq cents lieues d'aucune terre ». On a peur de moi. On invente des prétextes.

Il lit, dans *Le Journal des débats*, cette note : « On dit qu'on a arrêté en Italie quelques agents ou émissaires de Bonaparte et qu'en conséquence il sera transféré à l'île de Sainte-Hélène. »

Il montre le journal à Bertrand :

– Croyez-vous qu'on puisse me déporter ? Jamais je ne consentirai à me laisser enlever.

Mais ils ont si peur de mon nom, de mon souvenir. Mon ombre seule les terrorise.

Il marche sur les quais de Porto Longone. Il s'est installé là pour quelques jours, dans l'ancienne citadelle espagnole qui défendait le golfe. Il veut, dit-il à Bertrand et à Drouot, qu'on renforce l'artillerie de tous les forts de l'île, qu'on multiplie les exercices, qu'on achète des cartouches, du blé à Naples.

– J'ai reçu du roi de Naples une lettre fort tendre, dit-il. Il prétend m'avoir écrit plusieurs fois, mais j'en doute ; il paraît que les affaires de France et d'Italie lui montent à la tête.

Il a un haussement d'épaules.

Murat sait bien qu'au Congrès de Vienne Talleyrand s'emploie à le faire détrôner. *Alors, il se rapproche de moi.* Il tremble pour sa couronne. Il devine, lui aussi, que les émigés rentrés en France vont dresser le pays contre eux. Le nouveau ministre de la Guerre, Soult, *mon duc de Dalmatie*, dans sa rage d'être servile, vient de nommer au grade de général uniquement des chouans, des émigrés, qui ont combattu leur pays. Il fait arrêter le général Exelmans, un héros de la campagne de Russie et de la campagne de France, au seul prétexte qu'il a écrit au roi de Naples. Soult veut obliger tous les demi-solde à résider au lieu de leur naissance pour mieux les surveiller. Mais cela n'est rien encore : on veut restituer aux émigrés leurs biens, devenus nationaux, dès lors qu'ils n'ont pas encore été vendus. De quoi faire trembler paysans et bourgeois.

Napoléon s'arrête, fixe Drouot et Bertrand.

– Le gouvernement des Bourbons ne convient plus à la France, dit-il. Cette famille n'a que de vieilles perruques pour elle. Mais puisque la politique est allée déterrer Louis XVIII, il aurait dû se coucher dans mon lit tel qu'il le trouvait fait. Il s'est conduit autrement, et il en résultera qu'il ne vivra jamais en paix !

Puis il entraîne le général Drouot.

– Je vous recommande de porter la plus grande attention à ce que les certificats des grenadiers qui s'en vont soient faits à leur avantage pour ceux qui sont bons sujets.

Drouot approuve. Mais il avoue son inquiétude. Les soldes vont être versées avec retard.

Les Bourbons m'étranglent en n'honorant pas les clauses financières du traité de Fontainebleau. On me vole mon fils et mon épouse. On veut me déporter, m'assassiner. Et on veut m'empêcher de continuer à vivre ici.

Le piège est habile. C'est ma mort qu'on veut.

Il reprend de la même voix calme :

– On n'oubliera rien pour témoigner ma satisfaction à de braves soldats qui m'ont donné tant de preuves de dévouement. Faites imprimer ici un modèle de certificat. Vous y ferez mettre mes armes au milieu ; vous effacerez cette formule de souverain de l'île d'Elbe, qui est ridicule.

Il faut pourtant donner le change, jouer le jeu de celui qui accepte son sort et ne devine pas ce que sont les inventions de ses adversaires. Il faut recevoir comme dans la capitale d'un royaume la princesse Pauline, qui arrive de Naples sur le brick l'*Inconstant*.

Que la population de Portoferraio pavoise, que l'artillerie des forts Stella et Falcone salue l'arrivée de ma sœur!

Elle loge au premier étage du « palais » des *Mulini*, et elle crée autour d'elle une atmosphère de fête et de plaisirs. Elle organise, à son habitude, des soirées musicales et des bals masqués. Cela distrait et sert aussi de paravent.

Je suis ce souverain de l'île d'Elbe qui s'amuse et oublie qu'il a été l'Empereur des rois.

Il dicte : « Les invitations devront s'étendre sur toute l'île, sans cependant qu'il y ait plus de deux cents personnes. Il y aura des rafraîchissements sans glace, vu la difficulté de s'en procurer. Il y aura un buffet qui sera servi à minuit. Il ne faudrait pas que tout cela coutât plus de mille francs. »

Parce qu'il faut aussi penser à cela maintenant, à l'argent qui manque.

Mais on danse, on chante, on applaudit les pièces de théâtre que Pauline monte et interprète en compagnie des officiers de la Garde. Elle est belle, enjouée lorsqu'elle s'avance sur la petite scène de cette pièce aménagée en théâtre et qu'elle déclame dans le rôle principal des *Fausses Infidélités* ou des *Folies amoureuses*.

Et puis elle sait s'entourer de quelques jolies femmes qui rappellent, sous sa direction, cette grâce piquante des palais de Paris.

Napoléon, quand sa sœur les présente, sourit ; il oublie quelques instants ce qui l'oppresse. Ainsi, ce Corse, que Drouot vient de faire arrêter et qui avoue avoir été payé par le chevalier de Bruslart pour assassiner l'Empereur. Qu'en faire ? L'exécuter ? Le renvoyer avec mépris et se rendre comme si de rien n'était au prochain bal masqué de Pauline.

Puis, le bal terminé, bavarder quelques instants avec Mme Colombani ou Mme Bellini, ou Mlle Le Bel. Toutes, elles sont consentantes. Elles s'offrent. Il se souvient de Lise Le Bel qui, autrefois, à Saint-Cloud, avait passé quelques nuits avec lui, mais il ne retrouve pas cette joie qu'il avait éprouvée alors à voir entrer dans sa chambre cette petite jeune femme de dix-sept ans.

Aujourd'hui, aux *Mulini*, il découvre une rouée avide qui cherche à obtenir quelques avantages pour ses proches.

Et il la renvoie.

Il pense à Marie Walewska, à Joséphine, qu'il a toutes deux rejetées loin de sa vie. Joséphine, morte. Il dit à Bertrand :

– Mon divorce n'a point d'exemple dans l'Histoire, car il n'altère pas les liens qui m'unissaient à Joséphine et notre tendresse mutuelle reste la même. Notre séparation était un sacrifice que la raison d'État m'imposait dans l'intérêt de ma couronne et de ma dynastie. Joséphine m'était dévouée. Elle m'aimait tendrement. Personne n'eut jamais dans son cœur la préférence sur moi ; j'y avais la première place, ses enfants après. Elle avait raison, car c'est l'être que j'ai le plus aimé et son souvenir est encore plus puissant dans ma pensée.

Il ne peut et ne veut rien dire de Marie-Louise, puisqu'elle est silencieuse ou bâillonnée, *puisque ceux qui veulent ma mort me la volent et me dérobent mon fils.*

Il se fait apporter les lettres que la *Caroline* fait passer une fois par semaine de Piombino ou de Livourne. Elles viennent de toutes les régions de France. Il les lit et les relit. Ce sont des officiers en mi-solde qui expriment leur indignation. Ils disent : « Les Bourbons ne sont pas au bout et nous n'aimons pas ces messieurs. » Ils racontent les exploits qu'ils ont accomplis dans la Grande Armée, et décrivent l'état d'esprit dans les casernes.

Napoléon répète à Bertrand, à Drouot, à Peyrusse ce qu'il a déjà dit depuis des semaines : « Je suis regretté et demandé par toute la France. » Il lit les journaux. La division des coalisés à Vienne est patente. L'Angleterre s'oppose au désir du tsar qui veut reconstituer à son profit un royaume de Pologne. Et l'Autriche refuse à la Prusse le droit d'annexer la Saxe.

Si la coalition a éclaté, il y a une carte à jouer pour la France, pour lui. Et mieux vaut se battre que se laisser égorger ou étouffer ici.

Et c'est ce qu'ils veulent.

Il a confiance dans ce que lui rapporte Cipriani, un Corse qui est à son service. Il connaît depuis l'enfance cet orphelin qui accomplissait de petits travaux pour les Bonaparte. Lucien lui avait appris à lire. Il avait été intendant de Saliceti, et avait accompli pour lui plusieurs missions, soudoyant les Corses qui étaient au service d'un général anglais, Hudson Lowe, qui commandait la garnison de Capri. Celle-ci s'était soulevée et l'aile avait pu être conquise par les troupes du général Lamarque.

Il expédie Cipriani à Gênes, à Vienne, et le Corse, habile informateur, réussit à faire parvenir chaque semaine un bulletin rapportant les rumeurs qui circulent dans la capitale autrichienne, dans l'entourage des souverains, dans les couloirs du Congrès. Chaque fois que ces bulletins arrivent, Napoléon s'isole pour les lire et les relire.

« Il paraît certain que dans une séance secrète tenue hier matin il a été comme décidé qu'on enlèverait Bonaparte de l'île d'Elbe et que Murat ne régnerait plus... La personne qui m'a parlé de la conférence d'hier m'a dit que l'Autriche avait exigé que la décision sur Naples fût tenue secrète jusqu'au moment où l'on pourrait agir contre Murat... »

Napoléon ne réussit plus à dormir. Il se sent pris dans une nasse. On serre la corde autour de sa gorge.

Méneval, qui est attaché à la personne de Marie-Louise, écrit que l'enlèvement et la prochaine déportation dans l'île de Sainte-Hélène sont étudiés, préparés par les diplomates de Vienne et de Londres, à l'instigation du prince de Bénévent.

Je connais Méneval, mon secrétaire. Il n'est pas homme à me tromper et à se laisser berner. Et je connais Talleyrand, sa volonté de m'éloigner à tout prix. Ou de me faire assassiner.

Comment accepter de se laisser ainsi conduire à la mort sans réagir ?

Il donne des ordres. S'il le faut, on soutiendra un siège. L'*Inconstant* doit appareiller pour Livourne et charger pour cent mille francs de blé.

Il convoque le général Drouot. Il faut que les masures placées devant les forts et qui pourraient gêner le tir de l'artillerie soient rasées. Il veut que l'on organise des rondes sur toutes les côtes de l'île, que l'on multiplie les exercices et que l'on initie les artilleurs au tir à boulets rouges.

Il dit au colonel Campbell, qui représente dans l'île les coalisés et le surveille :

– Ce projet de déportation dans une île de l'Atlantique est indigne. C'est une violation des traités. Je résisterai jusqu'à la mort.

Campbell assure que rien de tel n'est projeté. *Mais que peut savoir du Congrès de Vienne cet officier ? Et que savent même les souverains des manœuvres de Talleyrand ? C'est lui qui agit pour que les sommes prévues qui me sont dues ne soient pas versées. Et Louis XVIII fait mettre sous séquestre les biens ayant appartenu aux Bonaparte.*

Comment administrer Elbe et la défendre, comment gouverner, alors que le revenu annuel de l'île n'est que de quatre cent soixante-dix mille francs, ce qui équivaut à peine aux dépenses du budget civil, et qu'il reste à payer la petite armée et les dépenses de la Maison de Sa Majesté ?

Ils me poussent vers le gouffre.

Et, s'ils veulent m'enlever, combien de temps pourrai-je résister avec une poignée d'hommes mal armés ?

Je suis entre leurs mains. Mon sort dépend de mes pires ennemis : les Bourbons, Talleyrand. Ceux qui voulaient me faire assassiner par la machine infernale de Cadoudal ou par Maubreuil sur les routes de Provence.

Le 7 décembre 1814, dans la nuit, Cipriani demande à être reçu. Il arrive de Gênes. Napoléon le fait asseoir. Mais Cipriani reste debout. Il est sûr, dit-il, de ses renseignements. L'enlèvement de Sa Majesté est décidé. Il va être mis en œuvre dans les semaines et peut-être même les jours qui viennent. Cipriani insiste sur le danger, d'une voix altérée par la fatigue. La tempête a rendu le voyage difficile depuis Gênes, s'excuse-t-il.

Napoléon demeure impassible. Maintenant qu'il vient de prendre sa décision, il est calme, presque indifférent.

Il ne reste plus qu'à agir.

Il a un instant d'hésitation quand le capitaine de la *Caroline* lui remet une lettre qui arrive de Vienne et porte le sceau des Habsbourg. Peut-être Marie-Louise annonce-t-elle son arrivée. Il l'ouvre d'un geste nerveux. Il la parcourt. Elle est datée du 1er janvier 1815.

« J'espère que cette année sera plus heureuse pour toi, écrit

Marie-Louise. Tu seras au moins tranquille dans ton île et tu y vivras heureux, pour le bonheur de tous ceux qui t'aiment et qui te sont attachés comme moi. Ton fils t'embrasse et me charge de te souhaiter la bonne nouvelle année et de te dire qu'il t'aime de tout son cœur. »

Pas un mot sur sa venue ici. La froideur convenue de l'indifférence polie. Qui lui a dicté cette missive où elle lui demande d'accepter son sort ?

Vivre ici en attendant les assassins ?

S'enfuir, au contraire, vaincre et les retrouver, elle et son fils.

C'est sa seule chance.

25.

Quand partir ?

Il parcourt l'île d'un port à l'autre. Il interroge les grenadiers en faction à l'entrée des ports.

– Eh bien, grognard, tu t'ennuies ?

– Non, Sire, mais je ne m'amuse pas trop.

– Tu as tort, il faut prendre le temps comme il vient. Ça ne durera pas toujours.

Il s'éloigne. Le secret doit être gardé jusqu'au dernier instant. Le colonel Campbell surveille chaque mouvement. Ses espions sont à l'affût. Et au large croisent des navires français arborant le drapeau blanc, chargés d'empêcher toute tentative de fuite et comptant peut-être parmi leurs équipages des assassins que l'on débarquera sur une plage déserte de l'île.

Il faut faire vite. Mais la frégate anglaise Partridge *est ancrée dans le golfe de Portoferraio. Et il faut quitter l'île sans acte de guerre, pour tenter de préserver la paix. Il s'agit donc de tromper tous ceux qui m'observent.*

Il répète à Campbell sa devise : *Napoleo ubiscumque felix.* Il convie le colonel aux bals que donne la princesse Pauline. Il se montre indifférent aux nouvelles de France. On y a célébré le 21 janvier 1815 la mémoire de Louis XVI au cours de cérémonies expiatoires où les régicides ont été menacés. Que doivent penser Fouché et quelques autres jacobins qui jouent les repentis ? Mais c'est tout le pays qui doit se trouver humilié, révolté par cette politique qui veut effacer plus de vingt ans d'histoire. D'ailleurs, le général Exelmans a été acquitté par un conseil de guerre. Et lorsque le curé de Saint-Roch a refusé des funérailles religieuses à Mlle de Raucourt, « bonapartiste » comme on dit désormais, et comédienne, des manifestations ont eu lieu à Paris.

Le pays est prêt. Le pays m'attend.

Mais il faut franchir la mer. Maintenant, alors que les nuits d'hiver sont longues.

Il consulte les tables d'éclipses de lune.

La prochaine aura lieu entre le 27 février et le 2 mars. Il faut quitter l'île ces jours-là. Puis laisser le destin mener les navires. Les nôtres et ceux de l'ennemi.

Il est joyeux. Il a la sensation que son corps est à nouveau léger, comme si son embonpoint ne pesait plus. Il multiplie les ordres, lancés avec suffisamment de calme pour ne pas éveiller l'attention de Campbell. Les routes devront être élargies pour permettre au matériel entreposé dans la partie orientale de l'île d'être conduit à Portoferraio et à Porto Longone.

– Donnez l'ordre, dit-il à Drouot, que le brick l'*Inconstant* entre dans la darse, qu'on refasse son carénage et qu'on y fasse tout ce qui est nécessaire pour qu'il puisse tenir la mer. Il sera peint comme un brick anglais. Je désire que, du 24 au 25 février, il soit en rade et prêt comme il est dit ci-dessus. Il sera approvisionné pour cent vingt hommes pendant trois mois et pourvu de chaloupes autant qu'il en pourra porter. Donnez l'ordre au sieur Pons de noliser par mois deux gros bâtiments, bricks ou chebeks de Rio Marina, au-dessous de quatre-vingt-dix tonneaux et le plus grands possible.

Il faut embarquer les cartouches, les chevaux, les hommes, près de douze cents, et atteindre le plus rapidement possible la côte française. Tout dépendra du vent.

Il se souvient de son retour d'Égypte. Il a une confiance absolue dans le destin. Il ne peut rester prisonnier ici, à attendre sa déportation ou sa mort. Il ne craint pas de périr en mer ou d'être pris par un navire anglais ou français. Il atteindra Paris. Il entend déjà les acclamations qui l'accompagneront tout au long de sa route.

Après, le destin jouera à nouveau sa partie.

Le lundi 13 février 1815, l'officier de garde vient annoncer qu'un homme vêtu comme un matelot demande à être reçu par Sa Majesté. C'est le début de la nuit. L'homme prétend être envoyé par Maret, duc de Bassano. Il a été, dit-il, sous-préfet de Reims, décoré de la Légion d'honneur pendant la campagne de France. « L'intrépide sous-préfet », a dit de lui le maréchal Ney. Il se nomme Fleury de Chaboulon. Voilà plusieurs semaines qu'il est en route. Il apporte à l'Empereur des nouvelles de France.

Napoléon l'écoute. Fleury parle d'une voix exaltée. La France attend l'Empereur. Les soldats et les paysans se lèveront en masse. Tous ceux qui ne supportent pas le retour des aristocrates et des jésuites se joindront à lui. On l'attend. Toute la France l'espère.

Napoléon questionne, reçoit à nouveau Fleury le mardi 14 février. Mais pourquoi se dévoiler ? Il le charge d'une mission auprès de Murat. Le roi de Naples a peur pour son trône. Il se rapproche donc et son aide en Italie peut être précieuse.

Napoléon fait quelques pas dans le jardin des *Mulini* avec Fleury. Il le conduit jusqu'à l'extrémité de la terrasse, là où le panorama est le plus vaste.

– Il n'est pas vrai que les hommes soient aussi ingrats qu'on le dit, murmure-t-il. Et si l'on a souvent à s'en plaindre, c'est que d'ordinaire le bienfaiteur exige plus qu'il ne donne. On vous dit encore que quand on connaît le caractère d'un homme on a la clef de sa conduite. C'est faux : tel fait une mauvaise action qui est foncièrement honnête homme. Tel fait une méchanceté sans être méchant.

Il faut donc pardonner à Murat, sans rien oublier de ce qu'il a fait. *D'ailleurs, j'ai besoin de lui. Et il a besoin de moi.* Talleyrand ne dit-il pas à Vienne « qu'il faut chasser Murat car il ne faut d'illégitimité dans aucun coin d'Europe » ?

Le jeudi 16 février, le colonel Campbell se présente, désinvolte, souriant. Il a beaucoup apprécié les bals de la princesse Pauline auxquels il a été convié.

– *Napoleo ubiscumque felix*, répète Napoléon.

Campbell part pour quelques jours à Florence.

Cette joie qui m'envahit, qu'il faut dissimuler et qui est pourtant la preuve que le destin, une fois encore, me tend la main.

Napoléon regarde à la fin de la soirée la frégate *Partridge* s'éloigner en direction de la côte italienne.

Peut-être cela est-il un piège, peut-être Campbell reviendra-t-il pour me surprendre, mais on ne peut manquer cette occasion, alors qu'approche la période des nuits sans lune.

Il donne l'ordre aux capitaines d'habillement de faire distribuer un uniforme complet et deux paires de souliers à chaque soldat. Il passe en revue le bataillon corse. Il fait dresser la liste des hommes auxquels on peut faire confiance.

Le mercredi 22 février, il commence à faire embarquer à la nuit tombée les caisses de cartouches et les ballots d'équipement sur le brick l'*Inconstant* et le chebek l'*Étoile*.

Tout à coup, le vendredi 24, alors qu'il se promène sur les chemins qui surplombent le golfe de Portoferraio, il aperçoit la frégate anglaise qui rentre dans le golfe, qui amène ses voiles, jette l'ancre.

Le destin m'a-t-il retiré sa main ?

Une embarcation glisse vers la terre, portant quelques hommes, puis la frégate se prépare de nouveau à appareiller, après avoir débarqué six touristes anglais ! Campbell est resté à Florence.

Napoléon reçoit les Anglais, les interroge, les écoute, commente ses campagnes, les invite à visiter l'île. Puis il donne l'ordre d'établir le blocus de l'île. Plus personne ne doit quitter Elbe ou y entrer.

Maintenant, les dés roulent, et il est hors du pouvoir de quelqu'un de les arrêter.

Le samedi 25 février 1815, il commence à écrire.

Il faut des mots de force et d'enthousiasme, d'énergie et de confiance pour le peuple français, les grenadiers de la Garde, l'armée. Et les phrases viennent : « Français, un prince imposé par un ennemi momentanément victorieux s'appuie sur un petit nombre d'ennemis du peuple qui depuis vingt-cinq ans les a condamnés dans toutes nos assemblées nationales. J'ai entendu dans mon exil vos plaintes et vos vœux. Vous réclamiez le gouvernement de votre choix, qui seul est légitime. J'ai traversé les mers ! J'arrive parmi vous reprendre mes droits qui sont les vôtres.

« Soldats de la Grande Nation ! Soldats du Grand Napoléon,

tout ce qui a été fait sans le consentement du peuple et le nôtre est illégitime. »

Ces mots l'exaltent. Il sort à plusieurs reprises sur la terrasse. C'est comme s'il avait besoin de les hurler aux troupes rassemblées. Elles seront bientôt là, il en est sûr.

« Soldats, arrachez les couleurs que la nation a proscrites et qui pendant vingt-cinq ans servirent de ralliement à tous les ennemis de la France ! Arborez cette cocarde tricolore : vous la portiez dans nos grandes journées. Reprenez vos aigles que vous aviez à Ulm, à Austerlitz, à Iéna, à Eylau, à Friedland, à Tudela, à Eckmühl, à Essling, à Wagram, à Smolensk, à la Moskova, à Lützen, à Würschen, à Montmirail... Pensez-vous que cette poignée de Français aujourd'hui si arrogants puissent en soutenir la vue ? Ils retourneront d'où ils viennent ; et là, s'ils le veulent, ils régneront comme ils prétendent avoir régné pendant dix-neuf ans. »

Le secret n'est plus possible.

Il s'approche de sa mère. Il lui caresse les cheveux. Il la sent inquiète. Durant tout le dîner, elle l'a observé, s'étonnant parfois de son silence. Tout à coup, il dit :

– Je vous préviens que je pars la nuit prochaine.

– Pour aller où ?

– À Paris, mais avant tout je vous demande conseil.

Il la regarde. Il a confiance dans cette femme qui n'a jamais tenté de le retenir et au contraire lui a appris à s'élancer.

Il l'entend qui soupire.

– Ce qui doit être sera, murmure-t-elle. Que Dieu vous aide. Je me reprocherais de vous dire rien d'autre. Mais s'il est écrit que vous devez mourir, le ciel, qui n'a pas voulu que ce soit dans un repos indigne de vous, ne voudra pas, j'espère, que ce soit par le poison mais l'épée à la main.

Il se retire. Il lit l'*Histoire de Charles Quint*, puis le sommeil le prend pour quelques heures, et c'est déjà l'aube du dimanche 26 février 1815. La journée s'annonce radieuse. Y aura-t-il du vent ce soir, un souffle qui doit pousser vers le nord la petite flottille.

Il regarde vers Portoferraio. L'embarquement à bord des navires continue. La foule est dense sur les quais. Il entend des cris, des pas. Des Elbois sont rassemblés sur l'esplanade derrière les *Mulini*. Il s'avance. On le presse, on s'agenouille, on l'embrasse. Mais l'heure n'est pas encore venue d'expliquer. Il rentre. Il faut brûler les papiers. Puis il descend sur le port inspecter les navires, dont un bâtiment marseillais que l'on retient de force depuis cinq jours et où commencent à embarquer les chasseurs polonais, cependant qu'on jette par-dessus bord la cargaison pour leur ménager de la place.

Dans la soirée, il reçoit une délégation des Elbois. Il est impatient. Ce temps est fini. Il est déjà ailleurs, la mer traversée, sur les routes qui conduisent à Paris.

– Messieurs, je vous quitte. La France m'appelle. Les Bourbons l'ont ruinée. Plusieurs des nations d'Europe m'y verront revenir avec plaisir.

Il dîne avec sa mère et la princesse Pauline qui pleure, le visage défait. Il se détourne, puis, quand Pauline veut lui remettre un collier, il l'entraîne dans le jardin, ému. C'est toujours à lui de consoler.

Sur les quais, dans la nuit tombée, il traverse la foule en calèche. Toutes les maisons sont illuminées. On crie : « *Viva l'Imperatore, Evviva Napoleone !* »

Il se lève. Il regarde cette mer de visages qui recouvre les quais du port.

– Elbois, je rends hommage à votre conduite. Tandis qu'il était à l'ordre du jour de m'abreuver d'amertume, vous m'avez entouré de votre amour et de votre dévouement... Votre souvenir me sera toujours cher. Adieu, Elbois ! Je vous aime. Vous êtes les braves de la Toscane.

Il saute dans une barque.

Il regarde la masse sombre de l'*Inconstant*, qui se dresse à l'entrée du port. Une clameur s'élève, roule sur la surface de la mer, et lui répond le chant des soldats embarqués :

Allons enfants de la Patrie
Le jour de gloire est arrivé.

– Ah, la France, la France, murmure-t-il.

Vers minuit, ce dimanche 26 février 1815, le vent du sud se lève enfin.

À dix heures, le lundi 27, une voile apparaît à l'horizon, c'est la *Partridge*. Elle semble même se rapprocher. Il faut couper les amarres des canots que l'on remorque pour aller plus vite. Napoléon donne l'ordre de se rendre aux postes de combat. Puis, dans sa lunette, il voit la *Partridge* s'éloigner. Le destin.

Il fait quelques pas sur la dunette.

– Campbell sera bien déconcerté lorsque le commandant de cette corvette lui annoncera que j'ai quitté l'île d'Elbe, dit-il.

Il s'assied sur le pont. Au milieu de l'après-midi, de la vigie, un marin crie qu'il aperçoit les voiles de deux navires.

Ce sont les frégates françaises de surveillance, mais elles disparaissent bientôt à l'horizon. Puis, au crépuscule, un brick français, le *Zéphyr*, s'approche de l'*Inconstant*. Les grenadiers se sont couchés sur le pont. Le capitaine du navire demande au porte-voix des nouvelles de l'Empereur.

Et le *Zéphyr* s'éloigne à son tour.

C'est la nuit obscure sans une lueur lunaire, comme il l'avait prévu. Une brise régulière souffle.

Le mardi 28 février 1815, vers midi, la côte française apparaît.

Napoléon est à la proue. Il se tourne vers les officiers rassemblés derrière lui, tendus eux aussi vers cette ligne bleue sombre qui apparaît.

– J'arriverai à Paris sans tirer un coup de fusil, dit-il.

Septième partie

Français, ma volonté est celle du peuple

1er mars 1815 – 12 juin 1815

26.

Il saute sur le sable de la plage, ce mercredi 1er mars 1815. Il est quatorze heures. Le soleil illumine la mer prisonnière de l'anse du golfe Juan. Toute la flottille est à l'ancre à quelques encablures et les premiers grenadiers ont déjà débarqué. Il les voit, avançant en ligne vers les oliviers, au-delà des roseaux qui ceinturent la plage. Les chaloupes ont commencé leur va-et-vient entre la côte et les navires. Il faudra plusieurs heures, estime-t-il, pour débarquer les douze cents hommes, les chevaux, les quatre canons, les caisses de cartouches. Il ne peut attendre ici. Il faut avancer au plus vite, vers l'intérieur des terres, s'assurer des premières villes, Cannes, Antibes, Grasse.

Le destin, une nouvelle fois, m'a ouvert la route. En avant.

Il va jusqu'à une oliveraie, à quelques centaines de mètres de la plage. Il place lui-même les sentinelles, puis ordonne qu'on monte la tente dans la prairie voisine. Il fait froid. Le soleil commence déjà à décliner. Les journées sont encore courtes. Il appelle le général Cambronne, qui commandera l'avant-garde. Tout dépendra de lui.

– Je vous confie l'avant-garde de ma plus belle campagne, lui dit-il. Vous ne tirerez pas un seul coup de fusil. Songez que je veux reprendre ma couronne sans verser une goutte de sang.

Il faut donc que les troupes se rallient. On choisira la route du Dauphiné pour éviter les royalistes d'Avignon et de la Provence. C'est à l'avant-garde d'ouvrir la route, sans violence. Il faut que chaque soldat qui s'avancera vers nous avec l'ordre de nous combattre entende ces mots.

Il prend la proclamation destinée à l'armée. Il la lit à haute voix.

« Soldats, venez vous ranger sous les drapeaux de votre chef. La victoire marchera au pas de charge. L'aigle avec les couleurs nationales volera de clocher en clocher jusqu'aux tours de Notre-Dame. Alors, vous pourrez montrer avec honneur vos cicatrices. Alors, vous pourrez vous vanter de ce que vous aurez fait, vous serez les libérateurs de la patrie ! »

Il s'approche de Cambronne, le serre contre lui, répète :

– De clocher en clocher, jusqu'aux tours de Notre-Dame, sans tirer un seul coup de fusil.

Il suit des yeux Cambronne et les quelques grenadiers qui l'accompagnent. Il s'assied auprès du feu.

Tout va se jouer dans les quelques jours qui viennent. Il regarde, au-delà des oliviers, un groupe de paysans et de pêcheurs qui l'observent avec une sorte d'indifférence curieuse. Il a en mémoire les acclamations de la foule sur les quais de Portoferraio. Si, ici, les soldats et le peuple ne viennent pas à lui, il sera sans force, et il suffira d'un homme déterminé pour l'abattre. Et l'aigle tombera.

Il pose les coudes sur ses cuisses, prend son menton dans ses paumes. Son corps est lourd. Ses jambes sont douloureuses et il ressent dans le ventre une douleur lancinante qui parfois, comme un coup de poignard, le déchire, du nombril au sexe. Il sait qu'il n'est plus aussi leste qu'autrefois, qu'il a du mal à monter à cheval, à rester longtemps en selle. Il l'a éprouvé dans ses promenades et ses chasses à l'île d'Elbe. Et quelquefois, sans qu'il s'en rende compte, il s'enfonce dans un sommeil noir comme l'oubli.

Il a dépassé quarante-cinq ans.

Il se dresse. Allons, en avant. Il marchera en première ligne. Que risque-t-il ? De mourir ?

Est-ce un risque ?

Un vent froid balaie les premières heures de l'aube et l'on marche vers Grasse, qu'il veut éviter. Le but, c'est Grenoble, la ville où la Révolution est née.

Il appelle tout en marchant le chirurgien Émery, un médecin qui l'a rejoint à Elbe, un Grenoblois dévoué. Il faut qu'Émery aille avertir les patriotes de Grenoble de l'arrivée prochaine de l'Empereur. Si Grenoble ouvre ses portes, si la garnison se rallie, alors la partie sera gagnée. Et, jusque-là, marcher, marcher.

Il se retourne. La petite armée forme une longue colonne noire qui gravit les sentiers serpentant au-delà de Grasse, vers Saint-Vallier, dans la rocaille et les broussailles. Il a fallu abandonner les canons. Les chemins ne sont pas carrossables. Il s'arrête. Il respire difficilement. La pente est raide. Un mulet chargé d'un coffre rempli de pièces d'or, ce qui reste du trésor, vient de glisser, et il faut chercher les napoléons qui ont roulé du coffre fracassé. La neige commence à tomber. Le général Drouot lui donne un bâton. Allons, en avant. Il plante le bâton dans la couche de neige. Il a marché dans le sable de Palestine. Il a marché dans la neige de Russie et sous les pluies d'Allemagne. Il doit marcher dans les rocailles des Alpes.

Après plusieurs heures, il s'assied quelques instants au milieu d'une vaste restanque. La neige a cessé de tomber. Le soleil est réapparu. Deux vieux paysans s'approchent, lui donnent un bouquet de violettes.

Il est ému. Il enfonce les fleurs dans sa redingote. C'est le premier signe d'amitié qu'il reçoit. Et voilà déjà deux jours qu'il a pris pied en France. Mais ceux qui l'ont aperçu, reconnu se sont tenus à distance. Est-il possible qu'on craigne son retour, pis, peut-être, qu'on l'ait oublié ?

Il jette la carcasse du poulet dont il vient de déjeuner.

Le temps n'est pas aux questions. Chaque heure compte. Ou je l'emporte, ou je meurs.

Il arrive à Saint-Vallier. Il s'arrête sur la place principale, au bord d'un pré. Un homme s'approche, un verre à la main. Il offre à boire.

Qu'il boive d'abord lui-même ! Je ne veux pas mourir du poison mais d'un boulet ou d'une balle, comme un soldat.

Il se désaltère après que l'homme a bu.

En avant. Le sentier devient plus étroit, surplombant des à-pics. Il avait voulu, décidé, jadis, depuis les Tuileries, de faire ouvrir une route carrossable entre Grenoble, Digne et Nice. Il avait cru que l'on avait exécuté ses ordres. Voilà ce qu'il en est ! Un chemin muletier qui passe par Escragnolles, Séranon, et atteint Castellane. Quelques curieux sur la place de la petite ville, mais pas de cris enthousiastes, la stupeur du sous-préfet, qui a cependant été prévenu par Cambronne, toujours en avant-garde.

Ce pays se déroberait-il ? Il sent la fatigue envahir son corps. Il faut dormir quelques heures à Barrême, repartir à l'aube.

Le chemin s'est élargi, Napoléon chevauche, s'arrête pour observer au carrefour des vallées la ville de Digne, la plus importante des cités qu'il a traversées depuis Golfe-Juan.

Il entre dans la ville vers treize heures.

Pourquoi ce silence, cette retenue des habitants qui me regardent passer sans manifester ? qui me suivent jusqu'à l'auberge du Petit Paris sans pousser un cri ?

Quelques dizaines de personnes se pressent devant l'entrée de l'auberge. Il s'avance vers elles.

– Il faut délivrer Paris de la souillure que la trahison et la présence de l'ennemi y ont empreinte, dit-il.

La foule a grossi. Il parle des émigrés, qui veulent reprendre des terres qui ont été données à ceux qui les travaillent. Quelques cris d'approbation s'élèvent, mais tout retombe bientôt dans le silence.

Pourquoi cette réserve envers moi ?

Mais il ne faut pas s'interroger, il faut avancer, dans ces plaines de la Durance que balaie un vent glacé chargé parfois d'averses de pluie mêlée de grêle.

La nuit arrive déjà. La fatigue l'écrase. C'est déjà le samedi 4 mars 1815. La nouvelle de son débarquement a dû parvenir à Paris, peut-être à Vienne. Si le peuple ne se lève pas pour le conduire jusqu'à Paris, alors la porte du destin claquera. Et il faudra mourir, si cela se peut.

Il passe la nuit au château de Malijai. Il ne peut pas dormir. Cambronne n'a pas envoyé d'estafette pour donner des nouvelles de sa marche. Peut-être a-t-il été pris, comme cette dizaine de grenadiers qui ont été retenus dans la forteresse d'Antibes, dans les heures qui ont suivi le débarquement. Peut-être dans quelques heures sera-ce la fin.

Il ne peut y croire. Il ne veut même pas envisager cela plus longtemps que dans une insomnie, inutile, épuisante. En route ! Il longe le cours de la Bléone et de la Durance qui roulent des flots boueux et tumultueux. Au loin apparaît la citadelle de Sisteron qui domine le défilé où se tasse, serrée contre les falaises blanches, la ville. Il avance en tête des grenadiers par une longue route droite bordée de platanes. Et il aperçoit une foule qui vient à sa rencontre. Il donne un léger coup d'éperon. Il ne doit pas attendre. Il doit aller au-devant de l'inconnu. Défier l'avenir. Brusquement, des bras qui se lèvent, un drapeau tricolore, et des voix qui lancent : « Vive l'Empereur ! »

Enfin ce cri, pour la première fois, après trop de jours, trop d'heures de silence.

Peut-être la porte du destin va-t-elle enfin s'ouvrir à deux battants ?

On l'entoure. Il prononce quelques mots. Mais il ne veut pas s'attarder. Il veut au contraire avancer plus vite, pour aller à la rencontre de cette population qui peut-être va s'enflammer, alors qu'au sud elle est restée inerte.

La nuit tombe, les grenadiers allument des torches pour éclairer la route qui descend vers Gap. Et tout à coup la ville apparaît, illuminée. Des points lumineux brillent sur les pentes des montagnes qui dominent la ville, d'autres progressent dans les campagnes qui l'entourent.

Il est vingt et une heures, et c'est la clameur, et la ferveur. Il voit les rues de Gap pleines d'une foule enthousiaste. On le presse. On crie : « Vive l'Empereur ! », « À la lanterne, les aristocrates ! », « Mort aux Bourbons ! »

Des paysans brandissent des fourches.

Enfin, enfin, ce peuple, cet accueil !

Il ne sent plus la fatigue. Il saute de cheval, entre à l'hôtel Marchand. Les gens veulent le toucher.

« Vous êtes notre Père », entend-il. On lui saisit les mains, on les embrasse. On l'interpelle de toutes parts. On dénonce les lois sur les biens nationaux, édictées par les Bourbons. Il écoute. Ce peuple bout. Napoléon n'imaginait pas cela il y a encore quelques heures. Rien n'est encore gagné, mais la partie est bien engagée.

– Citoyens, je suis vivement touché par tous les sentiments que vous montrez, lance-t-il depuis l'escalier. Vos vœux seront exaucés. La cause de la Nation triomphera encore !

L'acclamation déferle. « Vive l'Empereur ! Vive la nation ! »

– Vous avez raison, reprend-il, de m'appeler votre *Père*. Je ne vis que pour l'honneur et le bonheur de la France. Mon retour dissipe toutes vos inquiétudes ; il garantit la conservation de toutes les propriétés. L'égalité entre toutes les classes et les droits dont vous jouissez depuis vingt-cinq ans, et après lesquels nos pères ont tant soupiré, forment aujourd'hui une partie de votre existence. Ma présence les assure.

Si cet enthousiasme se propage, s'il embrase l'armée, alors plus rien ne pourra m'arrêter.

Il éprouve ce sentiment de paix intérieure et de fierté qu'il a si souvent ressenti au cours de sa vie, quand ce qu'il avait conçu, un plan qui pouvait paraître chimérique, se réalisait.

C'est à cela qu'il pense en montant la route du col Bayard, puis en faisant halte à Corps et en s'avançant vers Laffrey.

La petite armée est maintenant entourée de paysans qui veulent marcher vers Paris, se joindre aux soldats. Il faut les en dissuader. Il est l'Empereur, un homme de la nation, mais d'une nation en ordre et non d'un pays en révolution. Et puis rien n'est joué encore.

Sur la route, voilà pour la première fois des troupes qui barrent le chemin dans ce défilé de Laffrey qui commande la descente vers Grenoble et qu'on ne peut contourner.

C'est ici que le destin décide de mon entreprise.

Il appelle un officier de la Garde. Qu'il aille porter ce message au commandant de ce bataillon, sans doute le 5e de ligne : « L'Empereur va marcher sur vous. Si vous faites feu, le premier coup de fusil sera pour lui. »

Il n'attend même pas que l'officier revienne. Il marche seul, les mains tenant les revers de sa redingote.

Si je ne meurs pas ici, j'irai jusqu'à Paris.

Il entend la voix d'un officier du 5e de ligne qui donne l'ordre d'ouvrir le feu. Les fusils se lèvent, mais aucun coup ne part. Il marche lentement.

Si je dois mourir, que ce soit ici.

Il n'est qu'à quelques mètres. Il voit les visages de ces soldats, leurs insignes. C'est bien le 5e de ligne.

– Soldats du 5e ! crie-t-il d'une voix forte et assurée. Je suis votre Empereur ! Reconnaissez-moi !

Il s'approche encore d'un pas.

– Reconnaissez-moi ! reprend-il plus haut. S'il est parmi vous un soldat qui veuille tuer son Empereur, me voilà !

Une voix, mille voix. « Vive l'Empereur ! » Les soldats se précipitent, fusils levés au-dessus de leurs têtes, certains arborent une cocarde tricolore. On l'entoure de toutes parts.

Il est au bord des larmes. Il sent ses lèvres qui tremblent. La porte du destin est grande ouverte sur l'avenir.

Il donne l'ordre aux soldats de reprendre leurs rangs. Il les passe en revue. Il dit au général Drouot :

– Tout est fini maintenant, dans dix jours je serai aux Tuileries.

Il se dresse sur ses étriers. Lui qui souffre de plus en plus souvent de son corps lourd, de ses jambes, de son ventre, il ne ressent plus aucune douleur.

– Le trône des Bourbons n'existe que dans l'intérêt de quelques familles, clame-t-il. Toute la nation doit se dresser contre le retour à l'Ancien Régime.

Les soldats sont entourés par une foule de paysans qui crient : « Vive l'Empereur. »

Sur la route de Grenoble, il voit des troupes qui approchent, mais elles brandissent le drapeau tricolore et il reconnaît à leur tête le colonel La Bédoyère, l'un des meilleurs jeunes officiers de la Grande Armée, héroïque à la Moskova et durant la campagne de France. Que n'a-t-il fait de cet homme un général !

Il a rallié à l'Empereur les troupes sous son commandement, explique-t-il. Il annonce que la garnison de Grenoble est acquise, que la ville, malgré les autorités, attend l'Empereur. Puis il ajoute :

– Sire, plus d'ambition, plus de despotisme. Il faut que Votre Majesté abdique le système de conquêtes et d'extrême puissance qui a fait le malheur de la France et le vôtre.

Mais qui a refusé la paix ? Qui m'a contraint à la guerre pour me défendre ? Qui a-t-on voulu assassiner ? Que viennent de déclarer les Bourbons par ordonnance royale ? Que « Napoléon Buonaparte est traître et rebelle », qu'il faut lui « courir sus » et le traduire devant un conseil de guerre pour être fusillé sur simple constatation de mon identité !

Je suis, pour les souverains réunis au Congrès de Vienne et selon les mots que leur a soufflés Talleyrand, « l'ennemi et le perturbateur du monde, qui s'est placé hors des relations civiles et sociales et qu'il faut livrer à la vindicte publique ».

Voilà ce que veulent faire de moi mes ennemis ! Et Ney, le prince de la Moskova, promet de me ramener à Paris dans une cage de fer ! Et les Bourbons demandent l'aide de l'Europe pour abattre le Monstre ! Moi. Que leur importe la France !

Il se tourne vers La Bédoyère, puis il montre les paysans qui marchent vers Grenoble.

– Je ne suis pas seulement, comme on l'a dit, l'Empereur de ces soldats, je suis celui des paysans, des plébéiens, de la France. Ainsi vous voyez le peuple revenir vers moi. Il y a sympathie entre nous. Je suis sorti des rangs du peuple. Ma voix agit sur lui.

Il est vingt et une heures, ce mardi 7 mars 1815. Les grenadiers enfoncent les portes de Grenoble. Napoléon avance dans les rues. Et il se sent ivre de joie. Il n'a jamais connu cela, pense-t-il, même aux plus grands jours de l'Empire, ce délire de la foule, ces chants, ces cris, ces danses. Que sera-ce à Paris ?

La foule assiège l'hôtel des Trois Dauphins où il s'est installé. Il ouvre la croisée. Il voit tous ces visages, il entend cette houle des voix.

– Citoyens ! commence-t-il. Lorsque dans mon exil j'appris tous les malheurs qui pesaient sur la nation, que tous les droits du peuple étaient méconnus, je ne perdis pas un moment, je débarquai sur le sol de la patrie et je n'eus en vue que d'arriver avec la rapidité de l'aigle dans cette bonne ville de Grenoble, dont le patriotisme et l'attachement à ma personne m'étaient particulièrement connus ! Dauphinois, vous avez rempli mon attente !

Il parcourt les salons de l'hôtel. Une petite foule s'y presse. *Les notables sont revenus. Ils me présentent avec leur échine leurs hommages serviles.*

Il se penche vers Bertrand, il murmure :

– Jusqu'à Grenoble, j'étais un aventurier, me voici redevenu prince.

Qui peut l'arrêter maintenant ?

Est-ce Soult, qui vient de déclarer que « Bonaparte n'est qu'un aventurier » ? *Dans combien de jours se ralliera-t-il à moi ?* Sont-ce le comte d'Artois et Macdonald qui tentent en vain de rallier à eux les troupes de la garnison de Lyon, qui toutes arborent la cocarde tricolore ?

Il chevauche de Grenoble à Lyon, au milieu de l'enthousiasme. Au faubourg de la Guillotière, la foule est si dense qu'il ne peut avancer. Macdonald et le comte d'Artois se sont enfuis. On hurle autour de lui : « À bas les prêtres ! », « Mort aux royalistes ! », « À la lanterne, les ci-devant ! », « À l'échafaud, les Bourbons ! », « Vive Napoléon, vive l'Empereur ! »

Il avait arrêté la Révolution, canalisé cette énergie chaotique qui naissait d'elle, et voici qu'elle se répand à nouveau, par la faute de ces Bourbons qui n'ont rien appris et rien oublié.

Il entre dans l'archevêché, occupe les chambres et le salon quittés le matin même par le comte d'Artois.

Qu'imaginait ce Bourbon, cet émigré ? Qu'il pouvait m'arrêter ?

Le lendemain, samedi 11 mars, lorsqu'il ouvre la porte de sa chambre, il sait qu'il a reconquis le pouvoir. Tous les notables de la ville sont présents à son lever, comme autrefois. Avant.

Il donne ses ordres. Il veut une revue des troupes place Bellecour. Il veut qu'on prenne note des décrets suivants : rétablissement des trois couleurs, suppression des ordres royaux, licenciements de la Maison du roi, annulation de toutes les nominations faites dans l'armée et la Légion d'honneur depuis avril 1814.

Il marche dans la pièce, les mains derrière le dos. Il jette un regard vers les secrétaires qui écrivent. Les notables écoutent respectueusement.

Il reprend.

Il bannit les émigrés rentrés depuis 1814. Il restitue les biens nationaux rendus aux émigrés. Il séquestre les biens attribués aux Bourbons depuis un an. Il dissout les Chambres et convoque au Champ de la Fédération une assemblée des électeurs de France, où la nation donnera elle-même ses lois.

Il martèle : ce sera le Champ-de-Mai.

Puis il se tourne vers Bertrand, il ordonne à la Vieille Garde en garnison à Metz de rejoindre son Empereur.

Quoi qu'en pense Oudinot qui la commande, la Vieille Garde obéira.

Il se retire un instant.

Et eux, mon épouse, mon fils, viendront-ils à moi ?

Il commence une lettre officielle à « Marie-Louise, Impératrice des Français à Schönbrunn. »

« Madame et chère amie, je suis remonté sur mon trône... »

Puis il prend un autre feuillet.

« Ma bonne amie,

« Je serai, quand tu recevras cette lettre, à Paris. Viens me rejoindre avec mon fils. J'espère t'embrasser avant la fin mars.

« Tout à toi.

« Nap. »

Il reste immobile. La fatigue tout à coup l'écrase. Et une inquiétude sourde s'empare de lui. Il ne les reverra pas.

Il entend les cris « Vive l'Empereur ».

Il sort de la chambre. Cette femme qui s'avance vers lui, c'est Marie-Françoise Pellapra. Elle est toujours belle, jeune. Jadis, jadis... Ici même, à Lyon, sur la route de l'Italie, ils avaient passé ensemble une première nuit. D'autres avaient suivi à Paris. *Suis-je le père d'une petite fille, Émilie, dont elle a accouché après m'avoir connu ?* Il en a douté.

Marie-Françoise Pellapra lui prend les mains. Il la laisse parler. Le passé ne se recompose pas. Les êtres changent. Il vient d'apprendre que Bourrienne, son condisciple à Brienne, son secrétaire si longtemps, Bourrienne devenu le prévaricateur à Paris et à Hambourg, vient d'être nommé par Louis XVIII préfet de Police de Paris. Et qu'il a tenté en vain d'arrêter Fouché – lui, Bourrienne !

Il ne faut pas se retourner vers le passé tant que l'on peut agir et avancer.

Il quitte Lyon le lundi 13 mars 1815.

Tout au long de la route vers Villefranche-sur-Saône, il aperçoit ces paysans qui le regardent, incrédules, entourent parfois un invalide qui salue militairement, ou bien tirent de leurs poches des pièces de cinq francs, examinent l'effigie gravée puis s'écrient : « C'est bien lui ! » et lancent alors : « Vive l'Empereur ! »

Qui peut m'arrêter désormais ? Les rues de Villefranche, celles de Mâcon, de Tournus, de Chalon, de Dijon sont pleines d'une foule qui m'acclame et que je fends lentement alors qu'elle s'accroche à moi.

Ney ? Mais les troupes du prince de la Moskova refusent d'obéir aux ordres d'un maréchal au service du roi. Il faut lui tendre la main. J'ai besoin de lui, de ses hommes.

Napoléon dicte au maréchal Bertrand une lettre pour le maréchal Ney.

« Mon cousin,

« Mon major général vous expédie l'ordre de marche. Je ne doute pas qu'au moment où vous aurez appris mon arrivée à Lyon vous n'ayez fait reprendre à vos troupes le drapeau tricolore. Exécutez les ordres de Bertrand et venez me joindre. Je vous recevrai comme le lendemain de la bataille de la Moskova. »

Il est persuadé que Ney prendra cette décision. D'ailleurs, des régiments arrivent, cocardes au chapeau et drapeau tricolore en tête. On dit même que les bataillons de Villejuif, considérés comme les plus fidèles au roi, ont arboré la cocarde tricolore. Exelmans, rapportent des estafettes venues de Paris, s'est emparé avec des demi-solde de l'artillerie royale de la capitale.

Plus rien ne résiste. Les maires se précipitent pour m'assurer de leur fidélité.

– Vous vous êtes laissé mener par les prêtres et les nobles, lance Napoléon au maire d'Autun. Ils voulaient rétablir la dîme et les droits féodaux. J'en ferai justice, je les lanternerai !

À Auxerre, Ney demande à être reçu. Il est penaud, mal à l'aise. Il commence à se justifier. Il présente un mémoire qui explique, dit-il, les raisons de son ralliement à Louis XVIII.

Les hommes sont ce qu'ils font. Il m'a rejoint. Parce que je suis vainqueur ? Donc, il suffit de le rester pour que Ney me demeure fidèle.

– Vous n'avez pas besoin d'excuses, dit Napoléon à Ney. Votre excuse, comme la mienne, est dans les événements, qui ont été plus forts que les hommes. Mais ne parlons plus du passé et ne nous en souvenons que pour mieux nous conduire à l'avenir.

Il ouvre ses bras. Ney s'y précipite.

Tels sont les hommes.

Le dimanche 19 mars, il monte dans une calèche. Il est l'Empereur qui rentre dans sa capitale. Un courrier galopant près de la calèche annonce que le roi Bourbon a quitté les Tuileries pour la frontière du Nord. Le courrier tend une lettre de Fouché.

« Sire, des assassins guettent Votre Majesté dans les environs de Paris. Faites-vous bien garder », écrit le duc d'Otrante.

Que leur reste-t-il, en effet, sinon à m'assassiner, comme Henri IV ?

Il donne des ordres. Qu'on garde tous les débouchés de la forêt de Fontainebleau. Mais il n'est pas question de s'arrêter avant d'entrer dans le château. Il descend dans la cour du Cheval Blanc, gravit lentement l'escalier en fer à cheval. Il s'arrête quelques secondes.

Il y a moins d'un an, le 20 avril 1814, il faisait ici ses adieux à la Garde, il partait pour l'île d'Elbe, et, sur la route, les assassins hurlaient à la mort.

Ils sont toujours là mais, ce lundi 20 mars 1815, à dix heures, il reprend possession de son château et de ses pouvoirs.

A-t-il vécu entre ces deux moments ? Il lui semble que rien n'a existé. Si étrange, ce séjour à l'île d'Elbe.

Sa vie est ainsi, comme une succession de scènes.

Il parcourt les galeries. Il retrouve son cabinet de travail, donne ses ordres. Il veut, en roulant sur Paris, passer les troupes en revue aux Fontaines de Juvisy.

Il fait quelques pas dans le parc, puis il remonte dans sa voiture.

Il a si souvent parcouru cette route entre Fontainebleau et Paris, tant de fois passé des troupes en revue. Mais il vient d'accomplir sa plus belle campagne. Pas une ombre parce que pas un coup de feu, comme il l'avait voulu, pensé, rêvé, n'a été tiré. Le peuple est venu et a tout basculé.

Le voilà, ce peuple, dès l'entrée dans Paris. Hommes, femmes, enfants courent autour de la calèche, l'entourent, la précèdent et la suivent. Les chevaux sont contraints d'avancer au pas.

Jamais, jamais, ni pour les lendemains d'Austerlitz, ni pour le sacre, jamais, jamais il n'a connu cela.

Il voit les chevaliers de l'escorte qui ne réussissent pas à écarter ces femmes et ces hommes dont il entrevoit de manière fugitive les visages.

Si son fils vivait cela avec lui. Ce 20 mars est son quatrième anniversaire ! Signe du destin. Douleur plus vive.

Il voit des hommes et des femmes pleurer, des invalides brandir leurs béquilles, montrer leur Légion d'honneur.

Devant les Tuileries, c'est la marée. On se précipite, on le porte. Il est soulevé. Il passe de bras en bras jusqu'au palais puis monte, ainsi soutenu, l'escalier d'honneur. Il est enfin dans son appartement.

Hier, Louis XVIII était là.

Il entend les cris, les acclamations qui ne cessent pas.

C'est la plus belle de ses victoires, la plus grande, sans une tache de sang sur le drapeau.

Il a les larmes aux yeux.

Il se laisse tomber sur une chaise, épuisé.

Tout sera difficile, demain. Tout devrait s'arrêter ici.

27.

Il fait le tour de son cabinet de travail puis de ses appartements. Tout est encore en place, comme si personne n'avait occupé les lieux. Il n'y a que ce fauteuil trop large, celui d'un homme impotent, qui rappelle que Louis XVIII a vécu là.

À ma place.

Il donne un ordre. Les domestiques se précipitent, retirent le fauteuil.

Il parcourt à nouveau les pièces. On pourrait croire que rien ne s'est produit durant ces onze mois, qu'il revient d'une longue campagne et qu'il retrouve ses palais, ses courtisans et ses dignitaires inchangés.

Mais il est seul. Ni femme ni fils. Seulement ces hommes qui se pressent dans les salons, dont il entend le murmure. Ils ne quittent pas les Tuileries malgré l'heure avancée de la nuit. Ils veulent se montrer, prendre date, faire oublier ce qu'ils ont fait.

Il ouvre les portes. Il veut voir Cambacérès, Maret, Mollien, Molé, Davout, Caulaincourt. Le gouvernement doit être constitué dès cette nuit, pour que demain matin on puisse exécuter ses ordres, effacer la trace des Bourbons.

Il voit s'avancer Cambacérès. L'archichancelier tousse comme un vieillard. Il marche cassé en deux. Il bredouille. Il ne peut accepter un poste ministériel, dit-il. La maladie le ronge. À cinquante-deux ans, il se sent vieux. Caulaincourt et Molé se dérobent aussi. Ils sont prudents.

– Ils m'ont laissé arriver comme ils ont laissé partir les autres, dit-il à Mollien qui accepte le ministère des Finances.

Mais ils ont peur.

– Ce sont des gens désintéressés qui m'ont amené à Paris, reprend-il. Les sous-officiers et les soldats ont tout fait, je dois tout au peuple et à l'armée.

Dans la nuit, des groupes stationnent encore devant le palais des Tuileries. Il aperçoit dans la lueur des torches des gens qui dansent joyeusement. Il se tourne vers Molé, qui continue de refuser d'entrer dans le gouvernement.

– Je vous trouve tout changé, dit-il. Il n'y a que moi, de nous tous, de bien portant.

Il montre la foule.

– Rien ne m'a plus étonné en revenant de France, continue-t-il, que cette haine des prêtres et de la noblesse que je retrouve, universelle et aussi violente qu'au commencement de la Révolution.

Il fait quelques pas, la tête penchée.

– Nous recommencerons la Révolution. On ne peut se figurer tout le mal que ces malheureux Bourbons ont fait sans s'en douter à la France.

Il soupire. C'est assez pour cette journée. Mais qu'ils acceptent ou refusent, peu importe, il les nommera au gouvernement. Cambacérès à la Justice, Maret à la Secrétairerie d'État, et Fouché à la Police, Caulaincourt aux Relations extérieures, Savary à la Gendarmerie, Davout à la Guerre, Carnot à l'Intérieur.

Il s'assoit sur le bord de son lit. Le bain coule. Marchand, son valet de chambre, s'affaire. L'ancien domestique Constant, qui paraissait si dévoué, n'est pas revenu. Il a disparu au moment de son abdication, *en emportant, me dit-on, tout ce qu'il a pu. Et Bourrienne et Berthier sont sur les routes du Nord aux côtés du roi en fuite !*

Voilà les hommes !

Que puis-je faire, sinon m'appuyer sur ceux qui m'entourent ? « Je ne veux pas être le roi d'une jacquerie. » Je ne veux pas du déchaînement de la Révolution. Je dois tout au peuple et à l'armée, mais je ne peux pas céder à leurs passions. Quel système construire avec eux ? Refaire le Comité de Salut Public, mettre sur ma tête la perruque poudrée de Robespierre ? et dresser la guillotine place du Carrousel ? Je m'y refuse. Et je ne peux, pourtant, gouverner comme avant. Je dois laisser la liberté fleurir. Je vais abolir la censure, instituer de nouvelles règles de gouvernement.

Avec quels hommes ? Ceux qui sont restés ! Fouché ? Oui, ce maître de la Police, cet homme en qui je ne peux avoir confiance mais qui connaît son affaire. Et tous les autres, qui m'ont servi, abandonné et souvent trahi, mais qui me sont indispensables.

Il laisse ainsi passer cette première nuit aux Tuileries. Et, mardi 21 mars au matin, à six heures, il est déjà au travail. Il lit, il classe, il écrit, il dicte. Il murmure. Il reçoit Davout. Il a confiance dans ce maréchal, duc d'Auerstaedt, prince d'Eckmühl. À Hambourg, Davout a défendu la ville, longtemps après que toutes les chances de s'en échapper avaient disparu. Il a fait tirer sur le drapeau blanc.

– Pauvre France, pauvre France, murmure Napoléon en compulsant les dépêches.

L'Europe va se dresser contre elle, continue-t-il. *Je veux la paix. Mais qui prendra la main que je lui tends ?*

– Il faut donc nous battre à outrance, et pour cela préparer en trois mois une armée de trois cent mille hommes.

Il saisit Davout par le bras.

– Il ne s'agit pas d'écouter nos goûts, mais de vaincre ou de mourir.

Tout se jouera une fois de plus sur un champ de bataille. Je suis contraint à ce choix. On ne m'en laisse pas d'autre.

Il entraîne Davout jusqu'à la croisée. Les troupes de la garnison de Paris et de la Garde nationale sont en train de s'aligner sur la place du Carrousel. D'autres prennent position place du Châtelet. Il doit les passer en revue à treize heures. Sa première grande parade depuis des mois. La preuve donnée à tous qu'il a repris sa place, et que quelques heures après son retour le pouvoir est entre ses mains.

– Le gouvernement est une navigation, dit-il à Davout. Il faut deux éléments pour naviguer, il en faut deux aussi pour diriger le vaisseau de l'État. On ne dirigera jamais les ballons, parce que flottant dans un seul élément on n'a aucun point d'appui. On n'a de même aucune possibilité de direction dans la démocratie pure, mais, en la combinant avec l'aristocratie, on oppose l'une à l'autre et on dirige le vaisseau par des passions contraires.

Il sort avec Davout. La foule l'acclame. Les drapeaux claquent dans le vent frais de mars. Il passe devant le front des troupes, s'arrête, face à deux bataillons de la Garde nationale.

– La gloire de ce que nous venons d'accomplir est toute au peuple et à vous, lance-t-il. La mienne, à moi, est de vous avoir connus et devinés.

Il écoute ces acclamations. Il regarde ces régiments, cette foule qui se presse derrière les rangées de soldats.

Là sont ceux qui lui sont fidèles, ceux qui sont prêts à mourir pour lui, parce qu'ils pensent qu'il défend leurs droits. Et ils ne se trompent pas. Il ne veut pas de l'ancienne France. Il va rendre exécutoires toutes les lois votées par les Assemblées révolutionnaires contre les Bourbons. Entre cette dynastie et lui, il n'y aura pas de quartier. N'ont-ils pas, dès le début, se rendant compte qu'on ne pouvait l'acheter, cherché à l'assassiner ? Et maintenant ils poussent l'Europe à la guerre, pour en finir avec lui.

Et ceux qui sont avec les Bourbons sont contre moi.

Il dresse une liste de treize traîtres. Les Talleyrand, les Marmont, les Bourrienne, les Montesquiou verront leurs biens confisqués et seront condamnés à l'exil. D'ailleurs, ils ont déjà passé la frontière du Nord, avec Louis XVIII !

Mais combien me sont restés totalement fidèles, combien ont résisté à l'attrait du pouvoir ?

Il reçoit Hortense, qui durant cette année d'exil ne lui a pas adressé une seule lettre, un seul signe, et dont on rapporte qu'elle a présenté ses hommages aux souverains ennemis. Maintenant elle se présente, en pleurs, avec ses deux enfants.

– Je n'aurais jamais pensé que vous eussiez renoncé à ma cause, dit-il.

Elle a, bien sûr, de bonnes excuses. Qui n'en a pas, même pour la plus vile des trahisons ? Elle a voulu demeurer aux côtés de sa mère. Joséphine de Beauharnais était malade, sa fille pouvait-elle la quitter ? Et avant de mourir, il le sait, Joséphine dansait avec le tsar et le roi de Prusse à Malmaison. Hortense poursuit. Elle a pensé à l'avenir de ses enfants.

– Vous ne deviez pas demeurer en France, coupe Napoléon. Un morceau de pain noir eût été préférable. Votre conduite a été celle d'une enfant. Quand on a partagé l'élévation d'une famille, on doit en partager le malheur.

Elle pleure, sanglote même. *Pitié pour elle. Pour tous. Si je les condamnais, qui resterait autour de moi ? Marie Walewska !*

Elle vient. Il échange quelques mots avec Marie. Mais il a perdu son élan. Il l'estime. Il veut la protéger, elle et son fils. Qui sait ce que sera le futur ? Il faut qu'elle soit à l'abri du besoin. Mais renouer ? Il ne le peut pas. Quelque chose est mort en lui. Non pas seulement l'amour pour Marie Walewska, mais l'espérance sans laquelle il n'y a pas de sentiments profonds, de mouvements vers l'autre.

D'ailleurs, il se sent souvent las. Il veut surmonter sa fatigue. Revues, parades, conseils, réceptions officielles, et même soirées aux Tuileries ou à l'Élysée, où il s'installe à partir du lundi 17 avril. Les Tuileries sont trop vastes pour l'homme seul qu'il est.

Il réussit à travailler comme autrefois, douze, quinze heures par jour. Et il dévore les nuits. Il veut tout voir, tout penser, tout organiser, tout impulser. Il le faut. Il est l'unique ressort.

Il dit aux uns et aux autres : « Les destins de la France sont là, occupez-vous-en jour et nuit. » Il faut faire rentrer de l'argent pour équiper l'armée : « J'ai cent mille hommes dont je ne puis tirer aucun parti faute de fonds pour les habiller et les équiper. »

Il visite les grands travaux entrepris dans les différents quartiers de Paris, parce qu'il doit se montrer, faire sentir que la confiance en l'avenir est aussi grande qu'autrefois.

Il se rend à l'École polytechnique, chez les orphelins de la Légion d'honneur, à Saint-Denis, aux Invalides, au Muséum, à l'atelier de David, à l'Opéra, au Théâtre-Français.

Il passe en revue trente mille hommes de la Garde nationale, des divisions de cavalerie et d'infanterie. Il assiste à la messe. Il dîne avec Hortense, avec Lucien, Joseph, Jérôme, sa mère, tous rentrés à Paris. Il a oublié les griefs qu'il a contre ses frères. Ce sont ses frères.

Il est infatigable.

Mais tout à coup sa tête devient lourde. Il sent que tout son corps s'affaisse, comme s'il voulait rentrer en lui-même. Il s'assoupit, puis se réveille en sursaut. Autour de lui, c'est le silence. On l'observe. Il se secoue, s'éloigne. Il a les jambes pesantes, son ventre le tire en avant. Il a mal dans tout le bas de son corps. Il va se reprendre, retrouver l'énergie, monter à cheval malgré les douleurs qu'il ressent. Mais l'énergie n'est pas l'élan. C'est comme s'il n'avait plus confiance, alors que le destin, pourtant, il essaie de s'en convaincre, vient de lui prouver qu'il continue de lui offrir sa chance.

Mais quelque chose n'existe plus.

Il reçoit l'une après l'autre ces femmes d'autrefois, Mme Duchâtel, Mlle Georges. Il est un instant distrait. Il s'efforce à sourire, mais l'ennui vient. Il se lève, retourne à son cabinet de travail. Il interroge ses secrétaires. Il n'y a pas de lettres de l'Impératrice.

Il a reçu Méneval, chassé de Vienne alors qu'il avait été chargé par Napoléon de rester auprès de Marie-Louise. Méneval a raconté en baissant la tête, en hésitant, mais il a suffi de quelques mots pour que Napoléon devine.

Marie-Louise a refusé de m'écrire, Marie-Louise a été séduite par le comte Neipperg. Marie-Louise a confié mon fils à l'empereur d'Autriche pour en faire un prince autrichien. Marie-Louise souhaite une séparation.

Mon fils perdu.

Il veut l'oublier, dissimuler sa perte.

Il dit aux sénateurs :

– J'ai mis du prix à entrer dans les murs de Paris à l'époque anniversaire du jour où, il y a quatre ans, tout le peuple de cette capitale me donna des témoignages si touchants de l'intérêt qu'il portait aux affections qui me sont le plus près de mon cœur.

Mais je sais que mon fils est perdu. Comment, dès lors, avoir l'espérance ? Ne reste plus que sa petite monnaie, l'énergie, la volonté, la détermination.

Je n'ai que cela.

Je ne veux plus penser à mon épouse, à mon fils. Je ne veux rien savoir. Ils sont prisonniers. Voilà tout.

Il dicte une note pour Caulaincourt :

« Il faut faire ressortir l'horreur que doit inspirer la conduite de l'Autriche. Méneval parlera de la douleur qu'a éprouvée l'Impératrice lorsqu'on l'arrache à l'Empereur. Elle a été trente jours sans dormir lors de l'embarquement de Sa Majesté. Il appuiera sur ce que l'Impératrice est réellement prisonnière, puisqu'on ne lui a pas permis d'écrire à l'Empereur. »

Voilà la vérité officielle. Je ne veux pas en entendre d'autre. Je ne peux pas.

Il regarde le portrait de son fils, et tout à coup les larmes malgré lui inondent son visage.

Carnot entre à cet instant. Il faut se détourner pour cacher au ministre de l'Intérieur cette émotion, ma douleur.

Il commence à marcher d'un pas lent, pesant.

– L'ouvrage de quinze ans est détruit, dit-il. Il ne peut se recommencer. Il faudrait vingt ans et deux millions d'hommes à sacrifier. D'ailleurs, je désire la paix et je ne l'obtiendrai qu'à force de victoires.

Il s'approche de Carnot.

– Je ne veux pas vous donner de fausses espérances : je laisse dire qu'il y a des négociations, il n'y en a point. Je prévois une lutte difficile, une longue guerre. Pour la soutenir, il faut que la nation m'appuie. Mais, en récompense, elle exigera la liberté. Elle en aura.

Carnot est un vieux révolutionnaire. Voilà des mots qu'il aime entendre.

– La situation est neuve, reprend Napoléon. Je ne demande pas mieux que d'être éclairé.

Il baisse la tête.

– Je vieillis. L'on n'est plus à quarante-cinq ans ce qu'on était à trente ! Le repos d'un roi constitutionnel peut me convenir.

Il soupire.

– Il conviendra plus sûrement encore à mon fils.

Mon fils perdu.

Il tourne la tête. Il craint de pleurer encore.

Il ne doit pas se laisser aller.

Il s'adresse aux gardes nationaux et aux fédérés rassemblés aux Tuileries. Ils sont plusieurs milliers. Il passe devant eux lentement. Il sent vibrer leur enthousiasme. A-t-il jamais eu des troupes aussi déterminées ? Il écoute l'orateur des fédérés qui, en avant des premières lignes, prononce son discours. L'homme, petit, a la voix étranglée par l'émotion :

– Nous vous avons accueilli avec enthousiasme, dit-il, parce que vous êtes l'homme de la nation, le défenseur de la patrie et que vous conserverez les droits du peuple.

Il réclame des armes pour la population des faubourgs, décidée à courir aux frontières, « sus aux aristocrates ».

Ce serait un chemin, laisser se déchaîner l'orage révolutionnaire, l'encourager, se laisser porter par lui.

– Des revers ont retrempé le caractère du peuple français, répond seulement Napoléon. Il a repris cette jeunesse qui, il y a vingt ans, étonnait l'Europe.

Mais il ne peut, il ne veut pas aller au-delà.

Il a besoin des gardes nationaux, des fédérés, des soldats et des sous-officiers, mais aussi de Fouché, de Molé et même de Soult qui, hier ministre de la Guerre de Louis XVIII, fait allégeance et auquel il donne le poste de major général de l'armée.

Je reçois Benjamin Constant, cet écrivain qui se dit libéral, qui, le 19 mars, la veille de mon retour aux Tuileries, me comparait encore dans ses articles à Gengis Khan, à Attila, à Néron, à un Ogre !

C'est lui que je charge de rédiger « l'Acte additionnel aux Constitutions de l'Empire » qui prévoit une Chambre des représentants et une Chambre des pairs nommés par l'Empereur et héréditaires.

Ce sont ces gens-là, Benjamin Constant, Molé et Fouché, qui font l'opinion des notables. Sans eux, que puis-je ?

Il dit : « Toute souveraineté réside dans le peuple. » Et ausitôt Molé proteste contre cette maxime « digne de 93 ». Et on agite l'épouvantail de Robespierre, on montre l'ombre de la guillotine.

Il doit rassurer ces gens-là :

– Il faut bien se servir des jacobins dans ce moment pour

combattre le danger le plus pressant, explique Napoléon à Molé, mais soyez tranquille, je suis là pour les arrêter. Ils ne me feront pas aller plus loin que je ne voudrais.

D'ailleurs, qui décidera de l'avenir? Eux, les Benjamin Constant, les Molé, les Fouché, qui veulent des élections, réunir les chambres le 1er juin? Ou bien moi, sur le champ de bataille, dans cette guerre inéluctable qu'on m'impose?

Si je suis vainqueur, toutes leurs intrigues, tous leurs calculs seront balayés et je ferai ce qu'il me plaira. Si je suis vaincu, ils seront tous d'accord pour m'ensevelir, dans n'importe quelles conditions et quelles que soient les modifications que j'aurai acceptées aux Constitutions de l'Empire. Alors, autant céder. Que les élections aient lieu. On réunira les élus le 1er juin.

Il dit :

– J'ai renoncé aux idées du grand Empire dont, depuis quinze ans, je n'avais encore que posé les bases. J'avais alors pour but d'organiser un grand système fédératif européen, que j'avais adopté comme conforme à l'esprit du siècle et favorable au progrès de notre civilisation. Mon but n'est plus désormais que d'accroître la prospérité de la France par l'affermissement de la liberté publique.

Qu'on vote donc! Que Fouché intrigue pour faire élire des hommes qu'il pourra manœuvrer. Si je reviens vainqueur de la guerre annoncée, tout cela ne pèsera rien, et si je suis vaincu... quelle importance que ces votes? Où serai-je? Mort, c'est mon espoir. Mais je sais que la mort peut se dérober.

Je la sens pourtant, cette mort présente et absente.

Elle est là, dans ce jardin de la Malmaison où il se promène en compagnie d'Hortense.

Il ne peut regarder ces arbres sans se souvenir des fêtes passées ici, de la gaieté de ces soirées d'avant.

Il n'en reste plus que les ombres. Joséphine est morte. Pauline, qui régnait sur les divertissements et les bals, Pauline si insouciante et si belle avec insolence, est prisonnière des Autrichiens à Viareggio. Élisa est à Brünn, en Moravie, internée elle aussi, comme Caroline, gardée avec ses enfants par les Autrichiens encore mais à Trieste. Toutes mes sœurs qui brillaient ici à la

Malmaison au temps de la gloire et des succès ! Et Murat, cette bête de Murat, qui plastronnait au bras de Caroline, et qui aujourd'hui, après avoir attaqué les Autrichiens pour tenter de s'emparer de l'Italie et garder son royaume de Naples, a été défait et a débarqué près de Cannes, fugitif et vaincu. Il m'offre ses services.

Tels sont les hommes.

Napoléon quitte la Malmaison. Il somnole dans la berline qui le reconduit à l'Élysée. Il est épuisé.

Ce n'est que l'un de ces moments où la fatigue l'emporte. Il prend un bain. Il a un accès d'angoisse en voyant dans le miroir ce que son corps est devenu. Le ventre est si proéminent que les bords de sa chemise s'échappent du pantalon. Et qu'il a du mal à boutonner son gilet. Il passe sa main sur son crâne, ramène quelques mèches vers le front. Il est vraiment, maintenant, « le petit tondu », comme disent ses soldats.

Il appelle Marchand. Son valet l'aide à s'habiller. Puis, de retour dans son cabinet de travail, il examine les rapports des espions, qui surveillent Fouché, pourtant ministre de la Police !

Mais comment avoir confiance en Fouché ? Cet homme sait étouffer la rébellion royaliste qui est née dans l'Ouest, attisée par Wellington. Mais il est aussi capable de penser à ma défaite pour organiser après ma chute le régime qui lui conviendra. Voilà pourquoi il a pesé sur les élections à la Chambre des députés qui se déroulent en cette fin mai 1815. Voilà pourquoi ses émissaires prennent contact avec Metternich.

Il convoque Fouché.

Il a déjà tant de fois menacé le duc d'Otrante ! Tant de fois il a été irrité et fasciné par son impassibilité, ses paupières lourdes, dissimulant le regard, son teint aussi blafard que celui de Talleyrand.

– Vous êtes un traître, Fouché, lui dit-il sur un ton méprisant. Je devrais vous faire fusiller.

Fouché ne bouge pas, murmure, les lèvres à peine entrouvertes :

– Sire, je ne suis pas de l'avis de Votre Majesté.

Au diable Fouché !

Napoléon a un mouvement de colère de tout le corps. Il lance :

– On me pousse dans une voie qui n'est pas la mienne. On m'affaiblit. On m'enchaîne. La France me cherche et ne me trouve plus. Elle se demande ce qu'est devenu le vieux bras de l'Empereur.

Il crie :

– La première justice, c'est le salut public !

Puis, d'un geste las, il fait signe à Fouché de sortir.

Il ne veut pas de potence, pas de guillotine. Les armes décideront.

Ce dimanche 28 mai 1815, il sort d'un pas rapide, puis il monte à cheval. Il aperçoit les baïonnettes des soldats alignés sur la place du Carrousel.

Il va les passer en revue. C'est d'eux et de moi que tout dépend.

28.

Il jette un coup d'œil sur les chiffres des résultats du vote. L'Acte additionnel aux Constitutions de l'Empire a été adopté par 1 532 000 oui contre 4 802 non. Il repousse la feuille. Plus de trois millions de personnes n'ont pas voté. Il hausse les épaules.

Les pleutres et les indécis ne font l'Histoire que lorsque les héros ne la conduisent plus. Si je suis vaincu ou si je meurs, ce sont les médiocres qui gouverneront la France.

Il prend une seconde feuille. Là sont inscrits les noms des élus qui composeront la Chambre des représentants. Il la parcourt rapidement.

Il n'y a qu'une poignée de jacobins, peut-être quarante, quatre-vingts députés qui me sont fidèles, et le reste, la foule majoritaire de ceux qui me craignent, qui ne pensent qu'à leurs biens et qu'on appelle les libéraux.

Il a encore besoin d'eux. Mais il froisse la feuille. Cette chambre ne sera pas plus facile à conquérir que celle qu'il a affrontée le 18 Brumaire à Saint-Cloud.

Ils me poignarderont s'ils me savent faible. Ils me subiront si je suis fort. Et ils bavarderont en toute circonstance, incapables de prendre une décision.

Maintenant, il faut qu'il désigne les cent soixante-dix-sept pairs héréditaires. Il écrit les noms des généraux qui lui sont fidèles, Drouot, Bertrand, Cambronne, Exelmans, La Bédoyère, puis il écrit le nom de Sieyès. La taupe de la Révolution, l'allié rival du temps de Brumaire est toujours là. Puis il ajoute le nom de ses frères revenus à Paris. Joseph, Lucien, Jérôme.

Il s'interrompt.

Où est le peuple, dans tout cela ? Où sont ces paysans, ces sous-officiers, ces soldats qui m'ont porté de Golfe-Juan aux Tuileries ? Où sont ces hommes dont les préfets disent qu'ils s'enrôlent dans l'armée pour courir aux frontières, qu'ils travaillent aux fortifications sans être rémunérés, qu'ils répondent à la circonscription avec un enthousiasme qui étonne ?

Il cherche le rapport du préfet du département du Mont-Blanc : « Cinq mille hommes, volontaires, rappelés, retraités, sont partis en deux mois, plus qu'à aucune époque de la Révolution. » Dans le Bas-Rhin, le 7e bataillon de la Garde nationale demande à être versé dans la Grande Armée pour pouvoir combattre à coup sûr.

Il se lève, arpente son cabinet de travail. L'émotion le submerge. Il convoque Davout et, dès que le maréchal apparaît, Napoléon lui lance :

– C'est une belle nation que la française, noble, sensible, généreuse, toujours prête à entreprendre tout ce qu'il y a de grand et de beau.

Il se souvient de ce qu'il a dit à ces deux membres du Parlement anglais venus lui rendre visite à l'île d'Elbe. « En France, la queue est bonne, la tête est mauvaise. » Mais il doit compter avec cette tête, ce La Fayette sorti du passé, élu membre de la Chambre des représentants, et six cents qui sont comme lui, royalistes de cœur, n'attendant que la défaite de la Grande Armée du peuple, pour enfin gouverner à leur guise.

Ce sont ceux-là pourtant qui sont élus.

Il les voit, assis autour de lui sur la vaste tribune qui a été dressée sur le Champ-de-Mars, ce 1er juin 1815, pour la grande Assemblée qui doit enregistrer les résultats des élections.

Le canon tonne. Les fanfares jouent. Les troupes défilent. Il y a devant lui, assis dans un amphithéâtre dressé face à l'École militaire, des milliers de participants, peut-être cinquante mille, et tout autour, sur le Champ-de-Mars, des centaines de milliers de spectateurs. Il se sent engoncé dans cette tunique rouge clair et ce manteau doublé d'hermine et brodé d'or, dans sa culotte de satin blanc.

Il a voulu cela parce que cette cérémonie dite « du Champ-de-Mai » doit être un nouveau sacre, celui d'un nouvel Empire.

Il fait beau. On célèbre la messe. Il se souvient de Notre-Dame, de Joséphine. Il entend distraitement le héraut proclamer :

– Au nom de l'Empereur, je déclare que l'Acte additif aux Constitutions de l'Empire a été accepté par le peuple français.

Le grand chambellan s'avance, lui présente le texte de l'Acte. Napoléon se lève, signe. Il regarde cette foule qui s'étend à l'infini. Il aurait pu la soulever, balayer avec elle tous ces dignitaires, recommencer la Révolution. Il ne l'a pas voulu. Il est un homme d'ordre. Mais il sait que sa force vient de cette foule.

Il rejette les pans de son manteau, fait quelques pas.

– Messieurs les électeurs des collèges de département et d'arrondissement, messieurs les députés des armées de terre et de mer au Champ-de-Mai...

Il regarde la foule puis, d'une voix forte, reprend :

– Empereur, Consul, soldat, je tiens tout du peuple. Dans la prospérité, dans l'adversité, sur le champ de bataille, au Conseil, sur le trône, dans l'exil, la France a été l'objet unique et constant de mes pensées et de mes actions... Dites aux citoyens que les circonstances sont grandes, qu'avec de l'union, de l'énergie et de la persévérance nous sortirons victorieux de cette lutte d'un grand peuple contre ses oppresseurs.

Il hausse encore la voix.

– Français, ma volonté est celle du peuple, mes droits sont les siens, mon honneur, ma gloire, mon bonheur ne peuvent être autres que l'honneur, la gloire et le bonheur de la France !

Les acclamations roulent des premiers aux derniers rangs.

Il attend, puis lance :

– Je jure d'observer et de faire observer la Constitution de l'Empire.

Les officiers tirent leurs épées, crient : « Vive l'Empereur, vive l'Impératrice, vive le roi de Rome ! »

Il entend distinctement dans la rumeur des voix qui hurlent : « Nous irons les chercher ! » Derrière lui, les notables s'indignent, protestent.

Le peuple seul comprend ce que je ressens.

Il s'avance cependant que tous les porte-aigles de l'armée, de la

Garde et des gardes nationaux présentent leurs drapeaux au pied de cette tribune en forme de pyramide.

Il a à ses pieds une mer hérissée de drapeaux, de sabres et de baïonnettes. Les canons des Tuileries, de l'École militaire, de Montmartre et du château de Vincennes couvrent de leurs détonations les cris de « Vive l'Empereur ».

C'est le sabre et le boulet qui, une fois encore, décideront de mon destin.

Sur quoi d'autre puis-je compter?

Le 3 juin, on lui apporte le résultat de l'élection du président de la Chambre des représentants.

Il s'indigne.

– On a voulu m'offenser ! On a voulu m'affaiblir en ce moment critique ! crie-t-il.

Ils ont élu Lanjuinais. Il connaît bien cet avocat au Parlement de Rennes, élu aux Assemblées révolutionnaires, dont il a fait un sénateur et qui a voté contre le Consulat à vie et l'Empire.

Un opposant, qui fut même hostile à la condamnation des complices de Cadoudal! C'est lui qui a rédigé, en 1814, l'acte d'abdication, et qui a été fait pair de France par Louis XVIII. Et c'est lui qu'on élit! Contre moi! Je pourrais dissoudre la Chambre.

Il a une grimace de mépris. Une douleur se réveille à son flanc droit. Il hausse les épaules.

– Ces hommes ne savent même pas s'unir à moi, qui peux seul les garantir contre tout ce qu'ils craignent. Car c'est à coups de canon maintenant qu'on peut défendre la Révolution, et lequel d'entre eux est capable d'en tirer un?

Mais j'ai besoin de ces gens-là.

Il se laisse tomber sur une chaise, appuie la tête sur ses mains. La fatigue l'écrase.

Que puis-je faire? Me battre et vaincre.

Il dicte ses instructions à Davout.

« Donnez ordre au maréchal Grouchy, qui commandera en chef la cavalerie, d'être le 5 juin à Laon, afin que le 10 on puisse entrer en campagne. La Garde devra être complètement approvisionnée et prête à combattre à partir de ce 10 juin. Vous fermerez toutes les communications sur toute la ligne du Nord, du Rhin et de la Moselle. Aucune voiture ni aucune diligence ne devra plus passer. Vous quitterez Paris le 8 juin. En passant par Lille, vous monterez un bureau d'espionnage et prendrez les derniers renseignements sur la position de l'ennemi. Faites appeler le maréchal Ney : s'il désire se trouver aux premières batailles qui auront lieu, dites-lui qu'il soit rendu à Avesnes où sera mon quartier général.

« Il est nécessaire que les voitures de voyage soient prêtes sans qu'on le sache, afin que je puisse partir deux heures après en avoir donné l'ordre. »

Voilà. La roue tourne à nouveau. Elle va broyer des hommes et peut-être m'écraser.

Le secrétaire lui tend une lettre de Murat, qui demande à nouveau à servir dans l'armée française.

Napoléon la jette à terre, commence à dicter.

« L'Empereur ne peut employer un homme qui, il y a un an, a trahi les Français. Cette année, vous avez compromis la France en attaquant prématurément les Autrichiens. »

Il n'y a rien d'autre à ajouter.

Mais quelques heures plus tard, quand il passe en revue, place Vendôme, le 13e régiment de dragons, il se souvient des charges héroïques de Murat.

Le temps est cruel pour les hommes. Il se tasse sur sa selle. Il se voûte, comme si tout son corps le tirait vers le sol. Où sont Muiron qui s'est jeté devant lui au pont d'Arcole pour lui sauver la vie, Desaix, Lannes, Duroc, Bessières ?

La mort n'a pas voulu de moi sur le champ de bataille. Elle a refusé de m'obéir à Fontainebleau. Qu'elle ne m'oublie pas si le combat que je vais conduire est perdu.

Il rentre lentement à l'Élysée ce lundi 5 juin 1815.

Un officier s'avance vers lui dans l'entrée du palais. Il tend une dépêche.

Napoléon lit. Tout se voile. Ses jambes se dérobent.

Lorsqu'il sort de la nuit, des officiers sont penchés sur lui. Et il perçoit l'angoisse dans leurs yeux. Il a le visage mouillé. On l'a aspergé d'eau. Il s'est évanoui, lui murmure-t-on.

Il se redresse, commence à marcher lentement. Il se rend compte qu'il tient à la main la lettre. Il s'arrête, la relit.

Le maréchal Berthier est mort. Le prince de Neuchâtel, retenu à Bamberg par les Autrichiens, s'est jeté d'une fenêtre.

Berthier, l'homme de toutes les campagnes, le major général qui me comprenait avant même que j'aie terminé d'exposer mes plans. Berthier qui ne m'a trahi qu'à Fontainebleau, qui s'est enfui avec Louis XVIII et qui, sans doute, a voulu me rejoindre, Berthier tenaillé par le remords et qui choisit la mort.

Berthier qui va manquer à mon armée. Mes sous-officiers et mes soldats veulent se battre, mais où sont mes généraux, où sont Lannes, Duroc, Bessières, Berthier ? Ney est presque fou. Soult m'a trahi, et il n'est pas un bon major général. Que vaut Grouchy ? Davout, le meilleur, doit rester à Paris. Que laisserai-je, sinon, derrière moi ?

Et j'ai à combattre toute l'Europe, plus d'un million d'hommes et tout l'argent de l'Angleterre !

Il s'approche de Mollien. Il dit d'une voix lasse : « Berthier est mort. » Puis, en s'éloignant, comme en se parlant à lui-même : « Le destin est changé pour moi. J'ai perdu là un auxiliaire que rien ne remplace. »

Il a hâte de rejoindre l'armée, le champ de bataille. *Qu'enfin commence la dernière épreuve. Mais il faut encore prononcer, le 7 juin, le discours du trône devant les Chambres des représentants et des pairs, qui me guettent, attendent que je chancelle.*

C'est comme le prélude à la guerre. Il serre les dents. Il parle d'une voix puissante.

– L'armée et moi, nous ferons notre devoir. Vous, pairs et représentants, donnez à la nation l'exemple de la confiance, de l'énergie et du patriotisme, et, comme le Sénat du grand peuple de l'Antiquité, soyez décidés à mourir plutôt que de survivre au déshonneur et à la dégradation de la France. La cause sainte de la patrie triomphera.

Ils applaudissent, mais combien sont prêts au sacrifice ?

Peu importe leur nombre, puisque ce qui va compter c'est le sort de la guerre.

Il faut maintenant veiller à chaque détail.

« J'ai lu avec peine, dicte-t-il à Davout, que les deux régiments qui étaient partis ce matin n'avaient qu'une paire de souliers. Il y en a en magasin, il faut leur en procurer deux dans le sac et une aux pieds. »

À dicter ainsi tout le jour, à consulter les cartes, à passer les dernières revues, le temps s'écoule vite.

Le dimanche 11 juin, il assiste à la messe aux Tuileries, puis reçoit une délégation des Chambres.

Ce sont ces hommes-là qui vont survivre à mes soldats.

Il s'approche d'eux, les fixe jusqu'à ce qu'ils baissent les yeux.

– Je partirai cette nuit pour me rendre à la tête de mes armées, dit-il. Les mouvements des différents corps ennemis y rendent ma présence indispensable.

Il s'éloigne, revient d'un pas assuré. Qui sont-ils ? Des bavards ! À l'heure où les boulets vont tomber, crevant les poitrines, que feront-ils ?

– La crise où nous sommes engagés est forte, reprend-il. N'imitons pas l'exemple du Bas-Empire qui, poussé de tous côtés par les barbares, se rendit la risée de la postérité en s'occupant de discussions abstraites au moment où le bélier brisait les portes de la ville.

Il croise les bras.

– Aidez-moi à sauver la patrie.

Il leur tourne le dos et, dans son cabinet de travail, il dicte : « Les hostilités commenceront le 14 juin. »

Il consulte rapidement les dépêches. Les armées coalisées, russes, autrichiennes, hollandaises, anglaises, prussiennes convergent vers la Belgique.

Il est temps.

Il entre dans la salle à manger. Ses frères Joseph, Lucien, Jérôme l'attendent, entourant leur mère.

Il faut être gai alors qu'ils sont tous graves, qu'Hortense grimace pour ne pas pleurer.

Lorsque les enfants d'Hortense puis ceux de Joseph entrent, il les embrasse.

Où est mon fils ?

Il passe au salon. Les ministres l'attendent. Ils composeront avec Lucien et Joseph un Grand Conseil qui délibérera le mercredi. Mais les décisions continueront d'être prises par l'Empereur, tenu chaque jour informé par courrier.

Il plaisante, il fait ses adieux à l'épouse du général Bertrand. Il se penche vers elle.

– Pourvu que nous ne regrettions pas l'île d'Elbe, dit-il en souriant.

Il entre dans son cabinet de travail. Il regarde ses papiers. Il pourrait, comme il l'a déjà fait deux fois, brûler les plus secrets. Il les repousse de la main.

Rien n'est jamais perdu. Et si jamais il perdait cette fois-ci, à quoi servirait d'avoir détruit des secrets, puisqu'il va jouer l'acte ultime de la dernière partie ? et qu'il n'y aurait plus de recours.

Il sait cela.

Il monte dans sa berline à quatre heures du matin, le lundi 12 juin 1815.

Huitième partie

Je m'offre en sacrifice à la haine des ennemis de la France

12 juin 1815 – 15 juillet 1815

29.

Il ouvre les yeux, redresse la tête. C'est le relais de Villers-Cotterêts. On change de chevaux et de postillons. Il entend quelques cris de « Vive l'Empereur ». Il murmure : « Vite, vite. »

Il faut ouvrir la campagne avant que les armées de Wellington, qui sont à Bruxelles, et celles de Blücher, qui arrivent du Sud et marchent sur Namur, se soient rejointes. Il s'agit de glisser entre elles les cent vingt mille hommes de l'armée du Nord, qu'il a décidé de commander, de battre l'un après l'autre Blücher puis Wellington. On pourra alors occuper Bruxelles le 17 juin, pense-t-il. Après, l'on verra. Il ne peut pas imaginer au-delà.

Les coalisés ont rassemblé plus d'un million d'hommes, et je ne dispose que de trois cent mille soldats pour défendre toutes les frontières. Mais il faut se battre avec les forces dont on dispose, puisque l'Europe veut la France à genoux.

Il dit à Bertrand, assis en face de lui, qu'on passera la Sambre à Charleroi, puis qu'on marchera vers le carrefour des Quatre-Bras, où se croisent les routes de Namur à Nivelles, de Charleroi à Bruxelles. Celui qui tient les Quatre-Bras tient la Belgique.

Vite, allons.

Tout à coup, un cahot quand la voiture s'ébranle. Il baisse la tête, ferme les yeux. Une douleur lui déchire le ventre. Puis il semble qu'un sang noir épais, brûlant, lourd se répand dans le bas de son corps, enfle les veines, près d'éclater. Il a le sentiment humiliant et obsédant, épuisant, qu'au lieu d'urine et de merde c'est le sang qui va jaillir de lui.

Il étouffe un cri de douleur.

La voiture brinquebale sur les pavés, franchit les ornières que la pluie a creusées. Et la douleur s'incruste, rayonne. Il soupire. Il faut qu'il la contienne, qu'elle ne l'envahisse pas.

Il arrive à Laon le lundi 12 juin 1815 à midi.

Des cartes ! Des états d'effectifs !

Il veut étudier, enquêter. Que fait Soult, major général ? Que fait Davout, ministre de la Guerre ?

« Je ne trouve ni à Laon ni à Soissons, dicte-t-il, les approvisionnements que l'on m'avait promis pour l'armée. »

Les aides de camp apportent les dépêches. Il les parcourt. Les troupes avancent trop lentement. Il sort sur le seuil. Cette cohue de fantassins, de caissons d'artillerie, de fourgons, de bagages, c'est son armée ! Les hommes sont déjà harassés. Les sacs sont lourds, chargés de quatre jours de pain et de toutes les cartouches nécessaires, car il n'y a pas suffisamment de voitures pour transporter les munitions.

Il se tient un instant sur le bord de la route. Les soldats le reconnaissent. Ils crient, brandissent leurs chapeaux.

C'est une armée française, celle-là. Les Belges, les Hollandais, tous ceux qui m'avaient suivi, acclamé à Amsterdam ou à Anvers, sont maintenant aux côtés de Wellington et de Blücher. L'Europe est contre moi. Comme elle était tout entière contre la Convention.

Il commence à dicter la proclamation qu'il veut adresser à ces soldats de tous âges. Il la datera du 14 juin.

« Soldats, c'est aujourd'hui l'anniversaire de Marengo et de Friedland, qui décidèrent deux fois du destin de l'Europe. Alors, après Austerlitz, comme après Wagram, nous fûmes trop généreux. Nous crûmes aux protestations et aux serments des princes que nous laissâmes sur le trône. Aujourd'hui, cependant, coalisés contre nous, ils en veulent à l'indépendance et aux droits les plus sacrés de la France... Un moment de prospérité les aveugle ! S'ils entrent en France, ils y trouveront leur tombeau. »

Il laisse tomber le menton sur la poitrine.

Que cette bataille m'ensevelisse si je la perds.

« Soldats, reprend-il, nous avons des marches forcées à faire, des batailles à livrer, des périls à courir, mais avec de la constance, la victoire sera à nous : les droits, l'honneur de la patrie seront reconquis. Pour tout Français qui a du cœur, le moment est arrivé de vaincre ou de périr. »

Il repart pour Avesnes, Beaumont, Charleroi. La pluie tombe en brutales averses où la voiture s'enlise. Il fait lourd, étouffant, et parfois il y a un souffle froid qui porte la pluie par rafales.

Il monte à cheval. Chaque coup de sabot sur le sol est douloureux, résonne lourdement dans le bas-ventre.

Ne rien sentir de cela.

Il s'arrête au pied d'un moulin entre Charleroi et Fleurus. Le ciel s'est dégagé. Il monte lentement dans la construction. Au loin, il aperçoit les coulées sombres de l'armée prussienne de von Zeiten. C'est elle que l'on attaquera demain 16 juin.

Il marche lentement. Les pieds s'accrochent au sol boueux. Chaque mouvement est douloureux.

Maudit soit ce corps.

Il soupire malgré lui. Il voit cette maison, un cabaret qui s'élève sur le bord de la route et d'où l'on domine la vallée de la Sambre. C'est le cabaret de Bellevue. Il reste un instant debout. Les troupes passent devant lui, levant leurs fusils, criant : « Vive l'Empereur. »

Il voit la chaise que La Bédoyère vient d'apporter. Il s'y laisse tomber. Il regarde ces hommes défiler devant lui, puis leurs visages s'effacent, les cris s'éloignent.

Il se réveille. Les troupes passent toujours. Il voit Ney, Soult, les officiers de l'état-major. Il se lève.

– Ney, poussez l'ennemi sur la route de Bruxelles et prenez position aux Quatre-Bras, dit-il.

Il se tourne vers Soult :

– Il est possible qu'il y ait demain une affaire très importante.

Il commence à dicter des ordres. Mais il a un instant de doute. Soult comprend-il ? Il se souvient de Berthier. Il ne disait qu'un mot au prince de Neuchâtel, mais Berthier saisissait, devinait, transmettait, complétait. Que peut Soult ?

Mais qui d'autre peut m'aider ? Ney a le regard et les propos d'un fou. Grouchy n'est qu'un médiocre exécutant. Où sont Berthier, Lannes, Bessières, Duroc ? Morts !

Il s'assied à nouveau. Il voit s'approcher le général Gérard, la mine défaite. Napoléon se lève, va vers lui. On accueille les mauvaises nouvelles debout. Gérard explique que le lieutenant-général Bourmont et son état-major, le colonel Clouet, le chef d'escadron Villoutreys et d'autres officiers sont passés à l'ennemi. Gérard tend la lettre que Bourmont lui a laissée : « Je ne veux pas contribuer à établir en France un despotisme sanglant... a écrit Bourmont. On ne me verra pas dans les rangs étrangers. Ils n'auront de moi aucun renseignement... »

Bourmont livrera tout ce qu'il sait, les ordres reçus, les effectifs de l'armée, le plan de campagne. Tout.

Napoléon méprise cet homme qui a servi dans l'armée des princes en 1791, et combattu en Vendée.

Bourmont a été l'ami de Pichegru. Il s'est rendu aux Anglais avec l'armée du Portugal. Je l'ai fait arrêter. Puis je l'ai promu. Et, naturellement, il trahit à nouveau.

– Qui est bleu est bleu, qui est blanc est blanc, dit Napoléon avec une grimace de dégoût.

On annonce que les Prussiens de von Zeiten reculent, que le premier affrontement se solde donc par une victoire : quinze cents prisonniers, six pièces de canon enlevées, quatre régiments prussiens écrasés.

Mais quoi, ce n'est pas Blücher, mais l'une de ses colonnes. Où est Ney, s'est-il emparé du carrefour des Quatre-Bras ?

Napoléon monte à cheval. Il est épuisé, il somnole tout en avançant. À Charleroi, il salue à peine Mme Puissant d'Hensy, qui est propriétaire de la belle demeure où il s'est installé. Il veut des cartes dans sa chambre. Il veut qu'on lui fasse rapport heure par heure, plus souvent s'il le faut, sur les mouvements de troupes prussiennes. Ney s'est-il emparé des Quatre-Bras ? Où est le corps d'armée de Drouet d'Erlon, qui doit avec moi attaquer Blücher demain ?

Il a le sentiment qu'il parle et dicte en vain. Soult l'écoute. Grouchy et Ney reçoivent les messages, mais ne les comprennent pas, ne les exécutent pas.

Il faut qu'il donne davantage de précisions afin qu'ils suivent exactement mes ordres.

« Je serai entre dix et onze heures à Fleurus ; si l'ennemi est à

Sombreffe, je veux l'attaquer, je veux même l'attaquer à Gembloux et m'emparer aussi de cette position. Mon intention étant de partir cette nuit, et d'opérer avec mon aile gauche que commande le maréchal Ney sur les Anglais. »

Mais il n'est pas satisfait de ce qu'il dicte. Trop de détails secondaires, maintenant.

Mais que faire, puisqu'ils ne saisissent pas ce que je veux, qu'ils ne l'exécutent pas ?

Où sont Berthier, Duroc, Bessières, Lannes ? Morts !

Il ne dort pas, et dès six heures du matin, le vendredi 16 juin 1815, il arpente les pièces de la demeure, réveille les aides de camp, dicte de nouveaux ordres : à Grouchy l'aile droite, Ney l'aile gauche. Et lui sera au centre.

Il chevauche vers les avant-postes, donne l'ordre de l'attaque, avance avec les premières lignes. Puis il rejoint la Garde au village de Ligny. Il faut prendre ces hauteurs, là, à Bussy. *En avant, ma Vieille Garde.*

Il suit à la lunette l'assaut à la baïonnette. Les Prussiens de Blücher reculent. Il dit :

– Il se peut que dans trois heures le sort de la guerre soit décidé. Si Ney exécute bien ses ordres, il n'échappera pas un canon de cette armée.

Mais que fait Ney ? Où est Drouet qui devait me soutenir, pour me permettre d'envelopper les restes de l'armée de Blücher ? Elle n'est pas anéantie. Les charges de cavalerie l'ont lacérée. Blücher a été renversé, blessé, on l'a vu, sauvé par quelques uhlans. Les Prussiens ont perdu vingt-cinq mille hommes, et nous huit mille cinq cents.

Il parcourt le champ de bataille. Les blessés et les morts sont mêlés dans Ligny incendié. Les corps sont enchevêtrés, Prussiens et Français. On s'est battu à la baïonnette et même à coups de crosse.

L'église de Ligny a changé plusieurs fois de main. Victoire. Mais Blücher recule en bon ordre.

Que fait Ney ? Pourquoi Drouet et tout son corps de troupe de plus de six mille hommes vont-ils d'un point à un autre sans combattre, de Ney à moi, de moi à Ney ? Que sont ces ordres mal transmis, inexécutés ?

Il interpelle Ney.

– Pourquoi tant d'incertitudes, tant de lenteurs ? Vous venez de perdre trois heures ! lui lance-t-il.

Les Anglais sont maintenant retranchés et tiennent les Quatre-Bras, alors que Ney aurait pu les bousculer il y a quelques heures.

Il faut attaquer, briser cette résistance. Il dit à Grouchy :

– Pendant que je vais marcher aux Anglais, vous allez vous mettre à la poursuite des Prussiens.

Il avance sous la pluie. Les boulets commencent à tomber. Une batterie ennemie a dû le repérer, le prendre pour cible. Mais il ne galope pas. Il progresse à son pas. Ces explosions proches, ces jets de pierres et d'éclats repoussent la douleur qui le ronge et qui, dès que le bombardement cesse, qu'il met pied à terre, revient, sourde, lancinante, percée de brefs éclats aigus.

Tout à coup, c'est l'orage. Une pluie diluvienne qui noie l'horizon. Il sent l'eau qui traverse sa redingote, entre dans ses bottes, glisse le long de sa peau.

Un aide de camp rapporte que les Anglais abandonnent les Quatre-Bras en se battant pied à pied. En avant ! Il galope à la tête des escadrons de la Garde. Il oublie son corps. L'averse fouette, les balles et les boulets des compagnies anglaises qui se replient sifflent.

Il donne un coup de reins, il enfonce les éperons. Il n'est plus qu'une volonté : atteindre sur les hauteurs cette construction qu'il a repérée sur les cartes, le cabaret de la Belle Alliance.

Il s'y arrête, fait quelques pas le long de la route de Bruxelles. En face, de l'autre côté d'une vallée mamelonnée, pleine de bouquets d'arbres et de haies, s'élèvent les pentes du plateau Saint-Jean. Il voit malgré la pluie qui continue de tomber les troupes anglaises qui s'y fortifient. Il ne les a pas détruites. Il ne s'est pas vraiment enfoncé comme un coin entre Wellington et Blücher. Il faut que Grouchy repousse les Prussiens. Et lui, demain, brisera les Anglais.

On tire encore. Il s'éloigne lentement. Indifférent. Mourir ici ? Pourquoi pas ? Il repart, remontant les flots des troupes qui marchent sur le plateau Saint-Jean. Il dévisage ces soldats harassés, boueux, qui lèvent encore leurs fusils : « Vive l'Empereur ! » crient-ils.

Il détourne la tête. Il grelotte.

Il fait allumer un grand feu dans la ferme du Caillou, afin de se sécher. Mais alors, tout son corps lui fait mal. Il ressort à pied. Être à cheval est trop douloureux. Il marche lentement dans la boue jusqu'aux avant-postes.

La fatigue. La douleur. La détermination.

Il rentre à la ferme du Caillou. Mais comment dormir dans cette nuit d'attente ?

Il ressort. La pluie a cessé. Les feux de bivouac des Anglais forment une ligne brillante tout au long du rebord du plateau Saint-Jean.

Demain...

Il retrouve la ferme du Caillou à une heure du matin, ce dimanche 18 juin 1815.

Il dicte d'une voix ferme :

« Messieurs les commandants de corps d'armée rallieront leurs troupes, feront mettre les armes en état et permettront que les soldats fassent la soupe afin qu'à neuf heures précises chaque corps d'armée soit prêt et puisse être en bataille avec son artillerie et ses ambulances.

« L'Empereur ordonne que l'armée soit prête à attaquer à neuf heures du matin. »

30.

Il s'est assis sur le lit de camp qu'on a dressé dans une petite pièce au rez-de-chaussée de la ferme du Caillou. Il ne pense même pas à s'allonger. Il ne pourra pas dormir, il le sait. Il se lève, va jusqu'à l'étroite fenêtre, puis traverse les pièces du rez-de-chaussée remplies d'officiers qui somnolent sur des bottes de paille.

Par la porte ouverte, il entend la pluie qui continue de tomber. Il sent l'odeur de la boue, de cette terre détrempée. Il va jusqu'au seuil. Au loin, on entend les tambours battre la diane. Des feux de bivouac brûlent en vacillant sous l'averse. Il ne fait pas froid, mais il grelotte. Il voit des soldats qui passent, vêtements trempés, armes mouillées, corps comme affaissés, épuisés par la fatigue et la nuit passée sous l'orage.

Il reste là. Il ne peut détacher ses yeux de ce crépuscule sombre qui se dessine. Il regarde vers le mont Saint-Jean. Les Anglais sont là-bas, au sommet des pentes, qu'il faudra gravir sous leur mitraille. Et avant de parvenir jusqu'au rebord du plateau, il faudra enlever ces bâtiments qu'ils ont dû fortifier, le château Hougoumont, sur leur droite, la ferme de la Haie-Sainte au centre, la ferme Papelotte plus à leur gauche.

Il respire mal, comme si sa poitrine était écrasée.

Voilà plusieurs jours déjà que les douleurs le tenaillent. Et pourtant il faut tirer de soi de l'énergie pour cette journée.

Il n'a plus besoin de regarder les cartes.

Dans ma tête, tout est clair, simple. La première attaque sera portée sur la droite de Wellington, sur le château Hougoumont. Wellington dégarnira en partie son centre pour faire face à la menace. J'attaquerai le centre, dans le secteur de la ferme de la Haie-Sainte et de la ferme Papelotte. Puis Grouchy et son corps d'armée que j'ai fait rappeler tomberont sur la gauche de Wellington.

Il a devant ses yeux les moments de la bataille, jusqu'au dénouement. Il marchera vers le village de Waterloo, qui se trouve sur le plateau, au-delà de la ferme du mont Saint-Jean. Puis il lancera ses troupes sur Bruxelles. Après...

Il ne sait toujours pas. Et ce vide, ce noir sont comme une marée, qui remonte, recouvre toutes les phases de la bataille jusqu'à effacer la certitude de la victoire qu'il s'efforce d'enraciner en lui, et qui est engloutie.

Il ne sait plus. Il voudrait étouffer cette pensée qui l'envahit comme un mouvement instinctif de l'esprit :

L'issue sera malheureuse. Tu ne peux pas vaincre une nouvelle fois. Ils ne sont plus là, Berthier, Lannes, Bessières, Duroc, pour exécuter tes ordres, développer ta propre pensée. Les ennemis sont trop nombreux : même si tu l'emportes, tu perdras après.

Il ne veut pas entendre. Les tambours roulent. Il faut vaincre ou périr. Il regarde le ciel à l'est. Le temps s'éclaircit. La pluie s'est arrêtée. Il rentre dans la ferme. Les généraux se rassemblent autour de lui.

Drouot murmure :

– On ne peut engager une bataille ce matin. L'artillerie s'embourbera.

Le général Reille hoche la tête :

– L'infanterie anglaise est inexpugnable en raison de sa ténacité calme et de la supériorité de son tir, ajoute-t-il. Avant de l'aborder à la baïonnette, on peut s'attendre à ce que la moitié des assaillants soient abattus. Mais si l'on ne peut la vaincre par une attaque directe, on peut le faire par des manœuvres.

Napoléon écoute. Les tambours roulent. Les armées sont en place.

– Je sais, dit-il. Les Anglais sont difficiles à battre en position, aussi vais-je manœuvrer.

Il dévisage les officiers. Il lit sur eux la même inquiétude et la même angoisse, la même incertitude que celles qu'il porte en lui. Ils sont son miroir.

– Nous avons quatre-vingt-dix chances pour nous, lance-t-il avant de sortir. Je vous dis que Wellington est un mauvais général, que les Anglais sont de mauvaises troupes et que ce sera l'affaire d'un déjeuner.

Il ferme les yeux, car le soleil l'aveugle maintenant. Il brûle, faisant battre le sang plus fort, comme s'il faisait jaillir tout à coup la fatigue.

Napoléon monte à cheval. Il galope jusqu'aux avant-postes. On ne tire pas encore. Il s'arrête sur une butte, au sommet de laquelle est bâtie la ferme Rossomme. Il peut voir une large partie de cette vallée qui s'évase entre les deux plateaux, celui de Saint-Jean au nord, où il distingue parfois les tuniques rouges des fantassins anglais, et celui de la Belle-Alliance, où les Français sont en train de se ranger en bataillons.

Il se tourne vers Soult. Il dicte un nouveau message pour Grouchy : « Sa Majesté désire que vous dirigiez vos mouvements afin de vous rapprocher de nous. »

Puis il demande à ce que l'on dresse son lit de camp, ici, dans cette ferme. Il veut essayer de dormir une heure.

Il se réveille après quelques minutes. Les tambours roulent. L'armée défile en direction de la ferme de la Belle-Alliance, située à environ un kilomètre et demi au nord de la ferme du Caillou.

Belle armée ! Grande Armée !

Il croise les bras. L'émotion le submerge. « Tant de braves. » Il dicte un ordre. La Garde se placera ici, entre la ferme Rossomme et la ferme de la Belle-Alliance. Et il demeurera là, avec elle, dans l'une ou l'autre ferme.

Il est onze heures trente. C'est le moment. *Ils sont quatre-vingt-quatre mille hommes. Nous sommes dix mille de moins. Mais j'ai souvent anéanti un ennemi plus nombreux. Et si Grouchy survient, alors nous serons à Bruxelles demain.* Il lève le bras.

La batterie de la Garde ouvre le feu sur le château d'Hougoumont. C'est la première phase, l'assaut sur l'aile droite de Wellington.

À douze heures, les fantassins, sous l'ordre de Jérôme, se lancent à l'assaut.

Il les voit s'avancer, puis, avant même d'entendre les décharges et le crépitement de la fusillade, il les voit s'effondrer.

Jérôme, auquel il a dû faire confiance ! Par qui d'autre le remplacer ? A-t-il le choix ? Jérôme qui épuise les hommes dans des attaques frontales meurtrières.

Cela piétine ! Cela saigne !

Il regarde droit vers le nord-est, vers la ferme de Papelotte, vers sa droite. Ce nuage de poussière, c'est celui que soulève un corps d'armée en marche. Grouchy ? Qu'on envoie des éclaireurs.

Il est treize heures et on ramène déjà un prisonnier : un hussard noir prussien, qui appartient aux troupes de von Bülow et de Blücher. Il est porteur d'une lettre de Bülow à Wellington qui annonce l'arrivée des Prussiens.

Napoléon fixe le nuage de poussière. Combien d'hommes ? Peut-être trente mille si tous les Prussiens de Blücher sont là. Mais que faire ? Grouchy est sans doute à leur poursuite. Et l'attaque est engagée ici. Il faut les contenir. Qu'on marche vers le village de Plancenoit, à ma droite. J'en charge le maréchal Mouton. Et que Ney attaque le centre de Wellington.

Le soleil brûle. La chaleur est torride, orageuse, elle pique le corps de milliers d'aiguilles de feu. Il est treize heures trente, ce dimanche 18 juin 1815.

Mais que fait Ney ? Il attaque la ferme de la Haie-Sainte sans canons ! Les fantassins sont fusillés à bout portant par les Anglais retranchés dans la ferme ! D'autres se lèvent parmi les blés, taches rouges qui tirent sur les cavaliers de Ney.

Napoléon reste immobile sur son cheval. Il se sent prisonnier d'une douleur diffuse qui serre tout son corps, pèse sur les épaules, enfle comme jamais ses veines. Ses jambes et ses cuisses sont lourdes.

Mais que fait Ney ?

Le maréchal charge maintenant à la tête de ses escadrons de cuirassiers. Les chevaux s'abattent. Un aide de camp crie que le maréchal a eu son cinquième cheval tué sous lui ! Que recherche-t-il, la mort ? Les charges se succèdent. Les chevaux épuisés par la course arrivent lentement sur les fusils et les canons anglais qui les taillent en pièces.

– Le malheureux ! s'écrie Napoléon. C'est la seconde fois depuis avant-hier qu'il compromet le sort de la France.

Mais il faut le soutenir, tenter de s'emparer de cette ferme de la Haie-Sainte et, au-delà du plateau Saint-Jean, de la ferme du mont Saint-Jean. Coûte que coûte.

Il sent que les événements se succèdent et s'imposent à lui. Où est Grouchy ? Il se tourne vers Soult. Le message pour Grouchy a-t-il été porté ? Par combien d'officiers ?

Soult n'a envoyé qu'un seul aide de camp là où Berthier en eût envoyé vingt !

Grouchy n'a peut-être jamais reçu l'ordre de me rejoindre. C'est ainsi.

Napoléon fait lentement avancer son cheval vers la Garde. Les bonnets à poil sont alignés, immobiles, le fusil sur le bras.

Il va faire donner la Jeune Garde d'abord, afin qu'elle contienne ces Prussiens qui ne sont plus qu'à trois kilomètres de la ferme de la Belle-Alliance et risquent d'enfoncer tout le flanc droit. *Jusqu'à moi.* Il faut tenir le village de Plancenoit. À tout prix.

Il voit les grenadiers se mettre en place, tambour en tête.

Puis l'artillerie prussienne se déchaîne. Il aperçoit les flammes qui s'élèvent au-dessus du village de Plancenoit. La Jeune Garde l'a pris. Mais les Prussiens déferlent à nouveau par milliers.

La Vieille Garde, alors.

Il va vers les grenadiers.

– Mes amis, vous voilà arrivés au moment suprême. Il ne s'agit pas de tirer. Il faut joindre l'ennemi corps à corps, et, avec la pointe de vos baïonnettes, le précipiter dans le ravin d'où il est sorti et d'où il menace l'armée, l'Empire, la France.

Ils s'ébranlent. Ils vont reprendre Plancenoit, il en est sûr. Mais combien d'hommes resteront pour l'attaque principale vers le nord contre Wellington et le plateau du mont Saint-Jean ?

Le jour baisse. L'incendie de Plancenoit éclaire le crépuscule. Un aide de camp blessé murmure qu'on s'y est battu au corps à corps, fusillé à bout portant. Comme à Ligny.

Il écoute. Il faut jouer le tout pour le tout. Percer le front anglais avec ce qui reste de la Vieille Garde.

Il va vers ces six mille hommes. Il se place parmi eux. Il donne le signal. La Garde marche, tambours et fanfares au cœur des carrés, aigles déployées. Les fantassins qui doivent l'appuyer crient : « Vive l'Empereur. »

On monte la pente du plateau Saint-Jean. Napoléon regarde les débris de la ferme de la Haie-Sainte, qui a été conquise peu avant.

On atteint le sommet de la pente. Et, tout à coup, les habits rouges se dressent dans les blés, tirent par longues salves, jamais interrompues car d'autres Anglais surgissent à leur tour, cachés par les épis ou des haies.

La Garde hésite, la Garde recule. Les canons anglais la mitraillent. La cavalerie charge.

Un cri : « Sauve qui peut ! »

Les régiments voisins de la Garde se défont. Les fuyards s'éparpillent dans la nuit qui vient de tomber. Les Anglais attaquent. Les Prussiens de Zeiten, qui les ont rejoints, chargent. Sous le nombre, tout est enseveli.

Napoléon est à cheval au milieu d'un carré de la Garde qui reste inentamé sous les charges, les boulets, les balles. Il se dresse. C'est maintenant qu'il doit être frappé, c'est maintenant qu'il faut mourir. Il fait avancer son cheval vers les bords du carré.

Ici sont les meilleurs, le 1er bataillon du 1er régiment des grenadiers de la Garde. C'est ici, avec eux, que je dois mourir.

Mais les balles sifflent, abattent des hommes aussitôt remplacés dans le rang, et rien ne m'atteint. Rien. Je suis vaincu et vivant !

Le carré recule en bon ordre. La fanfare joue.

Il marche à son pas. Il voit autour de lui cette mer démontée, ces groupes d'hommes qui fuient, se battent pour passer le pont qui, à Genappe, franchit la Dyle.

Il descend de cheval, le carré s'ouvre. Il veut retenir les fuyards. On l'entraîne. Des voix crient dans la nuit : « Les Prussiens, les Prussiens ! »

Voilà les uhlans qui dévalent les rues, sabrant, passant trop vite pour me voir, me tuer.

Napoléon s'éloigne à cheval.

Tout à coup, il ne peut plus. Il ne se soucie pas des quelques cavaliers qui l'entourent. Il descend de cheval. Des aides de camp s'affairent, allument un feu dans une clairière. Il se laisse tomber sur une souche. Il cache son visage. C'est la fin sans la fin.

Il se redresse. Il se répète qu'il faut conduire jusqu'au bout la partie. Que c'est cela, la vie, qu'il le doit pour les trente mille morts qui sont sûrement tombés dans cette bataille. Combien d'ennemis ? Sans doute à peine moins.

Jusqu'au bout. Il chevauche sur les routes encombrées de fuyards, avec sa petite escorte. Il murmure : « J'avais en moi l'instinct d'une issue malheureuse. »

Mon destin s'est accompli.

Le lundi 19 juin à neuf heures, il arrive à Philippeville.

Un autre jour. Un autre combat. Vivre, aller jusqu'à l'extrême.

« Tout n'est point perdu, écrit-il à Joseph. Je suppose qu'il me restera, en réunissant mes forces, cent cinquante mille hommes. Les fédérés et les gardes nationaux qui ont du cœur me fourniront cent mille hommes ; les bataillons de dépôt, cinquante mille. J'aurai donc trois cent mille soldats à opposer de suite à l'ennemi. J'attellerai l'artillerie avec des chevaux de luxe. Je lèverai cent mille conscrits. Je les armerai avec les fusils des royalistes et des mauvaises Gardes nationales. Je ferai lever en masse le Dauphiné, le Lyonnais, la Bourgogne, la Lorraine, la Champagne. J'accablerai l'ennemi. Mais il faut qu'on m'aide et qu'on ne m'étourdisse point. Je vais à Laon. J'y trouverai sans doute du monde. Je n'ai point entendu parler de Grouchy, s'il n'est point pris, comme je le crains, je puis avoir dans trois jours cinquante mille hommes.

« Écrivez-moi l'effet que cette horrible échauffourée aura produit dans la Chambre.

« Je crois que les députés se pénétreront que leur devoir dans cette grande circonstance est de se réunir à moi pour sauver la France. Préparez-les à me seconder dignement.

« Surtout, du courage et de la fermeté. »

Il monte dans la voiture du général Dupuy, commandant la place de Philippeville.

Courage ! Fermeté ! Il faut bien écrire ces mots à Joseph ! Mais il les imagine, les Fouché, les La Fayette, les Lanjuinais, *tous ces bavards de la Chambre des représentants, déjà en train d'intriguer pour me chasser comme ils l'auraient fait si je n'avais pas été victorieux à Marengo, à Austerlitz et même à Wagram.*

Il se laisse aller aux cahots de la route. Son corps est moulu. Voilà des jours et des jours qu'il ne dort plus, qu'il ne prend plus un bain, et trois jours qu'il ne mange plus. Mais mieux a valu qu'il n'avale rien, pour ne rien rendre. Car, il en est sûr, il aurait pissé et chié du sang. Il ferme les yeux, son corps est douloureux et sale. Il a besoin d'un bain. C'est à cela qu'il rêve en s'abandonnant au mouvement de la voiture. Il reconnaît, quand il entrouvre les yeux, les paysages de France, et leur douceur l'émeut, le calme. Peu à peu, alors qu'on traverse Rethel, Laon, il sent qu'une sorte d'apaisement le gagne.

Quels que soient les événements qui vont se produire maintenant, quelle que soit l'issue des complots que l'on a dû tramer contre lui, il n'aura pas de regret. Il est allé jusqu'au bout de son destin. Il ne reviendra pas d'une île d'Elbe une seconde fois.

Il revoit les carrés de la Garde, comme des blocs noirs, peu à peu entamés. Il entend les détonations, les cris. La mort une nouvelle fois s'est refusée à lui, frappant tout autour, comme si elle le voulait seul vivant.

Mon destin est ainsi.

Il n'éprouve ni amertume ni remords.

J'ai enfourché la fortune sur un champ de bataille, et c'est sur un champ de bataille qu'elle me désarçonne.

Quoi qu'il arrive, j'ai accompli ma destinée.

Il ouvre les yeux. Le jour est levé, ce mercredi 21 juin 1815. La voiture roule sur les pavés de Paris. Il regarde les rues encore désertes, les boutiques aux volets clos. Il est à peine six heures.

On traverse les faubourgs.

Que faire du peuple ? Je n'ai eu de fidèles que les paysans, les plébéiens, les soldats !

Avec eux, je pourrais, si je le voulais...

La pensée vagabonde.

La voiture ralentit, s'arrête.

Il voit Caulaincourt qui attend sur le perron de l'Élysée.

31.

Il monte les marches de l'Élysée. Il respire avec peine. Cette fatigue sale l'étouffe et pèse comme un carcan dont il doit se débarrasser. Il murmure à Caulaincourt qui le suit :

– Le coup que j'ai reçu est mortel.

Puis il entre dans son cabinet de travail. Il lève les bras. Marchand, son valet, s'affaire, le déshabille. Il entend l'eau du bain couler. Enfin.

– Eh bien, Caulaincourt, voilà un grand événement, reprend-il. Une bataille est perdue. Comment la nation supportera-t-elle ce revers ? Les Chambres me seconderont-elles ?

Pendant que la baignoire achève de se remplir, il se jette sur un canapé. Il observe Caulaincourt, puis Davout, La Valette, Maret, Regnaud de Saint-Jean-d'Angély, qui pénètrent les uns après les autres dans le cabinet de travail, puis dans la salle de bains. *Voilà dix jours que je chevauche dans la boue, sous l'averse, dix jours que je dors n'importe où, quand je le peux, dix jours que je ne mange pas vraiment, dix jours que je me bats. Et eux, qu'ont-ils vécu durant ces dix jours ? Ils ont attendu.*

Il écoute Caulaincourt.

– Sire, la nouvelle de vos malheurs a déjà transpiré. Il règne une grande agitation dans les esprits, les dispositions des députés paraissent plus hostiles que jamais. Il est à craindre que la Chambre ne réponde point à votre attente. Sire, je regrette de vous voir à Paris. Il eût été préférable de ne point vous séparer de votre armée, c'est elle qui fait votre force, votre sûreté.

Il secoue la tête. C'est ici qu'il veut jouer le dernier acte. Que chacun prenne ses responsabilités ! Il ne se laissera pas mettre hors jeu comme en avril 1814, pendant qu'il combatttait, on le trahissait, ici, dans la capitale qu'on livrait aux coalisés. Il ne veut plus de cela. Qu'on choisisse dans la clarté. S'il doit sortir de scène, ce sera dans les règles, dans la lumière, dans la vérité. S'il doit combattre, à la tête d'une armée, ce sera avec l'assentiment de tous. Lui, il a noué les deux extrémités de sa vie.

Il regarde ces dignitaires atterrés qui l'entourent, cependant que peu à peu l'eau du bain dissout la crasse, la fatigue, la tension.

Comprennent-ils que ce qui survient maintenant me concerne d'une manière différente ? C'est une autre partie qui commence. Elle est hors de mon destin. C'est une nouvelle pièce. Et je suis, dans cet acte qui commence, à la fois acteur et témoin. Mais ce moi qu'ils ont connu est resté avec la Vieille Garde sur des pentes du mont Saint-Jean ou aux abords du village de Plancenoit.

Je les écoute. Mon frère Lucien voudrait recommencer le 18 Brumaire. Carnot me demande de proclamer « la patrie en danger ». Fouché et tous les autres intriguent pour me conduire à abdiquer.

Il sort du bain. Il les éclabousse. Les dignitaires reculent cependant qu'on commence à l'habiller.

– Je le sais, dit-il, les La Fayette et les Lanjuinais ne veulent pas de moi. Je le sais, je les gêne.

Il s'interrompt. Ils ont entendu comme lui, puisqu'ils tournent leurs visages creusés par l'inquiétude vers les fenêtres. Cette rumeur, ces cris, comme une houle : « Vive l'Empereur, vive l'Empereur ! » C'est le peuple.

Napoléon s'approche de la croisée. Il voit les abords de l'Élysée remplis d'une foule énorme. On gesticule, on dresse le poing. Il reconnaît les blouses des ouvriers, les tenues grises ou noires des femmes des faubourgs.

Il revient vers les dignitaires. Il tend le bras. Ils voient, n'est-ce pas ? Ils entendent ?

Mais ils parlent des Chambres, d'une commission gouvernementale formée par Fouché.

– Je crains, dit Regnaud de Saint-Jean-d'Angély, qu'un grand sacrifice ne soit nécessaire.

D'Angély! Pour qui j'ai tant fait!

– Si l'Empereur ne se déterminait point à offrir son abdication de son propre mouvement, poursuit d'Angély, il serait possible que la Chambre osât la demander.

Il ajoute même dans un murmure que la Chambre, qui a décidé de siéger en permanence, pourrait aller jusqu'à proclamer la déchéance.

Lucien s'indigne. Carnot proteste. Il faut que l'Empereur se déclare dictateur. Il y a le peuple, l'armée.

Napoléon les regarde. Il entend les cris qui se sont encore amplifiés. Le peuple est là. En effet. Mais que faire avec lui?

– Ma vie politique est terminée, murmure-t-il.

Puis il va et vient d'un pas lent.

– Puisqu'on veut me violenter, je n'abdiquerai point. Je veux qu'on me laisse y songer en paix.

Il s'arrête devant Regnaud de Saint-Jean-d'Angély.

– Quoi que les députés fassent, dit-il, je serai toujours l'idole du peuple et de l'armée.

Il parle d'une voix posée. Est-ce de lui qu'il s'agit? Il est sur cette scène et l'a déjà quittée. Il voit. Il analyse. Il parle. Mais une autre voix murmure en lui.

La partie est jouée. Ton destin s'est conclu. La fortune t'abandonne. Elle n'est plus attachée à tes pas. Elle t'a tout offert. Elle ne peut plus rien te donner. Elle t'a comblé. Elle s'éloigne. Pour agir, il faut être convaincu de sa bonne fortune. Et je n'ai plus en moi le sentiment d'avancer au pas du destin. Je suis seul. Je n'ai plus de guide. Je peux arracher encore par la force quelques faveurs, mais ce sont des illusions. Mon temps est fini.

– Si je disais un mot, reprend-il, les députés seraient tous assommés.

Il se tourne à nouveau vers la fenêtre. La voix de la foule est encore plus forte. « Vive l'Empereur! »

– Mais en ne craignant rien pour moi, ajoute-t-il, je crains tout pour la France. Si nous nous querellons entre nous, nous aurons le sort du Bas-Empire, tout sera perdu.

Il sort de ses appartements. Les galeries de l'Élysée sont vides. Il reconnaît le général Thiébault qui s'avance.

Il était au Portugal, en Espagne, là où le destin a commencé à se séparer de moi.

– Sire, commence Thiébault, permettez-moi de mettre à vos pieds l'expression d'un dévouement aussi profond que respectueux.

Voilà un homme qui ne va pas l'échine basse vers les vainqueurs.

– C'est de la France qu'il faut en ce moment s'occuper.

Celui-là comprendra-t-il qu'il n'est plus question de moi ?

– Plus que jamais vous êtes son œuvre de miséricorde, dit le général.

Je me détourne. Je ne veux pas entendre cela. L'autre pièce est commencée.

Il descend dans les jardins, se promène d'un pas tranquille dans les allées. Les cris de « Vive l'Empereur » viennent toujours battre les grilles. Ils enflent même dans la nuit qui tombe, et les voix expriment un enthousiasme sauvage, une sorte de fureur. C'est comme sur un champ de bataille avant l'attaque. « Vive l'Empereur ! »

Il va vers Benjamin Constant qui approche dans une allée. L'écrivain est respectueux, attentif. *Ce libéral ne m'a pas aimé, mais il a de l'indépendance d'esprit. Il est comme moi maintenant, en scène et hors du jeu.*

– Il ne s'agit plus à présent de moi, commence Napoléon. Il s'agit de la France. On veut que j'abdique. A-t-on calculé les suites inévitables de cet abdication ? Me repousser quand je débarquais à Golfe-Juan, je l'aurais conçu, m'abandonner aujourd'hui, je ne le conçois pas. Ce n'est pas quand les ennemis sont à quelques lieues qu'on renverse un gouvernement. Je fais partie maintenant de ce que l'étranger attaque, je fais donc partie de ce que la France doit défendre. En me livrant, elle se livre elle-même. Elle se reconnaît vaincue.

Il s'arrête, fixe longuement Benjamin Constant.

– Ce n'est pas la fierté qui me dépose, c'est Waterloo, c'est la peur, une peur dont vos ennemis profiteront.

Il écoute et il voit Constant qui tourne la tête vers les Champs-Élysées. C'est une énorme rumeur. On distingue les cris qui sont scandés : « À bas les Bourbons ! À bas les prêtres ! Vive Napoléon ! »

L'Empereur recommence à marcher. Il pourrait...

– Vous le voyez, dit-il, ce ne sont pas ceux-là que j'ai comblés d'honneurs et de richesses. Que me doivent-ils ? Je les ai trouvés pauvres et je les ai laissés pauvres. Mais l'instinct de la nationalité les éclaire, la voix du pays parle par leur bouche et, si je le veux, si je le permets, dans une heure, la Chambre rebelle n'existera plus.

Il dévisage Constant qui reste silencieux.

– Si je le veux, répète-t-il. Mais non, la vie d'un homme ne vaut pas ce prix ; je ne suis pas revenu de l'île d'Elbe pour que Paris soit inondé de sang.

Il abandonne Benjamin Constant. Il s'arrête sur le perron. Il entend ces cris, ces appels qui montent dans la nuit : « Vive Napoléon ! »

Et si son devoir était de rejoindre le peuple, de se mettre à sa tête, de chasser les représentants, de faire la levée en masse ?

Et après ? Il ne voit l'avenir que couvert d'un voile noir. Il ne peut recommencer ni Marengo, ni Austerlitz, ni Wagram.

Il est à l'extrémité de son destin.

Mme la générale Bertrand se précipite vers lui :

– Pourquoi avons-nous quitté l'île d'Elbe ? crie-t-elle.

Elle marche près de lui en se tordant les doigts. Elle est fille, dit-elle, du général Dillon, un Irlandais. Elle est un peu anglaise.

– Les Anglais libres et éclairés sont le seul peuple capable d'accueillir l'Empereur et capable de le comprendre, répète-t-elle.

Il entre dans son cabinet. La table de travail est couverte de lettres. Il les ouvre, puis tout à coup les rejette sans les lire. À quoi bon ?

Hortense apparaît, le visage décomposé, entre.

– Vous avez sans doute dîné ? lui demande-t-il en se levant. Voulez-vous me tenir compagnie ?

Mais il suffit de quelques minutes pour achever le dîner. Les plats lui semblent sans saveur. Il passe au salon. Il voit sa mère qui le fixe. Autour d'elle, les frères, Jérôme, Lucien, Joseph. La famille. Il les entraîne dans les jardins.

Il ne peut même pas tenir la main d'un fils, le bras d'une épouse. Il est seul avec ceux de ses origines. Comme si rien ne s'était produit, comme si le destin lui avait déjà tout repris.

C'est la nuit. Il ne dort pas. De temps à autre, des cris retentissent encore sur les Champs-Élysées.

Le peuple est avec moi. Mais tous les autres, les représentants, les dignitaires, croient se sauver en me perdant. Il ne sert à rien de leur parler de la France. Et n'ai-je pas choisi déjà ?

Il se lève, commence à brûler des papiers par brassées sans même les trier.

Tout est dans ma tête. Ma mémoire et mon esprit sont mon seul bien. De cela, jamais personne ne sera le maître. De cela, je n'abdiquerai jamais.

Il se lève. Un envoyé de la Chambre est déjà là. *C'est le général Solignac, que j'ai toujours ignoré, méprisé même, bien qu'il fût avec moi au 18 Brumaire, mais que j'ai destitué pour ses malversations, son refus de rendre les comptes de son armée, et que voici, lui, m'apportant un ultimatum des Chambres. On me donne une heure pour abdiquer, sinon ce sera la déchéance !*

Il ne répond pas à Solignac. On ignore un homme comme lui.

Il marche dans le cabinet de travail. Voici Lucien qui gesticule, qui rappelle le 18 Brumaire, où la situation était bien plus difficile qu'aujourd'hui.

– Vous avez tous les pouvoirs ! crie Lucien. L'étranger marche sur Paris. Jamais dictature militaire ne fut plus légitime.

Napoléon s'approche de Lucien, le prend par le bras. Il faudrait vouloir. Et il ne veut plus.

– Mon cher Lucien, dit-il d'une voix calme, presque avec l'indifférence de quelqu'un qui regarde les événements de loin, il est vrai qu'au 18 Brumaire nous n'avions pour nous que le salut du peuple. Aujourd'hui, nous avons tous les droits, mais je ne dois pas en user.

Fouché entre.

Je méprise ce personnage de toutes les intrigues. Terroriste, régicide, âme de la conspiration contre Robespierre, maître de la Police, ce ministre m'a trahi autant qu'il l'a pu. Et maintenant il vient exiger mon abdication.

– Eh bien, qu'il en soit comme ils veulent, dit Napoléon. L'avenir dira s'ils ont ainsi mieux servi la France. Ils vont être satisfaits.

Il se tourne :

– Prince Lucien, écrivez, dit-il.

Il commence à marcher tout en dictant calmement. Il n'est plus pressé. Il a atteint le rivage. Il regarde l'océan aux flots déchaînés qu'il a traversé pour arriver à ce point de sa vie.

« Français, en commençant la guerre pour soutenir l'indépendance nationale, dicte-t-il, je comptais sur la réunion de tous les efforts, de toutes les volontés, et sur le concours de toutes les autorités nationales. J'étais fondé à espérer le succès. Les circonstances me paraissent changées. »

Il regarde l'un après l'autre ces dignitaires, ces ministres qui l'entourent.

« Je m'offre en sacrifice à la haine des ennemis de la France », dit-il avant de s'interrompre.

Mais il hausse les épaules.

Que comprennent-ils de moi ?

« Puissent-ils être sincères dans leurs déclarations, reprend-il, et n'en avoir voulu réellement qu'à ma personne. Ma vie politique est terminée et je proclame mon fils, sous le nom de Napoléon II, Empereur des Français. L'intérêt que je porte à mon fils m'engage à inviter les Chambres à organiser sans délai la régence par une loi.

« Unissez-vous pour le salut public et pour rester une nation indépendante. »

C'est fait. Il les regarde partir.

Ils se pressent pour aller porter la bonne nouvelle. Bien sûr, ils n'organiseront pas la régence. Qui se soucie, à part moi, de mon fils ? Et que suis-je pour lui ? Ils oublieront le roi de Rome pour se soumettre aux vainqueurs. Ils se rallieront donc tous aux Bourbons.

On lui rapporte les manœuvres de Fouché, de La Fayette. Seul à la Chambre des pairs, La Bédoyère a osé parler en sa faveur. « Malheur à ces généraux vils qui l'ont déjà abandonné, pressés de recevoir la loi des étrangers, a-t-il dit. Où sont donc leurs serments ? Il est donc décidé qu'on n'entendra jamais dans cette enceinte que des paroles basses ? »

Pauvre La Bédoyère ! Trop courageux pour ces habiles qui veulent me voir partir, parce qu'ils craignent que le peuple ne se lève.

Il écoute encore. Ce sont toujours les mêmes cris qui montent des rues : « Vive Napoléon », « À bas les Bourbons ». Il marche dans le palais désert. Il reconnaît la silhouette de Davout, maréchal, prince d'Eckmühl, duc d'Auerstaedt, *qui vient au nom de l'Assemblée me sommer de quitter les lieux.*

– Où veut-on que j'aille ?

Puis il tend le bras vers le jardin.

– Vous entendez ces cris. Si je voulais me mettre à la tête de ce peuple, qui a l'instinct des vraies nécessités de la patrie, j'en aurais bientôt fini avec tous ces gens qui n'ont eu du courage contre moi que quand ils m'ont vu sans défense ! On veut que je parte ?

Il a un mouvement de tout le corps pour exprimer son mépris.

– Cela ne me coûtera pas plus que le reste. Fouché trompe tout le monde et sera le dernier trompé, et pris dans ses propres filets ! De sa main, vous aurez Louis XVIII ramené par les Alliés. Mais après tout, s'ils le veulent ! Il est déjà sorti de scène.

Il commence à trier ses derniers papiers. Il veut quitter l'Élysée pour la Malmaison. Ils sont capables de le livrer aux Alliés. Carnot se fait annoncer.

Cet homme qui vota contre l'Empire est venu à moi au moment des difficultés, après la campagne de Russie.

Carnot est bouleversé. Il parle avec émotion.

– N'allez pas en Angleterre, dit-il. Vous y avez excité trop de haine, vous seriez insulté par les boxeurs [1]. N'hésitez pas à passer en Amérique. De là, vous ferez encore trembler vos ennemis. S'il faut que la France retombe sous le joug des Bourbons, votre présence dans un pays libre soutiendra l'opinion nationale.

Cet homme est un patriote. Comme La Bédoyère, comme ce peuple qui crie.

---

1. Le sport répandu en Angleterre et qui symbolise pour les Français d'alors la violence et la vulgarité.

– Adieu, Carnot, dit Napoléon en le serrant contre lui. Je vous ai connu trop tard.

Il revient à sa table de travail, écrit une demande officielle pour que l'on mette à sa disposition à Rochefort deux frégates afin de gagner les États-Unis. Puis, lentement, regardant autour de lui, il se dirige vers le perron.

La rumeur est énorme. La foule a vu la voiture à six chevaux. Elle crie : « Ne nous abandonnez pas ! »

Il baisse la tête. Est-il encore celui que l'on réclame, que l'on acclame ? Il lui semble que c'est à un autre que l'on s'adresse.

Ce qui est fait est fait.

Il sortira par la porte des jardins. Les aides de camp prendront la voiture d'apparat pour détourner l'attention de la foule. Il se retourne, regarde le palais. Puis, dans la voiture qui se dirige vers Chaillot, il se penche afin d'apercevoir les échafaudages qui entourent l'Arc de triomphe en construction.

Il sait. Il ne reverra plus cela. Mais ces avenues, cette route de Rueil, ces allées du parc de la Malmaison, dans lesquelles maintenant il marche, ces salons, ces chambres de la résidence, c'est toute sa vie qui défile, qui se rassemble en ces derniers moments, rappelant les premiers jours de gloire.

Il passe devant un miroir. Il est cet homme gros, chauve, au teint jauni, dont les traits sont tirés par la fatigue. *Où est le maigre Premier Consul ? Mort, comme Joséphine, comme Duroc, comme Bessières, comme Lannes. Disparu, comme mon fils, comme Marie-Louise.*

Il va d'une pièce à l'autre. Entre dans la chambre de Joséphine, ressort, s'assoit près d'Hortense dans le jardin. Il murmure :

– Je ne puis m'accoutumer à habiter ce lieu sans elle. Il me semble qu'elle va surgir au détour d'une allée, derrière un massif de roses.

Il se lève, marche seul dans ce jardin où il s'est tant de fois promené en compagnie de tous ceux qui bâtissaient avec lui l'Empire, préparaient les campagnes victorieuses et qui, hier courtisans, ministres dévoués, sont aujourd'hui morts ou ralliés à ses ennemis.

Pas de regrets. Simplement la mesure du temps, la certitude que le destin est accompli, qu'il ne peut pas recommencer.

Il faut maintenant préparer ce qui vient. Qu'on demande à Barbier, le bibliothécaire, des ouvrages sur l'Amérique et un état particulier de tout ce qui a été imprimé sur les diverses campagnes des armées qu'il a commandées depuis vingt ans.

Voilà un but pour cette nouvelle vie, où qu'elle se déroule. Combattre par l'esprit, revivre par le mouvement de la mémoire et de la pensée et échapper à l'inaction. Il sent un flux d'énergie en lui. Il dicte la dernière proclamation à la Grande Armée :

« Soldats, je suivrai vos pas quoique absent. Vous et moi, nous avons été calomniés. Des hommes indignes d'apprécier vos travaux ont vu, dans les marques d'attachement que vous m'avez données, un zèle dont j'étais le seul objet : que vos succès futurs leur apprennent que c'était la patrie par-dessus tout que vous serviez en m'obéissant, et que si j'ai quelque part à votre affection je le dois à mon ardent amour pour la France, notre mère commune. »

Il est ému.

Connaîtront-ils ce texte, mes soldats ? Fouché et les autres tâchent d'étouffer ma voix, qui les inquiète encore. Les manifestations en ma faveur continuent à Paris. Ils doivent trembler.

Il reprend :

« Soldats, sauvez l'honneur, l'indépendance des Français : soyez jusqu'à la fin tels que je vous ai connus depuis vingt ans, et vous serez invincibles. »

Il est à nouveau dans le jardin de la Malmaison. Il accueille le banquier Laffitte.

– Ce n'est pas à moi précisément que les puissances font la guerre, dit-il. C'est à la Révolution. Elles n'ont jamais vu en moi que le représentant, l'homme de la Révolution.

Il soupire.

– Il me tarde de quitter la France. Qu'on me donne les deux frégates que j'ai demandées et je pars à l'instant pour Rochefort.

Puis il entraîne Laffitte. Il a confiance dans cet homme, qui administre la Banque de France, et qui, il le sait, a géré le trésor de Louis XVIII. Que peut-on sans argent ? Rien. Il faut donc parler d'argent.

– Je ne sais pas encore ce qui m'est réservé, dit-il. Je suis encore en bonne santé et j'ai encore quinze années devant moi. Je dors et je m'éveille quand je veux, je peux monter à cheval quatre heures durant et travailler dix heures par jour. Ma nourriture ne coûte pas cher. Avec un louis par jour, je peux vivre très bien n'importe où. Nous verrons bien.

Il s'assied. Il a fait porter à Laffitte trois millions en or, pris dans le trésor des Tuileries, puis il lui confie huit cent mille francs en espèces, et ce qui reste du trésor de l'île d'Elbe. Pas loin de cinq millions en tout, n'est-ce pas ? D'un geste, il refuse le reçu du banquier. Il a confiance, répète-t-il. Il faudra, avec cette somme, pourvoir les frères, la mère, les gens de la Maison impériale, les époux Bertrand, les valets. Cent mille francs pour Jérôme et pour Madame Mère, sept cent mille pour Joseph, deux cent cinquante mille à Lucien. Et ne pas oublier Hortense, Marie Walewska, Mme Pellapra, Mme Duchâtel.

Elles viennent l'une après l'autre à la Malmaison, ces femmes de ma vie. Marie pleure, pousse son fils, mon fils, vers moi.

Il embrasse l'enfant. Il doit contenir ce flot d'émotion qui l'étouffe.

Voici Léon, mon autre fils, avec son tuteur. Neuf ans déjà depuis qu'une nuit sa mère Éléonore Denuelle de La Plaigne est venue vers moi.

Toute ma vie qui se concentre. Et manquent ma femme et mon fils légitime.

Il s'éloigne dans les allées du parc, revient vers Hortense, murmure :

– Que c'est beau, la Malmaison. N'est-ce pas, Hortense, qu'il serait heureux d'y pouvoir rester ?

Il s'assied, silencieux.

Un officier de la Garde nationale arrive, hors d'haleine. Les Prussiens de Blücher approchent. Ils peuvent tenter un coup de main contre la Malmaison.

Il rit :

– Je me suis laissé tourner.

Puis il rentre à pas lents. Prisonnier des Prussiens, jamais. Il tend à Marchand un petit flacon rempli d'un liquide rouge que le docteur Corvisart lui a donné.

– Arrange-toi pour que je l'aie sur moi, soit en l'attachant à ma veste, soit à une autre partie de mes vêtements, toujours de manière que je puisse m'en saisir facilement.

Il voit l'expression affolée de Marchand. Il lui pince l'oreille. Il ne veut pas mourir s'il peut vivre une autre vie, murmure-t-il. Mais emprisonné ici, sur le sol de France, cela ne peut être. À cette humiliation-là il préfère la mort. Il veut choisir son sort. Et qu'ensuite les choses aillent comme elles pourront.

Ce sera ma destinée.

Il entend des cris : « Vive l'Empereur ! » Un régiment de ligne longe le parc de la Malmaison. Les tambours roulent. Les voix s'amplifient. Un officier entre, explique que l'armée de Blücher s'est avancée vers Paris, seule, sans attendre les troupes anglaises.

Seule.

On pourrait battre Blücher. Napoléon se précipite vers son cabinet de travail, examine les cartes :

– La France ne doit pas être soumise par une poignée de Prussiens ! lance-t-il au général Becker, qui a été chargé par Fouché de commander les soldats de la Garde affectée à l'Empereur. Je puis encore arrêter l'ennemi, et donner au gouvernement le temps de négocier avec les puissances.

Il fait de grands pas, parle sur un ton enflammé.

– Après, je partirai pour les États-Unis afin d'y accomplir ma destinée.

Il interpelle Becker.

– Qu'on me rende le commandement de l'armée, non comme Empereur, mais comme général. J'écraserai l'étranger devant Paris. Allez porter ma demande à la commission de gouvernement, expliquez-lui bien que je ne songe pas à reprendre le pouvoir.

Il tend le bras.

– Je promets, foi de soldat, de citoyen et de Français, de partir pour l'Amérique le jour même où j'aurai battu l'ennemi.

Becker approuve, s'élance.

Je peux encore convaincre les hommes de bonne foi.

Napoléon passe dans la bibliothèque. Il attend.

Mais à Paris, qui peut accepter sa proposition ? Il marche lentement. Les Fouché, les Lanjuinais et même Davout accepteraient-ils aujourd'hui ce qu'ils ont déjà rejeté hier ? Il reçoit Joseph, qui va quitter la France pour les États-Unis.

– S'ils refusent ma proposition, dit Napoléon, je n'ai plus qu'à partir !

Il appelle le grand maréchal du Palais, annonce son intention.

– Donnez des ordres. Quand ils seront exécutés, venez me prévenir.

Becker est de retour. Il dit qu'à Paris la foule continue d'acclamer le nom de Napoléon. Mais la commission gouvernementale a rejeté la proposition de l'Empereur.

– Ces gens-là ne connaissent ni l'état des choses ni celui des esprits, murmure Napoléon.

Il quitte lentement son uniforme, revêt un frac marron et une culotte bleue. Il coiffe un chapeau rond. Il se regarde dans un miroir. Voilà l'homme de la nouvelle vie.

Partir, maintenant, le plus vite possible. Hortense pleure. Des généraux tempêtent, réclament de l'argent. Qu'on les paie, lance-t-il. Puis il va vers les siens. Adieu, ma mère. Adieu, mon fils.

Il entre dans la chambre de Joséphine.

Si loin, si proche, ce temps-là.

Et d'un pas rapide il se dirige vers la voiture.

Il est dix-sept heures trente, le jeudi 29 juin 1815.

Becker et Savary assis en face de lui, Bertrand installé à sa gauche baissent les yeux quand ils croisent son regard. Aucun d'eux ne parle.

À Rambouillet, Napoléon décide tout à coup de dormir au château. Il étouffe. L'air est lourd. Qui sait si des assassins n'attendent pas son passage sur les routes forestières ? Tant de gens rêvent de sa mort. Il veut aller au bout de sa nouvelle vie.

Le matin, lorsqu'il paraît, la foule est là, contre les grilles du château. Et les cris s'élèvent : « Vive l'Empereur ! »

Le dimanche matin 2 juillet, à Niort où il vient de passer la nuit, la foule a envahi les rues. On l'a reconnu. Les hussards qui tiennent garnison en ville manifestent à leur tour.

Il reconnaît le général Lallemand, un ancien d'Italie et

d'Égypte, qui explique d'une voix haletante que l'on peut rassembler les troupes des généraux Lamarque et Clausel en Bretagne et en Vendée et ainsi ouvrir un front.

Il détourne la tête. Ces plans qu'on lui propose, ces cris qu'il entend, ces hussards qui saluent sabre au clair, ce préfet dévoué, tout cela comme un reflet déjà lointain de son pouvoir, une dernière image. Mais à se laisser prendre à ce mirage, il finirait, lui, l'Empereur, en hors-la-loi.

– Je ne suis plus rien, et je ne peux plus rien, dit-il.

Il quittera Niort demain, lundi 3 juillet à quatre heures.

Le soir, vers vingt heures, il entre dans Rochefort. Il aperçoit dans la rade les deux frégates françaises, la *Saale* et la *Méduse*, qui doivent assurer son passage vers les États-Unis.

Et, au large, il découvre les navires anglais placés de manière à empêcher toute sortie de la rade. Leurs coques massives se découpent sur le crépuscule.

Sans l'aide de la fortune, rien ne se déroule jamais comme on l'espère.

32.

Il s'est assis dans les appartements de la préfecture maritime de Rochefort. En 1808, il a séjourné là. Il était au sommet de sa gloire et de sa puissance. Qu'est-il maintenant ?

Il écoute le préfet maritime Casimir de Bonnefous. Cet homme qu'il a nommé l'a, bien sûr, comme presque tous, trahi.

Il s'est rallié à Louis XVIII et a accueilli dans ce lieu même le duc d'Angoulême, qui tentait de dresser en mars 1815 les populations de l'Ouest contre moi. Quelle confiance lui accorder ? Il sera l'instrument docile des décisions prises à Paris. Et que veut-on faire de moi ? Me laisser gagner l'Amérique ? Les Alliés n'ont pas délivré de sauf-conduit. Et il faudrait forcer cette croisière anglaise qui, avec ses navires, tient les passes. Et pourquoi les traîtres de Paris ne souhaiteraient-ils pas mon naufrage et ma mort ou mon arrestation ? Talleyrand est devenu Premier ministre de Louis XVIII ! Et Fouché, son ministre de la Police ! Qu'attendre de ces hommes-là, que j'ai percés à jour depuis des années et qui veulent ma perte ? Ils chercheront à me livrer pour montrer leur servilité. Et Fouché voudra ainsi faire oublier qu'il est un terroriste et un régicide, et qu'il a traqué pour moi les royalistes tant qu'il a cru à la solidité de l'Empire.

Je ne veux leur faire cadeau ni de ma mort ni de ma dignité.

Mais que décider ?

Je n'ai plus de certitude, je ne vois plus de voie droite et ascendante.

Je vois des marécages, et le risque du ridicule et du sordide. Ou bien l'échec d'une aventure désespérée.

Il fait quelques pas hors du bâtiment, et aussitôt il entend les cris de la foule. On l'acclame encore. On crie : « Ne nous abandonnez pas ! »

Il reçoit une délégation des habitants et des soldats. Ces hommes l'adjurent de ne pas quitter la France, d'animer la résistance.

Il montre d'un geste des deux mains sa tenue civile.

– Mes amis, mes conseils et mes avis ont été dédaignés, rejetés. Les ennemis sont à Paris.

Il secoue la tête.

– Je ne dois pas ajouter les horreurs de la guerre civile à l'invasion étrangère.

Il faudrait donc partir au plus vite. Mais comment ? Mais où ?

Voici Joseph, anxieux mais déterminé. Et quoi que j'aie pu penser de lui, il est là, aujourd'hui, comme un frère aîné, décidé à m'aider.

Mais je suis Napoléon Bonaparte, accompagné d'une maison de soixante personnes ! Je ne suis pas un fuyard, un souverain poursuivi. J'ai décidé d'abdiquer en conscience. La loi doit me protéger.

Il reçoit Las Cases. Il apprécie depuis les temps de l'adversité cet ancien émigré, officier de marine, qui a combattu avec l'armée de Condé mais s'est rallié à l'Empire en 1806.

J'ai fait de lui un conseiller d'État. Qu'il soit mon chambellan, qu'il note mes propos s'il le veut, lui qui a obtenu un si grand succès de librairie avec un Atlas historique chronologique et géographique. *J'aime voir Las Cases avec son fils Emmanuel. Las Cases veut me suivre là où j'irai.*

Où irai-je ?

On a interdit au bibliothécaire Barbier de faire parvenir à Napoléon les ouvrages demandés sur l'Amérique et les campagnes de la Grande Armée.

Il remarque mille signes inquiétants. Ici et là, sur certains bâtiments publics, apparaissent les premiers drapeaux blancs. Le plus puissant des navires anglais, le *Bellerophon*, s'avance dans la rade et arbore la couleur royale.

Mes ennemis se rapprochent. Ils veulent me prendre au piège.

Il interpelle le général Gourgaud. Il sait qu'il peut avoir confiance en lui.

Cet artilleur est brutal, colérique, peu diplomate, mais c'est un fidèle. Il a détourné de moi, lors des combats de Brienne, une lance cosaque. Il est prêt lui aussi à m'accompagner en exil.

– Eh bien, dit Napoléon, donnez l'ordre d'équiper des embarcations pour l'île d'Aix. Je serai là, près des frégates, et me trouverai en mesure d'embarquer si les vents veulent tant soit peu favoriser cette sortie.

C'est le samedi 8 juillet 1815. Près du village de Fouras, il descend du sommet de la dune vers la plage. Toute la population est rassemblée. La mer est agitée. Pourra-t-on aller jusqu'à l'île d'Aix ?

Il se tourne, salue de la main.

– Adieu, mes amis.

Le vent porte les voix qui crient « Vive l'Empereur ». Il marche lentement. Il quitte le sol de la France continentale. Il grimpe sur les épaules d'un marin qui entre dans l'eau, le porte jusqu'au canot.

Les vagues balaient l'embarcation. On n'atteindra pas l'île. Désormais, il le sent, rien ne sera facile. Tout est contraire. Il donne l'ordre de se diriger vers l'une des deux frégates, la *Saale*.

Il monte l'échelle de coupée. Le navire arbore encore la flamme tricolore. Les officiers saluent, sabre au clair. Les marins sont au garde-à-vous. Mais il suffit d'un regard au capitaine Philibert pour savoir que l'homme est embarrassé. Et il exécuterait l'ordre de son ministre lui demandant d'arrêter l'Empereur.

Cette frégate, ce peut-être une prison.

Il arpente le pont, la cabine mise à sa disposition. Il veut, dès que le temps le permettra, aller visiter l'île d'Aix.

Il y débarque le dimanche 9 juillet. Il s'enfonce dans la terre meuble. C'est le sol de France. Peut-être est-ce la dernière fois qu'il le foule. On l'acclame encore. Il passe les troupes en revue puis visite les fortifications. C'est lui qui, autrefois, dans cette autre vie qui fut la sienne, ordonna ces constructions, ces grands travaux.

Ce pourrait être ici ma dernière forteresse.

Les soldats crient : « Ne nous quittez pas ! » Des officiers s'approchent, lèvent leurs épées : « À l'armée de la Loire ! » lancent-ils.

Il rentre cependant à bord de la *Saale*. Il a besoin de savoir quelles dépêches sont parvenues à la frégate. Il les parcourt. Le gouvernement le proscrit. Et, derrière les mots qui l'invitent à quitter au plus vite le sol national, il devine d'autres intentions qui se profilent. On veut le décréter de bonne prise.

Le nouveau ministre de la Marine Jaucourt a dû s'entendre avec les Anglais pour se faire lui aussi pardonner par Louis XVIII de m'avoir servi.

C'est avec ma vie et ma liberté qu'ils veulent tous payer le sauf-conduit qui leur permettra d'entrer dans les cercles du nouveau pouvoir. Et il en est de même pour tous ceux qui ont un bien, une situation à défendre. Les journalistes, toujours à gages, m'appellent déjà dans les gazettes reçues ici « l'Usurpateur ».

Ils ne me prendront pas ainsi.

Il quitte la frégate la *Saale* pour Aix. Là, il s'installe au premier étage de la petite maison du commandant de la place. Il ne dort pas. Il écoute les avis. Le commandant Ponée, de la frégate la *Méduse*, propose de forcer la croisière anglaise et de se sacrifier avec son navire et son équipage en abordant le *Bellerophon*. Pendant ce temps, l'Empereur embarqué sur la *Saale* gagnera le large.

Mais puis-je être sûr du commandant de la Saale ?

Un groupe de jeunes officiers viennent de proposer de s'emparer d'une grosse baleinière pontée et de gagner le large, d'arraisonner un navire marchand et de joindre ainsi les États-Unis. On pourrait aussi fuir sur un navire danois qui se trouve à Aix, amarré dans le port.

Le 13 juillet, Joseph est là à nouveau. Mon frère ! Il le serre contre lui. Joseph se propose de servir de leurre à la flotte anglaise pendant que Napoléon gagnera Bordeaux et quittera la France à bord d'un navire que Joseph vient d'affréter.

Napoléon secoue la tête.

Il ne craint pas les risques qu'impliquent ces projets. La mort n'est rien. Il l'a recherchée. Mais il a toute sa vie passée, à laquelle il doit donner une conclusion à la hauteur de la gloire qui fut la sienne.

Donc, pas de fuite mesquine, d'aventure qui se termine en vaudeville.

Il montre à Joseph les membres de la Maison impériale qui se promènent devant la maison. Il y a quatre enfants, l'un de Las Cases, l'une de la comtesse de Montholon, et deux de la comtesse Bertrand. Il y a, outre ces deux femmes, les généraux, les officiers, les domestiques. Près de soixante personnes. Il veut partir dignement avec tous ceux de sa maison.

Il donne à nouveau l'accolade à Joseph. C'est le dernier adieu. Maintenant il va décider seul de la conduite à suivre.

Las Cases et Gourgaud se sont rendus auprès du capitaine Maitland commandant le *Bellerophon*, afin d'envisager la venue de l'Empereur à bord du navire anglais.

Pourquoi, en effet, ne pas remettre son sort aux mains de ce grand peuple d'Angleterre ? *Pourquoi ne pas devancer ainsi, par un geste héroïque, à l'antique, digne de toute ma vie, les manœuvres des traîtres et les complots des argousins ?*

Et si les Anglais, alors que je suis livré à eux, trahissent ma confiance, je serai l'homme d'honneur tombé aux mains de parjures.

Il est minuit, ce 13 juillet 1815.

Il se souvient de Plutarque, des *Vies des hommes illustres*, ce livre qu'il a lu et relu durant toutes ces années.

Cette fin-là serait à la hauteur de l'histoire que j'ai vécue.

Et puis il éprouve, à la pensée de s'en remettre pour la première fois de sa vie à d'autres, ces Anglais auxquels il va confier sa nouvelle existence, un sentiment de soulagement.

Toute une vie à faire front, à combattre, à relever des défis. Agir sans trêve. Et maintenant une seconde vie, à ne se servir que de son esprit et de sa mémoire. Il dit à Gourgaud :

– Il y a toujours danger à se confier à ses ennemis, mais mieux vaut risquer de se confier à leur honneur que d'être en leurs mains prisonniers de droit.

Il a pris sa décision. Il est apaisé.

Ma destinée va s'accomplir.

Il prend la plume. Il lève les yeux et, par la fenêtre de la petite chambre, il aperçoit le ciel, puis le *Bellerophon* comme un rocher sombre devant l'horizon.

Il commence à écrire au prince-régent d'Angleterre.

« Altesse royale,

« En butte aux factions qui divisent mon pays, et à l'inimitié des plus grandes puissances de l'Europe, j'ai terminé ma carrière politique et je viens, comme Thémistocle, m'asseoir au foyer du peuple britannique.

« Je me mets sous la protection de ses lois, que je réclame de Votre Altesse royale comme au plus puissant, au plus constant, et au plus généreux de mes ennemis.

« Napoléon. »

Il relit. Il est satisfait. Il est sûr d'avoir ainsi devancé les ordres de Louis XVIII et de Fouché. Ceux-là veulent l'arrêter. En se rendant sur le *Bellerophon*, il leur échappe.

Il dicte des instructions à Gourgaud. Le général partira le premier avec cette missive pour le prince-régent. Il expliquera que, « à défaut de l'Amérique, je préfère l'Angleterre à tout autre pays. Je prendrai le titre de colonel Muiron ».

Le nom est venu sous sa plume. Il revoit son jeune aide de camp se précipitant sur le pont d'Arcole, puis se plaçant devant lui afin de recevoir les balles.

Sans lui, sans Muiron, rien ne serait advenu de ma vie. Je serais mort à Arcole. Muiron m'a sauvé. Il est là devant moi comme si le temps ne s'était pas écoulé.

« Si je dois aller en Angleterre, reprend-il, je désire être logé dans une maison de campagne à dix ou douze lieues de Londres où je souhaiterais arriver dans le plus strict incognito. Il faudrait une habitation assez grande pour loger tout mon monde... »

Et si cela n'était pas ? Si les Anglais devenaient des geôliers ou des bourreaux ?

S'il eût mieux valu tenter de forcer le blocus, afin d'atteindre l'Amérique ?

Mais quoi ! Était-ce là la fin d'un Empereur des rois de devenir un citoyen quelconque ?

Il a choisi la seule issue digne de lui.

Il ne faut plus tergiverser. Les ordres de m'arrêter doivent avoir été lancés. Je connais Fouché. Et le ministre de la Marine, Jaucourt, ancien chambellan de Joseph, comme le ministre de la Police, a beaucoup à se faire pardonner par les Bourbons.

Napoléon demande qu'on le réveille peu après minuit, ce samedi 15 juillet 1815.

Il revêt son uniforme des chasseurs de la Garde, vert à parements rouges. Il boutonne sa redingote grise et coiffe son chapeau à cocarde tricolore. Il va sortir de sa première vie la tête haute comme il le faut.

Le général Becker se propose pour l'accompagner jusqu'au *Bellerophon*. Napoléon refuse.

– Pensons à la France, dit-il. C'est de mon propre gré que je me rends à bord de la croisière. Si vous veniez avec moi, on ne manquerait pas de dire que vous m'avez livré aux Anglais. Je ne veux pas laisser peser sur la France une pareille accusation.

Becker pleure.

– Embrassez-moi, général. Je regrette de ne pas vous avoir connu plus tôt d'une manière aussi particulière. Je vous eusse attaché à ma personne.

– Adieu, Sire, soyez plus heureux que nous.

Bonheur ? Malheur ?

Il pense à ces mots en gagnant le navire français l'*Épervier* qui doit ensuite le conduire au *Bellerophon*.

Bonheur ? Malheur ?

Il a tout connu, mais il n'a jamais recherché le bonheur ou craint le malheur. Il a voulu aller jusqu'au bout de soi, et ne pas étouffer l'énergie qui soufflait en lui comme une tempête vitale.

Il fait nuit encore quand l'embarcation aborde l'*Épervier*. Le commandant du navire, Jourdan, dit que l'Empereur a eu tort de se fier aux Anglais, au capitaine Maitland. On eût pu, assure-t-il, forcer leur blocus.

– Il est trop tard. On m'attend, je m'y rendrai.

L'*Épervier* s'approche du *Bellerophon* dont une chaloupe se détache.

Napoléon salue l'équipage de l'*Épervier*. Adieu, la France.

Quelques coups de rames, et il monte lentement l'échelle de coupée du *Bellerophon*.

Les sifflets des gabiers déchirent l'aube grise.

Napoléon s'avance vers le capitaine Maitland. Il soulève son chapeau.

– Je suis venu me placer sous la protection de votre prince et de vos lois, dit-il d'une voix ferme.

Il fait quelques pas puis ajoute :

– Le sort des armes m'amène chez mon plus cruel ennemi, mais je compte sur sa loyauté.

Neuvième partie

L'infortune seule manquait à ma renommée

16 juillet 1815 – 5 mai 1821

33.

Il entre dans la grande cabine de la dunette que le capitaine Maitland lui a destinée. Il éprouve un sentiment de paix, et presque de la gaieté. Il n'est plus maître que de son esprit. Il se sent libre, comme si le choix qu'il avait fait de s'en remettre aux Anglais le déchargeait enfin du fardeau de la responsabilité. Maitland va choisir la route du *Bellerophon*, et les vents décideront de la course jusqu'à l'Angleterre. Après...

Le général Gourgaud aura présenté au prince-régent mes désirs. Peut-être me laissera-t-on partir en Amérique, ou bien m'installer en Angleterre.

Et s'il n'en était pas ainsi ?

Il sort sur le pont. Les marins lui rendent les honneurs. Maitland lui annonce que le *Superb*, le navire de l'amiral Hotham, vient de jeter l'ancre à quelques encablures. Et l'amiral se propose de venir rendre visite aux hôtes du *Bellerophon*.

Les Anglais ne sont pas des barbares. Ils m'accueillent comme un souverain vaincu, auquel on doit le respect et l'hospitalité.

Il rendra la visite à l'amiral à bord du *Superb*. Il voit les matelots grimpés dans les vergues du navire comme pour la parade. L'amiral Hotham le reçoit avec faste et respect. Tout est bien. On déjeune.

– Sans vous, les Anglais, j'eusse été Empereur de l'Orient, dit-il ; mais là où il y a de l'eau pour faire flotter un bateau, on est certain de vous rencontrer.

Il se souvient de sir Sydney Smith, son adversaire si souvent affronté. Il évoque son retour d'Égypte à bord de la frégate *Muiron*, et la main de la fortune qui avait écarté les croisières anglaises, comme elle avait auparavant éloigné la flotte de Nelson.

Il marche sur le pont du *Bellerophon* qui a enfin appareillé le dimanche soir 16 juillet 1815.

Il est heureux de son choix. Il n'a pas été pris dans la souricière que sûrement voulaient lui tendre Louis XVIII, Talleyrand et Fouché. Il s'accoude au bastingage, regarde disparaître les côtes de France.

Là-bas a été ma vie.

Le dimanche 23 juillet, à cinq heures du matin, il monte sur le pont qu'on lave à grande eau. Mais cette nuit il n'a pas pu dormir. C'était comme si les craquements de la coque du navire résonnaient dans son esprit. On doit être au large d'Ouessant.

Il interroge un aspirant qui montre du doigt cette flèche noire qui s'enfonce dans la mer alors que le jour bleuit.

– Cap Ouessant.

Là-bas, l'extrémité de mon pays, de ma vie.

Napoléon se hisse sur un affût de canon. Il regarde cette pointe de terre dans sa lunette. Il ne peut la quitter des yeux. Et lorsqu'elle disparaît, dans la lumière vive de midi, c'est une part de lui qui s'enfonce dans un abîme.

Et au soir de la même journée, dans le crépuscule, apparaît la côte d'Angleterre.

La pluie tombe sur la rade de Torbay.

Il regarde par les hublots, puis monte sur la dunette. Il voit des milliers d'embarcations qui entoure le *Bellerophon*. Point d'acclamations mais des bras qui se tendent. Et tout à coup cette silhouette qu'il reconnaît. C'est le général Gourgaud qui monte à bord. Le prince-régent a refusé de le recevoir. Gourgaud n'a pu débarquer du navire qui l'avait conduit en Angleterre en éclaireur. Mais il a pu se procurer des journaux anglais. Las Cases traduit les articles. Ils rapportent que le général Buonaparte doit être emprisonné dans la Tour de Londres ou bien dans une forteresse d'Écosse, ou encore déporté à l'île de Sainte-Hélène.

Qu'est-ce que cela ? Napoléon monte sur le pont. Le *Bellero-*

phon avance lentement en longeant la côte vers Plymouth. Les officiers sont maintenant réservés, le visage fermé, et le capitaine Maitland dérobe son regard.

Napoléon marche d'un pas rapide de la poupe à la proue.

Est-ce possible ? Se serait-il jeté dans la nasse ? Il sent qu'autour de lui tout se modifie insensiblement. Dans la rade de Plymouth, deux frégates écartent les embarcations des curieux. Les Anglais sont gens capables de tous les pièges. Il l'a su. Il a voulu l'oublier. La vérité revient toujours frapper ceux qui ferment les yeux pour ne pas la voir.

Il se souvient de l'amiral qui commande l'escadre de la Manche, lord Keith.

Cet officier a participé au siège de Toulon et j'ai fait exploser ses navires, et c'est ce même lord Keith qui a débarqué à Aboukir en 1801 et contraint les dernières troupes françaises à quitter l'Égypte.

– Je désire beaucoup voir l'amiral, dit Napoléon à Maitland. Qu'il ne s'embarrasse pas de cérémonial. Je me contenterai d'être traité en particulier, en attendant que le gouvernement britannique ait fixé la manière dont je dois être considéré.

Mais le capitaine Maitland ne répond pas. Et le jeune médecin irlandais du bord, Barry O'Meara, qui parle italien, qui est si prévenant, n'ose même plus me regarder.

Enfin, le vendredi 28 juillet, voici lord Keith. À Waterloo, j'ai sauvé de la mort son neveu, blessé et que j'ai fait mettre à l'abri et soigner par mes chirurgiens. La colère m'étouffe à le voir silencieux, raide, n'acceptant d'échanger que quelques mots sur le siège de Toulon ou la campagne d'Égypte et refusant de donner d'autres indications. Ce n'est pas du passé qu'il s'agit, mais de mon futur.

– Je ne suis plus rien, martèle Napoléon. Je ne peux plus déranger personne. Ne puis-je vivre en Angleterre ?

Lord Keith ne répond rien. Et il faut attendre. Il faut subir la colère et la folie de Mme la générale Bertrand qui tente de se jeter par-dessus bord, parce qu'elle veut débarquer en Angleterre et qu'elle se dit persuadée que l'Empereur va être déporté à Sainte-Hélène.

Il a envie de mourir.

Il marche sous la pluie. Le pont est glissant. L'horizon n'est qu'un rideau gris. Il imagine Sainte-Hélène. Maintes fois, dans sa vie d'avant, il a évoqué ce nom. Il voulait s'emparer de cet îlot qui sert d'escale aux navires de la Compagnie des Indes. Que ferait-il sur ce bloc de basalte vert foncé ? Sous ce climat équatorial ? C'est sa mort certaine. Autant mourir ici.

À dix heures trente, le lundi 31 juillet 1815, lord Keith accompagné du sous-secrétaire d'État Bunbery montent à bord. *Les voilà ! Keith tient une lettre à la main. Qu'il la traduise en la lisant. Cette voix calme entre en moi comme une lame. Prisonnier de guerre, Sainte-Hélène ? Peu importent les autres mots.*

Il prend la lettre des mains de lord Keith, la jette sur la table, puis il se calme aussitôt, regarde l'amiral anglais avec mépris.

Le gouvernement britannique n'a pas le droit de disposer de sa personne. Il en appelle au peuple britannique et aux lois de ce pays. Maitland l'a trompé. L'amiral Hotham lui a menti. « S'il m'avait dit que je serais prisonnier de guerre, je ne serais pas venu. »

– Quant à l'île de Sainte-Hélène, c'est l'arrêt de ma mort ! Que pourrai-je faire sur ce petit rocher à l'autre bout du monde ? J'aime mieux la mort que Sainte-Hélène, et à quoi vous servirait ma mort ?

Qu'on le transporte au bagne de Botany Bay, en Australie, cela conviendrait mieux !

Il se tourne vers la table, pose un doigt sur le document qu'il a pris à lord Keith.

– Et puis, dit-il, votre gouvernement n'a aucun droit à m'appeler le général Bonaparte. Je suis Premier Consul et, si l'on me reçoit, ce doit être en cette qualité. Quand j'étais à l'île d'Elbe, j'étais tout aussi souverain que sur le trône de France. J'étais souverain comme le roi l'était en France. Nous avions chacun notre drapeau. Nous avions chacun nos navires, nos troupes. Bien sûr – il rit –, mes forces étaient à l'échelle réduite. J'avais six cents soldats et il en avait deux cent mille ; enfin je lui ai fait la guerre ; je l'ai battu, je l'ai chassé du pays, je l'ai détrôné. Il n'y a rien qui puisse dans tout cela changer ma position, ou me priver de mon rang parmi les souverains d'Europe.

Il dévisage Keith. Il va écrire une protestation au gouvernement britannique.

Il commence à dicter à Las Cases.

« Je proteste solennellement ici, à la face du ciel et des hommes, contre la violation de mes droits les plus sacrés, en disposant par la force de ma personne et de ma liberté. Je suis venu librement à bord du *Bellerophon* : je ne suis pas prisonnier, je suis l'hôte de l'Angleterre. Aussitôt à bord du *Bellerophon*, je fus sur le foyer du peuple britannique. J'en appelle à l'Histoire : elle dira qu'un ennemi qui fit vingt ans la guerre au peuple anglais vint librement dans son infortune chercher un asile sous ses lois, et quelle plus éclatante preuve pouvait-il donner de son estime, de sa confiance ? Mais comment répondit l'Angleterre à une telle magnanimité ? Elle feignit de tendre une main hospitalière à cet ennemi et, quand il se fut livré de bonne foi, elle l'immola ! »

C'est le jeudi 4 août 1815. Le *Bellerophon* appareille, sort lentement de la rade de Plymouth.

Napoléon est couché dans sa cabine.

Ils vont opérer mon transbordement sur le Northumberland, *au large, loin des embarcations chargées de curieux, loin du peuple britannique, des libéraux, dont certains ont tenté de me faire citer comme témoin à la barre d'un tribunal pour retarder ma déportation.*

Faudrait-il mourir ?

Il appelle Marchand, il tend au premier valet de chambre les *Vies des hommes illustres*. Il est ouvert à « La Vie de Caton ».

– Lis.

Il tire le rideau.

Il peut du bout des doigts saisir facilement le flacon rouge attaché à son gilet. Peut-être ce poison aurait-il plus d'effet que celui pris à Fontainebleau ? Il aurait une fin digne de Plutarque.

Il hésite, s'assied sur le lit. Il revoit sa vie.

« L'infortune seule manque à ma renommée. J'ai porté la couronne impériale de la France, la couronne de fer d'Italie. Et maintenant, l'Angleterre m'en donne une autre, plus grande encore et plus glorieuse, celle portée par le Sauveur du Monde, une couronne d'épines. »

Si je l'accepte, jusqu'où ne m'élèverai-je pas dans l'esprit des hommes ? Qui pourra m'oublier ?

Il remonte sur le pont. Il aperçoit au loin la silhouette du *Northumberland*. Il suffirait d'un geste pourtant pour arrêter cette seconde vie, ici, et ce serait aussi une fin si forte que tous en seraient frappés.

Ce n'est pas la mort qu'il craint. Mais une curiosité le retient. Qu'y a-t-il au bout de ce long voyage en mer ? Que sera la vie sur ce volcan éteint ? Il y a du mystère dans cet avenir. Il y a un défi aussi. Imposer dans le dénuement son souvenir, l'image de sa vie. Quel destin que celui qui commence en César et finit en martyr et en prophète !

Il s'interroge.

Il dit à Las Cases :

– Est-il sûr après tout que j'aille à Sainte-Hélène ? Un homme est-il donc dépendant de son semblable quand il veut cesser de l'être ?

Il marche lentement. Il est calme. Il surprend le regard étonné du capitaine Maitland, qui l'imaginait sans doute prostré.

– J'ai parfois envie de vous quitter, reprend-il, et cela n'est pas bien difficile. Il ne s'agit que de se monter un tant soit peu la tête, et je vous aurai bientôt échappé, tout sera fini et vous irez rejoindre vos familles.

Qu'est devenu mon fils ? Pour lui aussi, léguer la mémoire de ma vie. Ne pas la laisser entre les mains de mes ennemis.

– D'autant, continue-t-il, que mes principes intérieurs ne me gênent nullement, je suis de ceux qui croient que les peines de l'autre monde n'ont été imaginées que comme suppléments aux attraits insuffisants qu'on nous y présente. Dieu ne saurait avoir voulu un tel contrepoint à Sa bonté infinie, surtout pour des actes tels que celui-ci. Et qu'est-ce après tout ? Vouloir revenir un peu plus vite.

Il écoute les arguments de Las Cases.

– Mais que pourrons-nous faire dans ce lieu perdu ?

– Sire, nous vivrons du passé ; il y a de quoi vous satisfaire. Ne jouissons-nous pas de la vie de César, de celle d'Alexandre ? Nous posséderons mieux, vous vous relirez, Sire.

Il regarde l'horizon. Tout se joue dans l'esprit. Les idées décident de tout.

– Eh bien, nous écrirons nos Mémoires, dit-il.

Il s'éloigne jusqu'au bastingage, revient.

– Oui, il faudra travailler ; le travail aussi est la faux du temps. Après tout, on doit remplir ses destinées ; c'est aussi ma grande doctrine. Eh bien, que les miennes s'accomplissent !

Il dresse la liste de ceux qui vont l'accompagner : les Montholon, les Bertrand, Las Cases et son fils. *Voilà quelle sera ma « Cour »*. Il y aura douze domestiques, dont Marchand, le mameluk Saint-Denis, dit Ali, Cipriani. Et le docteur irlandais Barry O'Meara.

Mais il faut encore protester, auprès de lord Keith, auprès du contre-amiral sir George Cockburn, qui a été lui aussi au siège de Toulon, qui commande le *Northumberland* et va gouverner Sainte-Hélène.

– Je ne quitte pas ce bâtiment, le *Bellerophon*, et l'Angleterre de plein gré, c'est vous, amiral, qui m'entraînez.

Mais je me rendrai à bord du Northumberland. *Ma décision est prise. On n'aura pas à m'y traîner de force.*

– Oh, vous n'aurez qu'à me donner un ordre, dit-il à Cockburn.

Ma destinée s'accomplit. Je ne l'entraverai pas.

La garde du *Northumberland* lui rend les honneurs au haut de l'échelle de coupée. Il se retourne. C'est le temps des adieux. Le général Lallemand et Savary, duc de Rovigo, ne seront pas du voyage. Ils se pressent avec quelques officiers autour de Napoléon. Certains pleurent. Il embrasse Lallemand et Savary.

– Soyez heureux, mes amis. Nous ne nous reverrons plus.

Il garde le silence quelques secondes.

– Mais ma pensée ne vous quittera pas, reprend-il, ni vous ni ceux qui m'ont servi. Dites à la France que je fais des vœux pour elle.

Il rentre dans sa cabine, se couche sur son petit lit de fer aux rideaux de soie verte que Marchand a installé contre la coque. Le plafond est bas. Il entend les sabots des marins qui claquent sur le pont. Il se tourne. Près du lit, Marchand a disposé le lavabo en argent, ainsi que l'écritoire portative aux armes impériales. Les livres de la bibliothèque mobile sont à portée de main.

C'est un bivouac de campagne. Pour ma dernière guerre, sans armes, sans Vieille Garde.

Ma seule force est mon esprit. Ma puissance est dans ma volonté.

Il se lève. Le navire roule.

Ce mercredi 9 août 1815, le *Northumberland*, entouré d'une petite escadre, fait route vers le sud par forte houle.

34.

Ne pas céder. Rester soi.

Il arpente le pont du *Northumberland*, les mains derrière le dos. Il prise. Il s'appuie à l'un des canons de bâbord. Il sent que des centaines d'yeux sont fixés sur lui, du haut des vergues, du poste d'équipage, de la dunette, tous ceux qui l'aperçoivent l'observent avec avidité.

Il y a plus de mille hommes à bord de ce vaisseau de soixante-quatorze canons. Et tous veulent me voir.

Mais c'est moi qui fais baisser leurs yeux. Moi, qui ne suis pas l'Empereur vaincu, moi, qui demeure un homme qu'on ne peut pas plier.

Il regarde vers l'est. Cette ligne noire à l'horizon, c'est la Bretagne. Adieu, la France. Mais il ne s'abandonne pas à la nostalgie ou à l'émotion. Il est impassible. Et cela surprend les Anglais qui le guettent.

Que lui importe où il est ? À bord de ce navire anglais ? Dans cette salle à manger où l'amiral Cockburn est choqué parce que Napoléon prend sa côtelette avec les doigts, ou bien qu'il se lève quand, après quelques minutes, il a terminé son repas et que les autres sont encore tous à demeurer assis ?

Où suis-je ?

Parfois, il lui semble qu'il se retrouve au temps de son enfance, perdu, seul au milieu d'une foule d'inconnus. Il ne comprend pas leur langue, il est contraint de se défendre à chaque instant contre leur moquerie – Paille-au-Nez, disaient-ils.

Il est à Autun. Il est à Brienne. Il est sur le *Northumberland* qui vogue vers Sainte-Hélène. Et il ne cède pas.

Je reste moi.

On ne lui arrachera pas ce qu'il a vécu. Il est entré dans Milan, dans Berlin, dans Vienne et Madrid, dans Moscou. Il a fait des rois. Il a imposé sa volonté au pape.

Qu'importe où je suis ?

Toute la gloire passée lui appartient. Et sa volonté est aussi forte que celle de l'enfant de Brienne, qui ne possédait rien d'autre que son esprit.

Il commence à dicter, chaque matin à partir de onze heures, à Las Cases.

Le temps s'écoule vite. Le lendemain, Las Cases relit.

Campagnes d'Italie, campagne d'Égypte. Les lieux, les visages, les émotions d'alors, les choix qu'il m'a fallu faire. Et la bravoure et le sacrifice des soldats. Tout revient.

– Après tout, mon cher, dit-il à Las Cases, ces Mémoires seront aussi connus que tous ceux qui les ont devancés ; vous vivrez autant que tous leurs auteurs ; on ne pourra jamais s'arrêter sur nos grands événements, écrire sur ma personne sans avoir recours à vous.

La mer se creuse dans le golfe de Gascogne. Voici les côtes d'Espagne. Un navire apparaît. C'est le *Peruvian*, qui a été chargé par l'amiral Cockburn de faire escale à Guernesey afin d'acheter douze cents bouteilles de vin français pour améliorer l'ordinaire. Son capitaine monte à bord du *Northumberland*. Il a pu se procurer à Guernesey tous les *Moniteur* du mois de juillet, ainsi que plusieurs autres quotidiens.

Napoléon lit ces journaux seul dans sa cabine.

Ne pas céder à l'amertume.

C'est donc ainsi qu'on parle de moi : l'Usurpateur, l'Ogre, la bête féroce enfin emprisonnée. On se moque. On trahit. Tous se sont ralliés. On arrête et on tue les « bonapartistes ». La Bédoyère va être jugé. On annonce déjà qu'il sera condamné à mort. Ney est recherché. Dans toute la Provence, on assassine mes partisans.

Napoléon reste enfermé. Il entend les bruits des sabots des

marins qui courent sur le pont. On hisse les voiles. On va s'enfoncer vers le sud, on va franchir l'équateur, connaître les chaleurs moites et immobiles du golfe de Guinée. Puis ce seront les falaises de Sainte-Hélène.

Rester soi.

Il recommence à dicter.

– J'ai confiance dans l'Histoire, dit-il. J'ai eu de nombreux flatteurs, et le moment présent appartient aux détracteurs acharnés. Mais la gloire des hommes célèbres est comme leur vie, exposée à des fortunes diverses. Il viendra un jour où le seul amour de la vérité animera des écrivains impartiaux.

Il élève la voix. Personne ne pourra effacer ce qu'il a été, ce qu'il a fait. Cela s'inscrira dans la mémoire des hommes. Il faut vivre. Ne pas céder, rester soi, pour creuser cette trace, combattre les calomniateurs, imposer sa vision aux générations futures. Égaler, surpasser même, le César de la *Guerre des Gaules* et le Plutarque des *Vies des hommes illustres*.

– Dans ma carrière, dit-il, on relèvera des fautes sans doute, mais Arcole, Rivoli, les Pyramides, Marengo, Austerlitz, Iéna, Friedland, c'est du granit. La dent de l'envie n'y peut rien.

Ils entrent tous dans sa cabine. Et il est surpris de cette audace. Il y a là, se pressant les uns contre les autres, Montholon, Bertrand, leurs épouses et leurs enfants, Gourgaud, Las Cases et son fils. Puis, derrière eux, les domestiques, qui ont envahi la coursive.

J'avais oublié. C'est le mardi 15 août 1815, mon quarante-sixième anniversaire.

Il monte sur le pont. À dîner, l'amiral Cockburn et les officiers anglais portent un toast. Puis, au salon, il joue avec Cockburn au vingt et un, gagne près de cent napoléons, interrompt le jeu, parce qu'il est sûr qu'il pourrait dépouiller l'amiral et qu'il s'y refuse. Il fait quelques pas avec Las Cases.

– J'avais le goût de la fondation et non celui de la propriété, dit-il. Ma propriété à moi était dans la gloire et la célébrité. Le Simplon pour les peuples, le Louvre pour les étrangers m'étaient plus à moi une propriété que des domaines privés. Je me surprenais parfois à trouver que les dépenses de Joséphine, dans ses serres ou sa galerie, étaient un véritable tort pour mon jardin des Plantes ou mon musée de Paris.

Il s'assied sur l'affût de canon où il a pris l'habitude de prendre place.

– C'est après la victoire de Lodi, murmure-t-il, qu'il me vint dans l'idée que je pourrais bien devenir, après tout, un acteur décisif sur notre scène politique. Alors naquit la première étincelle de la haute ambition.

Quarante-six ans ! Maintenant tout est joué. Il regarde les enfants de Montholon et de Bertrand qui courent sur le pont.

Il a un fils. Et il est seul.

Mais tant qu'il y aura des hommes, on se souviendra de son destin. Il en est persuadé. Il le veut.

Que la mémoire de ce que j'ai accompli soit ma dynastie.

Il saisit le bras de Las Cases, l'entraîne vers la poupe.

– Je n'ai point usurpé de couronne, dit-il. Je l'ai relevée dans le ruisseau. Le peuple l'a mise sur ma tête, qu'on respecte ses actes !

Parfois la nausée le prend. Il y a tempête alors qu'on fait relâche à Madère. Et puis c'est l'immobilité, les voiles tombant, mortes, dans la moiteur du golfe de Guinée.

On fouette des marins que la longueur du voyage pousse à l'indiscipline et à la grogne. Il s'indigne. Quelle est cette manière barbare et stupide de commander aux hommes ?

Monotonie des jours. Ne pas céder. Rester soi. Ne pas s'émouvoir quand un énorme requin qu'on vient de pêcher et de jeter sur le pont se débat et l'éclabousse de sang.

J'ai vu tant d'hommes les entrailles ouvertes.

Il se souvient de Duroc.

Pourquoi un boulet, à Waterloo, ou même à la Moskova, ne m'a-t-il pas emporté ?

Il regarde une carte, comme il l'a fait tant de fois la veille d'une bataille. Voilà Sainte-Hélène, un îlot de cent vingt-deux kilomètres carrés, d'à peine trois mille quatre cents habitants et soldats, dont plus de la moitié d'esclaves, à près de deux mille kilomètres de la côte africaine, et à plus de deux mois de navigation de l'Angleterre !

Et c'est déjà le samedi 14 octobre 1815. Le vent, enfin, s'est mis à souffler. Les voiles sont gonflées. L'homme de vigie crie. La terre est en vue. Puis le vent tombe, et la mer sous la lune redevient cette plaque noire et lisse.

Ma prison, le théâtre de ma dernière bataille est là, dans la nuit.

Il se lève à l'aube, va vers la proue. Il voit des falaises sombres, puis, dans une entaille, une petite ville, quelques maisons aux toits rouges, le clocher d'une église, des palmiers et, de part et d'autre de cette vallée encaissée, sur les hauteurs, des canons. C'est Jamestown, la seule agglomération de l'île.

Bien. C'est ainsi.

Il appelle Las Cases. Il faut travailler comme chaque jour. Il entre dans sa cabine, demande à Las Cases de lui relire ce qu'il a dicté la veille, puis reprend.

« Je revins de la campagne d'Italie n'ayant pas trois cent mille francs en propre ; j'eusse pu facilement en rapporter dix ou douze millions, ils eussent été les miens. Je n'ai jamais rendu de comptes, on ne m'en demanda jamais. Je m'attendais à mon retour à quelque grande récompense nationale, mais le Directoire fit écarter la chose. »

Mais il y a toujours une issue. Toujours une bataille à conduire. Jusqu'à ce que la mort vous prenne.

La coque du *Northumberland* craque. Les voiles claquent sèchement. Le navire s'approche de l'île. Puis, ce dimanche 15 octobre 1815, c'est le bruit des chaînes de l'ancre. On est au mouillage. Il est dix heures trente.

Il monte sur le pont. L'île est noire, hostile. On y débarquera demain, explique l'amiral.

– Ce n'est pas un joli séjour, dit Napoléon en se tournant vers le général Gourgaud.

Il montre les falaises, les amoncellements de rochers.

– J'aurais mieux fait de rester en Égypte ! lance-t-il d'un ton ironique.

Puis il se dirige vers sa cabine, les mains croisées derrière le dos.

35.

Il est assis sur le rebord du lit, dans ce réduit étouffant au premier étage de l'auberge de Porteous House, située à quelques centaines de mètres des quais du port de Jamestown.

Tout à coup, ces frôlements, ces couinements qui remplissent la pièce. Marchand, le valet, pousse un cri, élève le flambeau au-dessus de sa tête, éclaire ce que l'amiral Cockburn a osé appeler une chambre. Dans la lumière qui se répand, dévoile le plancher, il voit ces énormes rats noirs, peut-être une dizaine, qui ne s'enfuient pas mais observent, les yeux rouges. Marchand va vers eux, les disperse.

Ils s'écartent, disparaissent dans des trous des cloisons, se glissent entre les lattes du parquet.

Île maudite ! Napoléon se lève, va jusqu'à l'étroite fenêtre.

Combien de nuits suivront cette première nuit du lundi 16 au mardi 17 octobre 1815 ? Il va et vient. Il distingue dans l'obscurité de la rue, devant l'auberge, la foule qui se presse. Il ne monte d'elle aucun cri, mais une rumeur, celle d'un grouillement. Il a si souvent dû affronter une foule, parfois hostile comme au Caire, ou dans les villages d'Égypte, ou bien dans certaines villes allemandes. Il a rencontré la haine et, le plus souvent, l'enthousiasme. Mais jamais il n'a, jamais, traversé une foule comme celle qui le guettait entre le port et l'auberge et que contenaient les soldats de la garnison.

C'est donc ça, la population de Sainte-Hélène ? Il y avait, dans les regards et les visages éclairés par les torches des marins du

Northumberland, la curiosité avide, une sorte de jubilation apeurée, quelque chose de vil. Les plus dignes étaient ces Noirs, des esclaves, qui se tenaient en retrait en compagnie de métis, de Chinois, de mulâtres, mais au premier rang cette populace blanche – ces femmes aux traits grossiers, ces visages brutaux de marins, de négociants, d'agents de la Compagnie des Indes – lui a inspiré le mépris. Des rats ! oui, comme ceux qui reviennent dans cette chambre, passent entre les jambes.

Combien de nuits encore à vivre, à mourir ici ?

Il pense aux acclamations de la population de Portoferraio, quand il a débarqué à l'île d'Elbe, à ses chants et à ses vivats quand il est reparti à la conquête de la France, il y a à peine sept mois.

Et maintenant, il est ici – ici, dans cette « île épouvantable » qui est aussi une prison.

– J'aurais dû finir plus tôt, murmure-t-il. Je pense que j'aurais dû mourir à Waterloo. Peut-être avant. Fussé-je mort à Moscou, ma renommée serait celle du plus grand conquérant qu'on ait connu.

Il regarde Marchand. Le valet de chambre se tient appuyé au mur. Il a tenté de transformer ce réduit en bivouac. Mais mieux valait une grange sur un champ de bataille, une ferme détruite par les boulets, et remplie de soldats morts ou blessés, que cette pièce sordide envahie de rats. Mieux valait la guerre, la mort, à cette île.

Il l'a observée du *Northumberland* toute la journée. Il a vu les falaises, les plateaux dénudés, les arbres nains, couchés par le vent. Il a deviné la succession des pluies, des coups de vent froid et d'une chaleur accablante. Puis il a vu cette foule mêlée d'esclaves et de petits maîtres.

Voilà ma prison, au milieu de l'océan, parmi les rats. Moi !

Il retourne vers le lit. Il s'assied à nouveau, invite Marchand à l'imiter. Le valet s'installe par terre.

J'ai parlé avec les rois, les maréchaux, les ministres, les savants. J'ai dicté des codes et des lois qui ont changé les mœurs, j'ai conçu des plans de campagne qui ont mis en branle des centaines de milliers d'hommes. Et je n'aurai plus désormais pour interlocuteur que ce jeune homme dévoué, mon valet Marchand, ou bien ces quelques fidèles qui, comme cela s'est déjà produit à bord du Northumberland, *se déchirent, se jalousent, parce que l'exil est un malheur.*

Si je cède d'un pas aux Anglais, si j'oublie qui je suis, d'où je viens, ce que j'ai fait, si ma vigilance faiblit, alors tout sera emporté, moi, ma dignité ; et ma gloire passée sera ternie, souillée par cette soumission.

C'est cela qu'ils veulent : me réduire, montrer au monde que je ne suis plus rien, dès lors qu'on m'a placé parmi les rats.

C'est maintenant qu'il me faut être Empereur, c'est maintenant qu'il me faut mener un combat sans autre issue que la mort.

Je dois former le carré. Je suis à moi seul toute ma Grande Armée. Je suis la Vieille Garde qui meurt et ne se rend pas.

– On peut me violenter, dit-il, mais pas m'avilir.

Il se dresse à nouveau. Il donne des coups de pied pour écarter les rats.

– Je me suis élevé de rien à être le plus grand monarque du monde. L'Europe était à mes pieds. En dépit des libelles, je ne crains pas pour ma renommée ; la postérité me fera justice.

Il regarde la rue.

La foule est toujours là, éclairée maintenant par la lune. Elle grouille. Elle murmure.

Oublier ces visages, oublier cette île. Poursuivre ma route, ici, en esprit. Imposer aux geôliers et aux bourreaux ma liberté de rester moi, dans leur prison. Et chaque fois qu'ils essaieront d'empiéter sur ma personne, les repousser. Ne plus les voir. Ni eux, ni les rats, ni les mouches, ne pas sentir le vent, la chaleur, l'humidité. Maintenir.

– Les grands événements, reprend-il, ont glissé sur moi comme du plomb sur du marbre.

Ce qui se produira ici ne m'entamera pas davantage. Tout cela n'est rien, puisque j'ai parcouru mon destin en pleine lumière. Et c'est mon destin que je dois servir, maintenant.

– Si je fusse mort, sur le trône, dans les nuages de la toute-puissance, dit-il, je serais demeuré un problème pour bien des gens ; aujourd'hui, grâce au malheur, on pourra me juger à nu.

Il s'installe aux Briars, dans une dépendance de la maison de W. Balcombe, un agent de la Compagnie des Indes, entourée d'églantiers et de palmiers. Il faut attendre que l'aménagement de la résidence de Longwood, située au sommet d'un plateau désertique, soit terminé.

Ici ou ailleurs, pourquoi pas ?

Marchand et les domestiques s'affairent pour reconstituer la chambre dans une pièce aux cloisons de bois que percent les rats. Les Montholon et leurs enfants, Gourgaud, Las Cases et son fils Emmanuel se répartissent comme ils peuvent dans une série de réduits ou sous la tente. Les Bertrand ont choisi une maison située à Hut's Gate, à quelque distance de Briars.

Au travail !

Il recommence à dicter à Las Cases. Il met les autres membres de son entourage à la tâche. Il explore le domaine des Briars, puis, quand il le peut, il va plus loin, sur l'un des chevaux mis à sa disposition par l'amiral Cockburn. Parfois, les deux jeunes filles des Balcombe viennent auprès de lui.

La cadette, Betsy, est gaie, bavarde, espiègle. Il se prête au jeu pour quelques instants. Il rit. Et tout à coup se ferme. Un officier anglais chargé de la surveillance demande à lui être présenté. Il ne reçoit pas ses geôliers. Que le grand maréchal du Palais, Bertrand, le renvoie. Qu'on n'oublie pas qui je suis, maître de ma prison.

– Si l'on veut violer mon intérieur, je vous préviens que les soldats n'y entreront que sur mon cadavre !

L'officier n'insiste pas. Et il en sera de même pour tous ceux qu'il ne veut pas recevoir, qui ne seront admis en audience qu'autant qu'ils se seront soumis à l'étiquette, qu'ils verront les officiers de la Maison impériale, Bertrand, Montholon, Gourgaud.

Je n'accepterai aucune invitation. Ni dîner ni bal. Qu'imagine donc cet amiral Cockburn, que je vais me montrer à ces « rats » ? Derrière ces politesses anglaises, je ne trouve que « malveillances et insultes ».

Il parle avec Las Cases. Souvenez-vous, commence-t-il.

– Sur le *Northumberland*, comme je ne voulais pas rester à table deux ou trois heures me poussant du vin à me faire ivre, je sortais pour me promener sur le pont. Comme je me levai, l'amiral Cockburn dit d'une manière méprisante : « Je pense que le général n'a jamais lu lord Chesterfield », ce qui voulait dire que je manquais de politesse et ne savais pas me tenir à table. Cockburn n'est qu'un requin ! Qui ose m'appeler général Buonaparte ! De quel droit ? Comme si l'on pouvait me dépouiller de ce que je suis.

Il hausse les épaules.

– Il n'appartient à personne sur la terre de m'ôter les qualifications qui sont les miennes.

Il fait encore quelques pas, puis il ajoute :

– Après tout, ils auront beau retrancher, supprimer, mutiler, il leur sera bien difficile de me faire disparaître tout à fait ! Un historien français sera pourtant bien obligé d'aborder l'Empire ; et s'il a du cœur, il faudra bien qu'il me restitue quelque chose, qu'il me fasse ma part, et sa tâche sera aisée car les faits parlent et brillent comme le soleil.

Il rentre, recommence à dicter. Il tousse. L'humidité imprègne les murs, il fait froid, et tout à coup c'est un coup de vent sec qui brûle, comme un souffle du désert. Puis voici le brouillard. La sécheresse de l'air fait surgir de la terre une vapeur humide, c'est l'eau des averses précédentes que le sol détrempé dégage ainsi.

Il s'emporte.

– Dans cette île maudite, on ne voit ni soleil ni lune pendant la plus grande partie de l'année, toujours de la pluie et du brouillard !

Il grelotte. Lorsqu'il marche, le souffle lui manque. La nuit tombe. Il murmure : « Encore un jour de moins. »

Mais commence alors le temps qui paraît éternel de la nuit. Il lit. Il se lève. Marchand ou Ali l'éclairent, lui apportent à boire. Il est en sueur. La toux s'obstine. Il suffoque. Il a mal au côté gauche. Il marche dans les petites pièces.

Où vont ces jours et ces nuits ? Quel est le but, sinon la mort ?

– J'ai besoin d'être poussé, dit-il ; le plaisir d'avancer peut seul me soutenir.

Travailler, travailler donc.

Il dicte. Il se fait relire le récit de ses campagnes. Il lit, puisqu'une partie des ouvrages de sa bibliothèque a été enfin débarquée. Mais les Anglais ouvrent sa correspondance, cherchent à l'humilier.

Il est indigné. Geôliers mesquins et sordides !

Il est assis à table. Sa petite Cour l'entoure. Il exige que, pour le dîner, on revête les uniformes, on arbore les décorations, que Mmes Montholon et Bertrand se présentent en robes de cérémonie. L'étiquette, le respect des apparences, la discipline sont une façon de demeurer ce que nous sommes. Tout s'est réduit autour de nous. Plus de palais, plus de chambellans et de courtisans. Préservons ce qui dépend de nous.

Brusquement, il se lève, s'emporte.

– À quel infâme traitement ils nous ont réservés ! Ce sont les angoisses de la mort ! À l'injustice, à la violence, ils joignent l'outrage, les supplices prolongés ! Si je leur étais si nuisible, que ne se défaisaient-ils de moi ? Quelques balles dans la tête et dans le cœur eussent suffi ! Il y eût eu du moins quelque énergie dans le crime.

Il montre la vaisselle impériale, qu'enfin les marins du *Northumberland* lui ont apportée.

– Si ce n'était vous autres, vos femmes surtout, je ne voudrais recevoir ici que la ration du simple soldat, dit-il.

Il a un rictus de mépris.

– Les souverains d'Europe m'appelaient leur frère. L'empereur d'Autriche était mon beau-père, murmure-t-il. Or, on ne me donne aucune nouvelle de mon fils. On laisse polluer en moi le caractère sacré de la souveraineté ! Je suis entré vainqueur dans leurs capitales ; si j'y eusse apporté les mêmes sentiments, que seraient-ils devenus ?

On se lève de table. Mme Montholon passe dans ce qu'on appelle le salon. Elle va jouer au piano et chanter quelques airs. Il faut que le temps passe, que la nuit soit le plus largement entamée. Il fait taire de la main les bavardages, les querelles qui commencent.

Ils se haïssent entre eux, déjà. Ils jalousent Las Cases parce qu'il reçoit la plupart de mes confidences, que je lui dicte l'essentiel de mes réflexions. Et Gourgaud est envieux de tous.

– Vous m'avez suivi pour m'être agréable, dites-vous ? lui lance Napoléon. Soyez frères ! Autrement, vous ne m'êtes qu'importuns ! Vous voulez me rendre heureux ? Soyez frères ! Autrement, vous n'êtes qu'un supplice ! Je veux que chacun ici soit animé de mon esprit. Je veux que chacun soit heureux autour de moi.

Bertrand ergote, discute le propos.

– Aux Tuileries, vous ne m'auriez pas dit ça !

Ne rien admettre qui m'abaisse. Même s'il s'agit de la maladresse d'un proche. Ne pas laisser entamer une seule ligne de résistance. Tout repousser. N'être surpris par rien. S'attendre au pire.

– Pauvre et triste humanité, dit-il en sortant de la pièce. L'homme n'est pas plus à l'abri sur la pointe d'un rocher que sous les lambris d'un palais ! Il est le même partout ! L'homme est toujours l'homme !

Il s'arrête sur le seuil de sa chambre. Il voit, placés sur un guéridon, le portrait de Marie-Louise et celui de son fils que Marchand a disposés, tentant de reconstituer un décor familier.

On me prive de mon fils.

Il ne veut pas penser à Marie-Louise.

Il dit à mi-voix :

– Il faudrait que les hommes soient bien scélérats pour l'être autant que je le suppose.

Une nuit de moins. Un navire de la Compagnie des Indes a apporté les gazettes du Cap. Les journaux annoncent l'exécution de La Bédoyère, puis l'assassinat de Brune par les royalistes en Avignon.

Horreur. Injustice.

– La Bédoyère était éminemment français, murmure Napoléon. Noble, chevaleresque.

Tant d'hommes sont morts pour moi, pour la France que j'incarnais.

– J'ai plutôt été abandonné que trahi, dit-il. Il y a eu plus de faiblesse autour de moi que de perfidie ; c'est le reniement de saint Pierre, le repentir et les larmes peuvent être à la porte. À côté de cela, qui, dans l'Histoire, eut plus de partisans et d'amis ? Qui fut plus populaire et plus aimé ? Qui, jamais, a laissé des regrets plus ardents et plus vifs ?...

Il repense à La Bédoyère.

– Non, la nature humaine pouvait se montrer plus laide, et moi plus à plaindre !

Tous ces sacrifices, ces actions, cette gloire, mon destin m'imposent ici de faire face. De résister comme ces carrés de la Garde, au milieu desquels, à Waterloo, j'ai reculé, sans que la mort veuille de moi.

Il sort avec Las Cases. Il croise un vieil esclave. On l'interroge. Il a été arraché à sa famille, déporté ici. Il travaille avec des gestes lents, nobles.

Napoléon écoute ses réponses que traduit Las Cases, puis s'éloigne à pas lents.

– Ce que c'est pourtant que cette pauvre machine humaine, dit-il. Pas une enveloppe qui se ressemble, pas un intérieur qui se diffère, et c'est pour se refuser à cette vérité qu'on commet tant de fautes. Cet homme avait sa famille, ses jouissances, sa propre vie. Et l'on a commis un horrible forfait en venant le faire mourir ici sous les poids de l'esclavage !

Il s'arrête de marcher, regarde Las Cases. Pas de complaisance pour soi. Il ne parle pas de lui. Il n'est pas esclave, jamais il ne le sera.

– J'ai été gâté, il faut en convenir, précise-t-il ; j'ai toujours commandé ; dès mon entrée dans la vie, je me suis trouvé nanti de la puissance, je n'ai plus reconnu ni maître ni lois. Mon cher, il ne saurait donc y avoir ici, avec cet esclave, le moindre rapport. On ne nous a point soumis à des souffrances corporelles, et l'eût-on tenté, nous avons une âme à tromper nos tyrans.

Il prend le bras de Las Cases.

– Notre situation peut même avoir des attraits ! L'univers nous contemple ! Nous demeurons les martyrs d'une cause immortelle ! Des millions d'hommes nous pleurent, la patrie soupire et la gloire est en deuil ! Nous luttons ici contre l'oppression des dieux, et les vœux des nations sont pour nous ! Mes véritables souffrances ne sont point ici ! Si je ne considérais que moi, peut-être aurais-je à me réjouir ! Les malheurs ont aussi leur héroïsme et leur gloire ! L'adversité manquait à ma carrière !

Il entraîne Las Cases vers la maison. Il faut se remettre au travail.

L'opinion est tout. Et ce que je dicte ici, ce que Las Cases note sculptera mon visage dans les siècles à venir.

Le 10 décembre 1815, il entre dans le domaine de Longwood enfin aménagé. Des soldats anglais rendent les honneurs. Le tambour roule. Le cheval se cabre, et Napoléon l'éperonne.

Il saute à terre. Le plateau est balayé par le vent. *C'est donc là qu'on me fait vivre.* Les bâtiments sont en bois. Cette ancienne ferme de la Compagnie des Indes a été agrandie. Enfin, une salle de bains ! Des soupentes, hélas, pour Las Cases et son fils. Et des murs déjà imprégnés d'humidité.

Il sort. Il aperçoit des sentinelles placées tous les cinquante pas, et formant un premier cercle de quatre milles autour de la maison et un second concentrique à douze milles. Mais il pourra chevaucher un peu ; peut-être même chasser, ou faire courir cette calèche que Cockburn a consenti à lui accorder.

Mais là n'est pas le plus important. Puisque ici est la prison définitive, mon domaine, c'est moi qui vais en trace l'enceinte, en définir les règles.

Il convoque Gourgaud, Montholon, Las Cases. L'emploi du temps sera précis, et devra être respecté. Il dictera chaque matin. On se relaiera autour de lui pour prendre sous la dictée le récit de ses campagnes et de son règne. Les audiences seront réglées avec autant de minutie que dans les palais impériaux. Les dîners se tiendront à huit heures, les officiers seront en grande tenue et les dames en robes décolletées. Il donne à chaque membre de sa maison une fonction précise. Le but ?

Maintenir. Résister. Ne pas se laisser ronger par le désespoir. La monotonie. Rejeter toutes les mesures dictées par les Anglais qui n'ont pas été soumises d'abord à l'occupation de l'Empereur et les considérer comme des vexations.

Que veulent ces officiers qui me surveillent quand je me promène ? Suis-je en cage ?

Le 7 janvier 1816. Cipriani, le maître d'hôtel, revient de Jamestown avec les journaux apportés par une frégate qui vient de relâcher dans le port. Murat a été fusillé par les Calabrais. Et Ney par les Français !

Napoléon s'éloigne. Il veut rester seul.

Puis, en rentrant dans le salon après avoir traversé ce qu'on appelle le parloir, il murmure :

– C'est affreux, mais les Calabrais ont été plus généreux, plus humains que ceux qui m'ont envoyé ici.

Mais il ne faut pas capituler. Vivre et travailler, au contraire, afin de ne pas laisser disparaître ou ternir ce que j'ai fait, avec La Bédoyère, Murat, Ney, Brune, et tous ces compagnons morts, Muiron, Duroc, Bessières, Berthier, Lannes, Desaix.

Il interroge le fils de Las Cases. L'adolescent répond avec exactitude, connaît l'histoire grecque et latine. Il a fréquenté le lycée Napoléon.

– Quelle jeunesse je laisse après moi ; c'est pourtant mon ouvrage, elle me vengera suffisamment par tout ce qu'elle vaudra, dit Napoléon. À l'œuvre, il faudra bien, après tout, que l'on rende justice à l'ouvrier. Si je n'eusse songé qu'à moi, à mon pouvoir, ainsi qu'ils l'ont dit et le répètent sans cesse, si j'eusse réellement eu un autre but que le règne de la raison, j'aurais cherché à étouffer les lumières sous le boisseau ; au lieu de cela, on ne m'a vu occupé que de les produire au grand jour. Et encore n'a-t-on pas fait pour ces enfants tout ce dont j'avais eu la pensée. Mon université, telle que je l'avais conçue, était un chef-d'œuvre dans ses combinaisons, et devait en être dans ses résultats nationaux.

Brusquement, il s'enferme dans sa chambre. Il vient d'apercevoir un groupe d'officiers anglais.

C'est sans doute le nouveau gouverneur, Hudson Lowe, qui vient se présenter. Pourquoi ne s'annonce-t-il pas ? Que croit-il ? Que je suis disposé à le recevoir, comme un prisonnier auquel on impose ce que l'on veut ?

Tout ce qu'il sait de cet homme le lui rend détestable. Il lui semble qu'on l'a choisi pour l'humilier. Hudson Lowe a combattu à Toulon, comme tant d'officiers anglais. Mais il a participé au siège de Bastia. Il a même logé dans la maison des Bonaparte à Ajaccio. Puis il a pris la tête d'un régiment de Corses qui avaient choisi le parti anglais, comme Pascal Paoli. Et, avec ces *Corsican Rangers*, il a combattu en Égypte.

Napoléon s'approche de l'une des fenêtres et aperçoit cette grande silhouette maigre, ces cheveux roux, ce teint rouge.

– Il est hideux, c'est une face patibulaire. Une figure d'hyène prise au piège, dit-il à Las Cases.

Puis, en haussant les épaules, il ajoute :

– Mais ne nous hâtons pas de prononcer : le moral, après tout, peut raccommoder ce que cette figure a de sinistre ; cela ne serait pas impossible.

Mais non. Il suffit de quelques jours pour s'assurer que ce visage exprime un caractère.

Qu'est-ce que cet homme-là, qui veut réduire l'espace où je peux me promener, qui me fait espionner, qui ne transmet aucune lettre, qui exige que je réduise le train de ma maison en renvoyant quatre personnes, qui veut restreindre mes dépenses ? C'est un bourreau ! Un homme qui n'a commandé que des déserteurs, corses, calabrais, napolitains, siciliens !

Il ne me verra pas. Je ne plierai pas devant lui.

– Il n'est qu'un scribe, comme nous en avons vu passer dans les états-majors, qui n'a jamais rien fait qu'écrivailler et faire des comptes.

Napoléon accepte de recevoir l'amiral Malcom, qui a pris en charge le commandement de la flotte et de la garnison de Sainte-Hélène. Voilà un véritable officier, et non un geôlier, un bourreau méprisable.

– J'ai gouverné, et je sais qu'il y a des missions et des instructions qu'on ne donne qu'à des hommes déshonorés. L'emploi qu'on a donné à Hudson Lowe est celui d'un bourreau, commente Napoléon. Il veut m'enfermer. Il veut me réduire à la médiocrité.

Qu'on vende la vaisselle d'argent après en avoir brisé tous les signes impériaux, qu'on la vende au poids du métal ! Et que cela fasse connaître à l'Europe à quoi m'ont réduit l'Angleterre et son représentant, Hudson Lowe.

– Il me connaît peu. Mon corps est aux méchants, mais mon âme est libre, elle est aussi fière que si j'étais à la tête de six cent mille hommes et que si j'étais sur mon trône, faisant des rois et distribuant des couronnes.

Et c'est un homme comme Hudson Lowe qui prétendrait savoir qui je veux et dois inviter à Longwood ?

Napoléon dicte une *Remontrance*, où il résume tous les griefs contre le sort qui lui est fait. L'Angleterre a violé le droit en le considérant comme prisonnier de guerre, en le déportant sur ce rocher perdu. Là, on le persécute. On lui interdit de correspondre librement.

– Le spectacle d'un grand homme aux prises avec l'adversité

est le spectacle le plus sublime. Ceux qui, dans cette position, manquent à Napoléon, n'avilissent que leur propre caractère et la nation qu'ils représentent, dit-il.

Il parle calmement. Il ne s'emportera pas. Il ne se laissera pas entamer, même si la colère et le mépris pour Hudson Lowe, pour ces souverains qui le privent de son fils, qui ont détourné l'amour de sa femme, qui l'ont appelé frère et qui maintenant s'entendent pour le tuer lentement l'envahissent.

– Il faut plus de courage pour souffrir que pour mourir, dit-il en regardant l'un après l'autre ses proches, dont il devine la lassitude, la peur même.

Il doit les tenir comme une troupe toujours prête à se débander, à être saisie par la panique.

– L'homme ne marque dans la vie qu'en dominant le caractère que lui a donné la nature, dit-il. Vous m'avez suivi pour adoucir mes peines, comment ce sentiment ne suffirait-il pas pour tout maîtriser ?

Puis il fait l'inventaire, avec Las Cases, de ce qu'il possède encore en argent, qu'on peut vendre à Balcombe, le propriétaire du domaine des Briars, trop heureux de faire un substantiel profit. On peut aussi obtenir des lettres de change sur des banques anglaises, ou bien à Paris, chez Laffitte. Joseph, installé aux États-Unis, a une fortune considérable. Eugène dispose de quarante millions. Ne peuvent-ils aider la Maison impériale à tenir son rang à Sainte-Hélène ? Parce que tenir son rang, c'est résister à ceux qui veulent me réduire à n'être plus rien.

– Je désire pourvoir à tous mes besoins, dit-il, mais si, par une de ces contradictions qui sont le vrai caractère de l'injustice, le gouvernement anglais me refuse le moyen de le faire, j'irai m'inscrire à l'ordinaire des grenadiers, des braves du 53ᵉ régiment. Ils ne refuseront pas l'hospitalité au premier soldat de l'Europe.

Il va se retirer dans sa chambre.

Il murmure à Marchand qui l'aide à se déshabiller :

– C'est la nuit qui est le temps difficile. Je voudrais travailler jusqu'à deux heures du matin et alors dormir. À neuf heures, j'ai sommeil, je dors deux heures, quelquefois une demi-heure, et ensuite me réveille. Les idées de la nuit ne sont pas gaies.

Il tousse. Les jambes, le ventre sont douloureux. Les yeux brûlent et coulent. Il marche avec difficulté. Il monte moins souvent à cheval, se promène en calèche. Mais au diable ces Anglais qui le surveillent ! Que craignent-ils, une évasion ?

Il reste immobile, somnole, puis tout à coup se met à dicter un nouveau chapitre de la campagne d'Égypte ou bien de la campagne de France.

La nuit, il songe.

Si c'était à refaire... Quel roman que ma vie. Si au lieu de l'expédition d'Égypte, j'avais fait celle d'Irlande ! À quoi tient la destinée des Empires ! Que nos révolutions sont petites et imparfaites dans l'organisation de l'univers !

Il tousse encore. La douleur se répand du ventre à la poitrine. Il se lève, fait quelques pas. Les rats s'enfuient. Il veut prendre son chapeau. Un rat énorme, noir, s'en échappe puis traverse la chambre.

L'eau dégouline à travers les plafonds troués. Le linge et les vêtements moisissent.

Il sort. Le temps a déjà changé. C'est la chaleur. Le vent. Il regarde ce plateau au centre duquel Longwood est bâti. Pas un arbre. Pas de source. Pas de pelouse.

Il aperçoit au loin les bâtiments cossus de Plantation House, entourés de verdure. C'est là que s'est installé Hudson Lowe.

Maudit soit cette hyène, qui refuse de me laisser parcourir l'île à ma guise !

Cet homme veut ma mort. Il a pour instruction de me tuer !

Il faut protester, se battre, ne pas céder.

Au capitaine d'une frégate, la *Havannah*, qui a voulu lui présenter ses respects, qui refuse pourtant de prendre un pli pour l'Europe et qui s'enquiert des désirs de Napoléon, il dit d'une voix forte :

– On veut savoir ce que je désire ? Je demande ma liberté ou mon bourreau. Rapportez ces paroles à votre prince-régent. Je ne demande plus de nouvelles de mon fils, puisqu'on a eu la barbarie de laisser mes premières demandes sans réponse. Je n'étais pas votre prisonnier : les sauvages eussent eu plus d'égards pour ma position. Vos ministres ont indignement violé en moi le droit sacré de l'hospitalité ; ils ont entaché votre nation à jamais.

Combien de jours encore à rester dans cette « île trop petite pour moi, qui, chaque jour, faisais dix, quinze, vingt lieues à cheval ! Le climat n'est pas le nôtre. Ce n'est ni notre soleil ni nos saisons. Tout, ici, respire un ennui mortel. La position est désagréable, insalubre, il n'y a point d'eau. Ce coin de l'île où l'on m'a relégué est désert, il a repoussé ses habitants ».

Il sait bien pourquoi l'on a choisi Longwood, pour pouvoir le surveiller, guetter chacun de ses mouvements, chaque visite.

– Qu'Hudson Lowe m'envoie un cercueil ! Deux balles dans la tête, voilà ce qu'il faut.

Mourir ?

La mort va le prendre ici. Il se sent souvent las. Il grossit. Cet homme bedonnant aux membres maigres dont il aperçoit la silhouette dans un miroir, c'est lui ! *Voilà ce que la vie a fait de moi.*

Mourir ? Quand ? Comment ? Il y songe chaque jour.

Il ne ressent aucune angoisse, plutôt une sorte de curiosité.

– L'homme ne doit jurer de rien sur tout ce qui concerne ses derniers instants, dit-il à Las Cases.

« Dire d'où je viens, reprend-il, ce que je suis, où je vais, est au-dessus de mes idées, et pourtant tout cela est. Je suis la montre qui existe et qui ne se connaît pas. Mais je puis paraître devant ce tribunal de Dieu, je puis attendre son jugement sans crainte.

Il montre à Las Cases les feuillets que celui-ci a couverts d'une écriture abrégée pour pouvoir suivre la dictée rapide de Napoléon.

– Je n'ai voulu que la gloire, la force, le lustre de la France ; toutes mes facultés, tous mes efforts, tous mes moments étaient là. Ce ne saurait être un crime, je n'ai vu là que des vertus.

Il fait quelques pas.

– Je suis sorti des rangs du peuple, reprend-il, aucun des actes de ma vie n'a trahi mon origine ; aucun des intérêts du peuple n'a été méconnu par mes actes comme Empereur, tous ont été la préoccupation constante de ma pensée quand je régnais.

Je ne règne plus. Je ne régnerai plus. On me laissera mourir ici. Cette humidité me ronge. Et les puissances coalisées se sont entendues pour me laisser pourrir sur ce rocher. Les commis-

saires autrichien, russe, français sont arrivés. Face à eux tous, mon seul pouvoir est la pensée, ces phrases que je dicte à Las Cases et qui s'inscriront dans les esprits et y demeureront après ma mort. Que me reste-t-il d'autre ? J'ai tout vécu. Même la grâce de Mme Montholon et la force de Mme Bertrand ne m'attirent plus. On jase pourtant. Mais que m'importe !

Cela aussi, c'est le passé.

Il dit à Gourgaud :

– Vous êtes jeune. Parlons de nos amours, des femmes. Elles auraient été le charme de ma vie, si j'en avais eu le temps, mais les heures étaient si courtes, j'avais tant de choses à faire !

Il regarde longuement le portrait de Marie-Louise, puis du roi de Rome. Il parle de Joséphine.

– Elle a donné le bonheur à son mari et s'est constamment montrée son amie la plus tendre. Elle professait à tout moment et en toutes occasions la soumission, le dévouement, la complaisance la plus absolue. Aussi lui ai-je toujours conservé les plus tendres souvenirs et la plus vive reconnaissance.

Pourquoi me rappeler ses trahisons ?

Mais je me souviens de tout. « Une tête sans mémoire est une place sans garnison. » Et la mienne est pleine de troupes.

Il dicte. Il n'oublie rien, il vérifie après coup. Tout ce qu'il a vécu, lu est présent. Il s'arrête. Il est quatre heures, ce 25 novembre 1816. Il voit tout à coup un groupe de cavaliers se diriger vers Longwood. À leur tête, Hudson Lowe.

Il dit à Bertrand :

– Allez voir ce que veut cet animal.

Les Anglais ont décidé d'arrêter Las Cases et son fils. Las Cases est accusé d'avoir tenté de faire passer en secret une lettre en Europe, par l'intermédiaire d'un domestique.

Le père et le fils s'éloignent, entourés par des soldats qui portent deux malles de papiers.

Imprudent Las Cases, qui compromet mon projet. Si Hudson Lowe s'empare de ces écrits, les détruit, que me restera-t-il ?

« Avec ce *boia* – bourreau –, il n'y a ni sécurité ni garantie. Il viole toutes les lois. La joie rayonnait dans ses yeux quand il est venu, parce qu'il a trouvé un nouveau moyen de nous tourmenter.

Comme il entourait la maison avec son état-major, j'ai cru voir des sauvages de la mer du Sud dansant autour des prisonniers qu'ils vont dévorer !

« Mon cher, ils me tueront ici, c'est certain ! »

Hudson Lowe va expulser Las Cases, et peut-être ce dernier n'en est-il pas mécontent ! Tels sont les hommes, et comment le lui reprocher ? Qu'il publie ce que j'ai dicté, puisqu'il sait faire des livres.

« Mon cher comte de Las Cases, commence à écrire Napoléon le 11 décembre 1816, mon cœur sent vivement ce que vous éprouvez, vous êtes enfermé au secret. Votre conduite à Sainte-Hélène a été comme votre vie, honorable et sans reproche : j'aime à vous le dire.

« Votre société m'était nécessaire. Seul vous lisez, vous parlez et entendez l'anglais. Combien vous avez passé de nuits pendant mes maladies. Cependant je vous engage et au besoin vous ordonne de requérir le commandant de ce pays de vous renvoyer sur le Continent. Ce sera pour moi une grande consolation que vous savoir en chemin pour de plus fortunés pays. »

Puisque Las Cases doit et sans doute veut partir, que ce soit avec mon assentiment !

Napoléon reprend.

« Si vous voyez un jour ma femme et mon fils, embrassez-les. Depuis deux ans, je n'en ai aucune nouvelle, ni directe, ni indirecte.

« Toutefois consolez-vous et consolez mes amis. Mon corps se trouve, il est vrai, au pouvoir de la haine de mes ennemis : ils n'oublient rien de ce qui peut assouvir leur vengeance, ils me tuent à coups d'épingle ; mais la Providence est trop juste pour qu'elle permette que cela se prolonge longtemps encore.

« Comme tout porte à penser qu'on ne vous permettra pas de venir me voir avant votre départ, recevez mes embrassements, l'assurance de mon estime et mon amitié : soyez heureux !

« Votre dévoué : Napoléon. »

36.

Est-ce possible ?

Il n'y a qu'un peu plus de quatorze mois qu'il vit sur cette île insalubre, qu'on l'a enterré là, plutôt, et ce lundi 1er janvier 1817 il se sent accablé, avec l'impression qu'il est là depuis toujours. Le brouillard recouvre le plateau. L'humidité suinte. Les rats sont au travail. Mais quand cessent-ils ? Ils courent, ils couinent, ils rongent, ils traversent la chambre, la salle à manger. On les chasse, ils reviennent, insolents, indifférents, agressifs. Comment célébrer ce début de l'année 1817 ?

– Je suis dans un tombeau, dit-il à Montholon et à Bertrand. Je ne me sens pas le courage d'une fête de famille.

Plus tard, peut-être, quand il aura lu, dicté. Mais Las Cases n'est plus là, et il se persuade que, l'un après l'autre, ses proches vont le quitter.

Mme de Montholon est enceinte et ne rêve que de départ. Gourgaud s'en prend aux uns et aux autres parce qu'il ne supporte plus l'inactivité. Il est jeune, vigoureux. Et Mme Bertrand proclame partout qu'elle ne veut pas passer un nouveau printemps ici. Il me restera Marchand. Peut-être ! Parce que certains domestiques intriguent eux aussi pour regagner l'Europe.

Il murmure à Montholon :

– Je vous verrai vers quatre heures, le travail aura chassé les pensées de la nuit.

Il commence à dicter ses réflexions sur la campagne de France, les Cent-Jours, Waterloo. Mais il s'interrompt vite. Est-ce que tout cet effort a un sens ?

Il dit à Montholon :

– À quoi bon présenter tous ces Mémoires à la postérité ? Nous sommes des plaideurs qui ennuient leur juge. La postérité saura bien découvrir la vérité sans que nous nous donnions tant de peine pour la faire parvenir.

Il retourne dans sa chambre, s'allonge. Il éprouve de plus en plus le besoin de dormir, de somnoler, comme une manière d'oublier. Puis il se redresse. Il faut encore combattre. Il doit tenir jusqu'à ce que ses forces l'abandonnent. Il rentre au salon, distribue des cadeaux aux uns et aux autres, joue quelques instants avec les enfants. Puis il entend Gourgaud qui proteste. Encore des rivalités. Encore des querelles stupides. Il crie à Gourgaud :

– Vous voudriez être le centre de tout, ici. C'est moi qui suis le centre. Si vous êtes si mal, vous pouvez nous quitter !

Qu'ils partent tous, qu'ils me laissent. Il n'a besoin de personne.

– La postérité me fera justice, dit-il en allant et venant. La vérité sera connue et le bien que j'ai fait sera jugé avec mes fautes. Si j'avais réussi, je serais mort avec la réputation du plus grand homme de tous les temps. Et même n'ayant pas réussi, on me croira un homme extraordinaire. J'ai livré cinquante batailles rangées que j'ai presque toutes gagnées ! J'ai créé un code de lois qui portera mon nom aux siècles les plus reculés. Je me suis élevé de rien à être le plus grand monarque du monde. L'Europe était à mes pieds.

Voilà ce que je suis, ce que personne ne peut me retirer. Et j'étais la voix des temps nouveaux.

– J'ai toujours cru que la souveraineté était dans le peuple. Et véritablement, le gouvernement impérial était une sorte de république. Appelé à être son chef par la voix de la nation, ma maxime a été la carrière ouverte aux talents, sans distinction de fortune, et ce système d'égalité est cause de la haine de l'oligarchie anglaise.

Il rentre dans sa chambre. À quoi cela sert-il de proclamer ainsi ce qu'il a fait, le principe du régime impérial, alors qu'il est enfermé, surveillé dans cette île aux mains de Hudson Lowe, ce bourreau-geôlier qui cherche à le détruire, à le priver de ce qui peut apporter un réconfort ?

Il regarde ce buste du roi de Rome qu'un marin a apporté de Londres.

Mon fils. Et Hudson Lowe voulait briser le bibelot pour vérifier qu'il ne contenait pas de message !

Le gouverneur a même interdit à un passager de l'un des navires qui font escale à Jamestown de rapporter ce qu'il savait de Marie-Louise et du roi de Rome.

« Les anthropophages de l'Océanie ne le feraient pas ! Avant de dévorer leurs victimes, ils leur accorderaient la consolation de s'entretenir ensemble. Les cruautés qui se font ici seraient désavouées par les cannibales ! »

« J'aurais dû mourir à Waterloo, peut-être avant. L'infortune, c'est que quand un homme cherche la mort il ne puisse la trouver. On a été tué tout autour de moi, mais je n'ai pu trouver le boulet ! »

Et rien de ce qu'on entreprend pour faire connaître sa situation en Europe, pour dénoncer les cruautés de Hudson Lowe ne réussit. Au contraire ! Au Congrès d'Aix-la-Chapelle, les souverains approuvent et félicitent l'Angleterre pour la manière dont elle traite Napoléon !

Et c'est Pozzo di Borgo, mon vieil ennemi depuis les temps de Pascal Paoli, Pozzo le traître, passé au service d'Alexandre, qui rédige le rapport me concernant ! Mes ennemis ne me lâchent pas. Toujours les mêmes. Ceux qui n'ont pas voulu de la Patrie et de l'Égalité. Ils me tiennent. Ils ne me libéreront pas. Mais c'est peut-être le prix de la gloire.

– Jésus-Christ ne serait pas Dieu jusqu'à présent, dit-il, sans sa couronne d'épines. C'est son martyre qui a parlé à l'imagination des peuples. Si, au lieu d'être ici, j'étais en Amérique comme Joseph, on ne penserait plus à moi, et ma cause serait perdue.

Voilà les hommes !

Mais alors, il faut que je meure.

Il sort de moins en moins.

– Mon Gourgaud, dit-il en s'appuyant sur le bras du général, je ne puis plus marcher.

Il a froid. On enveloppe ses jambes de lainages, mais ses membres continuent d'être glacés. Il vomit. Les gencives saignent. Il souffre parfois si violemment de l'estomac, du ventre qu'il ne peut se lever. Il renonce à se faire la barbe. Elle envahit le visage devenu blanc, la peau semblant translucide, les traits comme affinés, alors que le ventre est gonflé et qu'il paraît difforme.

Il veut cependant continuer à dicter, mais parfois il s'interrompt, somnole. Il demande un bain chaud, mais il s'évanouit.

Il se réveille, les yeux vides durant quelques secondes, puis il recommence à dicter, la voix claire, le ton ferme. Pas une date ne manque. Il se souvient de la position de chaque régiment. Il analyse la situation militaire au temps de la guerre d'Espagne. Il a cette vigueur intellectuelle qui fascine.

Et puis c'est tout à coup un accès de fatigue. Un vomissement.

Il apprend, le 12 avril 1818, qu'Hudson Lowe a décidé de renvoyer en Angleterre le docteur O'Meara, avec qui Napoléon pouvait parler en italien.

– Le monde concevra-t-il qu'on a eu la lâcheté d'attenter à mon médecin ? dit-il au docteur irlandais au moment des adieux. Je vous remercie de vos soins. Quittez le plus tôt possible ce séjour de ténèbres et de crimes. Je mourrai sur ce grabat, rongé de maladie, et sans secours, mais votre nation en sera déshonorée à jamais.

Qui restera-t-il auprès de moi ?

O'Meara part. Mme de Montholon rejoint l'Europe, comme Gourgaud. Balcombe, l'hôte des Briars, et ses deux filles viennent faire leurs adieux. Ils rentrent à Londres. Et Cipriani, le maître d'hôtel, l'homme de confiance si précieux durant le séjour à l'île d'Elbe, si habile à recueillir toutes les rumeurs qui courent à Jamestown, meurt.

Quand donc viendra mon tour ?

Il est serein pourtant. Il ne veut pas recevoir les médecins anglais qui séjournent à Sainte-Hélène. Hudson Lowe a chassé O'Meara, qu'il porte la responsabilité de son acte !

– Le crime se consommera plus vite, dit-il. J'ai vécu trop longtemps pour eux. Le ministère de Londres est bien hardi. Quand le pape était en France, je me serais plutôt coupé la main que de lui enlever son médecin.

Il faudrait que O'Meara, de retour en Europe, publie les lettres confidentielles que les souverains ont adressées à Napoléon et que Joseph a conservées.

– Quand j'avais la force et le pouvoir, ces souverains briguèrent ma protection et l'honneur de mon alliance. Ils léchèrent la poussière de mes pas. À présent, ils m'oppriment dans ma vieillesse. Ils m'enlèvent ma femme et mon enfant !

Vieillesse ? 1819 est ma cinquantième année.

Les jambes sont enflées. Les douleurs à l'estomac si aiguës, parfois, qu'il en perd connaissance. Hépatite, a répété avant de partir O'Meara.

Il faudrait des soins. Mais Napoléon refuse d'être soigné par les médecins anglais aux conditions fixées par Hudson Lowe !

Je ne plierai pas.

Il vomit. Il ne sort pas. Il reste couché plusieurs heures chaque jour. Mais il ne cède pas.

Le 20 septembre 1819, il voit s'approcher de Longwood une « petite caravane ». Il reconnaît les silhouettes de deux prêtres et d'un groupe de soldats anglais qui les escortent.

Ce sont les abbés Buonavita et Vignali, ce dernier qui aurait des connaissances médicales. Ils sont accompagnés par un autre Corse, Francesco Antommarchi, qui se présente comme chirurgien.

Ce sont là les secours envoyés par la famille, le cardinal Fesch et Madame Mère !

Napoléon les reçoit. Voilà donc les hommes qui sont chargés de l'aider, de l'entourer ! Pourquoi les a-t-on choisis ? Parce qu'ils exigeaient peu ? Et que ma famille est avare ?

Il murmure d'une voix amère :

– Le vieux prêtre n'est bon à rien. C'est un diseur de messes... Le jeune est un écolier. Il est ridicule de le donner pour médecin. Antommarchi est un professeur, mais cela n'est pas la pratique. Je reconnais bien là le cardinal Fesch. Je suis assez gros seigneur, ce me semble, pour que l'on offrît trente ou quarante mille francs par an à un homme qui serait venu me donner ses soins !

Ainsi sont les hommes, même ceux de la famille !

Il essaie de se lever. Il dicte. Il dirige des travaux de jardinage, fait faire des plantations autour de Longwood. Le 4 octobre 1820, il fait encore une longue promenade en calèche, et même, descendant de la voiture, il se rend dans la maison d'un colon anglais, sir William Doveton. L'homme est aimable. On déjeune. Et puis il faut repartir. Napoléon a du mal à monter à cheval, et, dans la calèche où il s'est installé, après quelques centaines de mètres parcourus au trot, il grelotte, vomit.

Il dit à Antommarchi :

– Ce n'est pas vivre. Je suis à bout et ne me fais pas d'illusions.

Il devine autour de lui, parmi ceux qui restent, la peur de la mort, le désir de fuir cette île maudite.

Il murmure à Marchand, qui le frictionne, l'enveloppe de linge pour le réchauffer :

– Ils partiront tous, mon fils, et tu resteras seul pour me fermer les yeux.

Il s'efforce à faire quelques promenades en calèche. Mais il est las. Il prend de longs bains chauds, qui le calment mais l'épuisent. Et il ne peut plus lire longtemps. Les yeux sont douloureux. La lumière lui donne le vertige.

Certains matins, pourtant, il se redresse, recommence à dicter.

« Ma présence était indispensable partout où je voulais vaincre, dit-il d'une voix assurée mais haletante. C'était là le défaut de ma cuirasse. Pas un de mes généraux n'était de force pour un grand commandement indépendant. Ce n'est pas l'armée romaine qui a soumis la Gaule, mais César ; ce n'est pas l'armée carthaginoise qui faisait trembler la République aux portes de Rome, mais Hannibal... »

Il s'interrompt. Il ne peut plus. Il reprend pourtant. Il veut conduire jusqu'à son terme cette analyse des affaires d'Espagne. « L'Empire serait sorti vainqueur de sa lutte à mort contre les rois de droit divin si... »

Il est épuisé, il murmure à Montholon :

– Il n'y a plus d'huile dans la lampe.

Il se couche. Il n'a plus envie de se lever.

– Quelle douce chose que le repos, dit-il à Antommarchi. Le lit est devenu pour moi un lieu de délices, je ne l'échangerais pas pour tous les trônes du monde ! Quel changement ! Combien je suis déchu ! Moi dont l'activité était sans bornes, dont la tête ne sommeillait jamais !

Il soupire. Il grimace de douleur.

– Je suis plongé dans une stupeur léthargique, il faut que je fasse un effort lorsque je veux soulever mes paupières.

Il écoute Antommarchi qui l'incite à se lever, à se rendre au jardin afin de faire quelques pas.

– Soit, dit-il, mais je suis bien faible, mes jambes chancelantes ont peine à me porter.

Il marche cependant, refuse l'aide d'Antommarchi. Il dit, les dents serrées :

– Ah, docteur, comme je suis fatigué ! Je sens que l'air pur que je respire me fait du bien. N'ayant jamais été malade et n'ayant jamais pris de remèdes, je ne puis guère me connaître en semblables matières. L'état où je me trouve aujourd'hui me paraît même si extraordinaire que j'ai peine à le concevoir.

Il rentre à pas lents. C'est le 26 décembre 1820. On a apporté de Jamestown un paquet de journaux arrivés d'Europe.

Il les parcourt, les yeux mi-clos. L'un d'eux annonce la mort d'Élisa, le 7 août 1820 dans son domaine de Villa Vicentina, non loin d'Apulée. La sœur de Napoléon est âgée de quarante-trois ans.

Il tend le journal à Antommarchi.

– La princesse Élisa est morte, dit-il. Eh bien, vous le voyez, Élisa vient de nous montrer le chemin ; la mort qui semblait avoir oublié ma famille commence à la frapper. Mon tour ne peut tarder longtemps. La première personne de notre famille qui doit suivre Élisa dans la tombe est ce grand Napoléon qui plie sous le faix et qui pourtant tient encore l'Europe en alarme.

37.

Ce n'est pas cela, vivre.

Il vomit. On le change de lit. Il ne se rase pas. On l'aide à marcher jusqu'à la calèche. Il croit qu'il va mieux, que la maladie recule, mais déjà la fatigue s'abat, la faim qu'il avait cru retrouver disparaît. Il avale un consommé, des gelées, et il sent que la douleur et ce voile noir qui lui couvre la tête reviennent l'envelopper.

Il murmure en plaçant sa main sur l'estomac :

– J'ai ici une douleur vive et aiguë qui, lorsqu'elle se fait sentir, semble me couper comme avec un rasoir ; pensez-vous que ce soit le pylore qui soit attaqué ? Mon père est mort de cette maladie à l'âge de trente-cinq ans, ne serait-ce pas héréditaire ?

Mais comment faire confiance à ce *dottoraccio* d'Antommarchi, qui ne sait rien, qui s'absente ?

– Je ne veux pas avoir deux maladies, celle de la nature et celle du médecin.

Il faut accepter pourtant du quinquina, de l'émétique.

– Ah, docteur, comme je souffre.

Il se roule par terre, il vomit.

– Ces diables de médecins sont tous les mêmes, quand ils veulent faire faire une chose à leur malade, ils le trompent et lui font peur.

Mais celui-là est « bête, ignorant, fat, sans honneur, débarrassez-moi de lui ! J'ai fait mon testament, j'y lègue à Antommarchi vingt francs pour acheter une corde pour se pendre » !

Il vomit encore.

– Je veux que vous fassiez appeler Arnott, pour me soigner à l'avenir.

Il se laisse ausculter par le médecin anglais de la garnison de Sainte-Hélène. Il se redresse.

Les oligarques sont partout les mêmes, dit-il, importants et insolents tant qu'ils commandent, lâches dès que le danger est arrivé ! Les lâches, tenir un homme désarmé sur un rocher ! Ils sont tous de même. J'ai vu les oligarques de Venise, la veille du jour où ils ont péri, aussi importants que les oligarques d'Angleterre.

Il murmure à Marchand :

– Ce ne sera pas long, mon fils, ma fin approche, je ne puis aller loin.

Marchand proteste.

– Il en sera ce que Dieu voudra, reprend Napoléon.

Il essaie de travailler, de lire quelques-uns des ouvrages que lady Holland lui a envoyés. Il parcourt les volumes qui retracent ses *Victoires et Conquêtes*.

– Dans cinq cents ans, murmure-t-il, les Français ne rêveront qu'à moi. Ils ne parleront que de la gloire de mes brillantes campagnes. Malheur à qui dira du mal de moi. Moi-même, en lisant ces campagnes, je suis ému. Tous les Français doivent se sentir braves en lisant cela.

Il se laisse tomber en arrière, terrassé, puis se redresse.

– Il n'y a que la République qui puisse aujourd'hui rendre à la France quelque énergie et la liberté.

Il repousse le repas qu'on lui présente.

– Tout me répugne, tout m'inspire du dégoût. Je ne puis souffrir la substance solide la plus légère.

Il ferme les yeux.

– La machine est usée, elle ne peut plus aller, c'est fini, je mourrai ici.

Il perd la notion du temps. On lui répète la date, l'année.

On est donc déjà le mardi 27 mars 1821. Il aura cinquante-deux ans dans quelques mois.

– Si je finissais ma carrière à présent, dit-il à Bertrand, ce serait un bonheur. J'ai désiré par moments mourir, je ne le crains pas.

Ce serait pour moi un bonheur de mourir dans quinze jours. Qu'ai-je à espérer ? Peut-être une fin plus malheureuse.

Il tente de se lever. Il passe sa redingote par-dessus sa robe de chambre, coiffe son bicorne, fait quelques pas appuyé sur le bras de Bertrand. Il avance en pantoufles jusqu'au jardin.

– Ah, pourquoi, puisque je devais la perdre d'une manière aussi déplorable, les boulets ont-ils épargné ma vie ?

Il a des vertiges.

– La seule chose à craindre, dit-il, est que les Anglais ne veuillent garder mon cadavre et le mettre à Westminster.

Il s'arrête.

– Mais qu'on les force à le rendre à la France. Après m'avoir assassiné, c'est le moins qu'on rende mes cendres à la France, la seule patrie que j'aie aimée, et où je désire être enterré.

Il se plie en deux. Il vomit.

– L'immortalité..., commence-t-il en s'allongeant précautionneusement sur son lit, dans la chambre plongée dans la pénombre.

Il geint. On entend le piétinement des rats sur le parquet.

– L'immortalité, reprend-il, c'est le souvenir laissé dans la mémoire des hommes. Cette idée porte aux grandes choses. Mieux vaudrait ne pas avoir vécu que de ne pas laisser de traces de son existence.

Il somnole. Tout à coup, il se redresse, vomit. Il refuse d'abord ce médicament qu'on lui présente. Qu'est-ce ? Mixture d'opium, de quinine, infusion de cannelle, calomel, ce remède à base de mercure.

Il a une grimace de dégoût.

– C'est une chose inouïe que l'aversion que je porte aux médicaments, murmure-t-il. Je courais les dangers avec indifférence. Je voyais ma mort sans émotion. Et je ne peux, quelque effort que je fasse, approcher de mes lèvres un vase qui renferme la plus légère préparation.

Sa tête retombe. Il est épuisé. Il avale.

– *Quod scriptum, scriptum,* murmure-t-il. Douteriez-vous, docteur, que tout ce qui arrive est écrit, que notre heure est marquée ?

Il ouvre les yeux.

– Une comète, dit-il en s'efforçant de lever le bras pour montrer le ciel, ce fut le signe précurseur de la mort de César.

38.

Il est en sueur. On le change une nouvelle fois.

– Ne me brutalisez pas, dit-il en se dégageant des mains de Marchand et de Montholon.

Il vomit. Il sent dans sa bouche cette amertume, cette impression de terre noire, et c'est cette couleur-là qui tache le gilet, les draps.

Le docteur Arnott lui répète que son état n'est pas désespéré.

– Docteur, vous ne dites pas la vérité. Vous avez tort de vouloir me cacher ma position, je la connais.

Arnott lui tend des pilules purgatives.

Pour qui le prend-on ?

– Ma machine est un peu comme les éléphants, on les mène avec une ficelle et on ne peut les conduire avec une corde.

Il s'assoit, se redresse tout à coup. On est le vendredi 13 avril 1821. Il n'est que temps, murmure-t-il. Il doit dicter son testament. Il appelle Montholon.

– Je vais mieux aujourd'hui, dit-il, mais ma fin est proche.

Il fait un signe : que Montholon s'installe là, au pied du lit, qu'il note.

« Je meurs dans la religion apostolique et romaine dans le sein de laquelle je suis né il y a plus de cinquante ans. »

Il s'interrompt, tousse, murmure :

– Dans la réalité, je meurs théiste, croyant à un Dieu rémunérateur et principe de toutes choses ; mais je déclare mourir dans la religion catholique parce que je crois cela convenable à la moralité publique.

Sa tête s'affaisse. Il vomit des glaires noires. Il murmure :

– Je suis né dans la religion catholique, je veux remplir les devoirs qu'elle impose et recevoir les secours qu'elle administre.

Il appelle l'abbé Vignali.

– Savez-vous ce qu'est une chapelle ardente ? demande-t-il d'une voix calme.

– Oui, Sire.

– Eh bien, vous desservirez la mienne lorsque je serai à l'agonie ; vous ferez dresser un autel dans la pièce voisine et vous exposerez le saint-sacrement, et vous direz les prières des agonisants.

Il se tourne vers le docteur Antommarchi qui a esquissé un sourire.

– Vos sottises me fatiguent, monsieur, je puis bien pardonner votre légèreté et votre manque de savoir-vivre, mais un manque de cœur, jamais ; retirez-vous.

Il a du mal à reprendre son souffle. Il veut être seul avec Montholon. Il recommence à dicter.

« Je désire que mes cendres reposent sur les bords de la Seine, au milieu de ce peuple français que j'ai tant aimé.

« J'ai toujours eu à me louer de ma très chère épouse Marie-Louise, je lui conserve jusqu'au dernier moment les plus tendres sentiments. Je la prie de veiller pour garantir mon fils des embûches qui environnent encore son enfance. »

Il se tourne difficilement vers la cheminée, tend la main vers le buste du roi de Rome, puis continue.

« Je recommande à mon fils de ne jamais oublier qu'il est français, et de ne jamais se prêter à être un instrument entre les mains des triumvirs qui oppriment les peuples de l'Europe. Il ne doit jamais combattre, ni nuire en aucune manière à la France. Il doit adopter ma devise : " Tout pour le peuple français. "

« Je meurs prématurément, assassiné par l'oligarchie anglaise et son sicaire. Le peuple anglais ne tardera pas à me venger. »

Il reste un long moment silencieux. Montholon veut s'éloigner. Napoléon vomit. Marchand lui enveloppe les pieds, mais il continue de grelotter.

– Mon fils, il est temps que je termine, dit-il, je le sens

Il serre les dents, reprend la dictée.

« Les deux issues si malheureuses des invasions de la France, lorsqu'elle avait encore tant de ressources, sont dues aux trahisons de Marmont, Augereau, Talleyrand et La Fayette : je leur pardonne. Puisse la postérité française leur pardonner.

« Je remercie ma bonne et très excellente mère ; le cardinal, mes frères... »

Il n'a plus de force.

– Allons, dit-il, allez-vous-en recopier ce que je vous ai dicté, et après-demain, qui sera mon bon jour, nous le relirons. Vous me le dicterez, et je l'écrirai.

Il faut que ma vie soit en ordre, que je n'oublie aucun de ceux qui m'ont aidé, soutenu, servi.

Le dimanche 22 avril, il copie les codicilles. Il lègue aux uns et aux autres. À Montholon, deux millions, « comme preuve de satisfaction des soins filials qu'il m'a rendus depuis six ans et pour l'indemniser des pertes de son séjour à Sainte-Hélène ». Bertrand, Marchand, les serviteurs, Las Cases et aussi certains généraux, les fils et petits-fils de La Bédoyère, de Muiron, tous ceux-là doivent recevoir la preuve de ma reconnaissance. Et 100 000 francs aussi pour le chirurgien en chef Larrey, « l'homme le plus vertueux que j'ai connu ».

Il faut donc écrire au banquier Laffitte pour qu'il verse les sommes fixées. Les intérêts des cinq millions que je lui ai confiés iront aux blessés de Waterloo et aux officiers et soldats du bataillon de l'île d'Elbe.

Il suit avec de plus en plus de peine ce que dicte Montholon, or il doit recopier de sa main le testament, les codicilles, les sceller, désigner l'exécuteur testamentaire. Ce sera Marchand.

Il a presque terminé, quand Marchand lui apporte un journal anglais dont un article dénonce une fois de plus l'exécution du duc d'Enghien, et accable Caulaincourt et Savary, les accuse de ce « crime ». Napoléon se redresse, se penche. Il faut qu'on ajoute quelques lignes, dit-il. Il a la voix cassée.

« J'ai fait arrêter le duc d'Enghien parce que cela était nécessaire à la sûreté, à l'intérêt et à l'honneur du peuple français, lorsque le comte d'Artois entretenait de son aveu soixante assassins à Paris. Dans une semblable circonstance, j'agirais de même. »

Il se laisse retomber, puis recopie lentement ces lignes.

Il vomit.

– J'ai trop écrit. Ah, quelle souffrance, quelle oppression. Je suis affaissé, je n'en puis plus. Je sens à l'extrémité gauche de l'estomac une douleur qui m'accable.

Vomissements. Hoquets. Puis quelques heures de mieux.

Mon fils.

Il faut dicter encore ce que doivent dire à mon fils mes exécuteurs testamentaires quand ils le verront.

Il appelle Montholon, il parle la voix entrecoupée de quintes de toux, de vomissements.

« Mon fils ne doit pas songer à venger ma mort. Il doit en profiter. Que le souvenir de ce que j'ai fait ne l'abandonne jamais, qu'il reste toujours comme moi français jusqu'au bout des ongles. On ne fait pas deux fois la même chose dans un siècle. J'ai été obligé de dompter l'Europe par les armes. Aujourd'hui, il faut la convaincre. J'ai sauvé la Révolution qui périssait, je l'ai lavée de ses crimes, je l'ai montrée au monde resplendissante de gloire. J'ai implanté en France et en Europe de nouvelles idées, elles ne sauraient rétrograder. Que mon fils fasse éclore tout ce que j'ai semé. »

Il respire mieux. Les nausées semblent avoir disparu.

« Que mon fils méprise tous les partis, qu'il ne voie que la masse. La France est un pays où les chefs ont le moins d'influence. S'appuyer sur eux, c'est bâtir sur du sable. On ne fait de grandes choses en France qu'en s'appuyant sur les masses. La nation française est la plus facile à gouverner quand on ne la prend pas à rebours ; rien n'égale sa compréhension prompte et facile ; elle distingue à l'instant même ceux qui travaillent pour elle ou contre elle ; mais il faut toujours parler à ses sens, sinon son esprit inquiet la ronge ; elle fermente et s'emporte. »

Il s'arrête. La sueur l'a recouvert. Mais il interdit à Montholon d'approcher. Il veut poursuivre.

« Le peuple français a deux passions également puissantes qui paraissent opposées et qui cependant dérivent du même sentiment, c'est l'amour de l'égalité et des distinctions. Un gouvernement ne peut satisfaire à ces deux besoins que par une excessive justice...

« Que mon fils lise et médite souvent l'Histoire, c'est là la seule véritable philosophie... Mais tout ce qu'il apprendra lui servira peu s'il n'a pas au fond du cœur ce feu sacré, cet amour du bien qui seul fait les grandes choses.

« Mais je veux espérer qu'il sera digne de sa destinée. »

Il s'effondre. Il vomit.

Il a encore à dire. Il veut que tout ce qu'il possède soit réparti avec exactitude. Chaque bien est comme une unité sur un champ de bataille, chaque disposition testamentaire est un signe, un commandement, comme pour une manœuvre. *C'est ma dernière bataille.*

Il dicte, écrit. Son fils, le comte Léon, doit être doté. Il serait bien qu'il entre dans la magistrature. Il désire que son second fils adultérin « Alexandre Walewski soit attiré au service de la France dans l'armée ». Qu'on n'oublie pas le fils ou le petit-fils du baron du Theil, lieutenant général d'artillerie qui fut si généreux avec moi à Auxonne.

Mais qu'on n'oublie pas aussi l'Angleterre !

Il dit au docteur Arnott :

– Il n'y a pas eu une indignité, une horreur, dont vous, les Anglais, ne vous soyez fait une joie de m'abreuver. Les plus simples communications de famille ; celles mêmes qu'on n'a jamais interdites à personne, vous me les avez refusées. Ma femme, mon fils n'ont plus vécu pour moi ! Vous m'avez tenu six ans dans la torture et le secret. Il m'a fallu me renfermer entre quatre cloisons dans un air malsain, moi qui parcourais à cheval toute l'Europe !

Ce goût amer dans sa bouche, c'est le mépris pour l'Angleterre oligarchique et le sang noir de la maladie.

– Vous m'avez assassiné, longuement, en détail, avec préméditation, et l'infâme Hudson a été l'exécuteur des hautes œuvres de vos ministres.

Il se tourne. Il vomit.

– Vous finirez comme la superbe République de Venise, dit-il encore, et moi, mourant sur cet affreux rocher, privé des miens et manquant de tout, je lègue l'opprobre et l'horreur de ma mort à la famille régnante d'Angleterre.

Ce sont les derniers jours.

Le hoquet lui déchire les entrailles.

Il appelle Montholon. Il veut dicter la lettre à adresser à cette hyène de Hudson Lowe le moment venu. Il parle d'une voix tout à coup redevenue claire.

« Monsieur le gouverneur, l'Empereur est mort le... à la suite d'une longue et pénible maladie. J'ai l'honneur de vous en faire part. »

Ce sera tout.

Il vomit. Marchand lui donne à boire.

L'eau est fraîche.

– Si l'on proscrit mon cadavre, dit-il, comme on a proscrit ma personne, eh bien, qu'on m'ensevelisse là où coule cette eau, si douce et si pure.

Il se souvient de ce lieu ombragé par trois saules, et situé au-dessous du cottage de Hut's Gate où habitent les Bertrand. De là on découvre la mer. Et il avait bu de l'eau de la fontaine qui coule dans ce creux solitaire. « Si, après ma mort, avait-il dit, mon corps reste entre les mains de mes ennemis, vous le déposerez ici. »

Il demande d'un geste qu'on fasse rentrer Antommarchi.

C'est le samedi 28 avril.

Il attend que le hoquet se soit un peu apaisé. Il dévisage Antommarchi. Il faut bien en passer par ce *dottoraccio*.

– Après ma mort, dit-il, qui ne peut être éloignée, je veux que vous fassiez l'ouverture de mon cadavre ; je veux aussi, j'exige, que vous me promettiez qu'aucun médecin anglais ne portera la main sur moi.

Il s'interrompt. Le docteur Arnott pourra cependant aider Antommarchi.

Il ferme les yeux.

– Je souhaite encore, continue-t-il, que vous preniez mon cœur, que vous le mettiez dans l'esprit-de-vin, et que vous le portiez à Parme à ma chère Marie-Louise, vous lui direz que je l'ai tendrement aimée, vous lui raconterez tout ce que vous avez vu, tout ce qui se rapporte à ma situation et à ma mort.

Il faut qu'elle sache, que mon fils apprenne comment j'ai vécu ici Comment je suis mort.

Il retient Antommarchi.

– Les vomissements qui se succèdent presque sans interruption, dit-il, me font penser que l'estomac est celui de mes organes qui est le plus malade, et je ne suis pas éloigné de croire qu'il est atteint de la lésion qui conduisit mon père au tombeau, je veux dire d'un squirre au pylore...

Apprendre, savoir ; ne rien laisser dans l'ombre, mais faire jaillir la lumière sur chaque chose, et même sur cette mort qui me ronge et que j'appelle : tout connaître, tout comprendre, voilà ce que j'ai toujours voulu.

Il parle d'une voix affaiblie.

– Quand je serai mort, dit-il à ses proches, chacun de vous aura la douce consolation de retourner en France. Vous reverrez les uns vos parents, les autres vos amis, et moi je retrouverai mes braves aux Champs Élysées.

Il sourit.

– En me voyant, ils redeviendront tous fous d'enthousiasme et de gloire. Nous causerons de nos guerres avec les Scipion, les Hannibal, les César, les Frédéric. Il y aura plaisir à cela...

Il a un rire bref.

– À moins qu'on n'ait peur là-bas de voir tant de guerriers ensemble.

C'est le jeudi 3 mai 1821.

Il est secoué des heures durant par le hoquet. Il dit en ce début d'après-midi, en tournant la tête vers les proches qui se sont rassemblés dans le salon où l'on a transporté le lit :

– Vous avez partagé mon exil, vous serez fidèles à ma mémoire, vous ne ferez rien qui puisse la blesser.

Puis il se tourne vers Montholon.

– Eh bien, mon fils, ne serait-ce pas dommage de ne pas mourir après avoir si bien mis en ordre ses affaires ?

39.

Cette douleur qui ne cesse pas au centre du corps le taraude.

– Mon Dieu, mon Dieu, mon Dieu, murmure-t-il.

Il s'enfonce dans la nuit puis se réveille.

Ce liquide qu'on lui verse dans la bouche, sucré, l'apaise.

– C'est bon, c'est bien bon.

Mais cela, qu'est-ce ? Il reconnaît la couleur, il veut écarter le verre. Le bras retombe. Il doit avaler le calomel.

– Coquin de Marchand, dit-il à son valet.

On le frictionne.

– Quel résultat de la science ! Belle consultation ! Laver les reins avec de l'eau de Cologne !

Il ferme les yeux. Où est-il ?

C'est la nuit du vendredi 4 au samedi 5 mai 1821.

Il gémit, le visage crispé.

– Comment s'appelle mon fils ?

Il serre la main de Marchand qui répond : « Napoléon. »

Il est deux heures du matin. Il entrouvre les yeux, il remue les lèvres.

– Qui recule, dit-il.

Il va vomir, tout son corps se cambre. Il veut parler. Un râle encombre sa gorge, et deux mots surgissent, comme des récifs recouverts par la respiration rauque :

– Tête, armée.

La mort vient plus tard, à dix-sept heures quarante-neuf, ce samedi 5 mai 1821.

« La mort n'est rien », avait-il dit, le 12 décembre 1804, dans le soleil de sa puissance.

« Mais vivre vaincu et sans gloire, avait-il ajouté, c'est mourir tous les jours. »

Il vit encore.

Athènes, le 3 janvier 1997.

Table

Cet ouvrage a été réalisé par la
SOCIÉTÉ NOUVELLE FIRMIN-DIDOT
Mesnil-sur-l'Estrée
en janvier 1998

Édition exclusivement réservée aux adhérents du Club
Le Grand Livre du Mois
15, rue des Sablons
75116 Paris
réalisée avec l'aimable autorisation des éditions Robert Laffont

Imprimé en France
Dépôt légal : novembre 1997
N° d'impression : 41313
ISBN : 2-7028-0908-1